9 years of travel to India

혼자서 인도여행
연속 9년

그지없이 힘들었고
그지없이 행복했던
1년에 약 50일씩

혼자서 인도여행 연속 9년
그지없이 힘들었고 그지없이 행복했던 1년에 약 50일씩

초판 1쇄 발행 2023년 5월 10일

지은이 유용환
펴낸이 장길수
펴낸곳 지식과감성*
출판등록 제2012-000081호

교정 정은솔
디자인 정한나
편집 정한나
검수 정은솔, 이현
마케팅 정연우

주소 서울시 금천구 벚꽃로298 대륭포스트타워6차 1212호
전화 070-4651-3730~4
팩스 070-4325-7006
이메일 ksbookup@naver.com
홈페이지 www.knsbookup.com

ISBN 979-11-392-1071-2(03810)
값 26,000원

- 이 책의 판권은 지은이에게 있습니다.
- 이 책 내용의 전부 또는 일부를 재사용하려면 반드시 지은이의 서면 동의를 받아야 합니다.
- 잘못된 책은 구입하신 곳에서 바꾸어 드립니다.

지식과감성*
홈페이지 바로가기

머리말

반갑습니다!

2020년 시작된 코로나는 연 3년을 세계인은 물론 여행인과 여행 업계를 괴롭혔다. 필자는 2부 책을 낼려고 코로나가 가기를 3년을 기다리다 끝이 보이지 않아 더 참을 수 없어, 이제라도 책을 내게 되었다.

1부 책『꽃 중년 인도 자유배낭여행』은 2011~2014년의 4년 이야기로 발행하고 이번에 2부책은 2014~2019년을 합하여『혼자서 인도여행 연속 9년』을 발간하게 되었다. 이 책은 처음에 1부에 이어 별권으로 하려고 했는데, 주위 사람들의 권유로 종합하여 9년 통합본으로 하기로 했다.

사실 인도여행을 처음 시작할 때는 겨울 피한여행으로 '델리와 아그라만 갔다 올까?' 했는데 막상 인도 땅에 들어가니 바라나시도 가고 싶고 콜카타도 가고 싶었다. 그리고는 그다음 해, 또 그다음 해도 인도의 안 가 본 곳을 가고 싶어 여행을 계속했다. 해만 바뀌면 마음이 자석에 끌리는 쇠붙이처럼 인도로 끌리는 것이었다.

인도여행은

첫째, 유서 깊고 멋진 유적이 가는 곳마다 즐비하여 좋았고

둘째, 언제 어디서나 여행자를 도와주려는 인도인들이 좋았고

셋째, 저렴한 여행 경비가 마음을 편하게 해 주었다.

날씨는 덥고 여행지를 옮기는 교통이 힘들고 비위생적인 숙소가 불편해도 새로운 곳의 매력을 찾아서 고생을 감수하고 항상 즐거운 마음이 앞섰다. 2020년 2월 5일 10번째 여행을 시작하려고 인도 왕복 항공권과 모든 준비를 마치고 막 출발하려는데, 코로나가 밀려와서 갈까 말까 망설이다가 2월 1일 여행 포기를 결정하고 인디아 항공사에서 취소 수수료 5만 원을 제외하고 항공료 전액을 환불받고 말았다.

그리고는 금년까지 코로나가 더 만연되어 이제 인도여행을 언제쯤… 그전처럼 자유롭게 가게 될지 지금으로선 예측이 어렵게 되었다. 그리고 여행 허가가 풀려도 인도가 다른 나라에 비해 가장 늦게 풀릴 것 같은 전망이다. 매년 인도가 좋아서 서슴없이 여행하던 사람이 막상 3년째 못 가고 있으니 더 가고 싶어 안달이 나고 그리운 것이다.

2022년 뉴스에 의하면 세계에서 인도가 코로나 확진자와 사망자가 가장 많다고 한다. 거기다 변이 코로나와 오미크론까지 발생했다니 인도를 사랑하는 한 사람으로 가슴이 미어지고 막막하기만 하다. 내 개인적으로 미약하지만 인도를 도울 방법을 구상 중이다.

인도여! 인도인이여 제발 힘내세요~

시바 신이여 인도를 보호해 주소서!

『꽃 중년 인도 자유배낭여행』 책은 처음 책을 쓰다 보니 두서가 없는 것 같았으나 이번 2부 책은 1부의 장단점을 보완하여 전용 가이드북과는 또 다르게 실제 인도여행을 하는 데 도움이 되는 책이 되도록 나름대로 최선의 노력을 다했다고 생각한다. 나는 젊은 시절부터 등산을 많이 하여 걷는 일에는 누구보다 일가견이 있다고 생각하며, 인도 평길 여행길은 어려움 없이 웬만한 거리는 다 걸어 다녔다. 인도는 걸어가는 것 자체가 사람도 보고, 집도 보고, 거리도 보는 여행의 연속이다. 그래서 평균 하루에 10km 이상을 항상 걸었다. 그래서 9년 총 455일 동안 걸은 거리는 약 4,450km 정도였다. 이번 책 제목도 '내가 걸은 인도땅 4,450km'라고 할까? 생각도 해 보았다.

내 주위의 인도여행자들과 카페 지인들로부터 '한국인 중에서는 가장 인도여행을 많이 한 사람'이라는 평을 많이 들었다. 사실 지금은 코로나 때문에 모든 한국인 세계 여행자나 인도 여행자들이 거의 다 한국으로 돌아온 셈이다. 이 시점에서 여행 경력을 비교해 보는 것이 정확할 것 같기도 하다. 나는 어려서부터 부산 용두산 공원을 오르고 송도 바다를 쏘다니면서 자라, 항상 어디든지 여행하는 버릇이 들어서 여행을 실컷 해 보는 것이 나의 평생 소원 중 하나이다. 사람의 욕심은 끝이 없지만 이 정도면 내 연령 중에서는 등산과 여행을 합했을 때 가장 많이 한 사람이 아닌가? 자부하면서도 항상 아쉽고 부족함을 느낀다.

1년에 약 50일씩 연속 9년을 여행한 것은 '내 인생의 헤이데이(전성기)'였다. 그리고 나의 9년 인도여행은 내가 생각해도 이상하리만큼 철저히 나 혼자 다니며 힘들어도 지난 인생을 돌아보는 행복한 여행이었다.

끝으로 『꽃 중년 인도 자유배낭여행』의 내용과 일부분 중복된 것은 여러분의 양해를 구하며 이 책이 앞으로 코로나가 걷히고 하늘길이 열리면 다시 시작할 인도 여행자들에게 다소나마 도움이 되었으면 더 바랄 것이 없겠다. 나마스테!

2023. 1.
저자 유웅환

추천글

먼저 평생을 여행인으로 살아오시면서 『꽃 중년 인도 자유배낭여행』에 이어 2부작으로 『혼자서 인도여행 연속 9년』 발간을 하게 된 것을 매우 뜻깊게 생각합니다. 보통 사람들이 인도 한 번 방문에 10일도 하기 어려운 난이도 높은 여행을 혼자서 일 년에 약 50일씩 9년을 연속했다는 열정과 에너지에 놀라움을 금하지 않을 수 없습니다.

일과를 보니 새벽 6시에 일어나 식사를 해결하고 저녁에는 정확히 9시에 취침하여 낯선 여행지에서 오직 혼자만의 자유를 만끽하면서도 더 없이 검박한 생활을 하며 여정을 꾸려 나가신 점은 우리 여행인들의 귀감이 되지 않을 수 없습니다.

방대한 분량의 인도여행기를 2권 쓴 작가는 처음이며 인도여행만큼은 선생님이 진정한 레전드이신 것 같습니다. 후일의 여행자를 위한 훌륭한 안내서이며 우리 여행인들의 큰 자랑거리로 존경하고 사랑합니다.

선생님은 항상 새로운 정신과 이상을 향해 나아가며 네팔 에베레스트 E.B.C와 칼라파트라(5,552m) 트레킹도 다녀오시고 국내 등산을 50여 년 하신 베테랑 산악인이기도 하십니다.

향후 코로나19 팬데믹이 종식되면 혹시나 못다 한 길 위에서의 인도여행기 3부가 나오길 기대하면서 끝으로 선생님의 앞날에 행운과 큰 영광이 함께하기를 기원드리며 『혼자서 인도여행 연속 9년』이 베스트셀러가 되는 날을 기다려 봅니다.

2023. 2. 4.

여행인 성숙희

차례

머리말	2
추천글	5
인도 제너럴 안내	18

2011

1. 수도 델리Delhi	28
2. 파간 - 하누만 파크 - 푸라나 킬라Purana Qila	31
3. 인디아 게이트 - 국립박물관National Museum	34
4. 쿠툽 미나르Qutap Minar U.세계문화유산	37
부록 해피 홀리데이(Happy Holidays) 축제	42
5. 붉은 성Red Port U.세계문화유산	44
부록 인도의 종교(宗敎)	48
6. 타지마할Taj Mahal - 아그라 성 U.세계문화유산	50
휴게실 나의 유소년 시절	57
7. 후마윤의 묘Humayun's Tomb U.세계문화유산	60
8. 바라나시로 가는 기차 안	63
9. 바라나시Varanasi 릭샤왈라 '람'	66
10. 사르나트Sarnath - 불교 4대 성지	75
11. 인디언 박물관Indian Museum - 콜카타	79
부록 라빈드라나트 타고르 하우스(Rabindranath Tagore House)	82
12. 빅토리아 메모리얼Victoria Memorial	84

2012

1. 마리나 해변Marina Beach - 첸나이 … 97
2. 해변 사원Sea shore Temple - 마말라푸람 U.세계문화유산 … 102
3. 판치 라타스Panchi Rathas U.세계문화유산 … 104
    부록 인도의 역사(Indian history) … 106
4. 오로빌Auroville - 푸두체리 … 108
    휴게실 남해안 섬 여행 … 111
5. 칸야쿠마리Kanyakumari … 115
6. 바르칼라 해변Varkala Beach - 코발람 해변Kovalam Beach … 119
    부록 인도의 축제(Indian Festival) … 124
7. 알라푸자Alappuzha 수로 유람 - 코친 마탄체리Mattancherry … 126
    휴게실 우리 가족이 같이한 한라, 지리, 설악 등산 … 131
8. 올드고아 성당들Old Goa Church U.세계문화유산 … 136
9. 웨일즈 왕자 박물관Wales Museum - 뭄바이 … 142
10. 뭄바이 C.S.T. 역Victoria Terminus U.세계문화유산 … 146

2013

1. 벵갈루루 정부 박물관Government Museum & 기술박물관 　　157
2. 마이소르 궁전Mysore Palace 　　162
3. 함피Hampi에서 몸살 　　166
   　　부록 인도의 음식(Indian Food) 　　170
4. 빗탈라 사원Vitthalla Temple - 함피 U.세계문화유산 　　172
   　　휴게실 처음 간 해외여행 - 대만 옥산 트레킹 　　178
5. 골콘다 성Golconda Fort - 하이데라바드 　　180
6. 사라르 정 박물관 - 헤 니잠 박물관 - 야남 　　185
7. 수르야 사원Surya Temple U.세계문화유산 　　190
8. 골든 해변Golden Beach - 푸리 　　193
   　　부록 나의 인도 여행 일수 & 준비물(Materials) 　　196
9. 마하보디 사원Mahabodhi Temple - 부디가야 U.세계문화유산 　　198
   　　휴게실 탁구 이야기 　　207
10. 카주라호Khajuraho U.세계문화유산 　　210

2014

1. 대통령 궁 Rashtrapti Bhavan - 델리　　　　　　　　224
2. 잔타르 만타르 Jantar Mantar U. 세계문화유산 - 자이푸르　227
3. 암베르 성 Amber Fort　　　　　　　　　　　　　　232
4. 메헤랑가르 성 - 조드푸르　　　　　　　　　　　　236
   　　부록 인도여행이 좋은 이유　　　　　　　　　　239
5. 시티 팰리스 City Palace - 우다이푸르　　　　　　　241
6. 쿠리 Khuri - 자이살메르 Jaisalemer　　　　　　　　245
   　　휴게실 내가 좋아하는 컨트리 뮤직(Country Music)　248
7. 황금 사원 Golden Temple - 암리차르　　　　　　　251
8. 맥그로드 간즈 & 다람살라 티베트 불교　　　　　　255
9. 둥그리 사원 Dhungri Mandir - 마날리　　　　　　　259
10. 스캔들 포인트 Scandal Point - 심라　　　　　　　263
11. 람 줄라, 락시만 줄라 - 리시케시 Rishikesh　　　　267
    　　부록 리시케시 트레킹(Rishikesh Trekking) 75km　272
12. 쿠시나가르 Kushinagar 불교 4대 성지　　　　　　280

2015

1. 우타르카시 - 히말라야 4대 성지로 가는 길　　　　　　291
2. 야무노트리 사원Yamunotri　　　　　　　　　　　　　296
3. 가우리Gouri 산동네 - 케다르나트　　　　　　　　　　300
4. 바드리나트 사원Badrinath Temple　　　　　　　　　306
　　부록 지갑 분실과 인도 청년　　　　　　　　　　　311
　　휴게실 내가 그동안 즐겨 온 국내 백패킹(backpacking)　314
5. 남걀 체모 곰파Namgyal Tsemo Gompa - 레　　　　　316
6. 틱세 곰파·쉐이 곰파·산카르 곰파 티베트 불교 사원　　320
7. 마토 곰파·스피툭 곰파 티베트 불교 문화유산　　　　323
　　부록 인도 9년 필자가 탐방한 인도 전국 박물관(National Museum)　328
8. 달 호수Dal Lake - 스리나가르　　　　　　　　　　　332
　　휴게실 코타키나발루(Kota Kinabalu) 트레킹　　　　　335
9. 소남막Sonammarg　　　　　　　　　　　　　　　　337

2016

1. 어퍼 호수Upper Lake - 보팔 - 산치 — 348
2. 비비 카 마크바라BibiKa Maqbara - 아우랑가바드 — 354
   - 부록 힌두교(Hinduism)의 신(神)들 — 359
3. 빔베트카Bhimbetka U.세계문화유산 — 362
   - 부록 나의 인도여행(印度旅行)은 — 365
4. 아잔타Ajanta U.세계문화유산 — 368
5. 엘로라Elloro U.세계문화유산 — 372
6. 아우랑가바드 불교 석굴Aurangabad Buddha Caves — 375
7. 빈두 사가르 호수Bindu Sagar - 부바네스와르 — 377
8. 푸리 - 수르야 사원Surya Temple U.세계문화유산 — 381
   - 휴게실 2005년 중국여행 — 385
9. 찬디푸르 해변Chandipur Beach - 발라소르 — 387
   - 부록 혼자 하는 인도여행 — 390
10. 강가사가르 섬Gangasagar Island — 392
11. 빅토리아 메모리얼Victoria Memorial - 콜카타 — 395

2017

1. 델리 - 타지마할Taj Mahal U.세계문화유산	407
2. 파테푸르 시크리 궁전Fatehpur Sikri U.세계문화유산	413
3. 바라 이맘바라Bara Imambara - 러크나우	418
부록 인도여행 9년 호텔과 게스트 하우스 숙소(宿所)	422
휴게실 베이징 올림픽(Beijing Olympics)	432
4. 상카시아Sankasia 불교 8대 성지	436
5. 스라바스티Sravasti 불교 8대 성지	440
6. 하르 만디르Har Mandir - 파트나	443
7. 바이샬리Vaishali 불교 8대 성지	445
8. 라즈기르Rajgir - 날란다대학 U.세계문화유산	448
9. 히말라얀 레일웨이 - 다즐링 U.세계문화유산	453
10. 타이거 힐Tiger Hill - 다즐링	456
11. 다즐링의 티베트 불교 사원Tibetan Buddhist	460
부록 연도별 불교 성지와 유명지 탐방(探訪)	466

2018

1. 델리Delhi   474
2. 엘리펀트 석굴 U.세계문화유산 - 뭄바이   479
3. 닥터 바우 다지 라드 박물관City Museum   481
   - 부록 인도 유네스코 세계문화유산(Unesco World Heritage Listed) 등재 연도와 탐방 연도   485
4. 나이다 천년 동굴Naida Caves - 디우   488
   - 휴게실 설악산(雪嶽山)   490
5. 아메다바드Ahmedabad or 암다바드   495
6. 참파네르 - 파바가드Champaner - Pavagadh U.세계문화유산   500
7. 해변 천국天國 - 고아Goa   505
8. 올드고아의 작은 성당들 U.세계문화유산   509
9. 성령 교회Holy Spirit Church - 마르가오   514

2019

1. 안다만Andaman	523
2. 로스 섬 - 버마 불교 사원Burmese Buddhist Mission	530
3. 코빈스 코브Corbyn's Cove & 해피 홀리데이	532
4. 하벨록Havelock Island	536
5. 완두르 해변Wandoor Beach	538
휴게실 낙동강(洛東江) 자전거 길 385km 걸어서	541
6. 판치 라타스, 해변 사원 - 마말라푸람 U.세계문화유산	546
휴게실 에베레스트 E.B.C & 칼라파트라 단독 트레킹	550
7. 트리치Trichy 또는 티루치Tiruchi	554
부록 인도 9년 여행 경비 총계(經費總計)	556
8. 브리하디스와라 사원 - 탄자부르 U. 세계문화유산	559
9. 한국으로 돌아가는 닐	562
책을 마감하면서	564

저자 유용환의
인도 자유여행 여정도(9년 연속)

Leh

리 Manali

Shimla
리시케시 Rishikesh
하르드와르 Haridwar

Agra
소나울리 Sonauli
다즐링 Darjeeling
고라크푸르 Gorakhpur
쿠시나가르 Kushinagar
사르나트 Sarnath
주라호 부다가야 Buddha Gaya
바라나시 Varanasi
ajuraho

콜카타 Kolkata

부바네스와르 Bhubaneswar
푸리 Puri
Gopalpur 고팔푸르

비사카파트남 Visakhapatnam
카키나다 Kakinada
망기나푸르 Manginapur

첸나이 Chennai
마말라푸람 Mamallapuram
푸두체리 Puducherry
탄조르 Tanjore
마두라이 Madurai
트리반드룸 Trivandrum
칸야쿠마리 Kanyakumari

안다만 Andaman

인도 제너럴 안내
India general introduction

공식 국명 인도공화국[Bharat Ganaraiya] Republic of India

면적 328만 7,263km² (한국의 약 33배)

인구 약 1,410,000,000명 (2022년 추계)
인종 투루크 이란, 인도 아리아, 스키크 드라비드, 아료 드라비드,
       몽골 드라비드, 몽골 로이드, 드라비드 등의 7종

언어
1967년 공용어법에서 힌디어를 공용어로 정했다.
영어는 보조 공용어, 이외에 18개 주요 언어와 844개의 사투리가 있다.
문맹율은 65.4%

정치
정치는 연방공화제로, 의회는 2원제로 되어 있다.
원수는 대통령으로, 수상은 대통령이 임명하는 형식이지만 실제로 힘은 수상 쪽이 강하다.

종교
힌두교 82.7%, 이슬람교인 11.2%, 기독교인 2.6%
시크교인 1.4%, 불교인 0.7%, 자이나교인 0.5%

환율
1원: 15.29루피 (2021.6.5. 현재)
1달러: 73.02루피
인도 1인당 연 총수입: 1,528불

국민 총생산량
1인당 국민 총생산량 440달러

교육
학제는 초·중학교는 10년, 고교는 2년, 대학은 3년,
대학 159개교, 대학생은 300만 명,
기본적으로 주정부 관할로 6~11세는 무료,
14세까지는 일부 지역을 제외하고 의무화

국기
주홍색과 흰색, 녹색의 3가지 색이 가로 띠로 되어 있고 중앙에 법륜이 찍혀 있다. 주황색은 용기와 희생을, 흰색은 진리와 평화를, 녹색은 대지와 성실을 나타낸다. 또 법륜 [차크라]는 고대문명을 상징한다.

시차
한국보다 3시간 30분 늦다.
한국에서 정오는 인도의 오전 8시 30분.

통화
사용 통화는 루피[Rs]와 파이시[P]
2022년 9월 현재 1루피는 약 17.5원, 1달러는 약 80루피.

긴급 연락처
경찰 100, 화재 101, 구급차 102

인도의 주에 대해서
현재 인도에는 28개 주와 7개 직할령이 있다.
직할령이란 중앙정부의 관리하에 놓여 있는 지역으로 주와 동격이다.
주에는 각각 의회와 수상과 각 장관이 있으며 강한 정치적 독립성을 지니고 있다. 1947년 독립 후 1952년 사용했던 언어별로 재편성한 것이 현재의 주 구분이다. '인도에는 주마다 말이 다르다'는 말도 이 영향이다.

주는 하나의 국가, 인도는 하나의 세계
개성 있는 주를 하나의 나라로 생각하면 그 집합체인 인도는 결국 하나라고 할 수 있을 것이다. 그것이 활력 넘치는 '인도 정신'을 만들고 있다.

[용기, 진리, 평화의 인도기]

인도 제너럴 안내

2011
인도 자유여행

2011 인도 자유여행 여정도

2011년 2월 25일 ~ 5월 5일

델리 → 아그라 → 바라나시 → 사르나트 → 콜카타

2011년 인도 여행 일지
2월 25일 ~ 5월 5일 [70일간]

2/25 델리(Delhi) 도착 - [원 게스트 하우스]

2/26 차타르푸르 전철역(Chatarpur) 메트로

2/27 파하르간지(Paharganj, 파간) - 방랑기 식당

2/28 하누만 파크(Hanuman Park)

3/1 메트로 - 푸라나 킬라(Purana Qila)

3/2 네루 플레이스(Nehru Place) 〈전자상가〉

3/3 시티워크 쇼핑몰

3/4 인디아 게이트(India Gate) - 국립박물관(Nat.Mus)

3/5 몸살 휴식

3/6 쿠틉 미나르 유적군(Qutab Minar Com) **U.세계문화유산**

3/7 INA 재래시장 코넛 플레이스(Connaught Place)

3/8 휴식 - 동네 한 바퀴

3/9 후디 시티 여 메트로 종점

3/10 라지푸르(Large Pur) 동네 한 바퀴

3/11 휴식 - 일본 원전 강진

3/12 장한걸 전철 종점

3/13 라지푸르 아래 마을

3/14 휴식 - 공터 공원 돌의자

3/15 아그라 - 타지마할(Taj Mahal) **U.세계문화유산**
     아그라 성(Agra Fort) **U.세계문화유산**

3/16 시티워크 몰(City Walk Mall)

3/17 INA 시장 가서 조리기구 구입 - 그린 파크 사진 인화

3/18 그린 파크 역(Green Park) 시리 포트(Siri Fort) 스포츠센터

3/19 델리 간디 국제공항(Gandhi Airport) 공항 전철 개통

3/20 해피 홀리데이 축제 - 차타르푸르 전철역

3/21 파간 - 쉼터 식당. 첫 손자 탄생

3/22 차타르푸르 – 파풀 마을

3/23 찬드니 초크(Chandni Chowk) – 붉은 성(Red Fort) **U.세계문화유산**

3/24 노트북 고장 – 라지풀 PC방

3/25 휴식 – 원 게스트 하우스 옥상

3/26 후마윤의 묘(Humayun's Tomb) **U.세계문화유산**

3/27 악샤르담(Akshahdham Mandir)

3/28 코넛플레이스 우체국(Connaught Place)

3/29 몸살 휴식

3/30 네루 플레이스 – 뉴델리 역 2층

3/31 빅 바자르(Big Bazaar) 쇼핑몰에서 휴식

4/1 시티워크 쇼핑몰

4/2 내일 바라나시 가는 준비

4/3 원 게스트 하우스 작별 – 뉴델리 역

4/4 바라나시(Varanasi) 도착 – 하레라마 게스트 하우스

4/5 다샤스와메드 가트(Dasaswamedh Ghat) 메인 가트

4/6 배탈(설사)

4/7 설사 휴식

4/8 마니까르니까 가트(Manikarnika Ghat) 화장터

4/9 벵갈리 토라(Bengali Tola) 골목

4/10 휴식 싼티 하우스 식당

4/11 철수 휴대폰 선물

4/12 휴식 벵갈리 토라(Bengali Tola) – 라가 레스토랑

4/13 아시 가트(Assi Ghat)

4/14 릭샤왈라 람(Ram Nagar Fort) 바나라스 대학
     뉴 비슈와나트 사원. 람 나가르 포트 박물관

4/15 휴식 메구 카페(휴) - 모나리자 레스토랑

4/16 사르나트(Sarnath)
   * 물라간다 꾸띠 비하르(Mulagandha Kuti Vihar)
   * 다메크 스투파(Dhamekh Stupa)
   * 고고학 박물관(Archaeological Museum)
   * 일본 사원, 중국 사원, 부탄 절, 티베트 절, 태국 절 등

4/17 휴식 - 벵갈리 토라

4/18 고돌리아(바라나시)

4/19 벵갈리 토라 - PC방

4/20 내일 갈 준비 - IP 센티몰

4/21 하레라마 게스트 하우스 작별 - 바라나시 정선역

4/22 콜카타(Kolkata) 도착 마리아 호텔

4/23 눔눔 선철역 - 클기타 공항

4/24 샤프 전자 사전 분실

4/25 Mr. Lee 만남 - 하우라 철교(Howrah Bridge)

4/26 인디언 박물관(Indian Museum) - 가디포트 선착장

4/27 카비 수브라스 전철역 종점 - 에스플라네이드 - 트램(전차)

4/28 빅토리아 메모리얼(Victoria Memorial)

4/29 타고르 하우스(Tagore Hpuse) - 칼리 사원(Kali Temple)

4/30 에스플라네이드 꽃 센터 - 동물원(Zoological)

5/1 하우라 역 뒤쪽 빈민가 - 람튼 전차 종점 소변 사건

5/2 비비디 박 말리크 가트(BBD Bagh Mallick Ghat) 꽃 시장

5/3 식물원 보타니컬 가든(Botanical Garden)

5/4 한국 출발 오전 11시 55분

5/5 김해 공항 도착

델리
Delhi

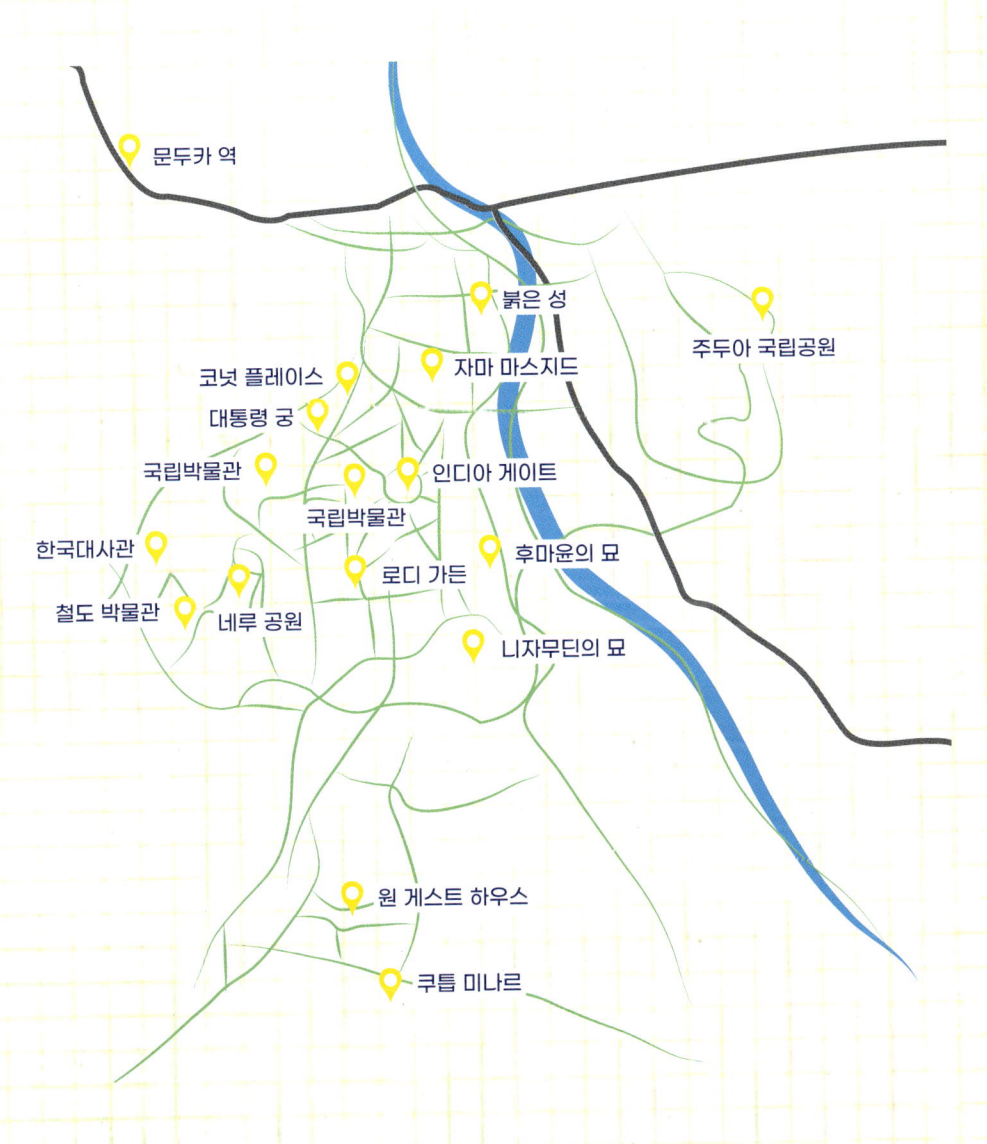

1.
수도 델리 Delhi

　현재 인도의 수도로 인구는 약 3,200만 명(2022년 추계)이며 뉴델리와 올드델리로 구분된다. 올드델리는 과거 이슬람의 수도였고 뉴델리는 영국 제국의 수도(首都)였다. 3,000년 전 신화시대부터 존재했던 민족의 진원지 같은 곳이었으며 무굴제국 황제 '샤 자한'은 7번째 델리를 건설하고 아그라에서 수도를 옮겨 왔다.

　1803년 영국이 델리를 점령하자 영국이 총독을 임명하여 다스렸다.

　델리는 '인드라프라스타'로 영국이 만든 현대 도시로 발전하여 고대의 문화와 현대문명이 혼합(混合)된 대도시로 균형을 이룬다. 현재에도 신도시가 조성되고 있으며 매년 관광객이 증가하고 있다. 델리의 면적은 1,483㎢이며 인구로는 세계 1위의 대도시이다.

주요 명소

- 붉은 성(Red Fort): 샤 자한 왕궁 U.세계문화유산
- 악샤르담 사원(Akshahdham Mandir): 인도 최대 힌두교 사원
- 후마윤의 묘(Humayun's Tomb): U.세계문화유산
- 푸라나 킬라(Purana Qila): 후마윤 왕의 왕궁
- 인디아 게이트(India Gate): 인도인들의 위령탑
- 국립박물관(National Museum): 인도 최대의 박물관
- 쿠틉 미나르 유적군(Qutab Minar Complex): U.세계문화유산

- 코넛 플레이스(Connaught Place): 델리의 고급 번화 상가
- 찬드니 초크(Chandni Chowk): 재래시장들의 밀집 지역
- 자마 마스지드(Jama Masjid): 델리 최대의 힌두 사원
- 델리 대학(Delhi University): 인도 제1의 국립대학
- 티베탄 콜로니(Tibetan Colony): 티베트인들이 모여 사는 곳
- 잔타르 만타르(Jantar mantar): 천문 연구 기상대
- 간디 슴리티(Gandhi Smriti): 간디가 피살된 곳

차타푸르 사원(Chatarpur Temple)

중요 전화번호

- 경찰: 100
- 화재신고: 101
- 앰뷸런스: 102
- 전화번호 안내: 197
- 관광청 긴급 헬프 라인: [011] 2336 - 5358

- 인도 관광청: [011] 2332 - 0008
- 우체국: 98189 - 42999, [011] 6564 - 2027
- 한국 대사관(Korean Embassy): [011] 4200 - 7000
- 외국인 등록소: [011] 26171 - 1384
- 아폴로 병원: [011] 2692 - 5858
- ALLMS 병원: [011] 2658 - 8700
- 델리 불교 모임: 08184 - 56371
- 임마누엘 교회: [011] 2612 - 2409
- 벧엘 교회: [011] 2613 - 0762
- 델리 천주교: 98102 - 13227
- 인디라 간디 국제공항(國際空港): [0124] 337 - 6000
- 뉴델리 역: [011] 2334 - 6804
- 카슈미르 게이트: ISBT [011] 2386 - 0290
- 아난다 비하르: ISBT [011] 2215 - 2431
- 사라이 케일 칸: ISBT [011] 2435 - 8092
- 비카네루 하우스: [011] 2338 - 3469

오토릭샤(Auto Ricksaw)
인도 교통수단으로 가장 편리하고 저렴한 오토바이를 개조한 3륜 영업차

2.
파간 - 하누만 파크 - 푸라나 킬라Purana Qila

◎ 파하르간지(Paharganj or 파간)

　오늘 처음으로 파하르간지(Paharganj or 파간)에 있는 인도 방랑기 한국 식당에 찾아가 보려고 차타르푸르 역에서 지하철을 타고 뉴델리 역에 내렸다. 구두닦이 청년에게 신발 한 번 닦고 그 애가 한국 식당이 어딘지 안다기에 따라다니다 처음부터 봉패를 볼 뻔 했다. 신발을 다 닦고 20세쯤 보이는 그 구두닦이 청년이 휴대폰으로 전화를 하니 조금 후 덩치가 큰 한 녀석이 달려와서 자기가 한국 식당을 잘 안다고 따라오라고 했다.
　대낮이라 큰 겁은 안 났지만 사람이 피해를 당하려면 어줍잖게 당할 수가 있다는 생각에 약간 망설이고 있을 바로 그때 옆을 지나가던 한국인 회사원 총각 두 명(30세, 항공회사 근무)을 길에서 만나 쉽게 구두닦이를 따돌리고 같이 인방 식당에 올라가서 점심 식사를 했다. 나는 고등어 김치찌개를 먹고 짜이(인도 차) 3잔을 시켜 총각들에게 고맙다고 한 잔씩 대접(待接)했다. 사람 많고 정신없이 붐비는 파하르간지 시장통은 2004년 네팔 카트만두 타멜 여행자 거리 이후 내가 오래전부터 보고 싶어 했던 바로 그 시장통 거리가 맞았다.

◎ 하누만 파크(Hanuman Park)

　다음 날, 오전 하누만 파크(Hanuman Park) 원숭이 신 공원에 가서 구경했는데 공원도 잘 꾸며져 있고 그 원숭이 신 석상은 어찌나 높고 크던지 앞에 서 보니 압도(壓倒)되는 기분이었다. 구경하면서 만난 한국 여행자 아가씨와 인도 대학생들과 사진도 같이 찍었다.

점심 식사는 골목 간이식당에서 난과 커리와 토스트를 먹고 이야기하다가 식당 주인(30대, 남)이 나에게 폴더폰으로 인도 동영상 춤과 노래를 크게 틀어 들려주었다. 나도 처음 대한 인도인에게 질세라 내 휴대폰에 저장된 팝 뮤직 한 곡을 들려주었다.

오후 시내버스를 타고 쿠틉 미나르 유적군을 보러 갔는데, 마침 카메라 베터리가 다 소진되어 사진을 찍을 수 없어 다음 날 다시 오기로 하고 주변만 구경하고 돌아왔다.

◎ 푸라나 킬라(Purana Qila)

무굴제국의 성 '푸라나 킬라'를 오늘 가 봤는데 정원과 성곽이 멋있고 웅장했다. 들어가면서 본 입구의 큰 연못에서 시원하게 보트 놀이를 하는 걸 보고 나올 때 보트를 꼭 한번 타야겠다고 생각했는데 나올 때는 해가 질 때라 그냥 돌아왔다. 보수공사를 하는 그 인부(人夫)들의 모습은 몇백 년 전이나 다름없이 힘들어 보였고 후마윤 왕에게서 한동안 델리를 탈환했던 아프니카스탄의 세르사 왕이 1545년 재건축했단다. 그 후 붉은색 사암으로 지은 팔각 건물 '세르 만달' 도서관에서 후마윤 왕은 굴러떨어져 1556년 그의 생을 마감했다고 한다.

지하철 옐로 라인에서 블루 라인 환승도 오늘 처음 왕복 경험해 보았다. 지하철에서 나오는 열차역 안내 방송은 정말 노래처럼 듣기 좋았다. 아가씨 목소리처럼 가냘프지 않는 40대 여인 목소리 같으면서도 카랑카랑하고 부드러운 목소리로 내가 듣기에는 델리를 소개하는 아름다운 뮤직 한 편이었다.

원 게스트 하우스(Won Guest House)
원불교 델리교당에서 운영하는 한국인 숙소

파하르간지(Paharganj)
뉴델리 역 건너편의 여행자 거리

하누만 파크(Hanuman Park)
원숭이 신을 모시는 사원과 공원

푸라나 킬라(Purana Qila)
1540년 무굴제국의 후마윤 왕이 건축

코넛 플레이스(Connaught Place)
1931년 영국이 지은 신또시 상가

네루 플레이스(Nehru Place)
델리 최대 전자상가

3.
인디아 게이트 - 국립박물관 National Museum

◎ 인디아 게이트(India Gate)

　인디아 게이트(India Gate)는 라즈파트(왕의 거리) 중심에 있으며 게이트 규모도 크고 1차 세계대전 참전용사탑, 13,500명의 위령비(慰靈碑) 등 역사적으로 알아 둘 만한 델리의 관문으로 인도를 여행하는 외국인과 인도 먼 지방에서 델리로 여행 온 사람들로 북적였다. 1911년 콜카타에서 델리로 영국령 인도의 수도를 옮기는 기념으로 영국 건축가 에드윈 루티엔스가 1931년 완공한 인도문이며, 매년 1월 26일 공화국기념일에 큰 행사가 열리는 곳이다. 정말 델리의 관문답게 잘 지었고 영국과 인도의 관계를 생각하며 델리 여행에서 가장 먼저 봐야 될 곳 같았다.

◎ 국립박물관(National Museum)

　인디아 게이트를 구경하고 국립박물관(國立博物館)에 도착하자마자 점심 식사부터 하려고 서둘러 2층 식당으로 올라가서 허겁지겁 밥과 카레를 급히 먹다가 체할 뻔했다. 물을 빨리 마셔 간신히 목에 넘어갔지만 큰일 날 뻔했다. 이번 일을 교훈 삼아서 도보여행을 하다가 배가 고프면 간단히 요기할 수 있는 비상식량을 꼭 내 소형배낭에 준비해 다녀야겠다고 다짐했다. 오늘 둘러본 박물관은 5,000여 년의 역사를 자랑하는 인도 최대 국립박물관으로 전시품은 많으나 규모에 비해 단체 손님이 많아 입구 매표소 주변은 복잡했다.

5,000년 역사의 인도 최대 박물관으로 1960년에 완공되었으며 박물관 입장 티켓은 외국인 300루피(7,500원), 인도인 10루피(250원)로 30배 차이이다. '사람은 모든 요소에서 웃음을 발견한다고 했다.'고 한다. 어떤 신상은 웃음이 저절로 나왔다. 국립박물관 내부는 대충 이렇게 나누어져 있다.

국립박물관

- 마우리아, 슝가&사트바하나 왕조관: 약 2,000년 전 불교 왕조들의 유물이 있는 곳이다.
- 쿠샨 왕조 예술관(Gupta): 가장 볼만한 인도의 '문예부흥기'라는 쿠샨 왕조의 전시실이다.
- 굽타 왕조관: 오늘날의 인도가 형성되는 굽타 왕조 유물 전시실이다.
- 청동관(Bronzes): 청동으로 제작된 신상들이 주가 되는 전시실이다.
- 중세 말기 예술관은 신의 의상이나 장신구를 모아 놓았다.
- 불교 예술관(Buddhist Art): 불상과 탱화(幀畵)를 총망라했다. 한국인들의 관심을 끈다.
- 세밀화 전시관: 이슬람의 영향으로 손바닥만 한 종이와 작은 붓으로 그린 그림이 있다.
- 필사본(Manuscript) 전시실: 한마디로 손으로 베껴 쓴 모든 것을 전시하는 곳이다.
- 탄자부르 회화 전시실: 인도 회화 중 가장 화려한 탄자부르 회화만 전시한 곳이다.
- 아잔타 벽화(Ajanta paintings) 전시실: 아잔타 석굴 벽화의 복제본을 감상할 수 있는 전시실이다.

> • 부족민 생활(Tribal Life style) 전시관: 인도 북부에 사는 부족민들의 생활상을 엿볼 수 있다.

인도 역사의 최대 국립박물관으로 전시관도 많고 화려한 국보급 보물도 많아 여행자들은 델리에 오면 꼭 봐야 할 곳 같았다.

오늘이 인도에 온 지 10일째인데 아직도 어디가 어딘지 방향 감각을 못 찾겠다. 가장 걱정되는 게 음식인데 이 문제를 어떻게 해결할까?
벌써 인도 음식 냄새부터 거슬린다. 델리 원 게스트 하우스를 떠나면 한식도 못 먹고 더 심할 텐데 큰 걱정이다. '질병은 인생을 깨닫게 하는 훌륭한 교사이다.'라는 말이 있다. 나는 고혈압 기저질환(基底疾患)이 있다. 그래서 정말 무리하지 않게 조심히 다녀야 된다.

인디아 게이트(India Gate)

국립박물관(National Museum)

오늘 국립박물관의 그 식당 주인은 참 친절한 사람이었다. 나도 그 인도인처럼 좀 친절한 사람이 될 수는 없을까? 이런 말이 생각났다.
"친절은 나의 길을 밝혀 주고 항상 인생을 즐거운 마음으로 맞이하도록 내게 용기를 불어넣어 준다고 했다."

4.
쿠틉 미나르 Qutap Minar U.세계문화유산

시내버스를 타고 쿠틉 미나르 유적군(Qutap Minar Complex)에 도착하니 그곳에는 어디서 소문을 듣고 찾아왔는지 정말 수많은 서양인 관광객들로 문전성시였다. 그런데 역사가 오래되고 세계문화유산에 등재되었다는 점으로 그 가치가 높을 뿐, 내가 보기에는 다른 유적지보다 볼거리가 많거나 화려한 것은 아니며 허물어져 있는 오래된 성터였다. 그러나 쿠틉 미나르 유적군 전체는 광범위하고 볼거리가 다양한 모양이었다. 가장 눈에 띄는 것은 공장 굴뚝처럼 높이 솟은 승전탑(勝戰塔)이었다.

승전탑은 힌두교 왕조를 물리친 이슬람교의 쿠틉 왕이 1193년 세운 높이 72.5m의 적사석탑이며 무슬림 건축의 걸작품으로, 1311년에 건립된 큰 규모의 알 다르와자 문(AlaI - Darwaza)과 북인도에서 가장 오래된 우와투 이슬람(uwaatu'lislam 1192~1198) 시기에 세워진 두 개의 모스크가 현존하고 있다.

유네스코 세계문화유산에 1993년에 등재(Qutb Minarand its Monuments)된 곳이다. 지하철을 타고 갈 때는 남델리 차타르푸르(원 게스트 하우스) 다음 쿠틉 미나르 역에서 내린다.

입장 티켓은 외국인 250루피(6,250원), 내국인 10루피(250원)이다.

오랜 역사적 가치가 높게 인정되어 유네스코 세계문화유산에 올라 있는 것 같았다. 멀리서 보면 작은 굴뚝처럼 생긴 오파츠를 한 번 품에 안고 소원을 빌었다. 안전하고 성공적인 인도 배낭여행을 기원하면서…

그곳에서 인도 군인과도 같이 사진을 찍고 인도 여인들의 사진 찍는 포즈도 재미있게 보며 천천히 구경하고 나왔다.

돌아오는 516번 버스 안에서 좌석에 달린 손잡이를 잡고 서 있는 어떤 인도 할머니 손목에서 시계 모양이 그려진 푸른 문신을 우연히 보고 옛 생각이 떠올랐다. '얼마나 시계를 가지고 싶었으면 지워지지 않는 문신을 했을까?' 그 순간 나는 옛날 우리 어머님 손목 생각이 났다. 마음이 우울(憂鬱)해졌다. 살아생전 변변한 손목시계 하나 사 주지 못한 나였다.

숙소에 와서 밤에 그 생각을 다시 해 보니 '가급적 과거는 잊고 즐거운 마음으로 여행만 열심히 하자.'는 생각이 결론적으로 들었다. 과거를 잊으려는데 순간순간 나타나 나를 괴롭히는 과거 일…. 그러나 끝난 일은 이미 끝난 것이다. 되돌릴 수 없다. 냉정해지자.

쿠틉 미나르(Qutab Minar) U.세계문화유산

다음 날, INA 재래시장을 갔다. 인도 음식이 입맛에 안 맞아 어떻게든 밥을 해 먹고 다니기로 작정하고 취사 도구와 가격을 알아보았다. 그리고 생닭 두 마리를 사 와서 저녁 식사 때 원 게스트 하우스 식구들과 백숙으로 삶아 맛있게 먹었다. 여기 덕무님이 나보고 여행 잘하려면 밥 많이 먹고 과일 많이 먹고 힘내라며 따뜻한 말로나마 챙겨 주었다. 고마웠다. 전기 곤로와 냄비 그릇을 사면 짐 더 무거워질 텐데 그것도 걱정이 된다.

오늘 점심 식사는 할 곳이 마땅찮아 지하철 후디 시티 역 안쪽 계단에 서서 원 게스트 하우스에서 준비한 주먹밥을 김에 싸서 먹고 비스켓도 먹었다.

선 채로 밥 먹기는 오늘이 처음이었고 행여 인도인들이 볼까 봐 창피한 마음도 들었다. 그래도 식당에서 먹는 인도 음식보다 한국식 밥 한 덩이 먹고 나니 배 속이 편했다. 뉴델리 기차역으로 가서 3월 15일 아그라 행 기차표를 왕복으로 500루피(12,500원)에 예매했다. 60세 이상 20% 할인 혜택(惠澤)을 받은 금액이다. 뉴델리 역 2층 외국인 전용 매표소에서 만난 한국 대학생풍의 아가씨가 신청서 대필해 주고 도와준 덕분에 표를 쉽게 살 수 있어 정말 고마웠다.

해피 홀리데이(Happy Holidays) 축제

　봄이 다시 왔다는 개념의 '해피 홀리데이 축제'는 인도인 최고 축제날이다. 오늘 아침 원 게스트 하우스를 조금 걸어 나가니 어느 가정집에서 가족들끼리, 50대로 보이는 아버지가 처녀로 보이는 딸에게, 또 딸은 엄마에게 빨강 파란 색가루를 얼굴과 몸에 서로 칠하고 웃고 즐기고 있었다.
　내가 지나가다가 사진을 찍으니 그 아버지로 보이는 사람이 색가루을 들고 내게 뛰어와 "해피 홀리데이!" 하며 칠을 할려고 해서 나는 안 된다고 "노, 노." 하면서 몸을 숨겼더니 그 사람은 내 코에 살짝 노란 물감을 칠하고 재미있어 했다. 나는 그에게 "감사하다." 그리고 "해피 홀리데이 원더풀!"이라고 크게 말해 주고 내 갈 길을 걸어갔다.
　버스 정류소 다 가서는 이번엔 동네 청소년 같은 아이들이 또 색칠을 하려고 덤볐다. 나는 도망가다시피 뛰어서 그들을 피해 달아났다. 그렇지 않아도 외국인과 말 걸고, 친하게 지내고 싶고, 한편으로는 골려 주고 싶은 감정(感情) 같은데, 오늘 하루 종일 계속되고 어른, 아이 할 것 없이 즐거운 한국의 설날 같은 명절 분위기였다.
　나도 자연스레 기분이 즐거워지며 색가루로 범벅이 된 그들의 얼굴 사진을 카메라에 많이 담았다. 그들은 물감이 묻은 옷을 물에 빨래하면 된다고 했는데 내 생각으로는 완전 탈색은 되지 않아 옷을 버릴 것 같았다. 여기 라지푸르같이 외국인이 잘 들어오지 않는 곳에서 내가 타깃이 되어 곤욕스러웠다. 인도인들의 가장 큰 축제로 시가의 상점은 완전 철시하였고 지하철까지도 휴무였다.

　나는 차를 타고 매일 지나다니는 하누만 사원 바로 건너편의 차타르

해피 홀리데이(Happy Holidays) 축제

푸르 힌두교 사원을 이 기회에 구경하려고 차타르푸르 역에서 10분 정도 걸어서 찾아갔다. 여기도 대수롭게 여기고 구경 안 했으면 서운할 정도로 넓고 볼만했다. 그런데 신발을 벗고 맨발로 다녀야 하니 그 땡볕 뜨거운 바닥이 보통 고역이 아니었다.

 오후에는 밥을 시험 삼아 해 보려고 동네 구멍가게에서 쌀(짜월) 1kg을 22루피(550원) 주고 사와 3시간 물에 불려서 밥을 했더니 구수하고 먹을 만했다. 이제부터는 전날 밤에 쌀을 불려 놓으면 더 좋은 밥이 되지 않겠나? 생각했다.

 원 게스트 하우스 위교무님은 해피 홀리데이 축제는 '인도인들이 시작되는 무더위를 대비하고 힘을 내자.'라는 뜻이 담긴 축제(祝祭)라고 말해 주었다. 그런데 "축제날이라고 지하철이 안 다니니 말이나 되는 소리냐!" 나의 생각이다.

해피 홀리데이(Happy Holidays) 축제날 다투는 사람들

2011 인도 자유여행

5.
붉은 성Red Port U.세계문화유산

　붉은 성을 찾아갔다. 찬드니 초크역에서 내려 도보 10분 거리인데, 거기가 파하르간지보다 더 복잡하고 사람이 많았다. 붉은 성의 건너편 잡다한 시장통으로 인파로 북적이고 복잡해 여행자로서는 소지품 주의에 만전을 기해야 하는 지역이라고 한다.

　그곳에서 만난 어떤 20대 인도 청년은 메모리 카드 32GB(기가)를 내게 보이며 300루피에 사라고 끈덕지게 따라붙었다. 얼핏 생각하기에도 값은 저렴했지만 불량품으로 사진 저장 시 에러가 나면 낭패인데다가 그 손실이 클 것이라는 생각이 들어 손사래를 치며 제의를 강하게 뿌리쳤다. 그래도 계속 따라와서 신속하게 인파 속으로 들어가 숨어 버렸다.

　그 일대는 찻길 한번 건너려면 전후좌우 사방을 잘 살펴보고 조심스레 건너야 했다. 교통질서도 엉망이어서 한눈을 팔다가는 언제 어떤 사고에 직면할지 모를 정도였다. 인도는 웬만한 번화가에서도 횡단보도 표시는 물론 건널목 신호등이 없다.

　한국과는 차가 반대 방향으로 달려오니 정신 바짝 차리고 찻길을 건너야 한다. 사실 처음에는 겁이 많이 났는데 시간이 지나면서 어느 정도 이력이 나니 그런대로 순응할 수 있었다. 그래도 찻길을 건널 때는 늘 각별히 주의를 기울여야 한다. 붉은 사암(沙巖)으로 지은 붉은 성은 타지마할에 비할 바는 아니지만 웅장하고 화려해 델리의 '성 중의 성'이었다.

그곳을 찾은 관람객도 즐비했는데 특히 이슬람교 복장을 한 사람들이 눈에 많이 띄었다. 입장 티켓은 외국인은 250루피(6,300원), 인도인은 10루피로 외국인 전용 매표소가 따로 마련되어 있었다. 내가 생각할 때 이 성과 관련된 샤 자한 왕은 중국의 진시황처럼 볼거리를 많이 남긴 인도의 최고 효자 왕이라고 칭송받을 만한 역사적 인물이었다.

붉은 성은 무굴제국의 황제였던 샤 자한이 1639~1648년에 걸쳐 건축한 성으로 나우밧 카나 건물에는 현재 전쟁 박물관이 되어 있고 1983년 유네스코 세계문화유산(世界文化遺産)으로 등재되었다.

붉은 성 내의 사원 이름

- 라호르 게이트(Lahore Gate): 레드 포트로 들어가는 입구문
- 차타 초크(Chatta Chowk): 성내의 귀속을 위한 고급 장신구 가게들이 있던 곳
- 나우밧 카나(Naubat Khana): 왕이 지나갈 때 음악을 연주(演奏)하던 곳
- 하티폴(Hathi Pol): 국가의 상징인 코끼리 문
- 디와니암(Diwani Am): 왕의 공식 접견실
- 함맘(Hammam): 왕족들의 목욕탕
- 모티 마스지드(Moti Masjid): 1659년 지은 황제의 개인 기도실
- 디와니카스(Diwani Khas): 왕의 개인 접견장

붉은 성은 이번 처음 갔을 때 사진을 많이 찍은 곳인데 왠지 이 사진들이 보이지 않아 다시 한번 더 간다고 생각하고 있었다. 이제 인도여행

에 조금 자신감이 붙고 재미도 더 느끼고 본격적인 속도가 붙는 것 같다.

'주마가편(走馬加鞭), 달리는 말에 더 잘 달리라고 채찍질을 한다.'라는 말로 더 열심히 여행하자고 다짐한다. 바라나시로 갈려면 음식이 문제다.

오늘은 나의 첫 손자도 태어나고 아름다운 유적지를 보고 감사하는 마음으로 여행했다.

카스 마할(Khas Mahal) 황제의 개인 집무실

붉은 성(Red Fort) U.세계문화유산

인도의 종교(宗敎)

인도는 힌두교, 이슬람교, 기독교, 불교등 다양한 '종교의 나라'라고 한다.

◎ 힌두교(Hindu)

기원전 1,500년경부터의 바라문교가 변화되어 힌두교로 발전했으며 힌두교는 그 어원대로 '인도교'이기도 하다. 인도인은 힌두교인이 되는 것이 아니라 '힌두교인으로 태어난 것'이다. 진보적인 힌두교 사상은 다른 종교와 똑같지는 않지만 '모든 종교가 지향하는 목표는 하나'라고 설명하며 인구의 80% 이상을 차지한다고 했다.

◎ 이슬람교(Islam)

7세기에 마호메트가 일으킨 종교로 『코란』을 성전으로 하고 유일신인 '알라'를 숭배한다. 인도와 파키스탄의 분리 독립 후에도 인도에는 인구의 12%를 차지하는 '무슬림'이 살고 있다. 이슬람교인은 '한 손에는 칼, 한 손에는 코란'이라는 말로 연상된다. 힌두의 카스트제도 아래에서 압박받던 하층민들이 집단적으로 신 앞에서는 모두 평범하다는 이슬람교로 개종한 예도 있다.

◎ 시크교(Sikh)

편잡 사람인 구루나낙(1469-1539)이 창시자이며 이슬람교의 영향을 받아 힌두교를 개종한 것이다. 절대 진리로서의 신을 숭배하고 우상숭배나 카스트제도를 거부하며 인간의 평등(平等)을 주장한다. 19세기 초에는 시크 왕국을 세웠지만 영국과의 전쟁에서 패했다. 인구의 1.5% 정도를 차지한다.

스콘 만디어(Sckon Mandir) 힌두교 사원 - 잘패구리

◎ 자이나교(Jaina)

'마하비라'가 시조이며 불교와 거의 동시에 성립되었다. 행위가 업을 만들고 윤회로 속박된다고 생각하고 엄격한 계율과 고행을 지켜야 해탈에 이른다고 믿는다. 불살생, 무소유가 강조된다.

교인의 수는 0.4% 정도이지만 신용이 있어서 장사를 잘하며, 그 수입을 사원에 잘 기부하기 때문에 자이나교 사원은 금으로 장식된 건물이 많다.

◎ 기독교(Christian)

영국이 인도를 식민지로 만들었을 때부터 퍼진 것이 아니라 1세기에 시리아에서 온 성 토마스가 인도에 기독교를 전했다. 16세기에 포르투갈인이 전했던 카톨릭과는 다른 계통의 기독교가 지금도 인도에 남아 있다. 기독교 교인은 인구의 약 2.45%를 차지하며 남인도 쪽에 많다.

◎ 불교(Buddha Dahrma)

지금으로부터 2,500년 전 지금은 네팔령 룸비니에서 샤캬(석가)족의 왕자로 태어나서 부다가야의 보리수나무 밑에서 깨달음을 얻었다. 사르나트에서 처음으로 설법하였고 80세에 '쿠시나가르'에서 입멸했다. '부처'란 깨달음을 얻은 사람이란 뜻으로 많은 사람들을 교화(教化)시켰으며 싯다르타, 샤캬족의 성자, 샤카무니(석가모니), 석존이라고도 불리며 교인의 수는 전 인구의 0.7%를 차지한다. 힌두교에서는 부처를 비슈누 신의 9번째 환생이라고 한다.

6.
타지마할Taj Mahal - 아그라 성 U.세계문화유산

◎ 타지마할(Taj Mahal)

 오늘은 이번 인도여행의 제1 목적지 타지마할에 가는 날이다. 오전 4시 30분경 기상해 출발 준비를 서둘러 5시 30분경 원 게스트 하우스에서 불러 준 콜택시(자가용)를 타고 출발했다. 6시경 나자무딘 역에 도착해 7시 30분경 아그라행 기차에 올랐다. 오전 10시 15분 아그라 칸트 역에 도착해 다시 사이클 릭샤를 타고 갔다.

 타지마할은 정말 '세계 최고 호화 궁전 묘(Luxury palace Tomb)'란 말에 한 치도 어김이 없이 아름다웠다. 인간의 힘과 역량은 실로 대단하다. 백대리석으로 성 전체를 만들었다니 동화 속의 하늘에서 내려와 앉은 꿈의 궁전을 보는 바로 그 느낌 그대로였다. 성을 둘러보며 '정말 기술이 참 대단하구나! 또 저 많은 백대리석(White marble)은 대체 어디서 저렇게 많이 가져왔나?' 내가 살아가는 동안에 이뤄야 할 소원(所願) 중 큰 것 하나가 이뤄지는 순간이었다.
 무굴제국의 샤 자한 왕이 왕비의 죽음을 애통해하며 22년간 지은 묘로 1654년에 완공했으며, 총 공사비 약 400만 루피, 연간 인력 20만 명, 코끼리 1,000마리 등이 동원되었다니 요즘으로는 상상이 안 된다. 1983년 유네스코 인도 세계문화유산(Unesco World Heritage) 1호로 등재되었다고 한다.

세계에서 가장 아름다운 대리석 건물 이슬람 사원으로 타지마할과 자와브 모스크의 건축 설계는 이란 출신의 천재 건축가 '우스타드 이샤'가 했다. 정방형의 완벽한 건물로 정원을 수많은 정사각형으로 나눈 후, '차르 박' 식의 이슬람의 낙원 사상을 담고 있다. 돔과 아치가 보여 주는 완벽한 곡선미와 대리석에 꽃등 문양을 판 뒤 그 홈에 각각 다른 색의 돌이나 보석류를 박아 넣는 기법의 '피에트라 두라'도 아름답다. 본당 내부로 들어가면 샤 자한의 뭄타즈의 가묘를 만날 수 있는데, 진짜 무덤은 본당 지하에 은폐되어 '후일 도굴(盜掘)을 염려했음을 알 수 있다'고 한다.

인도인은 입장료가 20루피(500원)에 불과한데 외국인은 750루피(19,000원)다. 인도인 매표소는 장사진을 이루는데 외국인 전용 매표소는 1~2명에 불과해 기다릴 필요 없이 바로 티켓 구매가 가능하다. 요금은 몇십 배 차이가 나기에 표 살 때는 편하지만 일단 입장하고 나면 다른 혜택은 없었다. 카메라나 캠코더 외에는 반입이 안 되는데 내 탁구 라켓을 만져 보더니 통과를 허락했다. 어떤 사람이 이 타지마할을 보고 "모든 순수의 결정체(The crystal of all Pure)"라고 했다는데 정말 아름답기 한이 없었고 사진을 정신없이 많이 찍었다.

'최고 걸작 사진이 몇 장은 꼭 나와야 할 텐데….'

아그라는 인구 약 170만 명이었던 인도의 마지막 봉건왕조였던 무굴제국의 수도였으며 세계 제1의 건축물 '타지마할'로 인해 인도 외국 여행자의 제1번 방문지가 되었다.

◎ 아그라 성(Agra Fort) U.세계문화유산

타지마할을 보고 나와서 점심 식사 후에 찾아간 아그라 성도 멋있다. 모양이나 분위기가 델리의 '붉은 성'과 비슷했다. 성 주변 경치도 너무 좋았다. 여기서 멀리 떨어져 보이는 타지마할은 또 다른 아름다운 자태였다. 둘 다 규모도 크고 멋있어 옛날 동화(Old fairy tale)나 그림책을 보면서 어릴 적부터 꼭 보길 동경했던 성들을 오늘 실제로 보았으니 소원의 큰 부분을 푼 셈이다. 인도를 다 본 것 같은 느낌도 들었다. 타지마할은 야무나 강에서 배를 타고 일출 때도 한 번 봐야 하기에 이곳에 최소한 3일은 머물면서 여유를 가지고 봐야 되는 장소인데 나의 짧은 체류 일정이 못내 아쉬웠다. 다음 기회를 생각하며….

입장 티켓은 외국인 300루피(7,500원) 인도인 10루피(250원)이다.

1566년 무굴제국의 악바르 황제가 건설하여 그 후 무굴제국의 '5대 왕 샤 자한'이 궁전으로 확장시켰다. 높이 20m, 폭 2.5km의 거대한 왕궁이자 요새(要塞)로 타지마할 서문에서 도보 약 20분 거리이다. 아그라의 붉은 성 모양은 17세기 무굴제국 기념물로서 만들어진 요새로 약 2.5km의 성벽으로 둘러싸여 있는 무굴제국 통치자들의 제국 도시이다. 1983년 세계문화유산(UNESCO World Heritage)으로 등재되었다. 성채 안에는 자항기르(Jahangir) 궁전, 카스 마할(Khas Mahal) 같은 아름다운 별궁이 많이 남아 있다.

계속 따라다니며 코끼리 열쇠고리를 사라는 청년 때문에 화가 났다. 성냄은 항상 어리석음에서 비롯하여 회한으로 끝난다. 여행에서 짜증은 곧 기분을 손상시켜 잘못하면 여행이 힘들어 포기하거나 해 결국은 자기 후회만 남는다. 그러니 자신이 자신을 잘 컨트롤하여 성공적(成功的)으로 이끌어 나가야 한다. 그러기에는 인내하는 것이 최상이다. 결국 코끼리 열쇠고리 한 개를 내가 사고 끝냈다. 타지마할과 아그라 성 두 곳만 보고 델리로 돌아가려니 아쉬웠다. 나머지 볼거리는 다음 기회를 생각했다.

 저녁 식사는 오후 6시경 아그라 칸트 역 구내식당에서 샌드위치 두 쪽으로 해결하고 오후 7시 10분에 아그라 칸트 역을 출발해서 뉴델리 역에 도착하니 밤 11시 30분이었다. 바로 지하철을 타고 밤 12시 10분 차타르푸르 역에 도착해 오토릭샤를 타고 원 게스트 하우스에 밤 12시 30분에 돌아왔다. 당일 탐방(Day trip)으로 아그라를 갔다 돌아오는 게 큰 걱정거리였는데 오늘 보고 돌아오니 그렇게 후련할 수가 없었다. 이제 한국으로 돌아가서도 큰 이야깃거리 하나는 만들었지만 아그라를 다각도로 보지 못하고 하루 만에 바쁘게 보고 와서 생각할수록 아쉬웠다.

아그라 성(Agra Fort) U.세계문화유산

타지마할(Taj Mahal) U.세계문화유산

아그라 성(Agra Fort) U.세계문화유산

휴게실 lounge

나의 유소년 시절

　내가 태어난 집은 부산 국제시장이 있는 신창동으로 4남매 중 위로 누나 둘에 내가 큰아들이고 내 밑으로 남동생이 하나 있다. 누나 둘은 남일국민학교를 나왔고 나와 내 동생은 동광국민학교를 다녔다. 우리집은 당시 부모님이 떡 방앗간을 시작으로 돈을 많이 벌어 나중에 다양한 사업을 하셨다. 1950년에서 1955년까지 부산, 경남 지역의 군부대 떡 납품은 우리 집에서 도맡아 했을 정도였다. 내가 다니던 동광국민학교와 누나들이 다니던 남일국민학교에 풍금은 몇 대 있어도 피아노가 없던 시절 우리 집에는 개인 피아노가 있었고, 내 위의 작은누나는 피아노를 전공하여 중학교 음악 교사로 재직하다가 정년퇴직하셨다.

　우리 집 앞에는 '송설매'라는 술 제조공장이 있었고 옆에는 (구)춘해병원, 한국은행 부산지점 사택이 있었고 지금은 먹자골목으로 변해 있다. 방앗간을 했던 우리 집은 큰 부자라는 소리까지 들었던 것이다. 한국전쟁으로 당시 국제시장이 전국 중심 상권이었고 우리 집은 당시 몇 안 되는 3층 건물로 이사하면서 방앗간은 접었다. 지금 생각해도 걱정 없이 뛰놀던 그 시절이 가장 행복했던 것 같고 나의 산과 여행을 좋아하는 습성은 이때쯤부터 시작된 것 같았다. 당시는 6.25 한국전쟁 전후라 온 산동네에 피난 온 사람들의 판자촌이 들어섰고, 내가 사는 국제시장 주변도 피난 온 전국 사람들과 많은 이북 사람들로 하루하루 어려운 삶을 겨우 이어 가며 몸부림치는 세상 그 자체였다. 그래도 어린 우리는 아무것도 모르고 부모님과 학교 선생님의 말씀을 따르며 공부하고 갖가지 놀이를 하면서 꿈을 키우며 자랐다.

1956년 10살 때, 나는 동네 형들과 송도 해수욕장까지 걸어가서 다이빙대(도비다이)에 헤엄쳐서 건너가는 도전을 하다가 다이빙대에서 몇 번 뛰고 되돌아오는 중간에 힘이 빠져 물에서 허우적대는 것을 어떤 아저씨가 구해 준 일도 있었다. 위험한 해수욕장에 동네 친구들과 몰래 간 일이 엄마에게 들켜 혼난 일도 많았고, 8월 말 여름방학이 끝나고 개학하여 학교에 가면 여름 물가 익사 사고로 보이지 않는 친구들도 많았던 시절이었다. 그러다가 용두산 가교사에서 공부하던 우리가 당시 미군병원이었던 본교사로 다시 들어가던 일, 부산역 대화재 사건, 용두산 대화재 사건, 국제시장 대화재 사건 등이 있었던 이승만 대통령의 자유당 시절이었다.

세 살 버릇 여든 간다는 말이 있다. 10살 무렵부터 산으로 들로 바다로 쏘다니는 버릇은 정말 평생 버리지 못하고 지금까지 계속되었다.

나는 지금도 방콕에 가만 못 있는다. 밖에 나가 전철이나 버스를 타든지 공원 벤치에 앉아 오가는 사람 구경을 해야 마음이 편한 것이다.

다 좋았는데 우리 집의 가장 큰 고민은 아버지와 어머니의 사이가 안 좋은 것이었다. 내 생각이지만 아버지가 편모 외아들로 태어나 자기밖에 모르는 사람이었고 가난했던 사람이 갑자기 돈을 많이 벌어 본격적으로 바람을 피우기 시작했다. 어머니가 마음 고생하는 걸 보고 나는 이다음에 어른이 되면 절대 다른 여자와 바람피우질 않겠다고 어린 마음에도 다짐하면서 자랐다. 그러면서 나는 경남중학교로 진학했다.

그 시절의 추억 중 전차 이야기를 하자면, 방패연 날리는 연실에 사기를 먹일려고 유리를 빻다가 밤에 전차 레일 위에 유리를 얹어 놓고 전차

2022 부산 송도 해수욕장

가 지나간 뒤 하얗게 가루가 된 유리 가루를 쓸어 담아 와서 밀가루 풀에 섞어서 연줄에 유리사를 멕이던 일 -

여름이었는데 전차가 가다가 갑자기 정전이 되어 움직이지 않자 언제 갈지도 모르는 전차 안이 덥고 갑갑하여 승객과 전차 운전수와 차장 모두 밖의 나무 그늘 밑에 모여 전기가 들어올 때까지 이야기하면서 기다리던 일 -

우리 친척 아저씨가 집에서 사제 아이스크림을 만들어 팔았는데 그 아이스크림을 떠서 컵에 넣어 주는 납작한 스푼이 없어 불편해하다가 어느 날 미군용 큰 스푼 하나를 야밤에 레일 위에 올려놨더니 전차가 지나간 후 납작하게 펴져서 편리하게 사용했다는 이야기 -

온천장에 살았던 내 친구는 겨울에 썰매 찍는 찍대에 박을 대못 머리를 납작하게 만들려고 밤에 전차 레일 위에 올려놨다가 남부산 전기회사 철로 감시반에 걸려 혼이 났다는 이야기 -

구덕운동장에서 전국고교 야구대회를 보고 좀 늦게 정문으로 나오니 당시 전차 종점이었던(지금은 아파트) 곳에서 전차 목을 반대 방향으로 줄을 당겨 바꿀 때 위의 전기선과 전차 목이 닿을 때 펑 소리를 내며 시푸른 불꽃, 검초록 불꽃이 튀는데 어린 마음에 그 불꽃이 두렵고 아름다워 지금도 눈에 선하다.

같이 보고 있던 내 친구는 저 푸른 불꽃이 튈 때 소원을 빌면 이루어진다고 했다. 그 전차는 1966년을 도로 확장으로 인해 추억 속으로 사라졌다.

7. 후마윤의 묘 Humayun's Tomb U.세계문화유산

다섯 번째 보는 인도의 유네스코 세계문화유산이다. '후마윤의 묘'를 가기 위해 뉴델리 역에서 '프로 페이드(PP)' 택시를 90루피(2,250원) 주고 탔는데 그 기사가 목적지가 아닌 근처 버스 정류소에 내려 주고 그냥 달아나 버렸다. 내가 후마윤의 묘 입구를 처음 가다 보니 택시 기사가 "여기가 바로 그곳이다. 내려서 저쪽으로 걸어가라!"면서 내려 주고는 쏜살같이 사라져 버리니 내가 당하지 않을 수가 없었다.

'택시 기사 얼굴 사진이라도 하나 찍어 놓을 걸…'이라고 후회되었지만 택시는 이미 떠난 뒤였다. 인도에는 그런 악덕 운전기사가 많다지만 내가 직접 당하고 보니 그 녀석은 꼭 잡아서 혼내 주고 싶었다.

다시 오토릭샤를 타고 40루피 주고 목적지에 도착했다. 화도 나고 날씨는 무더웠지만 그 궁묘는 아주 멋있었다. 그곳에는 서양인들과 이슬람교도들이 많이 보였다. 유네스코 세계문화유산에 등재되어 있는 곳이며, 무굴제국이 번영을 구가하던 1500년대의 화려한 궁묘(宮墓)로 당시 페르시아 건축 기술이 도입되었다니 놀라지 않을 수 없었다.

델리의 후마윤의 묘(Humayun's Tomb, Delhi)는 U.세계문화유산으로 1989년에 등재되었다. 1565년에 만들어진 인도 대륙 최초의 정원식 무덤으로 특별한 문화적 의미를 지녔다. 이러한 양식은 주요 건축양식의 변화를 가져왔으며 타지마할에 이르러 최고 수준을 이루었다.

파하르간지 시장통에서 슬리퍼를 하나 사고 인도 음악과 영상물 등 CD 10장을 샀다. 그리고 생각해 보니 후마윤의 묘를 궁전처럼 멋지게 축조한 데는 우리나라나 인도나 예로부터 묘에 큰 의미를 둔 것 같다는 생각이 들었다. 그러면 다음에 나는 어떡하지?

찾아갈 때는 PP 택시 때문에 기분을 상했지만 '묘' 안에 들어가서는 건물도 멋있고, 관광 온 3살쯤 되는 귀여운 인도 아기를 안고 사진을 찍고, 수염 조금 기른 이슬람 중학생들과도 같이 사진 찍고, 아주 기분이 쿨했다. 그늘에 앉아 쉬기도 좋았다. 그런데 그 궁묘 청소부가 와서 돈을 달라고 했다. 나는 그 내부 직원(職員)이 외국인 방문객에게 구걸하는 것은 이해할 수 없었다.

사막에서 발생한 이슬람교의 건축에는 연못의 물이 있어야 한다. 타지마할도 그렇고 이 건물 역시 들어가는 입구 앞에 인공 연못이 있어 시원하며 건물 자태도 번듯하고 궁묘를 잘 지켜 주고 있는 것 같았다.

분노는 타인에게 유해하지만 본인에게는 더 유해하다. 택시 때문에 화가 치밀어도 그 '나쁜 녀석' 하고 빨리 잊어버려야지 그 감정을 계속 가지고 있으면 결국 나만 손해다. 주위상책(走爲上策), 피해를 입지 않으려면 그 생각에서 달아나는 것이 상책이다.

이슬람 학생들과 - 후마윤의 묘

후마윤의 묘(Humayun's Tomb)
U.세계문화유산

후마윤의 묘(Humayun's Tomb)
U.세계문화유산

8.
바라나시로 가는 기차 안

　오늘 저녁 8시 40분 바라나시 가는 기차를 탄다. 오전 원 게스트 하우스 델리교당 법회에 교인은 아니지만 마지막으로 참석하고 100루피(2,500원) 헌금하며 그간 델리교당 원 게스트 하우스의 생활에 감사를 드렸다. 밀린 빨래는 어제 대충 다 해서 말려 놓았다. 점심은 방에서 밥 해 먹고 오후 2시부터 짐을 싸서 준비해 놓고 밖에 나가서 오토릭샤를 뉴델리 역까지 250루피(6,250원)에 정하고 데리고 왔다. 자가용 택시를 불러 달라면 비쌀 것 같아 아예 원 게스트 하우스에는 말하지 않고 내가 큰길에 나가 흥정해서 불러왔다.

　오후 3시 30분, 원 게스트 하우스 식구들이 문 앞까지 나와 다음에 또 만나자고 배웅해 주었고 윤교무는 원 게스트 하우스에서 먹는 좋은 쌀 한 되를 내게 선물해 주었다. 위교무는 한국 손님 중에서 제일 장기 체류(滯留)한 여행인으로 기억에 남을 거라고 했다. 오덕무는 과일과 망고주스를 많이 먹고 힘내라고 격려해 주었다. 나는 마야지(가정부)에게 300루피 팁을 주고 오덕무님에게는 특별히 고맙다는 인사를 드렸다. 자리에 없었던 원교무에게도 안부를 전해 달라고 하며 옆에 나와 있던 뽈라(애견) 머리를 한 번 쓰다듬어 주고 그간 감사했다는 말과 함께 손을 흔들며 오토릭샤에 올라타고 오후 4시에 원 게스트 하우스를 출발했다.

　뉴델리 역에 도착하여 사이클 릭샤로 바꿔 타고 1층에 있는 허니 카페 PC방에 짐을 맡겨 두고 4층 인도방랑기 식당에 올라갔다. 캐리어 가방은 내가 들어 봐도 25kg이 넘는 것처럼 무거워 기차에 오르고 내리는

데도 여간 고민거리가 아니라는 생각이 들었다.

저녁 식사로 돼지불고기 백반을 225루피에 인방 식당에서 먹고 오후 7시 40분 사이클 릭샤를 타고 다시 뉴델리 역에 왔다. 기차 타는 플랫폼까지 짐꾼(마라뚜라)에게 50루피를 주고 짐을 옮겨 기다리다가 밤 8시 40분 기차에 타고 출발했다.

기차를 기다리는 사람들 - 뉴델리 역

바라나시로 가는 기차 안에서 나의 큰 캐리어 가방을 앞좌석과의 중간에 두었더니 바로 앞좌석의 50대 부부 중 남자가 불편하다고 얼굴을 찡그리며 치우라는 것이었다. 내가 옮길 곳을 찾아봐도 가방이 커서 마땅한 선반이 없고 아주 난처해하고 있을 때 옆에서 처음부터 지켜본 30대 인도 남자가 지금 마땅히 옮길 곳이 없으니 그대로 둬도 되지 않겠느냐고 내 편을 들어 이야기하니 그 50대 남자가 더 화를 내며 싸울 듯 가방을 손으로 밀어냈다. 나는 거의 죄인이 되어 맞서 싸우지 못하는 외국인 신세를 한탄(恨歎)할 때, 또 옆에서 이 광경을 보고 있던 40대 인도 남자가 나서서 50대 남자에게 "당신만 타고 가는 전용 열차가 아니잖아요. 당신 혼자 편하려고 돼먹지 못한 억지를 부리고 있군요."(나의 해석)

하며 반쯤 통로로 밀려 나온 내 캐리어 가방을 그의 손으로 원래대로 밀어 놓고 호통을 쳤다.

그들의 눈에도 그 50대 부부가 외국인인 나를 앞에 두고 하는 행동이 얄미워 보인 것 같았다. 그제서야 그 50대 부부는 여론에 밀려 기세가 쑥 들어가고 잠잠해졌다. 나는 미안하기도 하고 통쾌하기도 하여 숨을 죽이고 자는 척 눈을 감고 있었다. 사실 인도여행에서 처음 타는 기차여서 더 어리둥절했고 지금 2A칸이 이러는데 3A칸은 더 복잡한 것 아닐까, 다음부터는 1A칸를 타 보자는 생각과 함께 지금부터 저 무겁고 큰 짐을 메고 들고 기차 탈 일이 걱정스러웠다.

몇 시간 후 그 50대 부부가 열차에서 내리고 나서 나는 그 30대 남자에게 이동 판매 짜이를 한 잔 사 주며 아까 도와줘서 고맙다고 하니 "그 사람들 참 싸가지 없어요. 복잡한 열차에서 조금 양보하여 같이 가야지 자기 조금 불편하다고 그러면 안 되잖아요."(나의 해석) 나는 사우스 코리아에서 온 60대 여행자라고 소개하니 그는 이름이 '바 두바이'이며 28세라고 말해 주었다.

사람이 하루를 자도 정이 생긴다는데 오늘 한 달 넘게 있던 원 게스트하우스 문을 나올 때 정말 서운했다. 그러나 앞으로 닥쳐올 나의 여행 험로(險路)를 생각하니 그 서운함이 물러갔다. 마음을 굳게 먹자!

간디 공항 지하철(Gandhi Airport)
2011년 2월에 처음 개통한 공항 - 델리 간 전철

9.
바라나시 Varanasi 릭샤왈라 '람'

"바라나시를 보지 않았다면 인도를 제대로 보지 않은 것이다."
누가 처음 한 말인지 정말 지당한 이야기다. 나는 내 숙소에서 가장 가까운 다샤스와메드 가트를 처음 가 보고 눈이 휘둥그레졌다.
"정말 세상에 아직도 이런 천 년 전 풍경이 고스란히 남아 있는 곳이 있구나!"
한 달 이상 뉴델리의 '원 게스트 하우스'에서 편한 생활을 하던 내가 처음으로 발을 디딘 바라나시는 두려움 속 별난 힌두교 세상이 숨 쉬고 있어 흥분의 도가니였다. 그리고 숙소가 있는 벵갈리 토라는 몇백 년 된 유서(由緖) 깊은 골목이었다.
사람 한 사람 겨우 빠져 지나갈 만한 좁은 골목에 없는 것이 없는, 말만 듣고 내가 그동안 얼마나 보고 싶어 열망했던 골목길이었던가! 오후에는 햇볕이 들어오지 않아서 무덥지 않은 '철수네 짜이 집' 의자에 앉아 오가는 인도 사람 구경을 하며 한국인 여행객들과 이런저런 이야기를 나누는 것도 재미있었다.
그런 브레인스토밍 활동을 통해서 내가 궁금해하던 인도와 인도 배낭여행에 대한 다양한 정보도 많이 얻을 수 있었다. 그리고 생각할수록 같은 아시아 지역의 문화가 우리와 이렇게 천차만별로 다를 수가 있을까? 라는 의구심을 지울 수 없었다.

◎ 바라나시(Varanasi)

현재 인구 140여 만 명의 3,000년 고도이자 인도 제일의 힌두교 성지다. 세계에서 가장 화려하면서도 어떤 면에서는 가장 질서가 없어 보이는 곳으로 "인도인들의 어머니"라 불리는 갠지스 강가에서 삶과 죽음에 가장 가까운 의식들이 매일 이루어지는 곳이기도 하다.

◎ 다샤스와메드 가트(Dasaswamedh Ghat)

나의 숙소에서 걸어서 5~6분 거리로 가깝고 고돌리아로 나가는 길목이라 바라나시에 머무는 동안 하루 한 번 이상은 가 보았다. 인도 전국에서 가장 유명한 힌두교 성지로 일 년 내내 성대한 뿌자(제사)가 매일 저녁 열리는 곳이다. '브라흐마'가 여기서 10마리의 말을 제물로 바쳤다는 가트로 힌두교 단체가 하는 '아르티 푸자' 행사가 열리는 곳이다.

◎ 마니카르니카 가트(Manikarnika Ghat)

바라나시의 가장 성스러운 화장터로 장례 행렬과 불꽃이 타오른다. 사진 촬영은 엄격히 금한다. 인간의 생로병사를 다시 한번 생각해 보는 장면이었는데 힌두교 신자는 여기서 화장(火葬)되는 것이 최고의 영광이라니 오늘 그들은 정말 행복한 사람들인 것 같았다. 마침 철수의 배를 타고 가까이 가서 볼 수 있었다.

인도 전국에서 가장 성스러운 화장터로 한마디로 '인도인은 신에 의지해서 신과 함께 살아간다'고 해도 과언이 아니었다. 저녁때 다시 강가로 나가 2시간 정도 주변을 구경했는데 소문대로 인도 자유여행 중 바라나시 일대가 정말 볼거리 면에서 최고로 꼽을 만큼 무한대의 매력 포인트를 지닌 게 분명해 보였다.

 가장 기분이 좋은 건 1,000여 년 전 갠지스 강과 바라나시 모습을 그대로 간직하고 있어 타임머신을 타고 먼 옛날로 돌아가 역사의 현장 속을 누비는 기분을 만끽할 수 있다는 게 감회가 무량했다. 그리고 마치 저쪽 한편에서 신라시대의 혜초가 불현듯 나타나 "왜 이제야 온 거야?"라며 반갑게 손을 잡아 줄 것만 같았다.

 어제 고생이 되고 금전 손해를 보더라도 이곳 호텔로 잘 옮겼다는 생각이 들었다. 어쨌든 '우라바시 같은 호텔'에 잠시 발을 내디딘 것도 좋은 경험이었다. 어떤 사람이 인터넷 관련 카페에 '우라바시 호텔'을 추천했는지 잘 이해가 되지 않았다. 오늘은 객실에서 밥 세 끼를 지어 미역국에 햄 캔 하나를 따서 좀 잘 먹고 신체 컨디션을 빨리 회복하자고 스스로 다짐했다. 거울을 보니 피곤해서 그런지 내 한쪽 눈이 빨갛게 충혈되어 있었다.

다샤스와메드 가트(Dasaswamedh Ghat)

다샤스와메드 가트(Dasaswamedh Ghat) 밤의 푸자

마니카르니카 가트(Manikarnika Ghat) 화장터

내가 본 명소

- 가트(Ghat): 강둑에 강물로 잇는 긴 계단으로 종교적 목적으로 만들었다.
- 아시 가트(Assi Ghat): 가장 남쪽에 있는 가트로 아시 강과 갠지스 강이 만나는 곳.
- 람나가르 성채(Ram Nagar Fort): 갠지스 동쪽 강둑의 마하라자 궁전으로 일부는 박물관도 있다.
- 뉴 비슈와나트 사원(New Vishwanath Temple): 힌두대학 내에 있는 이슬람교가 파괴한 것을 복원한 사원.
- 바나라스힌두대학(Benares Hindu University): 1917년 인도의 판디트 말라비야가 세운 대학이다.
- 바라트 깔라 바반(Bharat Kala Bhavan): 바나라스 힌두대학 안에 있는 현지 역사 등을 전시한 박물관.
- 판치강가 가트(Panchganga Ghat): 다섯 줄기의 강이 합류하는 신성한 곳.
- 하리쉬 찬드라 가트(Harish Chandra Ghat): 마니까르니까보다 규모가 작은 전기 화장터이다.
- 두르가 사원(Durga Temple): 18세기 마하라니 여왕이 세운 두르가 여신을 모시는 사원.
- 비슈와나트 사원(Vishwanath Temple): 1776년 건립한 힌두 사원으로 황금 사원이라고도 한다.
- 툴시 마나스 사원(Tulsi Manas Temple): 17세기 실존 인물이었던 '툴시 다스'를 기리는 사원이다.

- 마라비야 다리: 가트 경치를 볼 수 있고 무갈사라이 쪽으로 연결되는 다리이다.
- 벵갈리 토라(Bengali Tola): 기념품 가게가 밀집한 좁은 골목시장.

여기서는 다른 잡생각 하지 말고 지성감천(至誠感天), 온 맘과 힘을 기울여 여행만을 열심히 하다 보면 틀림없이 좋은 명상을 터득하고 추억이 될 것 같았다.

다음 날, 바라나시 - 뉴 비슈와나트 사원 - 람나가르 성채

사이클 릭샤왈라(기사 '람'/남, 42세)를 처음 만나서 바나라스힌두대학에 타고 갔다. 박물관은 문이 잠겨 보지 못하고 뉴 비슈와나트 사원을 구경했는데, 사원은 그렇게 크지는 않은데 멋있었다. 힌두대학 캠퍼스의 수목도 아주 싱그러웠다. 갠지스 깅을 끼고 큰 정원과 수목 숲속에 있는 이 대학은 캠퍼스가 넓어서 걸어 다니는 것이 힘들어 보였다.

내가 가는 날 교내 박물관은 휴관이었고 남녀 학생들은 자유분방한 분위기로 지나다녔다. 이들의 미래지향적 젊은 얼굴들은 벵갈리 토라의 장사꾼 얼굴과는 판이한 지식인의 모습이었다. 비포장도로를 지나 먼지 가득한 마을 고개를 지나서 긴 나무다리(木橋)를 건너 계속 타고 가는데, 사이클 릭샤를 실컷 타 보는 건 좋지만 비포장길에 엉덩이가 아파서 얼얼했다.

강가 언덕의 람나가르 성채는 강을 내려다보는 전망도 좋고 정말 아름다웠다. 궁전에서 내려다보는 갠지스 강과 지나온 긴 나무다리가 석양에 비쳐 한 폭의 그림이었다. 지금 일부는 박물관으로 이용되고 있다.

람과 내가 한참을 구경하고 있는데 경비원이 뛰어와서 화가 난 듯 입장권이 잘못 계산되었으니 돈을 더 내라는 것이었다.

내용인즉 외국인 입장료는 한 사람당 150루피(3,750원)이고 인도인은 15루피인데, 내가 인도인 표로 들어왔다는 것이었다. 나는 그런 걸 모르고 100루피짜리를 람에게 주면서 입장권 두 장을 사 오라고 하니 람은 아무 생각 없이 인도인 표를 두 장 사 왔던 것이었다. 검표원도 인도인 2인인 줄 알고 입장시켰는데 경비원은 우리가 속이는 줄 알고 화가 났던 모양이었다. "나는 미안하다. 고의(故意)는 아니다." 하며 135루피를 즉시 지불했다. 딴 곳도 그렇지만 외국인과 인도인의 10배의 입장료 차이에 다소 부당함을 느꼈다. 한편으로는 잘만 됐으면 135루피(3,400원)를 이익 볼 수 있었다고 생각하니 웃음이 나서 나는 람의 손을 잡고 우연 중에 일어난 일에 대해서 웃음을 참지 못하고 실컷 웃었다.

강 언덕의 이 사원에서 보는 바라나시의 일몰은 정말 오랫동안 아름다운 기억으로 남을 것이다. 사이클 릭샤왈라 '람'과 같이 찾아가서 더 기억에 남을 것 같다. 돌아오는 길에 우리는 땅콩, 수박, 주스를 사 먹으면서 비포장길을 람이 사이클 릭샤에 내려서 끌고 왔다. 도로에 나와서는 달리면서 람은 오늘 기분이 좋았는지 릭샤를 저어 가며 연신 뒤를 돌아보며 뒤의 나를 보고 "유 해피", "굿 픽쳐", "기분 좋아요", "경치 좋아요"를 연발하였다. 람은 영어가 유창하고 성격이 쾌할한 사람으로 오늘 내가 시장 앞에서 사이클 릭샤를 타게 되어 우연히 처음 만난 릭샤왈라이다. 그리고는 내일 인도 여자친구를 한 사람 소개시켜 줄 테니 같이 만나자고 했다. 어떤 여인인지는 모르지만 빈 소리가 아닌 것같이 들렸다. '참 좋은 기회가 내게 왔구나!' 나는 속으로 듣던 중 반가운 소리에 귀가 번떡하며 람이 너무 고맙고 '이 넓은 인도 천지에서 외로운 내 마음을 알아주는 사람은 너뿐이구나' 하며 은인 같은 사람이라고 마음속으로 생각했지만 그 대답은 하지 않았고 심사숙고해야 될 판이었다. 그런데 릭샤 요금을 처음 힌두대학 50루피(1,250원)까지만 정하고 그 뒤는 연장하면서 요금을 정하지 않아 얼마를 달라고 할지, 은근히 걱정스러웠다.

고돌리아를 지나 호텔 입구에 다 와서 릭샤 요금을 얼마냐고 묻지 않고 내가 선수를 치며 "오늘 수고 많았다." 하며 100루피(2,500원)를 내밀었다.

순간 람은 눈을 크게 뜨고 말도 아니란 표정으로 돈을 받지 않고 손을 가로로 저으며 250루피는 받아야 된다고 했다. 그래서 나는 "150루피." 하고 부르면 람이 "200루피 주세요." 할 줄 알았는데 계속 250루피를 고집했다. 나는 피곤하기도 하고 배도 고프고 오늘 '람' 덕분(德分)에 구경 잘했다고 생각하니 고맙기도 하여 약간 웃으며 250루피(6,250원)를 주었다. 그러니 람은 나를 와락 껴안으며 고맙다고 "땡큐"를 연발하였다.

돌아서는 나에게 자꾸 호텔 이름을 알려 달라고 했지만 나는 다음에 또 만나자고만 했다.

저녁 식사는 샨티 레스토랑에 가서 찬 얼음 국수 먹고 비포장길이라 피곤해서 그렇지 오늘 사이클 릭샤도 실컷 타고 구경 잘했다. 여기 하레 라마 숙소처럼 편한 곳이 없었다. 내일은 무조건 하루 푹 쉬자. 그런데 람은 도대체 어떤 인도 여자를 내게 소개시켜 준단 말인가?

빈말이라도 생각할수록 람이 너무 고마웠다.

람나가르 성채에서 석양을 받으며 - Varanasi

아시 가트(Assi Ghat) 3강이 합류하는 예배지

아시 가트(Assi Ghat) 바라나시
수호신 두르가 여신을 섬기는 가트

뉴 비슈와나트 사원
(New Vishwanath Temple)

람나가르 성채 박물관

릭샤왈라 람과 같이

10.
사르나트 Sarnath 불교 4대 성지

오늘 시르나트로 가기 위해 시장통에 나오니 '람'이 보이지 않는다. 내가 사이클 릭샤를 좋아해서 사르나트도 사이클로 가 볼까 하고 생각했는데 거리가 멀어 안 될 것 같아 오토릭샤를 300루피(7,500원)에 대절해 갔다.

불교 4대 성지 중 한 곳으로 부처님이 처음으로 설법한 유명한 샤르나트는 듣기와는 달리 황성 옛터처럼 폐허 벌판에, 발전상이 보이지 않고 정체되어 있는 시골 마을에 지나지 않았다. 기차역이라든지 연못은 고풍스러운데 방문객이 많아 보이지 않았다. 사르나트는 바라나시 고돌리아에서 오토릭샤로 약 40분(13km) 거리에 있다.

사르나트는 부다가야·쿠시나가르·룸비니와 함께 불교 4대 성지로 불리는 곳으로 붓다께서 처음으로 설법을 행한 곳이기도 하다. 이슬람 침입자들에 의해 파괴돼 쇠락을 거듭했다가 1835년 영국의 고고학자들에 의해 발견되었다. 오늘날 이곳을 찾는 인도인들은 소수에 불과하고 외국인 불교도들에게는 필수 성지로 순례객이 계속 찾아온다. 그런데 여기도 일본사원과 중국사원, 부탄 절, 티베트 절, 태국 절 등은 잘 지어 놨는데 한국사원은 어디 있는지, 없는지 찾을 수가 없었다.

그래도 나는 부처님의 생애와 발자취를 생각하며 이곳을 여행하는 영광된 사람이란 자부심(自負心)을 느끼며 그 당시에 다섯 제자를 거느리고 설교하는 부처님의 거룩한 모습을 마음에 그리며 이곳저곳을 돌아보았다. 오늘 하루 안에 다 둘러보고 돌아오기로 작정하고 아침 일찍 오토릭샤를 대절했다. 오토릭샤를 타고 바라나시를 벗어나 사르나트로 달리는 기분은 오픈카 드라이브 기분 못지않았다.

 박물관과 불교 사원 몇 곳을 보고 나니 예약한 시간이 다 되어 오후 6시까지 연장하면서 100루피를 추가해 총 400루피(1만 원)를 주기로 하고 일본 절, 중국 절 등을 구경했다. 그곳에 '물라간다 꾸띠 비하르' 사원이 없었다면 사르나트에 볼거리가 없을 정도였다고나 할까. 여러 명소 중에서 가장 멋있고 들어가는 도로 양옆의 야자나무 가로수(街路樹)가 아름다웠다.
 그러다 보니 그 일대에는 관광객이 많았고 입구의 식당과 기념품상에 손님들로 북적였다. 대절한 오토릭샤 기사는 건장한 체격의 30대 남자로 친절히 대해 주는데도 나는 어쩐지 사원 밖에서 오토릭샤 기사를 오래 기다리게 한다는 게 마음이 편치 않았고 부담스러웠다.

일본 일월산 사원

다메크 스투파(Dhamekh Stupa)
진리의 탑

내가 본 명소

- **물라간다 꾸띠 비하르(Mulagandha Kuti Vihar)**
  1931년 '스리랑카 소사이어티'가 건설한 훌륭한 불교 사원

- **다메크 스투파(Dhamekh Stupa)**
  아쇼카 왕이 BC 200년경에 건립한, 붓다가 처음으로 설법한 곳에 세워진 진리의 탑

- **고고학 박물관(Archaeological Museum)**
  인도에서 가장 큰 불교 박물관으로 사자상이 보관되어 있는 곳

- **다마라지카 스투파(Dharmarajika Stupa)**
  아쇼카 왕이 건립했으며 붓다의 사리탑이다.

- **아쇼카 석주(Ashokan Pillar)**
  아쇼카 왕이 지은 것으로 고고학과 불교 연구에 중요한 자료.

- **사슴 공원(Deer Park)**
  마하라자 왕과 사슴 왕의 전설이 있으며 지금도 사슴이 많다.

- **차우칸디 스투파(Chaukhandi Stupa)**
  16세기 후마윤 황제의 방문을 기념하기 위해 만들어졌다.
  일본 일월산 사원. 중국사원, 부탄 절, 티베트 절, 태국 절 등이 있다.

샤르나트는 인구 약 4,000명이며 불교 4대 성지 중 설법지로 지금부터라도 희망을 가지고 새로운 목표를 향해 가야 한다. 진합태산(塵合泰山), 티끌 모아 태산식으로 불교 순례객을 모아야 한다. 어렵겠지만 투자를 좀 더 하여 순례객들을 불러들어야 한다. 더 강한 불심을 가지고….

지금 생각하니 사르나트에 갈 때만 해도 나는 인도여행 초심자였다. 내가 다시 바라나시에서 사르나트를 간다면 로컬버스를 타고 사르나트에 도착해서는 사람들한테 물어보고 가까우면 걷고, 멀면 거기서 오토 릭샤를 타고 천천히 구경하고, 돌아올 때는 역시 시내버스를 타고 오겠다. 그래야 머릿속에 남는 게 있을 것 같다. 이것이 내 여행 스타일이다. 로컬 버스를 타고 오고 가는 것도 여행의 재미요, 비용(費用)도 절약한다. 바라나시에서 사르나트는 13km로 가까운 거리니까 더 좋다. 오늘 '진리를 보는 탑' 다메트 스투파(Dhamekh Stupa)를 예배했으니 모든 일 슬기롭게 잘 풀릴 것 같은 기분이다.

고고학 박물관(Archaeological Museum)

물라간다 꾸띠 비하르(Mulagandha Kuti Vihar)

라빈드라나트 타고르 하우스로 가는 전차

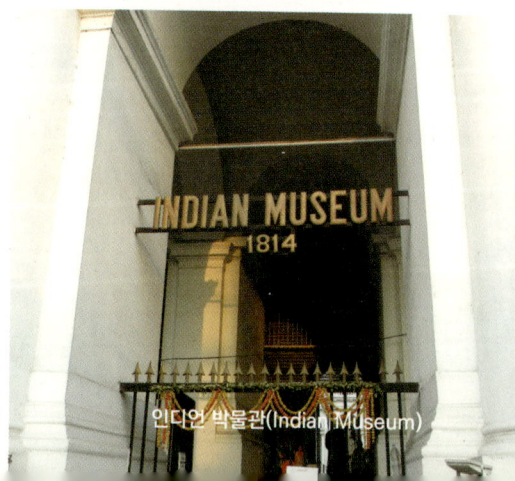
인디언 박물관(Indian Museum)

11.
인디언 박물관 Indian Museum - 콜카타

갤럭시 호텔에서 가까운 인디언 박물관에 갔다. 1814년 영국 식민지 시대에 문을 열었으니 200년이 넘게 된 박물관으로 입장 티켓은 150루피(3,750원)다. 이곳에서 사진도 많이 찍었고 무엇보다 박물관 건물이 멋졌다. 위치는 내가 묵던 숙소에서 걸어 5분 거리의 가까운 '서드 스트리트'에 있다. 입구에 1814년에 개관되었다는 큰 표시판이 있어서 시선을 끈다. 아시아에서 가장 오래된 현대식 박물관이라고 한다.

◎ 콜카타(Kplkata)

인구 약 530만 명이 사는 곳으로 델리·뭄바이 다음의 인도 3대 도시다. 인도의 파란만장한 역사를 그대로 안고 있는 도시로, 1772년부터 1912년까지 140여 년간 영국 식민지 시절 수도였던 이곳의 전반적인 도시 형태는 옛 런던의 시가지를 생각나게 한단다. 오늘날도 이 도시 곳곳에는 빈민가(貧民街)가 많지만 뉴 타운 건설공사가 한창이다. 그러다 보니 최신 시설을 갖춘 쇼핑몰도 끊임없이 들어서고 있다. 옛 이름은 캘커타였다.

◎ 인디언 박물관(Indian Museum)

1814년에 개장한 아시아에서 가장 오래된 박물관으로 1층의 고고학관, 청동 조각 전시관, 2층의 자연사 전시관 그 외에 간다라 불상, 무굴 세밀화, 라자스탄관, 티베트 불교화, 이집트 미이라, 인도 미술관 등 인디언 박물관 내부의 전시관과 중세 런던 건물식으로 잘 지어져 있다. 박물관 안의 분수와 뜰도 화려하다. 3층에 올라가면 중국의 송·명·청대의 청자·백자도 전시되어 있다. 우리나라의 박물관과는 비교가 되었다. 정신에 의해 창조(創造)된 것이 물질보다 더 생생하다.

그 후 5년 뒤 2016년 3월 나는 강가사가르를 갔다 오면서 콜카타에 들러 인디언 박물관을 한 번 더 보러 갔다. 크게 변한 건 없고 이번엔 불교 예술 특집관을 전시하는데 들어가 보았더니 인도가 정말 불교 원조국이란 사실을 재확인할 정도로 오래되고 멋진 예술품이 많았다. 진정한 불교도인이라면 이런 예술품도 좀 보고 불교 성지를 직접 보면서 부처님의 걸어온 길을 봤으면 한다. 인도인들의 불교 사랑과 살아 있는 정신을 보았다.

내가 본 명소

- 타고르 하우스(Tagore House): 라빈드라나트 타고르(Rabindranath Tagore)의 태어난 생가이며 1784년 라빈드라나트 타고르의 저택을 지금은 박물관으로 쓰고 있다.
- 하우라 철교(Howrah Bridge): 세계에서 가장 많은 인파가 건너다니는 후글리 강 위의 다리로 유명하다.
- 포트 윌리엄(Fort William): 1757년 플라시 전투 후에 영국군의 군사기지였다.
- 칼리 사원(Kali Temple): 1809년 재건된 콜카타의 수호 여신인 칼리를 모시는 사원.

- 테레사 수녀원: 자선 선교 기관이며 테레사 수녀가 1953~1997년까지 머물렀다.
- 말리크 가트(Mallick Ghat): 하우라 다리의 동쪽 끝부분 아래에 있는 규모가 큰 꽃 시장이다.
- 비비디 박(BBD Bagh): 1780년 영국 식민지풍의 건물들이 몰려 있고 달하우지 광장이라고도 한다.
- 콜리지 스트리트(College Street): 콜카타의 대학로이며 1817년 개교한 프레지던시대학이 있다.
- 벌라 천문관(Birla Planetarium): 천체 쇼는 어린이와 학생들에게 천체와 우주(宇宙)를 배우게 한다.
- 벨루르 마트(Belur Math): 1893년 개최된 시카고 세계종교대회 때 건립되었다.
- 식물원 보타니컬 가든(Botanical Garden): 1786년 지어진 식물원으로 250년 된 보리수나무가 있다

하우라 철교
(Howrah Bridge)

인도 아이들과 함께 - 카비 수브라스 지하철 종점

비비디 박(BBD Bagh)
1868년 영국 식민지 시절 지은 흰화 건물 거리

동물원(Zoological Graden)
1876년 만들어진 인도에서 가장 큰 동물원

샤히드 미납(Shahid Minar)
영국군이 세운 승전탑으로 218번 계단을 오르는 전망대

라빈드라나트 타고르 하우스
(Rabindranath Tagore House)

점심 식사를 한 후 지하철을 타고 그리시 파크 역에 내려 '타고르 하우스'로 향했다. 큰 학교 건물에서 타고르가 공부했고 가르쳤던 곳으로 지금은 소형 타고르 개인 박물관이 되어 있다. 노벨문학상 수상에 빛나는, 고등학교 다닐 때부터 내가 좋아했던 시인 타고르의 시가 어렴풋이 기억의 저편에서 살아나 움직이며 다가왔다.

형! 형에게는 하늘을 나를 수 있는 용마(龍馬)를 선사하구요
누나! 누나에게는 천년을 쓸 수 있는 만년필을 드리지요
어머니! 어머니에게는 일곱 나라를 살 수 있는 보석 상자를 준비했구요
그대! 그대에게는 내 마음의 시집(詩集)을 드리리라!

내가 그곳에 찾아갔을 때 예상외로 관람객이 없었다. 대학이라는데 요즘 고등학교 같은 시설이었으나 내가 좋아했던 타고르의 시 구절을 다시 떠올리며 여기에 온 게 정말 자랑스럽게 생각되었다. 내부 시설 곳곳을 둘러보고 나올 때쯤에야 몇 명의 관람객이 보였다. 인도가 낳은 세계적인 시인이며 철학자인 라빈드라나트 타고르는 연작 종교시 『기탄잘리(Gitanjali)』로 1913년에 노벨문학상을 받았다. 지금으로부터 100여 년 전 이야기다.

내 여행의 시간은 멀고 그 길은 멉니다
나는 태양의 첫 햇살을 실은 수레를 타고 출발해
숱한 행성과 내 자취를 남기며 광할한 우주로 항해를 계속했습니다

라빈드라나트
타고르 하우스
(Rabindranath Tagore)

당신에게 가장 가까이 가는 게 가장 먼 길이며
그 시련은 가장 단순한 가락을 따라가는 가장 복잡한 길입니다

여행자는 자기 문에 이르기 위해 낯선 문마다 두드려야 하고 마지막 깊은 성소에 다다르기 위해 온갖 바깥 세계를 방황(彷徨)해야 합니다

눈을 감고 "여기 당신이 계십니다!"라고 말하기까지 내 눈은 멀리 널리 헤매였습니다

물음과 외침, "오! 어디입니까?"라는 천 갈래 눈물의 시내로 녹아내리고 "나 여기 있도다!"라는 확언이 홍수로 세계를 범람합니다

- 『기탄잘리』 중에서

이처럼 구름 낀 날, 젊은 왕자가 미지의 강 저편
거인의 궁전에 갇힌 공주를 찾아 흑색 말을 타고
혼자서 어떻게 그 사막을 가는가, 나는 상상할 수 있습니다.
먼 하늘에 비안개가 내리고 급작스런 고통의 발작처럼
번개가 칠 때, 그는 동화 속의 테판타르 사막(沙漠)을 말 타고 가며
왕에게 버림받아 외양간을 쓸며 눈물을 닦는
불행한 자기 어머니를 생각하겠지요!

- 『유적의 땅』 중에서

오늘 내가 고교 시절부터 좋아했던 타고르 하우스 방문은 약 45년 만의 꿈을 이룬 셈이다.

12.
빅토리아 메모리얼 Victoria Memorial

　빅토리아 영국 여왕을 기리는 추모 기념관으로 영국인들이 타지마할보다 더 멋진 건축물을 지으려고 계획하고 1901년 착공해 1921년에 완공했다. 100년의 역사를 자랑하는 '빅토리아 메모리얼'은 정말 꿈속에서나 볼 수 있는 호화 궁전이었다. 그 입구에서부터 뒤편까지 완벽한 예술의 극치 그 자체였다.
　입장 티켓은 외국인 150루피(3,750원)이고 인도인은 그 10분의 1 값인 15루피로 차별 요금제를 예외 없이 적용하고 있었다.

　1906년 빅토리아 여왕의 취임 60주년을 기리기 위한 기념관으로 영국 총독 '크루존' 경이 건립을 시작하여 21년 만에 완공되었다. 인도 최고의 건축물 타지마할의 아름다움을 능가하는 여왕 기념관을 지어 영국의 위신(威信)과 저력을 만천하에 드러내 보겠다고 작정하고 기나긴 세월을 투자해 완공된 여왕 기념 궁전인 셈이다. 올해로 꼭 116년이 되는 셈이다. 이곳에서 돌아올 때도 걸어왔는데 그 길을 왕복으로 약 1시간 걷고 나니 힘이 빠져 호텔에 와서는 쭉 늘어졌다.
　콜카타의 전체적인 모습은 런던의 구시가지를 닮았다. 1772년부터 1912년까지 약 140년의 긴 시간 동안 대영제국의 수도였던 탓에 인도가 누려 온 영광과 오욕, 성공과 좌절을 고스란히 안고 있는 도시다.

한국으로 돌아갈 때는 태국 방콕에 들러서 며칠 푹 쉬어 가고 싶은데 항공권을 이미 발권한 상태라 고민이 되었다. 한편으로는 귀로에 방콕에서 쉴 바엔 그 시간만큼 인도에서 며칠 더 여행하는 것이 낫겠다는 생각도 들었다. 어제 비가 와서 그런지 오늘은 그렇게 덥지 않다. 오늘 본 '빅토리아 메모리얼'이 생각하면 생각할수록 너무 환상적인 건물이라는 생각이 들 정도로 이를 평생 기억하고 싶다는 생각이 떠나질 않는다. 인간의 예술성은 무궁무진하구나! 탄성(歎聲)이 저절로 나오는 훌륭한 작품이었다.

"빅토리아 메모리얼 만세! 인도여행 만만세!"

오늘날의 가장 큰 질병은 코로나가 아니라 소외감이다. 소외감이나 질병으로 고생하는 사람들에게 이렇게 말하고 싶다.

"움직일 수만 있으면 이런 멋진 세계유산을 보면서 인도여행을 하기 바란다."

정신 건강엔 여행만 한 게 없다. 특히 인도여행은 비용도 적게 들고 좋다. 그러나 천려일실(千慮一失), 지혜로운 일도 많은 생각 가운데는 한 가지 실수는 있게 마련이다. 그것이 인간이다. 내 인도여행은 꼭 2~3일에 한 번씩은 크고 작은 시행착오가 따르고 행운도 따른다.

◎ 비비디 박(BBD Bagh)

영국식 옛건물 거리부터 구경하자. 찬드니 초크 역(델리와 동명)에서 내려 조금 걸어가니 오래된 영국 정치 때 건물이 많이 나왔다. 한국에서는 정말 한 번도 볼 수 없었던 건물들로 꼭 찍어서 말하자면 부산 미문화원이 유일하게 여기 건물과 비슷하다고나 할까, 이색적이고 색상과 건축미(建築美)가 나의 눈으로는 환상적이고 한마디로 멋있어 몇 시간을 구경하고 다녔다.

◎ 말리크 가트(Mallick Ghat)

오후 4시 하우라 철교를 건너가서 꽃 시장 말리크 가트를 구경하게 되었다. 나는 한국에서 화훼단지는 구경한 적 있지만 이렇게 큰 재래식 꽃 시장을 보기는 처음이다. 꽃들도 더운 지방의 꽃이라 그런지 색이 아름답고 싱싱하고 향기로우며 한국처럼 한 그루나 송이로 팔지 않고 거의 다 저울에 달아서 무게로 값을 정한다. 도시도 크지만 콜카타에 이렇게 꽃 소비가 많나? 외국으로 수출도 하나? 오후 늦은 시간인데도 상인도 많고 손님도 많은 그 큰 규모에 다시 한 번 더 놀랐다. 내 생각이지만 여러 신전에 받치는 꽃의 양과 여인들의 머리나 남자들의 목에 두르고 다니는 꽃의 소비량도 많은 것 같았다.

나도 꽃을 사고 싶었지만 누구에게 갖다 줄 사람이 없어서 체념(諦念)했다. 하여간 눈이 즐겁고 꽃향기가 진동을 하는 강가의 전통 꽃 시장은 감동이었다.

"나는 비교적 남들보다 좋은 걸 보면 감동을 잘한다. 그런데 잘 표현하는 문장 실력이 없어 고민이다."

빅토리아 메모리얼
(Victoria Memorial)

말리크 가트(Mallick Ghat)

보타니컬 가든(Botanical Garden)
1787년 조성된 인도 최대의 식물원이며 홍차의 고향

빅토리아 메모리얼
(Victoria Memorial)

2012 인도 자유여행 여정도

2012년 2월 14일 ~ 4월 27일

델리 → 첸나이 → 칸치푸람 → 마말라푸람 → 푸두체리 → 마두라이 → 칸야쿠마리 → 트리반드룸 → 바르칼라 → 코친 → 파나지 → 올드고아 → 안주나 → 뭄바이 → 델리

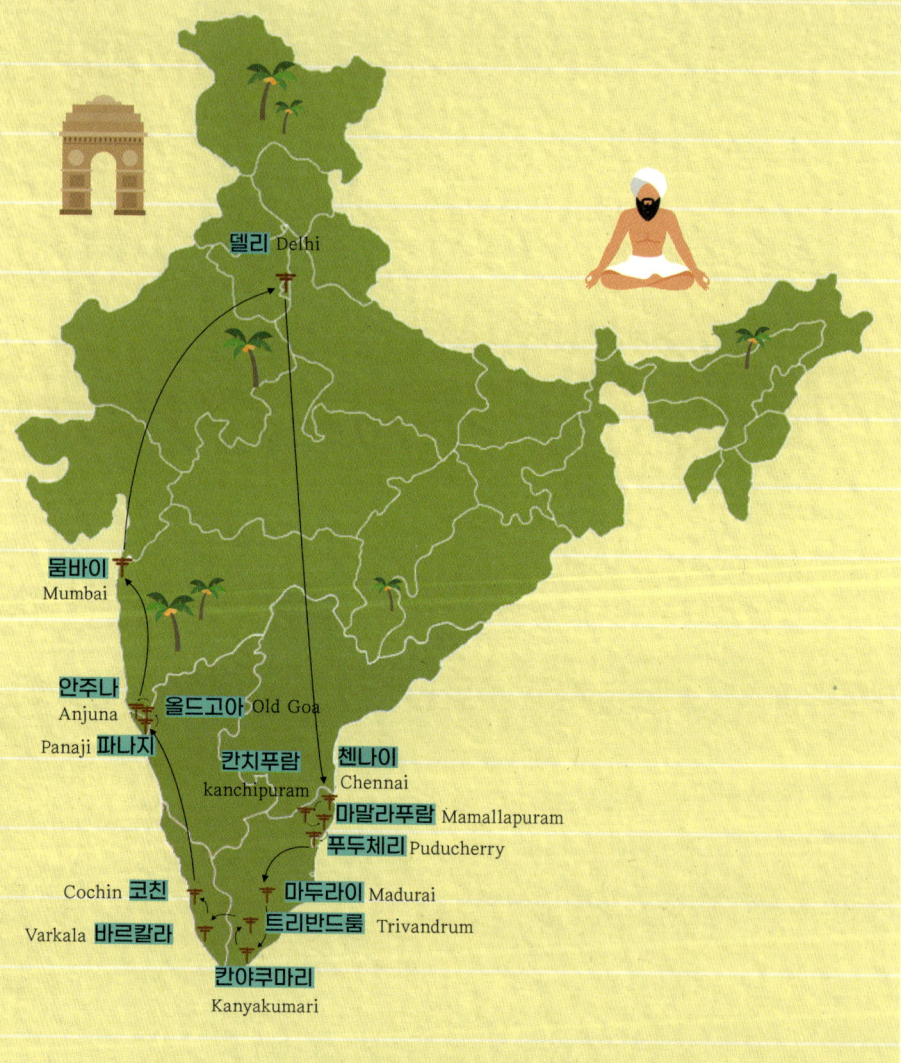

2012년 인도 여행 일지
2월 14일 ~ 4월 27일 [75일간]

2/14	출발 부산 - 인천 - 홍콩 - 델리(Delhi) 도착
2/15	뉴델리 역. 쉼터 한국 식당
2/16	시빌 역. 뉴델리 역
2/17	푸라나 킬라와 동물원 앞에서만
2/18	116번 시내버스 타고 북쪽으로 2시간
2/19	후마윤의 묘 가서 입구에서만
2/20	델리대학(Delhi National University)
2/21	티베탄 콜로니(Tibetan Colony)
2/22	찬드니 초크에 가서 붉은 성 들어가지 않고
2/23	바이샬리 지하철 종점. 악사르담 역
2/24	첸나이(Chennai) 도착
2/25	에그모리 역(Egmore Railway) 마리나 해변
2/26	조지 디윤(영국 건물). 고등법원(High court)
2/27	정부 박물관(Govement Museum) 스리랑카 스님
2/28	스리랑카 사원(SriLankaTemple) 산토메 성당
2/29	재래시장 역 주변(Gandhi Irwin Rd)
3/1	세인트 조지 성(Fort St. George) 박물관. 메리 교회
3/2	PC방 사진 저장. 휴식
3/3	도마의 언덕(St. Thomas Mount) 교외 전철
3/4	잔디마 불교 사원. 사르미담과 S.M 교외선 기차역
3/5	우체국 휴식과 모기 문제
3/6	칸치푸람(Kanchipuram) 카일라사나타 사원 에안베스와라 사원. 카막시암만 만디어
3/7	프라자리 쇼핑몰. 휴식
3/8	우체국. 센트랄 기차역(Central Railway Station)
3/9	트라스람 교외선 기차역. 첸나이 공항

3/10 도마의 동굴 성당(Little Mount Church) 사이다펙 역

3/11 마리나 해변 벵골 만(Bengal Bay)

3/12 마말라푸람 도착 [락심 호텔]

3/13 마말라푸람 해변(Mamalla puram Beach)

3/14 동굴 사원(Cave Temple) 크리슈나의 버터볼

3/15 Miss An 리조트 해변

3/16 아르주나의 고행상(Arjuna's Penance)

3/17 해변 사원(Sea shore Temple) **U.세계문화유산**
     등대. 판치 라타스(Panchi Rathas) **U.세계문화유산**

3/18 야채 시장

3/19 PC방

3/20 푸두체리(Puducherry) 도착. 간디 동상. 시민 공원

3/21 오르빌 여행사. 밤 바닷가

3/22 오로빌(Auroville) 마트리만디르
     스리 오르빈도 아쉬람(Sri Aurobindo Ashram)

3/23 박물관. 빌루푸람(Villupuram)

3/24 휴대폰 가게. 휴식

3/25 마두라이(Madurai) 도착 [아킬투워스 호텔]

3/26 스리 마낙시 사원. 티루말라이 나야크 궁전

3/27 간디 박물관. 마리암만 테파쿨라 탱크

3/28 마두라이 역. 에어텔 오피스 (폰수리)

3/29 마두라이 공항

3/30 칸야쿠마리(Kanyakumari) 도착

3/31 비베카난다(vivekanandapuram) 섬
     쿠마리암만 사원. 간디 만다팜

4/1 칸야쿠마리 기차역. 나그라 코일

4/2 우체국. 란솜 교회 베싱 가트(Bathing Ghat)

4/3 비베카난다푸람 박물관

4/4 티루바난다푸람(Thiruvanantha Puram) 도착
     트리반드룸(Trivandrum)이라고도 한다.

4/5 스리 파드마나바스와미 사원. 푸탄말리카 궁전 박물관(PuttanMalika Palace Museum)
     시민 공원(City Garden) 나피에르 박물관
     동물원(Zoological Museum) 치트라 아트 미술관

4/6 바르칼라 해변(Varkala Beach)

4/7 코발람 해변(Kovalam Beach)

4/8 코친(Kochin) 도착. 코치(Kochi) 동명

4/9 알라푸자(Alappuzha) 수로 유람(Backwater Trip)
     마탄체리(Mattancherry) 에르나쿨람(Ernaculam)

4/10 바이피 섬 - 체라이 해변. 마탄체리 궁전
     유대인 마을(Jewish Town) 시나고그(Synagogue)
     중국신 어망(Chinese Fishing Net) 성 프란시스 성당

4/11 마탄체리(Mattancherry) 해변 거리. 골동품 가게

4/12 중국식 어망 안동네

4/13 에르나(ERN역) 윌링톤 섬(WillingdonIsland) 해군기지

4/14 고아로 가는 기차에서

4/15 고아(Goa) 도착 파나지(Panjim)

4/16 파나지(Panaji) 구시가지. 동정녀 마리아 성당
     파나지 구시가지. 고아 스테이트 박물관. 시민 공원

4/17 마드가온 기차역. 팔로렘 해변(Palolem Beach)
     캄팔 공원(kampal Park) 뮤니시펄 마켓

3/10 도마의 동굴 성당(Little Mount Church) 사이다펙 역

3/11 마리나 해변 벵골 만(Bengal Bay)

3/12 마말라푸람 도착 [락심 호텔]

3/13 마말라푸람 해변(Mamalla puram Beach)

3/14 동굴 사원(Cave Temple) 크리슈나의 버터볼

3/15 Miss An 리조트 해변

3/16 아르주나의 고행상(Arjuna's Penance)

3/17 해변 사원(Sea shore Temple) **U.세계문화유산**
     등대. 판치 라타스(Panchi Rathas) **U.세계문화유산**

3/18 야채 시장

3/19 PC방

3/20 푸두체리(Puducherry) 도착. 간디 동상. 시민 공원

3/21 오르빌 여행사. 밤 바닷가

3/22 오로빌(Auroville) 마트리만디르
     스리 오로빈도 아쉬람(Sri Aurobindo Ashram)

3/23 박물관. 빌루푸람(Villupuram)

3/24 휴대폰 가게. 휴식

3/25 마두라이(Madurai) 도착 [아킬투워스 호텔]

3/26 스리 마낙시 사원. 티루말라이 나야크 궁전

3/27 간디 박물관. 마리암만 테파쿨라 탱크

3/28 마두라이 역. 에어텔 오피스 (폰수리)

3/29 마두라이 공항

3/30 칸야쿠마리(Kanyakumari) 도착

3/31 비베카난다(vivekanandapuram) 섬
     쿠마리암만 사원. 간디 만다팜

4/1 칸야쿠마리 기차역. 나그라 코일

4/2 우체국. 란솜 교회 베싱 가트(Bathing Ghat)

4/3 비베카난다푸람 박물관

4/4 티루바난다푸람(Thiruvanantha Puram) 도착
트리반드룸(Trivandrum)이라고도 한다.

4/5 스리 파드마나바스와미 사원. 푸탄말리카 궁전 박물관(PuttanMalika Palace Museum)
시민 공원(City Garden) 나피에르 박물관
동물원(Zoological Museum) 치트라 아트 미술관

4/6 바르칼라 해변(Varkala Beach)

4/7 코발람 해변(Kovalam Beach)

4/8 코친(Kochin) 도착. 코치(Kochi) 동명

4/9 알라푸자(Alappuzha) 수로 유람(Backwater Trip)
마탄체리(Mattancherry) 에르나쿨람(Ernaculam)

4/10 바이피 섬 - 체라이 해변. 마탄체리 궁선
유대인 마을(Jewish Town) 시나고그(Synagogue)
중국신 어망(Chinese Fishing Net) 성 프란시스 성당

4/11 마탄체리(Mattancherry) 해변 거리. 골동품 가게

4/12 중국식 어망 안동네

4/13 에르나(ERN역) 윌링톤 섬(WillingdonIsland) 해군기지

4/14 고아로 가는 기차에서

4/15 고아(Goa) 도착 파나지(Panjim)

4/16 파나지(Panaji) 구시가지. 동정녀 마리아 성당
파나지 구시가지. 고아 스테이트 박물관. 시민 공원

4/17 마드가온 기차역. 팔로렘 해변(Palulem Beach)
캄팔 공원(kampal Park) 뮤니시펄 마켓

4/18 올드고아(Old Goa) 성당들 **U.세계문화유산**
　　　봄 지저스 대성당. 성 캐서린 성당. 대주교의 궁전.
　　　성 카제단 성당과 수도원. 고고학 박물관
4/19 베나울림 해변(Benaulim) 파나지 구시가지 한 번 더
4/20 마르가오(Margao) 오후부터는 뭄바이 가는 기차에서
4/21 뭄바이(Mumbai) 도착 구명 봄베이(Bombay)
　　　게이트웨이 오브 인디아. 코끼리 섬
4/22 웨일즈 왕자 박물관. 제항기르 아트 갤러리.
　　　국립미술관. 영국 건물 거리. 봄베이대학. 고등법원.
　　　빅토리아 터미너스 역(뭄바이 C.S.T.역) **U.세계문화유산**
　　　포트 구역(Fort Area) 웨일즈 왕자 박물관
　　　봄베이대학. 게이트웨이 오브 인디아
　　　타지마할 호텔. 엘리펀트 섬(Elephant)
4/23 마린 드라이브. 산타크루즈 역. 처치게이트 역
4/24 마린 드라이브(Marine Drive) 초파티 해변
4/25 동물원과 엘버트 박물관 휴관. 마니 바완. 도비 가트
　　　하지 알리의 성묘. 주후 해변 타리포레왈라 수족관
4/26 한국으로 출발 - 델리
4/27 한국 도착

1.
마리나 해변 Marina Beach - 첸나이

　인도여행을 2년째 즐기면서 바닷가는 첸나이가 처음이다. 나는 원래 부산의 여름과 바닷가를 좋아하며 자랐다. 사실 이번에 한국에서 인도로 출발할 때 첸나이 해변에 서 있는 내 모습만 상상해도 즐거웠다. 델리에서처럼 밤에 전기장판을 써야 할 정도의 추위에 고생할 필요도 없이 첸나이에서는 바로 바다에서 해수욕할 수 있어서 하루빨리 첸나이로 오고 싶었다. 델리에서 첸나이 가는 항공권은 미리 예약하지 않으니 편도 6,500루피(148,000원)으로 비쌌다.

　숙소에서 시내버스를 타고 바닷가로 가는 차창의 거리 풍경도 옛날 부산 송도해수욕장으로 가는 남부민동 일대의 분위기와 비슷해 정겹고 잠시 옛 추억에 잠겼다. 저 멀리 벵골 만 푸른 바다가 "왜 이제야 오시나요?"라며 나에게 손짓하는 것 같았다. 모래사장은 길고 폭이 넓어 해변 물가까지는 제법 걸어 들어가야 했다. 날씨는 벌써 더워져 수영하는 아이들과 청년들이 많이 보였고 말을 타고 기념촬영(記念撮影)을 하라는 호객꾼도 나와 있었다.

　가족끼리 놀러 나온 사람들로 만원이며 괜히 내 마음도 들뜨고 있었다. 조지 타운 동쪽의 해변부터 성 도마의 성당까지 무려 13km의 긴 해변으로, 도시를 끼고 있는 해변으로는 세계에서 가장 길다고 한다. 연날리기, 새점쟁이, 어시장과 산책로, 2004년 쓰나미로 큰 피해를 입었다고 하나 지금은 그 흔적도 모르겠다. 남녀 젊은 연인들은 손잡고 데이트에 열중하는 등 여기도 이제 새봄이 시작되고 있는 분위기이다.

첸나이(Chennai)는 인구 약 5백만 명으로 타밀라두 주의 주도(主都)이며 델리·뭄바이·콜카타와 함께 인도 4대 대도시에 속한다. 동쪽으로 벵골 만을 접하고 촐라 왕조와 비자야나가르 왕조 통치 당시 어촌 마을에 불과했는데, 1639년 영국의 동인도 회사가 무역항으로 활용하면서 발전을 거듭해 오늘날의 대도시로 발전했다. 옛 이름은 마드라스(Madras)다.

내가 본 명소

- 조지 타운(George Town): 영국풍 시가지와 재래시장으로 나누어져 있는 곳이다.
- 고등법원(High Court): 1892년에 마이소르 궁전을 건립한 영국의 '헨리 어윈'이 세웠다.
- 마리나 해변(Marina Beach): 길이 13km로 세계에서 가장 길며 첸나이의 조지 타운 동쪽에서 도마의 성당까지 이어진 벵갈 만의 해변이다.
- 산토메 성당(San Thome Cathedral): 1504년에 포르투갈인이 세운 도마의 무덤 위의 성당이다. 1893년에 재건축한 네오고딕 양식이 잘 살아 있는 멋진 건물이다.
- 성 도마의 언덕(St. Thomas Mount): A.D. 72년경 도마가 사형당한 첸나이 남쪽에 있는 작은 언덕. 도마는 이곳에서 약 25년간 선교 활동을 하다가 순교(殉敎)했다.
- 정부 박물관(Govemment Museum): 1851년 개관했으며 고고학관, 동물학관, 지질학관 등이 있다.
- 성 조지 요새(Fort St. George Museum): 1640년 영국이 프랑스를 물리친 전쟁 기념 박물관으로 영국 동인도 회사에서 발행한 동전과 메달이 있다. 1678년 지어진 선메리 교회 안쪽에 같이 있다.

칸치푸람(Kanchipuram)
인도 대학생들과 함께

- 도마의 동굴 성당(Little Mount Church): 도마가 A.D. 58년경부터 숨어 살았다고 하는 동굴이다.
- 교외 전철(Suburban.MRTS): 북부선 21km, 남부선 163km이며 여행자들은 남부선 이용이 많다.

마리나 해변(Marina Beach)
첸나이에서 가장 호평 받는 해변

고등법원(High Court)
1892년 영국인 헨리 어윈이 건설했다

조지 타운(George Town)
옛 영국인들의 거주지로
영국풍 시가지다

산토메 성당(San Thome Cathedral)
1504년 포르투칼인들이
세운 네오고딕 성당

잔디마 스님과 같이 - 스리랑카 사원

메리 교회(Mary Church)
조지 성에 있는 1678년
영국인들이 건축한 교회

성 도마의 언덕(St. Thomas Mount)
도마가 사형 당한 곳으로
첸나이 남쪽에 있는 언덕

카일라시타니 사원(Kanchipuram)

엑캄베스타나 사원 - Kanchipuram
6세기경에 지어진 힌두 사원 - 칸치푸람

호텔에 돌아오니 프런트에서 어제 처음 만난 호텔 매니저가 나를 불러 꼼수를 부린다. 내가 어제 "장기간 투숙할 테니 숙박비를 좀 깎아 달라."고 했더니 그는 대뜸 "하룻밤에 350루피(8,000원)인데 하루에 35루피를 할인해 주겠다."고 해서 정말 고마워서 그 자리에서 5일분 숙박비를 선불로 줬다. 그리고 감사하다는 말과 함께 방으로 올라가려는데 그 매니저가 웃으며 "내가 숙박비를 그렇게 깎아 줬으니 나에게 팁 100루피(2,300원)를 달라."고 했다. 나는 그 순간 불쾌한 생각이 들었다. 사실 100루피를 그에게 주고 나면 나는 그다지 할인 혜택을 보는 것도 아니었다. 그러나 이 사람이 얼마나 돈이 궁하면 이런 꼼수를 쓸까 가련히 여기며 350루피를 내고 묵는 셈 치고 100루피를 그에게 팁이라며 주었다. 그러자 그는 아주 기분 좋아해하며 부드럽게 웃으며 "방에 모기 많지요."라며 책상 서랍에서 호텔 방에 공용으로 2일에 한 개씩 지급하는 모기향 5개를 나에게 내밀었다. 그리고 "이번 일은 아무에게도 이야기하지 말아 달라."고 신신당부(當付)했다. 나는 모기향을 건네 받고 2층 방으로 올라오면서 '그럼 나는 얼마를 이익 봤지?'라고 셈을 해 보니 웃음이 나왔다.

지금 한국은 아직도 추운 계절이다. 봄을 기다리는 2월에서 벚꽃이 피는 4월 5일까지는 꼬박 두 달 이상을 추위에 떨어야 하는데 여기는 옷 벗고 해수욕할 정도니, 추위를 많이 타고 여름을 좋아하는 나에게는 더 없는 낙원에 온 셈이다. 해변을 그냥 걸어 다니는 것만으로도 기분이 좋다.

다음 날, 정부 박물관(Govemment Museum)

구경하면서 사진 몇 장 몰래 찍었다고 생각했는데 나올 때 보니까 CCTV로 다 보고 있었다. 인도에는 박물관이나 그 외 시설에 CCTV가 아직 많이 보급된 것 같지 않던데 여기는 입구 관리사무실에 있는 걸 나올 때

보았다. 사진 촬영해 도 되는 걸 내가 지레 겁내고 몰래 찍었던 것 같았다.

　잔디마 스님(남, 28세)은 스리랑카에서 온 불교 스님인데 한국말을 약간 할 줄 안다. 우리 호텔 바로 앞에 스리랑카 불교 사원이 있는데 내가 그 사원 앞을 지나갈 때 한국 사람처럼 보였는지 "안녕하세요." 하며 말을 걸어와 알게 된 스님이다. 피부색이 인도인보다 더 검은 것 같고 눈빛에 불교 정신 자비(慈悲)가 엿보이는 젊고 우람한 체격의 친절한 스님이었다. 그런데 나는 어제와 오늘 사이 모기한테 팔다리를 많이 물려 혹시 말라리아에 걸리지 않나 불안해지기 시작했다. 어제 슈퍼에서 사 온 그 약은 그 슈퍼 점원이 내가 가려움을 얘기하는 것으로 알고 가렵지 않게 먹는 일종의 피부약 같았다. 지금 내가 필요한 약은 말라리아 예방약이나 치료약이었다. 그런데 말라리아 약 파는 약국에 찾아가서 약사에게 증상을 설명하려니 힌디어는 전혀 못 해서 안 되고 영어는 너무 서툴러서 고민하던 차에 혹시나 하고 잔디마에게 이런 사정 이야기를 한국말로 대충 했다. 잔디마는 내 얘기를 다 알아듣고 그 약을 싣는 정식 약시 약국도 알고 있다고 하여 바로 오토릭샤를 타고 같이 약국에 갔다. 약국에 도착한 우리는 약사에게 나는 모기한테 물린 상처만 보여 주고 잔디마가 통역(通譯)을 다 하여 정식 말라리아 약을 사 가지고 돌아와 먹기 시작했다. 이렇게 되니 나는 잔디마가 고맙고 사람이 좋아 보이며 믿음이 갔다. 그날 저녁 잔디마와 같이 그 동네 고급 식당에 가서 야채누들을 시켜 먹으면서 고맙다고 하면서 내일 또 만나자고 약속하고 호텔로 돌아왔다.

　오늘 생각난 것은 "사람은 일을 하지 않으면 안 된다. 삶에 있어서 행복(Happiness)의 뜻도 모두 그 일 안에 포함돼 있다." 지금 나의 일은 열심히 여행하는 것이다. 한 곳이라도 더 보고 싶다. 내일에 충실하고 싶고 그 안에서 행복을 찾고 싶다.

2. 해변 사원 Sea shore Temple - 마말라푸람
U.세계문화유산

◎ **마말라푸람(Mamalla puram)**

인구 약 12,500명이며 벵갈 만의 작은 휴양지로 이름난 유적지이다. 1,400년 전 팔라바 왕조의 수도였으며 군사기지였는데 지금은 유네스코 세계문화유산을 두 개나 가진 이름난 유적지다. 한때 남인도의 큰 항구였는데 지금은 작고 평화로운 관광 휴양지(休養地)가 되어 있다.

옛 이름은 마하발리푸람(Mahabali puram)이다. 벵골 만의 아침 일출이 환상적인 곳이다.

◎ **해변 사원(Sea shore Temple)**

마말라푸람 해변 우측 언덕에 있는 힌두 사원이다. 촐라 왕조 나라심하 바르만 2세가 7세기경 건축했다. 석조 사원으로는 남인도 최초로 건립되었다. 1984년 세계문화유산에 등재되었다. 남신 시바 사원과 여신 비슈누 사원으로 두 사원이 붙어 있다. 최고 수준의 조각들이 사원 전체를 둘러싸고 있으며 입장 티켓은 250루피(5,700원)으로, 티켓 한 장으로 단 하루 동안 '판치 라타스'와 두 곳을 볼 수 있다.

◎ **등대(Light House)**

바위산 꼭대기에 있는 작은 등대로 주변 경치를 볼 수 있는 곳이다. 그런데 등대 위치가 바다와 많이 떨어져 있었다. 이곳은 일출(Sunrise)과 일몰 풍경을 감상하기에 더없이 좋다는데 나는 시간을 맞출 수가 없었다.

 이곳 주변의 동굴벽화 나체 여인 조각상의 중요 부분은 여행객들이 하도 많이 만져 그 주위가 손때가 묻어 빤질빤질하다. 나도 사람들이 안 볼 때 한 번 만져 봤는데 피로가 많이 풀리는 기분이었다. 저녁 식사는 민박집 쪽 해변 고급 식당에서 피시누들을 먹었는데 맛있고 먹을 만했다. 그런데 그 넓은 식당에 손님은 별로 없었다. 어쨌거나 이렇게 힘들어지는 나의 이번 인도여행이 용두사미(龍頭蛇尾)로 끝나서는 안 된다. 그것은 순전히 나의 노력 여하와 의지에 달려 있다. 마음을 가다듬자.

일출 - Mamalla puram
해돋이가 아름다운 마말라푸람 해변

아르주나의 고행상(Arjuna's Penance)
신화에 나오는 아르주나의 신에 대한 항변

해변 사원(Sea Sore Temple) U.세계문화유산

3.
판치 라타스 Panchi Rathas U.세계문화유산

　오후에는 '판치 라타스'로 갔다. 내가 볼 때는 진흙으로 지어진 것 같은데 만져 보니 무거운 돌덩어리다. 정말 멋지다. 돌이 아니라 진흙을 주물러 만든 것처럼 자유자재로 형상을 만들어 낸 그 기술력도 놀라운 것이다. 유네스코 세계문화유산에 등재된 '5대의 사원'이란 뜻을 지닌 이곳은 200년 전 영국인이 모래에 묻혀 있는 걸 발굴하여 빛을 보게 되었다고 한다. 그 영국인이 아니었으면 아직도 베일 속에 묻혀 있을 뻔했다. 바다와는 조금 떨어진 바위산 꼭대기에 위치해 있는 등대는 그 앞바다 주변을 지나는 배들이 잘 볼 수 있을 것 같았고 등대 기둥 속 좁은 계단을 한참 오르면 사방을 둘러보는 전망대가 펼쳐진다.

　판치 라타스는 7세기경 나라심하 마말라 왕 때 지어진 힌두 사원으로 1984년 유네스코 세계문화유산에 올랐다. 건축 양식이 각기 다른 5대의 전차라는 뜻이다. 마말라푸람 버스 정류장에서 남쪽으로 2km 떨어진 곳에 판다바 5형제가 끈 마차 형태다. 촐라 왕국의 위대한 왕 '나라심하 마말라'를 칭송(稱頌)하는 내용이 있는 판치 라타스와 실제 크기의 코끼리상이 조각되어 있다. 두르가 여신을 모신 사원과 조각된 사자상이 유명하다.

내가 본 명소

- 아르주나의 고행상(Arjuna's Penance): 인도 신화 속의 코끼리상. 시바 신 등이 큰 바위에 새겨져 있다.
  세계문화유산에 못지않는 인도의 각종 신화(神話)들이 새겨져 있다
- 동굴 사원(Cave Temple): 아르주나의 고행상 뒤편 바위산 동굴에 각종 조각상이 있다.
- 크리슈나의 버터볼(Krishna's Butter Ball): 아래로 굴러떨어질 것 같은 바위 절벽 위에 있는 큰 공 모양의 바위다.

우생마사(牛生馬死), 소는 살고 말은 죽는다. 헤엄을 두 배 잘 치는 말은 빠른데 힘이 약하고, 소는 느려도 뚝심이 강해 살아남는다. 나는 아직도 몸은 빠른 편인데 힘이 약하다. 인도여행에서는 힘이 절대적으로 필요하니 그러기 위해서는 밤에 잠을 잘 자야 한다. 살아 있는 한 우리는 절망(Despair)하지 않는다. 나는 내가 살아 있는 한 인도여행을 계속하고 싶다. 내가 여행을 멈추면 곧 절망이 찾아올 것 같다.

팔로렘 해변(Palolem)
고아 남부의 멋진 해변

인도 관광객들과 - Panchi Rathas

판치 라타스(Panchi Rathas)
U.세계문화유산

인도의 역사(Indian History)

BC 2500년경 - 인더스 문명 발생

　　1500년경 - 아리아인 갠지스 강 진입

　　1000년경 - 마가다국과 16왕국

　　500년경 - 석가모니[붓다]의 생애

　　268년 - 아쇼카 왕 전 인도 통일(統一)

AC 150년경 - 쿠산 왕조의 전성기, 대승불교 성립

　　320년경 - 찬드라 굽타 왕조 인도 통일

　　750년경 - 파라 왕조 번영

　　985년 - 촐라 왕조(남인도)

　　1000년경 - 찬드라 왕국(카주라호의 사원)

　　1206년 - 마무르크 왕조(델리 수도)

　　1336년 - 바자야나가르 왕국(남인도)

　　1498년 - 바스코다가마 인도 상륙

　　1526년 - 무굴제국, 악바르 황제 즉위

　　1600년 - 영국, 동인도 회사 설립(設立)

　　1628년 - 타지마할 건립, 샤 자한 황제

　　1661년 - 뭄바이 획득

　　1673년 - 찬디가르 획득

　　1674년 - 마라타 왕국 형성

　　1690년 - 콜카타 획득

　　1719년 - 정치 혼란

인도 근대사의 아버지
마하트마 간디(Mahatma Gandhi)

1757년경 - 플라시 전쟁.
마이소르 전쟁. 마라타 전쟁

1763년 - 파리조약(프랑스 퇴진)

1793년 - 자민다리제(영국이 인도 압박)

1819년 - 영국이 인도 신민지 추진

1877년 - 영국의 빅토리아 여왕, 인도 황제 겸임 선언

1913년 - 시인 타고르, 노벨문학상 수상

1914년 - 1차 세계대전(지원병)

1935년 - 신인도 통치법

1947년 - 인도 독립(獨立)

1948년 - 마하트마 간디 암살

1974년 - 인도 최초의 핵실험

1984년 - 인디라 간디 수상 암살

1989년 - 달라이 라마 노벨평화상 수상(망명정부 30주년)

1997년 - 마더 테레사 사망

2000년 - 인구 10억 돌파

2022년 - 현재 인구 14억 600만(세계 2위)에 이른다

4.
오로빌Auroville – 푸두체리

　오전 9시경에 어제 얘기했던 호텔에서 가까운 '오로빌 투어' 여행사에 갔더니 전날 본 그 직원이 나를 보고는 "사실 손님이 10명 이상 되어야 투어 버스가 출발합니다. 죄송합니다만 개별적으로 가셔야 하겠습니다."라고 하는 게 아닌가. 그러니까 10명이 안 되면 타산이 맞지 않아 출발할 수 없다는 얘기였다. 나는 하는 수 없이 나 혼자 찾아가기로 하고 오토릭샤 기사와 흥정해 왕복 400루피(9,100원)에 대절했다. 30분가량 시골길이나 다름없는 비포장도로를 달려 오로빌 입구 전시관으로 들어가서 구경했다. 그리고 약 20분 정도를 걸어가서 큰 지구본 모양 같은 마트리만디르도 둘러보았다.
　이곳은 한마디로 뜻을 같이하는 세계의 사람들이 한데 모여 지상낙원(地上樂園) 공동체를 만들자는 곳이다. 좀 더 안쪽으로 들어가면 한국인이 거주하는 가옥도 몇 집 있다는데 보이지 않았다. 이곳을 찾는 대학생 같은 단체 관람객과 특히 외국인 관광객이 유난히 많이 보였다. 오로빈도와 여성 지도자 마라알파시가 꿈꾸었던 신세계 도시 건설이었는데 왠지 겉으로 보기엔 그렇게 활성화되어 있지 않는 것처럼 보였다.
　그런데 입장 허가를 받는 시내 사무실과 이곳이 너무 떨어져 있어 불편했다. 1968년 기공식에는 세계 121개국에서 모인 1,800명의 인종, 종교가 다른 사람들이 함께 살면서 정과 사랑, 인간적 동일성 등을 나누는 곳이다.

◎ 마트리만디르(Matrimandir)

커다란 금색 골프공 모양의 건물로 오르빌의 핵심이다. 외부는 1968년에 착공되었으며 내부에는 세계에서 제일 큰 수정(水晶)이 있다고 한다. 지금은 내부 공사 중이며 완성되면 한 번 더 이곳을 방문하리라.

◎ 푸두체리(Puducherry)

인구 100여만 명의 영국 식민지 당시 유일하게 프랑스 식민지였던 도시로 해안도로 옆의 중세 때의 프랑스풍 건물들이 여행자들의 눈길을 끌고 세계 최대의 공동체 마을 '오로빌'이 여행자들의 관심을 모은다. 여전히 프랑스식 군모를 쓰고 있는 경찰들의 백색(白色) 복장이 특이하다. 프랑스식 레스토랑에서는 매년 프랑스 요리축제가 열린단다. 얼마 전까지만 해도 이곳은 '폰디체리(Pondicherry)'라고 불리었다.

> **내가 본 명소**
>
> - 프랑스 구역와 간디 동상(France st & Gandhi Statue): 프랑스 식민 시절의 건물과 해변에 있는 간디의 동상이 있는 곳
> - 스리 오르빈도 아쉬람(Sri Aurobindo Ashram): 1926년 문을 연 '스리 오르빈도'라는 정신적(Spiritual) 스승을 그리는 기념관
> - 빌루푸람(Villupuram): 푸두체리에서 장거리 기차를 탈려면 빌루푸람 기차역을 이용해야 한다
> - 시민 공원의 영국과 프랑스 전쟁 기념납, 정부 박물관
> - 푸두체리 박물관, 프랑스 고급 주택 구역, 성모 마리아 성당

나는 해마다 2월 중순에 인도여행을 시작한다. 음력 구정 제사를 올리고 출발하는 이때가 여행하기 가장 좋은 우순풍조(雨順風調) 때다. 비는 안 와도 워밍업을 좀 하고 더위를 맞으니 편하다. 여행 기간을 맞출 수 있다면 2월 중순 인도여행 출발을 권한다.

오로빌(Auroville) 세계 최대 공동체 마을

티루말라이 나야크 궁전(Thirumalai Nayak)
1636년 티루말라이 나야크 왕이 건설한 왕궁

간디 동상(Gandhi Statue0)
정부 광장 해변가에 있는 간디 동상

스리 미낙시 사원(Sri Meenakshi Temple)
순다래슈와라 신과 마낙시 여신을 모신 사원

휴게실 lounge

남해안 섬 여행

나는 언제부터인가 섬을 여행하고 싶었다. 바다 가운데 있는 하얀 파도치는 섬을 동경하고 섬사람들의 살아가는 모습도 보고 싶었다. 여지껏 구경한 섬은 제주도, 거제도, 남해도, 울릉도, 흑산도, 홍도, 가덕도 정도였다. 2002년 4월부터 나는 드디어 남해안 섬 여행에 나섰다.

◆ **2002년 4월 14일**
부산 - 통영 한산도 - 추봉도 [2박 3일]

◆ **2002년 4월 19일**
부산 - 여수 돌산도 - 금오도 - 연도 [2박 3일]

◆ **2002년 5월 23일**
부산 - 고흥 - 녹농
소록도 - 금일도 - 생일도 - 거금도 - 연흥도 [4박 5일]

◆ **2002년 6월 6일**
부산 - 광양 - 순천 - 보성 - 목포
압해도 - 안좌도 - 팔금도 - 비금도 [6박 7일]

◆ **2002년 8월 4일**
부산 - 순천 - 보성 - 목포 - 대덕 - 마량
고금도 - 신지도 - 완도 [2박 3일]

◆ **2003년 5월 10일**
부산 - 남해 - 사량도 - 하사량도 [1박 2일]

◆ 2003년 5월 16일

부산 - 순천 - 보성 - 목포장산도 - 하의도 - 상태도 - 보길도 - 노하도 - 청산도 - 외나로도 [8박 9일]

◆ 2005년 9월 26일

부산 - 통영 욕지도 - 연화도 [5박 6일]

사량도만 아내와 같이 갔고 그 외에는 나 혼자 다녔으며, 거의 승용차를 배에 도선하여 가지고 다녔다. 점심 식사 외에 아침저녁 식사는 대부분 직접 해 먹었고 잠은 여관이나 민박이 있어도 거의 내 승용차 안에서 잤다. 여름철이라 텐트는 차에 싣고 다녔지만 혼자라 겁이 나서 밤에는 승용차 안에서 좌석 시트를 펴고 차 문을 잠그고 창문만 조금 내리고 자는 것이 안심이 되고 잠이 잘 왔다.

이 섬들은 부산의 영도 섬(면적 14.2㎢)보다 대부분 다 큰 섬들이었지만 택시나 마을버스가 없어 승용차가 없으면 짐을 메고는 움직일 수가 없었다. 식당도 섬에 따라 있는 곳도 있고 없는 곳도 많아 마땅치 않았고, 식당이 있어도 아침 식사는 해 주는 곳이 없어 취사 도구를 준비해 가는 것이 원칙이었다. 그때 벌써 섬에는 사람이 그리 많지 않으며 육지의 농촌보다 더 젊은 사람 보기가 어렵고 거의 고령의 할머니, 할아버지뿐이었다.

내가 항상 동경하던 경치 좋고 사람 부딪치지 않고 처음 가 보는 길을 찾아 들어왔는데 하루 이틀만 지나면 적적하고 무료해지는 것이었다. 그렇다고 친구와 같이 오려니 내가 하는 행위는 섬에서 등산도 낚시도 아니기 때문에 친구를 데려왔다가는 그 친구가 실망할 가능성이 컸다.

2003년 승용차 안에서 일주일을 자고 나서 바닷가에 나갔다가 돌아오면서 내 차를 바라보니 내 승용차는 달리는 차가 아닌 집 같기도 하고 콘테이너 박스 같기도 하고 텐트 같기도 한 간이 숙소 모습으로 보였다. 여기는 섬이라 사람이 적고 치안이 안전한 곳인데도 밤에는 한 발짝도 나갈 수가 없고 밤은 길고 적적했다. 그렇다고 마을 가까이 있자니 그 섬 주민들이 나를 볼 때 웬 낯선 사람이 무슨 일로 왔을까? 일거일동을 살피고 경계하고 있어서 불편했다.

　이제 남은 섬은 무안, 함평, 영광 앞바다의 증도, 임자도, 매화도 쪽이다. 간다 간다 한 것이 20년 넘게 가질 못했고 그간 외국여행을 하느라 짬을 내지 못했지만 여름이 오면 그래도 그 바다 물결을 꼭 한번 가 보고 싶다.

　외국여행은 여러 가지 여건상 부득이 혼자 가지만 국내의 섬 여행을 혼자 다니는 건 날이 갈수록 외로움을 느끼고 옛날처럼 선뜻 나서지지가 않는다. 언젠가 강원도 정선의 모텔 사장님의 말씀처럼 "이 좋은 세상에 왜 혼자 다니슈. 이다음부터는 다방 마담이라도 한 사람 꼬셔서 같이 다니슈."라고 했다.

　실제 지도를 보면 바다에 떠 있는 섬들은 특히 여름철에는 그곳은 어떨까 하며 곧 달려가고 싶지만 실제 혼자서 가 보면 며칠만 있으면 할 일 없이 심심해지고 외로워지는 것이다. 자꾸 지도를 보고 다른 섬으로 옮겨 다니면서 구경하는 수밖에 다른 방법이 없었다. 섬에는 사람도 많이 없어서 일하는 노인들을 붙들고 이야기할 기회도 잘 없고 더구나 비라도 오는 날에는 더욱 적적해지는 것이었다.

그래도 집에 돌아와서 3일만 지나면 내가 왜 성급히 집으로 돌아왔나 후회하며 또 딴 섬으로 가고 싶은 것이었다. 그런데 이때 촬영한 사진들은 모두 필름 카메라 사진이라 스캔을 하면 화질이 떨어져 못 쓰고 있는 형편이다. 요즘 소식을 들으면 웬만한 섬과 섬은 다리가 많이 생겨 육지화되거나 옛날 같은 그런 맛이 안 난다고 사람들은 말한다. 그러나 나는 못 가 본 그 섬들을 코로나가 끝날 때는 꼭 가 보리라고 다짐한다.

남해의 소도

5.
칸야쿠마리 Kanyakumari

인구 약 2만여 명의 작은 도시로 벵갈 만, 인도양, 아라비아해 3바다가 만나는 곳에 들어서 있는 힌두교 성지이다. 인도 최북단에서 시작해 3,000여km 정도 내려온 최남단 땅끝으로 3개의 바다가 한데 어울려 지는 해가 떠오르는 달을 만난다는 이색 지역이기도 하다. '인도의 꼬리마을'이라고 불리다 보니 인도를 찾는 여행자들의 인증 샷 포인트이기도 하다. 도시 전체가 깨끗하고 주민들의 환대 정신이 생활화된 곳으로 푹 쉬어 가기에 좋다. '코모린 곶(Cape Comorin)'이라고도 한다.

◎ 비베카난다 메모리얼(vivekanandapuram Memorial)

유람선을 타고 비베카난다 메모리얼 섬으로 건너갔다. 건너편 칸야쿠마리 시가지가 한눈에 들어오고 동쪽의 벵골 만, 남쪽의 인도양, 서쪽의 아라비아해 푸른 삼면의 바다가 파도치며 만나는 삼각(三角) 현장이 바로 눈앞에 펼쳐졌다. 거기에다가 멋진 바다 경치가 어우러져 그만이었다. 성지라서 그런지 신발을 벗어 맨발로 걸으니 발바닥이 뜨거워 그렇지 기분은 아주 쿨했다. 여기는 인도인들도 성지 참배와 함께 평생에 꼭 한번쯤 오고 싶어 하는 곳이란다. 섬 꼭대기에서 내려다보이는 칸야쿠마리 시내 경치가 근사하고 아늑하였다.

비베카난다 메모리얼은 인도의 힌두 성자 라마크리슈나의 수제자이자 힌두 개혁가이며 철학자인 스와미 비베카난다(Swami Vivekananda)의 기념관으로 1970년에 바위섬에 건설되었다. 힌두 성자 '비베카난다'가 깨달음을 얻었다는 바위섬이다. 그 옆 작은 섬의 동상은 타밀 시인 '티루발루바르'의 동상으로 2000년에 세워졌고 높이는 40.5m이다.

멋쟁이 인도 중년 아저씨와 아줌마들도 이곳으로 관광을 와서 사진을 찍고 있었다. 말만 통해도 "어디서 언제 여행 왔냐?"고 묻고 싶었지만 마음뿐이었다. 한국인들이 해남(海南) 땅끝 마을 땅을 밟고 싶어 하는 마음처럼 인도인들도 같은 생각이리라. 오후 2시경 내가 두 번째 인도여행을 떠나온 지 처음으로 한 달 반(약 45일) 만에 비가 왔다.

야채시장에 반찬거리 사러 가다가 보니 하늘에 먹장구름이 덮이고 사방이 어두워지며 소나기가 약 2시간 동안 내렸다. 처음에는 부슬부슬 오다가 나중에는 마구 퍼부었다. 식당에서 비를 피하며 있었는데 정말 시원하게 퍼부어 그간의 더위와 갈증을 말끔히 씻어 내리는 것처럼 기분이 아주 쿨했다. 비가 그치고 나니 길은 질퍽하나 상쾌한 기분으로 간디 만다팜을 보러 갔다. 인도인들은 그들의 영원한 아버지 마하트마 간디를 지금도 가슴 깊이 존경하고 있다.

내가 본 명소

- 쿠마리암만 사원(Kumari Amman Temple): 1세기 때부터 외부로 알려진 사원이며 칸야 데비 여신을 모신 사원이다.
- 간디 만다팜(Gandhi Mandapam): 간디의 유해가 바다로 뿌려지기 직전에 보관된 기념관이다.
- 비베카난다푸람 박물관(Vivekanandapuram Museum): 1902년에 태어난 '비베카난다'의 생애가 담겨 있는 박물관. 인도양을 '래카다이브해'라고도 한다

> • 란솜 교회(Rantom Church): 해변 가까운 데에 고딕식 건물로 지은 내부가 아름다운 교회이다.

◎ 베싱 가트(Bathing Ghat)

　간디 만다팜 바로 옆 베싱 가트 바닷가에서 인도인들이 해수욕을 즐기고 있었다. 아이들은 더워서 물놀이하는 것 같았고 어른들은 성지에 와서 몸과 마음을 깨끗이 씻고 예배(Worship)에 참석하는 것 같은 순서로 의식을 거행하고 있었다. 나도 한번 한국의 묵은 때를 씻는 목욕을 하려다가 나중에 모래와 짠 바닷물을 씻는 일이 번거로울 것 같아 마음속으로만 목욕하고 말았다.

　자기 방식대로 인생을 보낼 수 있어야 성공했다고 할 수 있다. 나는 내 식대로 여행하면서 보내고 싶다. 다른 사람의 여행 방식을 참고는 하지만 내 식으로 혼자 하는 게 가장 편하게 계속할 수 있다. 내 성격이 '우이독경' 식은 아닌데 친구를 잘 못 사귄다. 배풀 줄 모르고 계산적이기 때문인가? 꼭 그렇지도 않다. 그러나 내 돈 쓰고 욕먹는 짓은 정말 내가 가장 싫어하는 일이기 때문이다.

시원한 바다가 좋아! - 비베카난다 메모리얼

일출 - Puducherry
호텔 방에서 잘 보이는 해돋이 장면

유람선에서 바라본 칸야쿠마리 시가

비베카난다 메모리얼(vivekanandapuram Memorial)

6.
바르칼라 해변 Varkala Beach
– 코발람 해변 Kovalam Beach

푸른 바다에 하얀 모래사장은 한 폭의 그림 같았고 서양인 여행객 일색이었다. 바닷가에는 별로 시설이 없고 호텔, 식당, 상점들은 모두 언덕 위에 다 있었다. 수영하는 사람들은 호텔에서 바다까지 언덕을 오르내리기가 좀 불편해 보였다. 그건 나의 걱정이고 해수욕(海水浴) 즐기는 사람도 많이 보인다. 다들 어디서 알고 찾아왔는지? 바르칼라는 칼람바람에서 버스를 갈아타야 갈 수 있었다. 점심 식사를 하려고 레스토랑에 가서 야채 토스트를 시켰다. 해변을 내려다보는 경치는 그만인데 식당에는 손님이 없고 음식 맛이 별로였다. 그 해변에서 자나르다나 사원은 걸어서 약 20분 거리로 그리 멀지 않았다. 사원은 그렇게 특별하지 않았고 내가 만약 숙소를 여기 바르칼라로 정했다고 생각해 보면 티루바난타푸람 쪽으로 가려면 칼람바람에서 갈아타고 다녀야 하니 그 또한 큰 불편이 따르고 모든 숙소는 장단점(長短點)이 있기 마련이다. 이런 해변에 오면 외국인여행자들이 많이 보인다. 연인들도 많고 중년 부부도 많이 보인다. 나도 우리 부부가 함께 여행하는 날을 생각해 본다. 남들은 갈 줄 몰라서 못 간다는데 나의 여행 실력이 이만큼 되니 와이프는 숟가락 하나만 챙겨 따라오면 될 것을…. 바보가 따로 없다

바르칼라 해변(Varkala Beach)
인도에서 가장 아름답다는
파파니삼 해변[구명]

코발람 해변(Kovalam Beach) 기분 나이스!

　어제 가 본 바르칼라 해변보다 오늘 간 코발람 해변이 아름답기로 한 수 위다. 해변이 길고 개발지와 미개발지로 나누어져 있어 한 곳에서 두 곳의 분위기를 맛볼 수 있다. 나는 처음에 우측의 미개발지 해변을 구경하다가 모래사장에서 아라비아해의 푸른 바다를 또 보니 피로가 눈 녹듯 사라지고 해변에서 여러 사람들이 힘을 합해 고기 잡는 배에서 그물을 끌어올리는 작업 광경도 봤다. 그리고 미개발(未開發) 해변과 개발 해변의 중간 언덕에 위치한 고급 리조트 호텔로 들어가 살펴봤는데 주변 전망도 좋고 멋있었다.

　그 리조트에는 주로 서양인들이 많이 보였는데 내부는 안 들어가 봤지만 콘도식으로 취사를 할 수 있는 구조 같았다. 아마 하루 숙박료가 꽤 비쌀 거라는 느낌이 들었다. 개발지 코발람 메인 해변으로 들어서니 고급 호텔·레스토랑·기념품 상점 등이 즐비하게 들어서 있고 정말 그림에서 보았던 화려한 피서지다웠다.

코발람 해변(Kovalam Beach)
어부들이 그물을 끌어올린다

코발람 해변 등대(Lighthouse) - Kovalam

　수영하는 사람, 일광욕하는 사람, 윈드서핑 하는 사람 등 대부분이 서양인들이었다. 해안가 끝 언덕에 있는 등대에 올라가니 경치도 좋아서 그 그늘에서 한참 쉬다가 내려왔다. 코발람 해변은 이번 여행에서 가 본 해변 중에서 가장 아름답고 화려하고 피서객도 많은 해변이다. 갈 때는 티루바난다푸람 터미널에서 에어컨 버스를 타고 갔고, 돌아올 때는 지쳐서 그냥 지나가는 버스를 탔는데 용케도 터미널로 돌아올 수 있었다. 호텔 객실이 하도 더워 내일이면 여기를 떠나고 해서 방문을 열어 놨더니 1층이라 호텔 종업원이 지나가다 보고 객실 안에서는 취사를 해서는 안 된다고 했다. 그 직원이 말하는 뉘앙스로 보아 그냥 경고성이 아니고 "절대 취사를 해서는 안 된다!"는 단호한 어조로 흥분해 목소리를 높였다.
　이번 인도 자유여행에서 10여 군데의 호텔을 돌아다녔지만 취사는 절대 불가라고 하는 곳은 여기가 처음이다. 어제와 오늘 해변을 둘러보면서 생각해 봤는데 다시 인도로 여행을 온다면 유적지(遺跡地)를 몇 곳 덜 보아도 해변에 숙소를 정하는 편이 낫겠다는 생각이 들었다. 사실 나이나 신체 컨디션 등을 두루 감안할 때 관광도 중요하지만 편히 휴양을 하며 쉬는 것이 더 중요하니까 말이다. 그리고 해안가의 호텔들은 대부분 취사를 허용하여 마음 편하기 때문이다.

◎ 티루바난타푸람(Thiruvanantha Puram)

인구 약 75만 명으로 인도에서 가장 남쪽에 있는 케랄라주의 주요 도시이다. 18세기 트라방코르 왕조의 수도로 발전했다. 국제공항이 있는 남인도 도시로 교통의 중심 역할을 한다. 트리반드룸(Trivandrum)이라고도 부른다.

내가 맨 처음으로 보러 간 푸탄 말리카 궁전(Puttan Malika Palace)으로 들어가는 좌측의 큰 호수와 길에 세워져 있는 큰 신상(약 5~6m) 7개는 마치 중국의 고궁(Old Palace) 거리를 연상케 했다. 트라방코르 왕조의 궁전은 현재는 개조하여 박물관으로 쓰고 있었다. 박물관에는 여러 개의 왕족 초상화, 총칼 무기 종류, 화려한 왕좌 등이 전시되었고 궁전의 복도 벽에는 독특한 힌두신 조각품이 아름다움을 나타내고 있었다. 한국의 기와 지붕식 궁전같이 지붕이 기와로 되어 있으며 뜰과 조화가 경복궁을 연상케 했는데 규모는 크지 않지만 옛날의 화려함을 간직하고 있었다. 투어식 가이드로 팁을 걷는 '박시시 타임'으로 사람들이 모여 가이드의 설명을 듣고 있었으나 주로 힌디어나 영어로 하기에 나는 말을 못 알아들어 갈 필요가 없었다.

이번 여행 중 제일 후진 올 시즌스 게스트 하우스에서 취사한다고 직원에게 그렇게 구박을 당하고 코발람에 와서 주로 서양인들이 이용하는 전망도 좋은 고급 콘도를 보니 나의 인도여행이 좀 부끄러운 자괴감(Weird)

이 스스로 들었다. 왜 나는 단 하루라도 고급 콘도에서 자지 못하나? 돈을 아끼지 말고 쓸 때는 좀 써라! 그러나 여기는 교통이 불편하고 내 여행은 처음부터 고행을 작정한 여행이잖아!

스스로 문답하고 위안해 본다.

스리 파드마나바스와미 사원(Sri Padmanabhaswamy)
1733년 트라방코르 왕조가 건축한 힌두교 사원

시민공원(City Gardens)
동물원, 미술관, 박물관이 모여 있는 공원

나피에르 박물관(Napier Museum)
1855년 건축된 케랄라주의 근대적 박물관

인도의 축제(Idian Festival)

1월: 퐁갈&마카르 산크란티(Pongal/Makara Sankranti)
남인도에서 이틀간 벌어지며 사람들은 이마에, 소는 뿔에 화려한 화장을 한다.

2월 말: 시바라트리(Shivaratri)
수백만 명의 신자가 밤새 예배를 드리는 시바 신의 축제로 푸자가 행해지고 찬가를 부른다.

2~3월: 바산타 파차미(Vasanta Pachami)
북인도를 중심으로 봄을 반기며 가마가 유채 밭을 지나간다.

3월: 해피 홀리데이(祝祭)(Happy Holidays)
봄이 온 것을 축하하며 이 날만은 카스트나 빈부(貧富)의 차이 없이 누구나 색 가루나 물을 마구 뿌려 댄다.

8월 전후: 크리슈나 자나마 아시타미(Krishna Janama Asitami)
즐거운 크리슈나의 탄생제로 인도에서 인기 있는 행사가 열린다.

8~9월: 가네샤 축제(Ganesh Chaturthi)
서인도 뭄바이를 중심으로 펼쳐지는 서민에게 가장 친숙한 가네샤의 탄생을 기리는 화려한 축제

해피 홀리데이에 온몸에
색칠을 하고 즐기고 있다

9~10월: 다사라(Dasara)

인도의 축제 중에서 가장 인기 있는 큰 축제다. 인도 전역에서 악마와 싸웠던 라마 왕자와 두르가 여신의 공연이 있다.

10~11월: 디발리(Divali)

인도 3대 축제 중의 하나로 락슈미 여신에게 부와 행운을 비는 등불이 도시 안에 가득하다.

〈그 밖의 축제〉
- 2~3월: 카주라호 축제
- 6~7월: '라다크' 헤미스
- 8월: 자이푸르 '티지'
- 7~8월: 푸리 자간나트 가마 축제
- 9월: 트리반드룸 '오남'

〈공화국 기념일〉
- 1월 26일: 1950년 공화국 헌법 발표
- 8월 15일: 1947년 독립 축하 기념일
- 10월 2일: 간디 탄생(誕生) 기념일

7.
알라푸자Alappuzha 수로 유람
- 코친 마탄체리Mattancherry

호텔 프런트 여직원이 소개하여 여행사 투어로 알라푸자 수로 유람을 가기로 했다. 오후 2시에 승용차가 와서 타고 다시 에어컨 버스로 갈아 타는 줄 알았는데 알고 보니 그날 손님은 나와 50대 인도인 여자 둘뿐으로 코란도 지프차를 타고 알라푸자 호숫가로 갔다. 유람선을 타고 푸른 숲 수로 사이를 빠져나가는 기분은 시원하고 날아갈 듯이 좋았다.

호수를 지나 섬마을로 들어가 문명이 두절된 옛날 집에서 그 집 아주머니가 손물레로 얇은 로프(노끈)를 직접 만드는 걸 견학하고 팁으로 100루피(2,280원)를 주고 나왔다.

같이 타고 간 50대 인도 아줌마는 먼 지방에서 온 것같이 보였다. 물론 말은 안 통하지만 좀 그런 인상으로, 이상하게도 얘기하고 싶지가 않았다. 인도 여자들은 대체로 그렇다고나 할까. 그러나 나는 탐방하러 온 사람이지 여행객을 보러 온 게 아니니 무관했다. 어쨌든 투어를 마치고 그 코란도차 가이드에게 별도로 팁 100루피를 주니 좋아했다. 호텔 앞 에르나쿨람 번화가를 밤에 잠시 구경했는데 낮에 보는 인도의 때묵은 거리가 아닌, 완전 네온등 휘황한 밤거리였다. 그렇다고 술집이 있는 유흥가는 분명 아닌 것 같았다.

이런 묘한 맛에 죽을힘을 다해 인도여행을 즐기는 것인가 보다. 특히 마탄체리 골동품 가게에서 유대인 마을을 지나 중국식 어망까지 가는 약 5km에 이르는 구간 길은 내가 지금까지 즐긴 인도여행의 최고 볼거리였다. 50년 전의 부산 자갈치 시장의 옛 모습이랄까…. 지금도 남아 있는 부산 영도 대평동의 분위기가 물씬 풍겼다.

코친은 인구 60여만 명의 소도시로 16세기 이후 향신료 무역을 통해 쌓은 부를 포르투갈, 네덜란드, 영국 등이 차지하려고 침략을 계속해 세계 열강들의 투쟁장이 되었던 곳이다. 1812년에 영국이 단독 지배하면서 윌링턴 섬에 현대적인 항구를 건설했다. 이곳의 에르나쿨람(Ernaculam) 거리는 소란스러운 교통 매연지인 데 반해 포트 코친과 마탄체리 거리는 공기도 맑고 평온하다.

약 600년 동안 상인들과 무역업자들로 활력이 넘쳤던 옛 영화가 오늘날에도 고스란히 살아 숨 쉬는 인도 케랄라주 최고의 무역항이었다. 중세까지 중국과 아라비아는 물론 유럽의 상인들이 드나들면서 문화의 다양성(多樣性)을 갖추었다. '코치(Kochi)'라고도 부른다.

내가 본 명소

- 마탄체리 궁전(Mattancherry Palace): 1555년 포르투갈인들이 지은 궁전으로 1663년 화란인이 보수한 곳이다.
- 중국식 어망(Chinese Fishing Net): 약 1,400년전에 중국 원나라에서 전해진 코친 앞바다의 어망이다.
- 성 프란시스 교회(St. Francis Church): 1503년 건설된 인도 최초 교회 중의 하나이다.

- 체라이 해변(Cherai Beach): 바이핀 섬의 북쪽에 있는 긴 해변으로 개발이 덜되어 있다.
- 유대인 거주지(Jewish Town): 유대인이 살았던 고풍스런 거리이며 현재는 인도에서 가장 큰 골동품 거리다. 한 골동품상에 들어가서 구경도 많이 했다. 진귀품이 많았고 어떤 골동품상(骨董品商)에는 입구에 커다란 당시 보트도 한 척 진열되어 있다.

1568년에 건축한 파르데씨 시나고그(Synagogue)는 골목 안에 있고 시계탑은 1760년에 세워졌다. 향신료 거리에는 생강, 카더몬, 커민, 심황, 정향 등의 상점이 가득하며 윌링톤 섬(Willingdon Island)은 영국인이 현대항으로 개발한 섬이다.

성공의 최종 목표는 남을 도우며 함께 잘 살아가는 일이다. 내 인생의 최고 목표인데, 이날이 빨리 와야 될 텐데 정작 기회가 안 온다. 이런 일은 기다리지 말고 찾아 나서야 되는데 말이야…. 나의 인도여행은 기복이 많았던 내 인생의 말년에 원화소복(遠禍召福)으로 노후 인생의 참맛을 즐기는 계기가 되었다.

다음 날, 마탄체리(Mattancherry)에 다시 갔다. 오후 2시 어제 보았던 마탄체리 600년 된 향신료 무역항을 한 번 더 가 보기로 하고 메인 제트(선착장)에서 배 타고 커스텀 제티에 내려 어제 걸었던 반대 방향으로 중국식 어망 쪽에서 유대인 거리 - 궁전 - 골동품 거리 쪽으로 걸었다. 어제 봤는데 오늘 또 봐도 좋았다. 부산의 옛 자갈치 부두, 영도(影島)의 대

평동 같으면서도 엄연히 다르며 인도 안의 옛 중세 유럽 같은 활기 넘치던 그런 항구의 뒷골목 풍경이었다. 그 무더위 속에 2시간 구경하며 걸었는데 더운 줄 모르는 흥미진진한 길이었다. 오래되어 철거하거나 재건축해야 할 집들을 손대지 않고 고대로 보존하는 느낌도 들었다. 호텔로 돌아오는 시내버스를 타고 큰 대교를 두 개나 지나 에르나쿨람 번화가를 거처 돌아왔다. 향신료라면 내가 알기로 마늘, 고추, 파, 후추 등으로 알고 있는데 이것이 유럽에 싣고 나가면 큰돈이 되었던 모양이다.

 나는 너무도 그리운 내 어릴 적 뛰놀던 부산 용두산 공원 고향 동네로 돌아온 기분이었다. 여기라면 한국에 돌아가지 않고 그냥 눌러 살고 싶을 정도로 마음에 들었다. 다음에 우리 가족과 함께 꼭 다시 오고픈 항구(港口)이기도 했다. 사람이 느끼는 감정이 서로 다르지만 나는 그만 이곳에 맘을 빼앗겨 코친을 떠나기 전에 추억의 사진도 더 남기면서 한 번 더 보고 가고 싶었다. 내가 언제 다시 이곳을 올 것인가? 말이다!

수로 유람(Backwater Trip) 아름다운 열대성
수로를 보트 타고 다닌다 - Alappuzha

휴게실 lounge

우리 가족이 같이한 한라, 지리, 설악 등산

산을 좋아하는 나는 우리 아이들에게도 꼭 등산을 취미를 익혀 주고 싶었다. 탁구 같은 운동 경기는 너무 1:1 경합을 벌이니 승부욕에 치중하는 데 비해 내가 경험해 보니 등산은 결국 자기와의 싸움으로 취미로나 건강상으로 가장 좋아 우리 아이들이 성장하면서 가족 사랑과 인성 교육에도 많은 도움이 될 것 같았다.

그러던 1995년 8월 아이들의 여름 방학 때 우리는 제주도 여행을 가면서 제주 관광과 한라산 등산도 계획에 넣었다. 처음 계획은 우리 부부는 별 무리가 없이 올라간다고 보고 고1 큰딸과 중2 작은딸이 한라산 정상을 향해 올라가다가 정 힘들어 못 올라가면 그냥 내려온다는 생각으로 출발했다.

한라산은 해발 1,950m로 국내 산 중에서 제일 높은데 등산 시발점이 어리목으로 해발 500m쯤 된다. 계속 능선을 따라 4~5시간을 올라가면 백록담에 다다르는 코스로 나는 몇 번 정상에 올라간 경험이 있어 좀 안심이 되었으나 애들은 두려워하고 있었다. 우리는 처음 계획으로 4박 5일을 생각하고 출발했는데 태풍 경보가 내려 입산 금지가 되어 7월 22일~7월 27일(6박 7일)로 연장 여행을 했다.

제주도에서는 랜트카를 이용할까 하다가 우리 승용차를 가져가기로 하고 출발 하루 전날(7월 21일) 부산에서 제주 페리호로 차를 먼저 보냈다. 당시 승용차 한 대 도선 비용은 105,000원이었으며 무거운 짐은 대부분 차 안에 실을 수 있어 좋았다. 좀 오래되어 옛 기억을 더듬으며 적어 본다.

7월 22일, KAL로 낮 12시에 제주 공장에 도착한 우리는 먼저 택시를 타고 제주 부두에 가서 승용차를 찾았다. 오후에 이호, 곽지, 협재 해수욕장을 구경하고 저녁에는 현대 콘도 숙소로 향하면서 내일 새벽 이번 여행의 하이라이트이자 제일 힘든 한라산 등산을 먼저 하기로 했다.

    7월 23일, 아침에 일어나니 태풍 경보가 내려 한라산 입산이 통제되었다는 소식을 들었다. 우리는 할 수 없이 제주도 관광부터 먼저 하기로 했다. 힘든 한라산 등산을 먼저 하려 했으나 태풍 때문에 우리는 명소 구경을 하면서 태풍 경보가 해제되기를 기다렸다. 천제연, 정방, 천지연 폭포 구경은 고등학생과 중학생 애들도 즐거워했다.
    등산을 두려워하는 애들에게 내가 백록담 화산 분화구와 백두산 천지연을 비교하며 호기심이 가게 잘 설명하여 꼬셨다. 등산을 좋아했던 나는 가족들과 함께 한라산을 오르는것을 항상 꿈꿔 왔다. 재주도 여행은 신혼 때에도 와이프와 같이 패키지로 여행했지만 20년 가까이 지나 아이들과 다시 찾아와 보니 한층 기분이 흐뭇했다.
    내가 처음 한라산 등산을 한 것은 1968년 대학시절 친구들과 제주시 - 관음사 - 개미등 - 용진각 대피소[1박] - 백록담 - 남성리[적십자 대피소] - 서귀포로 종주를 했다. 그때는 부산에서 도라지호(배)를 타고 와 4박 5일 한 것이 어렴풋 생각났다.

    7월 27일, 태풍 경보로 2일이나 더 연기하여 기다린 우리는 더 이상 연기할 수가 없어 오늘도 국립공원 사무소에 전화해 보고 태풍 경보가 해제되지 않았으면 등산을 포기하고 집으로 돌아갈 생각이었다. 새벽 5

시에 한라산 국립공원 사무소에 전화를 했더니 마침 태풍 경보가 해제되어 등산할 수 있다는 반가운 소식이었다.

어승생 관리소 앞에 승용차를 세워 두고 어리목 코스로 산을 오르기 시작한 우리는 점심 먹는 시간만 쉬고 느리지만 쉴 새 없이 올라 5시간 만에 백록담에 올랐다.

"여기는 백록담 푸른 물이 보이는 해발 1,950m 한라산 정상이다!"

하루하루를 어렵게 연기해 왔고 태풍이 지나간 뒤라 길이 질퍽했으나 우리는 해낸 것이다. 우리는 성취감과 기쁨에 야호 소리를 지르며 서로 얼싸안았다. 특히 가족 등산을 주도했던 나는 더 뿌듯함을 느꼈다.

우리는 오늘은 무조건 집으로 간다는 생각으로 오후 6시 30분 부산으로 돌아가는 비행기 표를 예약했으므로 하산을 서둘렀다. 산 정상에서 즐길 시간도 잠깐 야호 소리 삼창하고 사진 찍는 것이 다였다. 쉴 새 없이 어생승 관리소에 3시간 만에 노작하니 왕복 약 8시간 걸렸다. 무엇보다 와이프와 아이들이 잘 걸어 주어 다행이었다.

그 시간이 오후 5시쯤이라 나는 차를 빨리 몰아 먼저 제주 뱃머리에 가서 승용차를 부산으로 실었는데 그 시간이 좀 걸렸고 그다음 바로 우리는 택시를 타고 제주 공항으로 향했다. 제주 공항에 도착한 우리는 뛰어 들어가 출발하려는 비행기에 탈 수 있었다. 007 영화를 방불케 하는 장면이었다.

애들과 함께하는 가족 사랑으로는 이 등산이 제일이라는 걸 다시 한 번 더 느꼈다. 힘도 들고 성취감도 나눌 수 있으니 말이다. 남한에서 제일 높다는 제주도 한라산(1,947m) 등반을 성공적으로 끝낸 일이였다. 무엇보다 우리 계획에 잘 협조해 준 아이들이 고마웠다!

1995년 7월에 있었던 일이다.

우리는 한라산 등산에서 자신감을 얻고 그해(1995년) 겨울 방학 때인 12월 24일 중산리 - 법계사 - 천황봉 지리산 천황봉에 도전하여 성공하고 그다음 해 1996년 7월 25일 여름 방학을 이용하여 오색 - 대청봉 - 천불동 계곡 설악산 대청봉 정상에 다시 성공했다.

국내 3대 최고봉 한라산, 지리산, 설악산으로 한국 등산 그랜드 슬램을 이루어 낸 것이었다. 세월이 흐르면서 애들이 학업을 마치고 지금은 둘 다 결혼하여 가정을 이루었지만 우리 가족의 평생 추억으로 요즘도 한 번씩 지난 일들 얘기하며 웃는다. 애들도 훗날 그들의 자녀와 손잡고 우리가 올랐던 그 산에 오르는 날을 상상해 본다.

한라산 백록담(1,947m) 정상

지리산 천황봉(1,915m) 정상

1996년 우리 가족이 올랐던
설악산 대청봉(1,708m) 정상

8.
올드고아 성당들 Old Goa Church U.세계문화유산

나는 파나지 버스 정류장에서 올드고아로 가는 버스를 타고 가면서 좌측 만도비 강변의 풍경에 매료되어 있었다. 마치 옛날 낙동강 양산 원동 나루터에서 김해 용산나루를 건너가는 나룻배에서 보던 주변 풍광이 떠올랐다. 저 멀리서 큰 배가 손님을 가득 싣고 강 저쪽으로 떠나가고 있었다. 너무 정겨운 생각이 들어 고아에 있는 동안 꼭 한 번 저 배를 타고 강을 건너가 보고 싶었다.

올드고아에 도착해 제일 먼저 들어간 성 캐서린 성당은 웅장하고 멋있었다. 내부는 눈부실 정도로 아름답게 장식해 놓았다. 매번 같은 생각이지만 성당은 꼭 이렇게 예술적으로 화려하게 해 놔야 기도가 잘되나 보다. 400여 년 전에 이런 규모의 성당을 지었다는 사실을 상기시키며 한국의 종교 사원도 생각해 봤다. 그 바로 옆의 수도원 건물은 정말 영화에서나 보던, 내가 실제 건물을 꼭 보고 싶어 했던 곳이다. 건물 상태는 오래되어 허물어져 가도 안에서 미로 같은 통로를 지나다니며 수도원 생활을 했던 수도사(修道士)들의 어려운 생활상을 생각해 보고 사진을 찍고 나왔다.

이렇게 한꺼번에 여러 채의 대성당을 보고 나니 비교할 수는 없지만 돌이켜 보면 '봄 지저스' 성당이 가장 훌륭한 것 같았다. 오늘따라 사람이 많아 줄을 서서 들어가서 줄을 서서 나왔는데 그 웅장한 느낌이 황홀할 정도였다. 봄 지저스 대성당(Basilica of Bom Jesus)은 고아주의 성인인 성 프란시스 사비에르의 400년 전 시신이 묻혀 있는 곳이다.

◎ 올드고아(Old Goa)

1510년에 포르투갈의 알부케르케가 이슬람 세력을 물리치고 입성해 리스본을 방불케 하는 도시다. 인도 서해안의 향신료 무역 독점 항구로 황금시대(黃金時代)를 열어 가다가 1843년에 전염병이 만연해 도시 기능이 마비되자 10km 떨어진 파나지로 수도를 이전하며 퇴폐한 곳이다. 오늘날은 5~6개의 장엄한 성당만 남아 있는데 한때 "동방의 로마"로 불리며 그 호화로움이 리스본 못지않았던 곳이다.

내가 본 명소

- 봄 지저스 대성당(basilica of Bom Jesus): 1946년 교황청으로부터 최초로 대성당 칭호를 받은 성당이며, 고아주의 성인인 '성 프란시스 사비에르'의 400년 시신이 있는 곳이다.
- 성 카제탄 성당과 수도원(Church & Convent of St. Cajetan): 1651년 교황 우반 3세가 건립했고 수도원은 1572년 지었다. 1986년 U.세계문화유산에 등재되었다.
- 성 캐서린 성당(St. Catherine's Cathedral): 아시아에서 제일 큰 성당 중 하나로 1652년에 완공되었다.
- 대주교의 궁전(Archbishop's Palace): 성 캐서린 성당의 부속 건물로 포르투갈령 대주교의 사택이었다.

- 고고학 박물관(Archaeological Museum): 1517년 건설된 성 프란시스 수도원으로 현재는 개조하여 박물관이다.
- 성 캐서린 예배당(Chapel of St. Catherine): 1510년 고아를 정복한 알부케르케(포르투갈)가 지은 성당으로, 파나지에서 동남쪽을 9km 떨어진 올드고아에 있다.
- 아씨시 성 프란시스 성당: 1517년 8명의 프란시스코 수도사들이 지은 작은 예배당이다.

◎ 안주나 해변(Anjuna Beach)

오후 2시에 올드고아에서 나와 파나지를 거처 안주나 해변으로 갔다. 내가 젊어서 이곳에 왔으면 나도 그들처럼 히피로 활동을 할 수 있었을까? 오늘 가 본 안주나에는 지금도 히피 차림의 젊은 남녀가 어슬렁거리며 돌아다니는 모습을 볼 수 있었다. 왠지 부러운 생각도 들었다. 하지만 이곳의 해변은 내가 그동안 인도에서 본 해변 중에서 가장 불만족스러웠다. 백사장은 거의 없고 해변에 큰 바위가 즐비하게 들어서 있기 때문이다. 그래도 서양 히피들이 이 일대를 가장 선호했다고 하니 바위가 많아서 일까? 왠지 나는 유구무언이다. 돌아가는 버스 시간을 맞추려 빠른 걸음으로 주변을 돌아보고 버스를 타고 나가는데 '칼링굿'이 보였다. 해변에서 얼마나 '깔랑한(재미있는) 굿판'이 벌어지곤 했으면 그 이름이 '칼링굿'인가 하는 생각도 들었다.

내가 인생을 살아오면서 가장 하고 싶은 일이 고전을 많이 읽는 것이다. 위편삼절(韋編三絶), 질긴 가죽끈이 세 번 끊어질 만큼 열심히 책을 읽는 것인데 나이가 들수록 눈도 침침하고 기억력이 떨어지니 꼭 젊어서 책을 읽기를 권한다. "책은 불과 몇 줄만이라도 배울 점이 있으면 그것만으로도 충분한 가치가 있다."란 말이 있지만, 나의 책은 몇 줄에 그치는 것이 아니라 실제 여행에 꼭 도움됐으면 하는 한 권의 실전 책이 되도록 최선을 다해 보자.

다음 날, 오전 9시 30분 베나울림 해변을 가는데 콜바에서 버스로 10분쯤 마르가오 쪽으로 나오다가 큰 삼거리에서 1.5km를 30루피 주고 영업하는 오토바이 등 뒤에 타고 갔다. 백사장은 예쁘고 모래도 부드러운데 편의 시설이 없고 사람도 없다. 사실 내가 좋아하는 해변 조건인데 너무 더워 40분 정도 머물면서 사진 찍고 구경하고 나올 때는 50루피(1,150원) 주고 택시 타고 나왔다.

뮤니시펄 마켓은 파나지에서 가장 큰 재래시장(Traditional)이라는데, 내가 보니 시장으로 규모는 그리 크진 않았으며 쇠고기, 베이컨 같은 육류 가게는 찾을 수기 없었다. 콜바 해변은 내가 5일간 이곳 콜바 리조트에서 머물렀던 곳이다. 호텔 창문으로 바다가 훤히 잘 보이고 밤에 나가도 안전한 곳이다.

◎ 파나지(Panaji)

인구 약 7만 명에 이르는 포르투갈의 옛 영토 고아주의 주도로 시작되었으며, 1843년 당시 주도였던 벨라 고아 일대에 전염병(Epidemic)이 크게 번져 피해를 입자 급하게 행정수도가 된 곳이다. 시내 중심지에 포르투갈풍의 성당이 들어서며 오늘날까지 파나지 여행의 명소 역할을 하고 있다. 매년 11월에 이곳에서 열리는 인도 국제영화제로도 잘 알려져 있다. 이 도시 이름을 '판짐(Panjim)'이라고도 부른다.

수도원 건물 - 올드고아

9.
웨일즈 왕자 박물관 Wales Museum – 뭄바이

인도로 여행을 떠나온 지 두 달을 넘어서니 집 생각이 간절하고 그립다. 오전 8시 30분에 작은딸과 와이프하고 통화하고 나니 좀 마음이 풀리고 기운이 났다. 내 뒤에는 나를 지켜 주는 가족이 있다고 생각하니 덜 외로웠다. 웨일즈 왕자 박물관은 전시품도 좋지만 그 아름다운 건물과 내부 구조가 황홀했다.

어디서들 왔는지 박물관에 사람들로 인산인해다. 입장료가 인도인은 50루피(1,100원)에 불과하고 외국인은 그 6배인 300루피(6,800원)다. 게다가 카메라 사진 촬영 비용으로 200루피(4,500원)를 별도로 받았다. 나는 촬영비(撮影費)를 별도로 받는다는 사실을 다 관람하고 나갈 때쯤에야 알았다. 그래서 그냥 무심코 찍고 있는데, 사진을 찍고 있던 30대 인도인 남자가 내가 사진을 찍고 있는 광경을 옆에서 지켜보더니 자기 손목띠(촬영허가권)를 가리키며 그걸 사라고 했다.

나는 그의 지적에 약간 흥분한 몸짓으로 300루피가 찍혀 있는 입장권을 내보이며 촬영비가 이 금액에 다 포함되어 있다고 응수했다. 그러자 그는 의아해하면서 그가 낸 금액보다 더 비싼 금액이 찍힌 내 입장권 티켓을 유심히 살펴보더니 아무 말이 없었다. 사실은 200루피를 주고 촬영허가권을 획득하는 게 맞지만 내가 다 보고 나갈 시간이 되었고 "인도인과 외국인의 입장료 차이가 인도 어느 곳을 가든지 왜 그렇게 큰 차이를 두냐."라는 내 나름대로 항의 표시로 이를 구입하지 않았다.

◎ 웨일즈 왕자 박물관(Prince of Wales Museum)

1911년 조지 5세의 인도 방문을 기념하기 위해 지어졌지만 1923년 박물관으로 변경됐다. 전형적인 인도 사라세닉 건축물로 이슬람, 힌두, 영국의 건축양식(建築樣式)이 뒤섞인 둥근 3개 복층 천장의 거대하고 환상적인 건물이다.

◎ 뭄바이(Mumbai)

현재 인구 약 2,150만 명(2021년 추계)이며 인도 제1의 경제 도시다. 1661년 포르투갈의 공주 '캐서린'이 영국의 찰스 2세에게 혼수로 바치면서 영국 땅이 되었다. 영국은 뭄바이를 세계적인 항구로 만들었고 스에즈 운하가 개통(開通)되면서 항구적 중요성은 더욱 커졌다. 인도 시골의 빈민으로부터 벗어나려고 몰려드는 인도 사람들의 꿈의 도시로 1996년 봄베이(Bombay)에서 이 지역을 수호하는 뭄바이 여신의 이름을 따서 뭄바이로 했다고 한다.

내가 본 명소

- 포트 구역 - 허니먼 써클: 1848년 건립된 고등법원 등 중세 영국풍 건물들이 화려하다. 중세 런던을 방불케 하는 매력적인 거리 풍경을 볼 수 있다.
- 봄베이 대학(Bombay University): 1857년 세워진 뭄바이 종합대학이며, 화려한 시계탑도 있다. 식민지 시대의 고풍스러움이 인상적이다. 영국의 '길버트 스콧'이 건축했다.
- 게이트웨이 오브 인디아(Gateway of India): 1924년 완공된 영국의 조지 5세의 인도 방문을 기념한 개선문.

- 타지마할 호텔(Taj Mahal Hotel): 1903년에 나세르완지가 세운 뭄바이를 상징하는 건축물.
- 제항기르 아트 갤러리(Jehangir Art Gallery): 1952년 개관된 인도 예술인들의 작품을 전시하는 곳.
- 국립 현대 미술관(National Gallery of Modem Art): 인도 및 세계 예술가의 작품을 순환 전시한다.
- 마니 바반(Mani Bhavan): 1917년 간디가 머물던 집으로 지금은 간디 박물관이 되었다.
- 주후 해변(Juhu Beach): 뭄바이 교외의 스타들의 별장(別莊)과 저택이 있는 유명한 해변.
- 타리포레왈라 수족관(Taraporewala Aquarium): 규모는 그리 크지 않지만 열대어 등이 볼만하다.
- 엘리펀트 섬(Elephant Island Temple) U.세계문화유산: 1854년 이곳에서 코끼리상을 발견한 이후 엘리펀드 섬이라 했다. 450년~750년 사이에 조성되고 1987년 세계문화유산에 오른 힌두교 석굴 사원이 있는 섬으로 브라마, 비슈누, 시바의 조각이 있다. 게이트웨이 오브 인디아에서 북동쪽 12km 지점에 위치해 있다.

웨일즈 왕자 박물관 구경을 다 하고 밖으로 나왔다. 이어서 들른 봄베이대학은 150년의 역사를 자랑하는 대학으로 캠퍼스가 너무 멋있었다. 그 옆의 시계탑은 또 무척 높이 치솟아 환상적이다. 웨일즈 박물관에서 봄베이대학을 거쳐 뭄바이 C.S.T. 역까지 가는 대로변에 늘어선 영국 식민 통치 당시 지은 건물들은 감탄사(Admired)가 저절로 나올 만큼 멋있고 아름다웠다. 그 옛 건물 사이로 요즘 한창인 진노랑 꽃이 화사하게 핀 키 큰 가로수는 건물들과 또 어찌나 잘 어울리던지….

왠지, 나처럼 마음 바쁘게 다닐 게 아니라 여유를 가지고 천천히 음미하며 다녔으면 더 좋을 곳이다.

뭄바이 법원 건물(Court building)
호니면 써클에 위치한 뭄바이의 위엄 있는 법원 건물

주후 해변(Juhu Beach)
인도 연예인들의 별장이 많이 있는 해변

웨일즈 왕자 박물관(Prince of Wales Museum)
영국 조지 5세 방문을 기념하는 1911년 지어진 박물관

하지 알리의 무덤(Haji Ali's Dargah)
1431년 건축된 이슬람 성자 하지 알리의 묘

10.
뭄바이 C.S.T. 역 Victoria Terminus
U.세계문화유산

 멀리서 역광으로 보면 마치 불에 그슬린 것처럼 회색으로 보이는 뭄바이 C.S.T. 역은 가까이 다가갈수록 숨이 막힐 만큼 조화로운 아름다움으로 감동적이었다. 약간 검붉은색 띠는 돌로 지었는데, 얼핏 보기에 색상이 맞지 않아 일반인의 반응이 좋지 않을 수 있는데도 어떻게 그런 과단성 있는 모험을 했을까? 하는 생각이 들었다. 이 역사(驛舍)는 영국 식민 통치 시절에 영국인들이 아그라의 타지마할을 능가하는 건물을 지어 영국의 건축 역량을 인도인들에게 보여 주고자 시도한 건물이다. 어찌 보면 치밀한 계산으로 성공을 미리 예감하고 지은 그 천재 건축가에게 최고의 찬사를 보내고 싶었다.
 세계에서 가장 아름다운 빅토리아 시대 여왕 왕관처럼 설계한 빅토리아 터미너스 역 그리고 호니먼 서클의 유서 깊고 아름다운 건물들….

◎ 뭄바이 C.S.T. 역(Mumbai C.S.T. Railway Station)

 1987년 세계문화유산에 등재되었으며 현지 이름은 빅토리아 터미너스 역(Victoria Terminus)으로 통한다. 타지마할이 화려하다면 '빅토리아 터미너스'는 은근한 아름다움을 드러낸다. 사실 화려함보다는 은근한 매력이 더 오래 가는 법이다. 이 건축물을 설계한 건축가 프레드릭 스티븐스는 위대하다.
 뭄바이 C.S.T. 역 바로 앞의 옛 시청 건물 또한 말로 표현이 어려울 만 큰 위엄과 품위와 아름다움을 두루 겸비한 건축물이다.

영국에서 해방되고 이름을 차트라파티 시바지 터미너스 역으로 바뀌었으나 뭄바이 시민들은 여전히 빅토리아 터미너스로 부르고 싶어 한다.

뭄바이 C.S.T 역 옆의 버스 터미널에서 좀 앉아 쉬다가 호텔로 오는 시내버스를 타고 다시 내려 걸어서 호텔에 오니 오후 6시였다. 어쨌든 오늘 구경은 성공적이고 크게 만족할 만하다.
"정말 인도가 최고다! 뭄바이 만세! 인도여 영원하라!"

↑ 빅토리아 C.S.T.(Mumbai C.S.T. Station)
U.세계문화유산

뭄바이 C.S.T 역(Victoria Terminus)
황홀하다!

다음 날, 뭄바이 - 마린 드라이브 해변 - 초파티 해변 - 도비 가트 - 하지 알리의 무덤

몇 번을 물어서 찾아간 타라포레왈라 수족관(水族館)은 찾는다고 힘만 들었지 막상 들어가 보니 그렇게 볼 게 없었다.

◎ 마린 드라이브(Marine Drive)

한마디로 차로 달려도 좋고 뛰어도 걸어도 좋은 바다를 낀 넓은 도로가 시원하다. 내가 찾아간 한낮은 더위도 그늘이 없어 쪼빠띠(초파티) 해변으로 빨리 움직였다. 1020년 완공된 이 해안도로는 일몰(日沒)을 감상하기 좋은 곳이다.

◎ 초파티 해변(Chowpaty Beach)

나무가 빽빽해서 그늘이 시원했다. 항구 같은 경치는 좋은데 큰 시가를 끼고 있어 바닷물 수질은 별로이며 유람선, 요트와 수상스키 타는 곳과 수영하는 사람들은 여기서 많이 볼 수 있었다.

◎ 도비 가트(Dhobi Ghat)

내가 메트로에서 내려 다리 위에서 내려다본 한 마을 전체가 세탁(Lau ndry) 공장이었다. 140년 된 인도에서 가장 큰 빨래터로 매일 약 5,000명이 일한다.

◎ 하지 알리의 무덤(Haji Ali's Dargah)

하지 알리의 무덤(Haji Ali's Dargah)으로 가는 그 둑길은 사람들의 행렬로 줄을 잇고 있었다. 그 성소 안에서도 발 디딜 틈조차 없이 복잡했다. 오늘이 무슨 특별 행사가 있는 것 같지도 않는데 이렇게 사람이 많나? 점심 식사는 뭄바이 C.S.T. 역 건너편에 있는 맥도날드에서 햄버거를 먹고 허니먼서클(번화가) - 시티은행 쪽으로 걸어서 다시 처치게스트 역에서 내려 택시 타고 리컬 시네마(영화관)가 있는 호텔 쪽으로 돌아왔다. 리컬 시네마 로터리도 멋있는 건물들의 집합이….

"입을 다물 수 없을 만큼 환상의 도시, Viva 뭄바이!"

교환 고아성당과 수도원(Cathedral & Monastery)
U.세계문화유산

2013
인도 자유여행

2013 인도 자유여행 여정도

2013년 2월 15일 ~ 4월 26일

델리 → 벵갈루루 → 마이소르 → 함피 → 하이데라바드 → 망기나푸디 → 카키나다 → 비사카파트남 → 고팔푸르 → 푸리 → 부바네스와르 → 부다가야 → 바라나시 → 카주라호 → 델리

2013년 인도 여행 일지
2월 15일 ~ 4월 26일 [71일간]

2/15 출발 부산역 KTX - 인천 공항 - 델리(Delhi) 도착

2/16 벵갈루루(Bengaluru) 도착 [아잔타호텔]

2/17 시티 역(City Railway)

2/18 재래시장 - 휴식

2/19 에어텔폰 신청. 트로니티 역. 스라바니 역

2/20 쿠본 공원(Cubbon Park) 바나다 소우다
    정부 박물관(Government Museum) 기술 박물관

2/21 티푸 술탄의 여름 궁전. 랄박 식물원. 엠지 로드

2/22 칸타리바 스타디움. 삼미 비베카난다 역

2/23 카르본 전화기 구입. 엠지로드

2/24 마이소르 궁전. 자간모한 궁전. 데바라자 시장

2/25 야채시장. 선물

2/26 호스코트(Hoskote) (지도 보고)

2/27 중앙우체국[선물 발송] 보다폰 오피스

2/28 이스콘 템플(Iskcon Temple) 캠프고다 버스 터미널
    벵갈루루 궁전(Bengaluru Palace)

3/1 보다폰 개통

3/2 몸살 - 휴식

3/3 몸살 - 감기약 먹고 휴식

3/4 함피(Hampi) 도착 [가우리 게스트 하우스]

3/5 심한 몸살

3/6 심한 몸살 - 병원

3/7 계속 몸살 - 비루팍샤 사원(Virupaksha Temple)

3/8 계속 아프면 내일 한국으로 돌아간다

3/9 한국 여행자 Mr. Yang

3/10 강가에 앉아 휴식

3/11 빗탈라 사원(Vitthalla Temple) **U.세계문화유산**
　　 헤마쿠다일 크리슈나 사원 - 나라심하상 - 로투스 마할
　　 왕궁 구역 - 엘리펀트 스테이블 - 마탕가 힐 - 고고학 박물관

3/12 호스펫(Hospet)

3/13 강가에서 휴식

3/14 하이데라바드(Hyderabad) 도착 [수웨이 호텔]

3/15 야채시장. 한국 여행자 Miss.Lee (여, 30세)

3/16 골콘다 성(Golconda Fort) 차르미나르 성(Charminar)

3/17 룸비니 파크와 붓다 동상. 사라르 정 박물관. 메카 마스지드
　　 초우마할 궁전. 후세인 사가르. 라드 시장. 헤니잠 박물관

3/18 야채시장. 간디바라 버스 터미널

3/19 투프란(Tupran) (지도 보고)

3/20 파무크 나가르 (지도 보고)

3/21 시내 쇼핑. 영화관

3/22 비자야 와다 경유해서 망기나푸디 도착

3/23 망기나푸디 해변(Manginapudi Beach)

3/24 레팔레(Repalle) (지도 보고)

3/25 카키나다(Kakinada) 도착

3/26 자가나시 푸르(Jaganasi Pur) 바우니 구디. 자가나 요르

3/27 야남(Yanam) - 처음 책생각

3/28 코티팔레(Kotipalle) (지도 보고)

3/29 피타푸람(Pithapuram) (지도 보고) 산토리 템플

3/30 비사카파트남(Visakhapatnam) 도착.

3/31 시티 해변. 스마사라 시내버스 종점

4/1 비무니 파트남과 비메리 해변. 바런 해변

4/2 전망 좋은 아푸가라 해변. 비슈누 사원

	비무니파트남. 루시콘다 해변(Rushikonda)
	왈타이르 해변(Waltair Beach) 까일라사기리 언덕
4/3	비사카파트남(Visakhapatnam) – 이치차 푸람 – 바마풀
	고팔푸르 온 시(Gopalpur on Sea) 도착
4/4	PC방. 야채시장 – 휴식
4/5	바마풀. 등대와 성터(Light House)
4/6	바닷가 거닐면서 휴식 (최고급 시사이드 브리지 호텔)
4/7	고팔푸르 – 바람풀 – 부바네스와르 – 푸리(Puri) 도착
	빌리지 해변(Village Beach) 골든 해변(Golden)
4/8	자간나트 사원(Jagannath Mandir) 사원 주변
4/9	코나라크(konarak) 찬드라바가 해변
	수르야 사원(SuryaTemple) (태양 사원) U.세계문화유산
4/10	부바네스와르(Bhubaneswar) 라베스와라 사원. 묵테스와라 사원.
	나게슈와라 사원. 파라수라메스와라 사원
4/11	골든 해변(Golden Beach)
4/12	부다가야로 가는 기차에서
4/13	부다가야 도착 [싯타르타 바하르 호텔]
	부다가야(Buddha Gaya) 또는 보드가야(Bodh Gaya)
4/14	마하보디 사원(Mahabodhi Temple) U.세계문화유산
	수자타 마을. 국제 사원 구역. 고고학 박물관 다이죠코 대불
4/15	가야(Gaya) 기차역. 법원 건물
4/16	ATM 현금 500루피 사고
4/17	가야 역 기차 시간표 대실수
4/18	무갈사라이(Mughal Sarai) – 바라나시(Varanasi) 도착
4/19	랄 가란자 사원(Lal Khanka Rauza) 마라비야 다리
4/20	철수 만나고 라가 카페 냉면. 카주라호 기차

4/21 카주라호(Khajuraho) 도착

4/22 서부 사원군(Westem Group) **U.세계문화유산**
비슈와 나트와 난다상. 데비자가 담바. 칸다리아 마하데브.
락슈마나. 차우스르 요가니. 바탕게스와라. 고고학 박물관
동부 유적군(Eastem Group) 하누만 사원. 브라마 사원.
남부 유적군(Southem Group) 두라데오 사원 자인교 박물관

4/23 마호바(Mahoba)

4/24 델리행 기차를 타고

4/25 델리 도착. 방랑기 식당

4/26 한국 도착

1.
벵갈루루 정부 박물관 GovernmentMuseum & 기술 박물관

    오전 10시가 되니 호텔 안에서 요란한 나팔 소리와 북소리가 크게 들렸다. 알고 보니 이 호텔 내에 있는 부설 결혼식장에서 오늘 결혼식이 열린단다. 오늘은 쿠본 파크와 비다나 소우다를 가기로 계획했던 터라 결혼식은 대충 시작하는 것만 보고 호텔을 빠져나왔다.

    엠지 로드 역 앞에서 정부 박물관으로 가고자 오토릭샤를 50루피(1,000원)에 탔는데 1분도 못 가서 도착하는 게 아닌가. 충분히 걸어서 갈 수 있는 지근거리일 줄이야. 이럴 때는 그 차비가 아깝다는 생각이다. 그런데 가는 날이 장날이라고 오늘따라 박물관이 휴관으로 문이 잠겨 있었다.

    관람을 포기하고 나오려는데 마침 중국인 단체 여행객 한 10여 명이 가이드와 특별 관람을 하기에 나도 그 무리에 섞여 박물관을 둘러볼 수 있었다. 인도인 관리자는 나와 중국인의 생김새가 비슷하니까 일행인 줄 알고 그냥 넘어갔고 나는 덕분에 요금도 내지 않고 구경을 잘 했다. 박물관 내부는 어느 곳을 가든지 별반 다를 바 없는데 그 박물관 건물은 참 멋있었다.

    아마도 영국 식민 통치 당시 지은 건물 같았다. 붉은색과 백색이 조합된 훌륭하고 화려한 건물이었다. 이 박물관 바로 옆에 있는 기술 박물관은 진짜 볼거리가 많고 전시물이 흥미로웠다. 쿠본 파크(공원)도 역시 쉬는 날이라 한산했다. 어린이 궤도 기차도 타고 싶었는데 그것도 타지 못

했다. 그러나 그곳의 울창한 아름드리 수목들은 너무나 멋져 휴일이라도 그 광경만 봐도 헛수고는 아니라는 생각이 들었다. '비다나 소우다'로 오토릭샤를 타고 찾아 갔는데 일반 관광객은 출입금지라서 안으로는 못 들어가고 뒷문에서 시작하여 정문 쪽으로 내려가면서 펜스 사이로 내부를 들여다보고 사진을 찍었다. 이 건물은 웅장하고 화려한 궁전으로 꼭대기 탑신에는 인도 국기가 펄럭이고 있었다. 오늘날에는 주의회 사무청으로 사용되고 있다고 한다.

벵갈루루(Bengaluru)에서만 18일을 보냈다. 남인도 사람들이 여름에 가장 가고 싶어 하는 피서 도시이며 해발 920m의 고원 도시로 더위를 피하기에는 여기가 가장 좋다고 하는데, 내가 느끼기로는 다른 도시와 더위가 별반 다른 것 같지 않았다. 2월 중순인데도 낮에는 더웠고 봄이라는 개념은 없고 도착하고 며칠 뒤부터는 본격적으로 더워지는데 새벽에는 추워서 감기 걸리기에 딱 맞는 날씨였다.

벵갈루루는 남인도 여행의 출발점이며 인도 IT 산업의 중심지로, 가는 곳마다 활발해 보이고 인도 제일의 신흥 경제 도시이다. 1759년 마이소르 왕이 '하이데르 알리'에게 벵갈루루를 증여(贈與)했다고 한다. 1809년 영국군이 들어오면서 '벵갈로르' 이름을 바꾸고 2006년 과거의 이름 '벵갈루루'를 되찾았다. 우리 호텔에서 5분 거리에 가까운 전철역이 있어도 지금 증설 중이라 그 노선이 5~6 정거장밖에 안 되어 교통에 큰 도움을 주지 못하고 있었다.

내가 본 명소

- 티푸 술탄의 여름 궁전(Tipu Sultan's Summer Palace): 인도 유일의 영국에 저항했던 군주 티푸 술탄의 목제 궁전.
- 엠지 로드(MG Road): 벵갈루루에서 가장 중심 거리이며 제일 번화한 거리.
- 비나다 소우다(Vidhana Soudha): 1956년 건립된 신드라 양식의 건축물로 현재는 주의회 의사당이다.
- 큐본 공원(Cubbon Park): 거대한 넓이의 140년 된 울창한 열대림 공원.
- 랄박 식물원(Lalbagh Botanical Garden): 하이데르 알리가 세운 약 1,000종의 열대식물이 있는 곳.
- 이스콘 사원(Iskcon Temple): '하레 크리슈나'로 알려진 슈나 신성의 국제협회가 지은 사원.
- 벵갈루루 궁전(Bengaluru Palace): 왕실의 화려한 내부 장식과 왕족의 사진과 초상화가 볼만하다.

정부 박물관(Government Museum)은 1886년에 지어졌고 기술 박물관(Technological Museum)은 어린이 수준에 맞춘 것 같은 기초 과학 기술의 변천사(Transformtion)를 다룬 것이었는데 내가 보기에는 아주 새비있고 흥미로웠다. 내 수준에 맞는 재미있는 박물관으로 여기서만 약 2시간 구경했다.

다음 날, 오후 1시에 호텔 문을 나서서 티푸 술탄의 여름 궁전(Tipu Sultan's Summer Palace)에 간다고 오토릭샤를 불러 25루피(500원)로 듣고 싸다는 생각을 하면서 올라탔다. 한참을 타고 가다가 이렇게 먼 거리가 25루피인가 다시 확인차 물었더니 250루피(5,250원)란다. 그래서 내가 100루피면 간다는 소리를 들었는데, 차를 세워 다시 흥정했다. 150루피(3,000원)에 안 되면 나는 여기서 내린다고 했더니 결국 150루피에 가기로 했다.

티푸 술탄의 여름 궁전은 정말 지금 같은 여름철에 찾아와야 제맛인 것같이 2층에 올라가니 시원했다. 왕이 앉았던 옥좌(玉座)를 보니 티푸 술탄의 권력이 한층 더 실감이 났다

◎ 랄박 식물원(Lalbagh Botanical Garden)

입장료는 의외로 10루피였다. 호숫가의 벤치에는 제법 많은 연인들의 모습이 보였다. 나는 식물원 안을 찾아다니는 것보다 더위에 지쳐 그늘 아래 긴 벤치에 앉아 쉬고 있었다. 바로 옆의 벤치에 15살과 13살 인도 소녀 자매들이 놀러와 있었는데 15살 언니는 이슬람교 검은 무술림 여자 복장으로 언뜻 보기에 한 20세 된 처녀 같았다. 서로 이런저런 간단한 얘기도 하고 사진도 같이 찍었는데 그 소녀는 자꾸 나 보고 자기 집에 같이 가자고 했다. 나는 그 애의 집이 궁금했지만 함부로 따라갈 수가 없었다.

인도 사람들이 간혹 250루피를 말할 때 "투 파이브 제로"라고 말하는 사람이 있다. 오늘 아침 오토릭샤왈라도 내게 그렇게 말한 걸 내가 잘못 알아들은 것 같다. 이 다음부터는 무조건 흥정하고 내가 재확인해야겠다.

정부 박물관(Government Museum) 1877년 건축

기술 박물관(Science Technology Museum)
정부 박물관 옆의 과학과 기술을 다루는 박물관

엠지 로드(MG Road)
벵갈루루에서 레스토랑, 영화관이 있는 번화한 거리

이스콘 사원(Iskoon Temple)
벵갈루루의 힌두교 학원이 있는 이스콘 사원

티푸 술탄의 여름 궁전(Tipu Sultan's Summer Palace)
영국에 끝까지 저항했던 '티푸 술탄'의 궁전

랄박 식물원(Lalbagh Botanical Garden)
18세기에 조성된 1,000여 종의 열대식물이 있는 가든

쿠본 공원(Cubbon Park)
1880년경 만들어졌고 지금은 시민공원

2.
마이소르 궁전 Mysore Palace

　나는 호텔에서 오전 7시에 출발해 켐페고우다 버스 정류장에서 시외버스를 타고 벵갈루루에서 남서쪽 방향으로 3시간 거리에 위치한, 19세기 이슬람 왕조의 수도 마이소르에 도착했다. 볼거리는 많지만 이곳에서 자고 올 수는 없어서 가급적 빠른 걸음걸이로 당일 탐방으로 둘러보고 오후 차편으로 벵갈루루로 돌아오는 계획을 잡고 움직였다.
　오토릭샤를 타고 가장 먼저 찾은 마이소르 궁전으로 가는 거리 풍경은 큰 시장과 시계탑이 있는 여행지로 여러 매력적인 장면들이 연이어 지나가 기분이 좋아졌다. 마이소르 궁전은 정말 환상적인 궁전이었다.

　외부는 입구 쪽에서 보는 것보다 건물 우측에서 보는 것이 더 웅장하고 우아했다. 내부의 장식과 호화로움은 내가 본 인도 궁전 중 최고였다. 정말 이곳을 갔다 온 사람들이 "벵갈루루에 가면 마이소르 궁전을 꼭 보고 오라."는 충고의 말을 절감했다. 중앙에 들어선 원형 스테인드글라스 천장은 눈이 부셔 감히 바로 쳐다보지 못할 지경이었다.
　그 멋진 광경의 사진을 못 찍게 하니 사람 돌아 버릴 것 같았다. 점심 식사는 버스 정류소 앞 식당에서 야채누들(볶음면)로 먹었다. 다시 마차(통가)를 타고 찾아간 곳은 자간모한 궁전인데 화려한 마이소르 궁전을 양(陽)이라 하면 여기는 음(陰) 격으로 아름답고 박물관도 볼거리가 많았다. 그곳에는 왕실의 유물들이 원형 그대로 잘 보관돼 전시되고 있었다. 여러 그림 중에서도 눈 덮인 설산의 뾰족한 봉우리 그림은 너무 좋아 몇 번을 보고 또 보고 사진도 찍었다.

사실 마이소르 궁전에 가려져서 그렇지 이 궁전 내부도 정말 아름답고 훌륭하다. 자간모한 궁전 구경을 다 하고 나오려고 할 때 카메라에 에러가 나서 더 이상 사진을 찍을 수 없었다. 고장 원인은 알 수 없었다. 무엇보다 '오늘 찍은 이곳 마이소르 궁전 사진이 다 지워져 버렸단 말인가?'라는 조바심이 나니 마음 깊이 염려의 고민이 몰려오기 시작했다.

그러한 기우를 잠재우고 다시 데바자라 마켓을 둘러보는데 사진을 못 찍으니 마음이 불편했고 어쩔 수 없이 스마트폰으로 몇 장 찍었다. 200년이나 된 그 시장에서 뭐라도 하나 사고 싶었으나 그렇게 특별한 것은 눈에 띄지 않았다. 하여간 날씨만 덥지 않으면 시장 주변을 더 헤매 보고자 했는데 몸 컨디션 등을 감안해 미련을 접기로 했다.

마이소르 궁전에서 사진을 못 찍게 한 그 직원은 어찌나 미운 생각이 들어 표리부동(表裏不同), 마음이 음흉하여 겉과 속이 다른 녀석 같았다. 그러나 그곳의 룰을 따르지 않으면 안 되었다.

◎ 마이소르 궁전(Mysore Palace)

입장권은 200루피(4,200원) 인도인 20루피(420원)

인구 80만여 명의 카르나타카주의 대표적인 고도 유적지로 1565년에 오데야르 왕가가 몰락하고 비자야나가르 제국으로부터 독립을 쟁취했던 곳이다. 최고급 실크 의류·백단향·향료 생산의 중심지로 요가와 아유르베다(Ayurveda, 고대 인도의 전통 의학)의 메카로 최근 들어 각광받기 시작한 곳이다. 해발 770m 고원지대(高原地帶)에 위치해 기후 조건도 좋아 연중 내내 외래 관광객과 피서객들이 몰려든다. 1799년에 인도가 영국전쟁에서 패하면서 쇠퇴하기 시작한 곳이다.

내가 본 명소

- 마이소르 궁전(Mysore Palace): 오데야르 왕자가 머물렀던 궁전으로 1912년에 영국의 헨리 어윈이 복원했다. 영국이 정한 '크리슈나라자 와디야르' 왕 후손이 지금도 관리하고 있다.
- 자간모한 궁전(Jaganmohan Palace): 1861년에 영국 왕실 음악당으로 지은 궁전으로 오늘날에는 박물관도 들어서 있다
- 데바라자 시장(Devaraja Market): 티푸 술탄 때부터 시작된 약 200년 역사의 마이소르 재래시장.

오늘은 내 생일이다. 외국에서 맞는 첫 생일이라 하루 종일 왠지 어색한 기분이 이어졌다. '아이들은 왜 축하 전화나 문자 메시지 한 통 없지?' 음력 대보름날이라 지금쯤 해운대 바닷가에선 달집에 불놀이가 한창일 텐데…. 그리고 마음속으로 어머님께 감사를 드렸다. 저를 낳아 잘 길러주시고 지금은 인도여행도 즐길 수 있도록 베풀어 주셨으니 이 은혜를 어찌 다 갚겠는지요? 그래도 내 생일날 호화 궁전을 구경하며 잘 지냈으니 이번 생일은 인도에서 잊지 못할 추억으로 남을 것이라고 스스로 위안을 삼아야겠다.

마이소르 궁전(Mysore)
1799년 마이소르 왕국은 영국에 패했다

자간모한 궁전(Jaganmohan Palace)
처음에는 왕실의 공회당이었는데
지금은 박물관이다

마이소르 궁전(Mysore Palace)
1897년 건축

3.
함피Hampi에서 몸살

"아무래도 한국으로 돌아가야겠다!"

지난밤 너무 몸이 아파 나는 내일 한국으로 돌아가기로 마음먹었다. 밤새 왼쪽 옆구리가 당기며 아파 한숨도 잠을 못 잤다. 도저히 이 이상 견딜 수가 없고 잘못하면 치료 시기를 놓쳐 더 어려운 상태까지 악화될 수도 있어 그 전에 집으로 가야겠다. 이미 구입한 한국행 항공권은 델리에서 출국하는 일정으로 되어 있으니 '왔던 길인 벵갈루루에 가서 델리행 국내선을 타야 하나? 아니면 하이데라바드로 가서 델리행 비행기를 타야 하나?' 이렇게 생각하니 너무나 억울한 생각이 들어 순간 눈물이 날 것 같았다.

지난해 인도 자유여행 대장정을 마무리 하고 귀국하면서 '내년은 어느 쪽을 둘러보지?'라며 1년에 걸쳐 이번 여행의 계획을 세웠다. 그동안 사고 싶은 것도 참으며 인도 자유여행 중에 좀 넉넉히 쓰려고 돈을 절약했었다. 그런데 이번 인도로 와서 내가 보고 즐겨야 할 수많은 유적지를 남겨 두고 돌아간다니….

처음 만나면서도 바로 친구가 되는 다정한 인도인들을 더 못 만나고 한국으로 가면 아직 추운 겨울이다. 또 내년에 오는 인도여행의 자신감도 떨어질 터이고, 그러한 물심양면(物心兩面)으로 감당해야 하는 손해는 얼핏 생각해도 이루 말할 수가 없었다.

"암, 죽어도 여기서 죽어야지!"

지금 한국으로 돌아갈 처지가 아니었다.

또 한편으로는 '여행은 내년에 또 오면 되지, 우선 사람이 살고 봐야지 않나?'라는 생각도 떠나지 않아 머릿속은 만감이 교차하고 있었다.

한국에 전화해서 와이프에게 나의 현 상태를 말하면 필경 와이프는 하루빨리 한국으로 돌아오라고 극심한 압박을 가할 것이 뻔했다. '어쨌든 오늘 하루 더 몸조리 하면서 버텨 보자.' 몸이 안 좋은 상태로 함피에 들어왔지만 왠지 나와는 잘 맞지 않는 곳에 온 것 기분이다.

나는 여기에 도착하여 숙소를 찾다가 함피 바자르 북동쪽에는 퉁가바드라 강 건너편에 아네군디 마을로 정할까 생각하다가 나룻배를 타고 건너다니기가 번거로울 것 같아 함피 바자르 부근 동네에 묵었다. 지금은 자연 보호(Nature Conservation)론자와 지역 상인들의 유적 보호지역 개발을 놓고 다투고 있으며 비루팍샤 사원 입구는 이미 철거가 시작되어 동네 분위기가 어수선했다.

◎ 함피(Hampi)

인구 5,000여 명 정도에 불과한 작은 도시이며 수만 년 동안 화산활동과 침식작용으로 바위산이 많이 형성돼 있어 별천지와도 같다. 1336년에 하리하라라야 왕자가 함피를 비자야나가르 왕국의 새 수도로 삼았고 힌두 왕국의 본거지로 200년 동안 계속 자리를 잡았다가 1565년에 이슬람 연합 세력에 무너진 곳이다. 1986년에 세계문화유산에 등재되었으나 여전히 여러 가지 이유로 본격적인 관광지로 개발되지는 못하고 있다.

거대한 바위산을 이루고 있는 황량한 폐허처럼 보이는 곳, 더구나 나는 비루팍샤 사원 앞의 요즘 도시 개발로 허물어 놓은 상가의 지저분한 모습을 도착하자마자 보고 첫눈에 실망하지 않을 수 없었다.

'여기에 뭐가 볼 게 있다고 그토록 소문이 났나?' 정신(精神)에 의해 창조된 것이 물질보다 더 생생하다. 몸이 아파도 나의 인도여행은 꼭 이루어 내고 말 거라는 내 정신력이 이겨야 한다.

강가에 앉아 쉬면서 조용히 생각해 보았다. 밤에는 숙소 방이 너무 더워 약을 안 먹어도 땀이 많이 나고…. 여하튼 내일은 아무리 아파도 어렵게 여기까지 왔으니 함피 구경만이라도 하고 떠나자. 하느님께 간곡히 빌겠습니다. 내일 하루만이라도 저에게 힘을 주소서~!

엘리펀트 스테이블(Elephant Stable) 왕궁의 코끼리 우리

나라심하상(Narashimha)
남부에 있는 크리슈나 사원의 인간사자상

하자르 라마 사원(Hazaar Rama temple)

양 떼를 몰고 가는 목동 - Hampi

인도의 음식(Indian Food)

난(Naan)

인도 음식은 워낙 다양해서 필자가 먹어 본 음식만 소개한다.

- 탈리(Thali): 한국의 식판 음식과 비슷하며 구분된 칸에 밥이나 빵, 야채, 커리를 담아 먹는다. 한국의 정식과 같은 음식이다.
- 탄두리(Thandri): 점토로 만든 오븐에서 닭, 야채, 생선 등을 재운 다음 구워 낸다. 맛있는데 너무 많이 구워 재가 많이 묻어 있다.
- 비르야니(Briyani): 보통 닭이나 양고기를 야채와 볶아서 만든다. 대체로 향료가 진해 다소 거부감이 있다.
- 차파티(Chapatti): 가장 간단한 빵으로 밀가루에 물만 넣어 팬에서 구운 것이다.
- 로티(Roti): 인도의 빵을 총칭(總稱)하지만 특히 밀가루에 물을 넣고 반죽한 것을 뜨거운 타바 팬에서 구운 것을 말한다.
- 난(Naan): 세계적으로 유명한 인도의 빵이다. 탄두리 화독에서 구워 담백하며 길게 꼬리 모양이 있다.
- 도사(Dosa): 인도 남부에서 발달하여 즐기는 빵으로 쌀과 검은 녹두로 갈아 만든다. 커리를 넣어 야채로 싸서 간식으로 많이 먹는다.
- 사모사(Samosa): 커리와 감자, 완두콩 등 야채를 넣어 튀긴 음식으로 모든 사람이 잘 먹는 간식이자 정식 요리다.
- 달(Dal): 여러 종류의 콩으로 만든 스프 식의 음식이며 녹두를 주로 사용하여 부드럽고 맵지 않아 쉽게 먹는 채식 음식이다.
- 초우면(Chow mein): 면을 야채와 볶아서 만든 내가 제일 많이 먹은 음식이다.

- 모모(Momo): 주로 콩과 야채로 만든 만두이다. 부담 없이 잘 먹을 수 있다.
- 차이(Chai): 카다몸, 정향 등의 향신료를 넣고 우유와 함께 끓인 인도의 대표적인 차이다. 너무 달아서 흠이다.
- 라씨(Lassi): 시원하게 마시는 요거트 음료로 소금을 넣거나 과일을 넣어 달게 마신다
- 술(Alcohol): 종교적인 이유 때문에 값이 비싸고 독주는 그리 많지 않으며 맥주 종류는 다양하다.

인도의 음식 종류는 수백 가지인데 편의상 필자가 먹어 본 것만 골라 보았다.

그런데 나는 2011년 처음 인도에 도착하여 원 게스트 하우스에서 아침 저녁을 한식으로 식사를 하고 점심 식사만 인도 식당에서 했는데도 이상하리만큼 인도 음식은 약 10일 후 냄새도 못 맡을 정도가 되었다. 이 상태로 바라나시를 가면 여행을 계속할 자신이 없었다. 그래서 생각하다가 INA 시장에 가서 조리 기구를 사고 자가취사(自家炊事)를 하기로 했다. 그리고는 며칠 동안 원 게스트 하우스에 있으면서 계속 밥하는 트레이닝을 해 보았다. 옛날에 등산 다닐 때 하던 취사 솜씨를 발휘해 보니 그렇게 어렵지도 않았다.

인도인들이 가장 즐겨 먹는 탈리(Thali)

4.
빗탈라 사원Vitthalla Temple - 함피
U.세계문화유산

헤마쿠타 힐 - 왕궁 구역 - 박물관

몸이 아파도 이제는 오늘, 내일 함피 구경을 빨리 마무리하고 하이데라바드로 탈출해 보자. 오전 10시 헤마쿠타 힐을 올라갈 수 있을까? 걱정되었는데 걸어 보니 별문제 없이 올랐다. 생각보다 그리 높지가 않았다. 올라가니 비루팍샤 사원과 함피 바자르가 한눈에 들어왔다. 저녁 무렵 일몰이 아름답다지만 생각해 보니 어두워지면 위험할 것 같았다.

버스 터미널이 내려다보이는 고개에서 오토릭샤를 대절해서 타고 유적지를 두루 구경하는 조건으로 4시간에 400루피(8,400원)를 주기로 흥정해 대절했다. 크리슈나 사원 - 나라심하상 - 로투스 마할 - 엘리펀트 스테이블 - 빗탈라 사원 - 박물관 외에도 이름이 잘 기억나지 않는 작은 사원 2~3군데를 더 둘러봤다. 날씨가 거의 섭씨 40도로 더워서 그렇지 빗탈라 사원은 정말 멋있었다.

타 도시에서 함피로 여행을 온 사람들인지는 몰라도 관광객이 많았다. 인도 사람들은 더운 이곳에서 태어나 자라서 그런지 나보다 훨씬 더위에 더 강한 것 같았다. 왕궁 구역 로투스 마할은 그렇게 큰 건축물은 아닌데도 모양과 짜임새 등 특이한 건축기법(建築技法)을 구사한 게 참 멋있었다. 2층은 올라갈 수가 없고 1층만 구경했다. '엘리펀트 스테이블'의 냄새 나는 코끼리 우리를 왕궁 옆에 둔 것은 그만큼 인도에서 코끼리가 소중하고 힘의 상징이라는 뜻으로 받아들여졌다.

안에 들어가 보고 나왔는데 나온 후에도 오랜 시간 냄새가 나는 것 같았다. 왕비의 목욕탕에 들러서는 '정말 여기서 여왕이 목욕을 했을까? 아니면 전해 내려오는 이야기에 불과할까?'라는 생각이 들었다. 그 중간에 점심 식사는 오토릭샤왈라가 데려다준 '마유라(Mayura) 호텔' 고급 레스토랑에서 야채누들과 사이다로 해결했는데 좋은 구경을 한 이후라서 그런지 맛있게 먹었다.

빗탈라 사원과 왕궁 사원은 1986년에 유네스코 세계문화유산에 등재된 곳으로 금방이라도 굴러갈 것만 같은 돌 전차는 정말 정교하게 만들어져 있었다. 그런데 그 주변은 사막처럼 황량하다는 느낌이 들었다. 시내 끝단 쪽에 있는 고고학 박물관을 보고 숙소로 돌아오니 예정 시간보다 1시간 30분이 더 초과되어 150루피를 더 주었다. 이날 나를 안내한 릭샤왈라 '진디야가'는 사람이 좋아 보이고 내가 영어만 잘 알아들었어도 내게 명소에 대한 설명을 잘 해 줄 사람으로 실력을 구비하고 있었다.

그 덕분에 오늘 좀 편하게 유적지 구경을 할 수 있어 고마웠다. 어쨌든 함피에 온 지 8일 만에 겨우 함피 대부분의 관광 명소를 싸잡아 구경할 수 있어 천만다행이었다. 오늘 여전히 아픈 몸으로 함피의 주요 관광 명소 지역을 다 둘러보고 돌아오니 그렇게 후련할 수가 없었다. 중간에 호텔에서 점심 식사를 할 때도 식욕이 돋아나고 기분도 좋았다. 이제 내일 하이데라바드로 떠나도 된다.

◎ 빗탈라 사원(Vitthalla Temple)

입장 티켓은 외국인 250루피(5,200원) 인도인 10루피(210원)이다.

16세기 크리슈나 데바라야 왕이 죽음으로 미완성 걸작품 '가루다'가 모셔진 전차 모양의 사원으로, 돌로 된 바퀴가 실제 굴러갈 수 있는 구조다.

돌로 된 전차의 바퀴가 굴러갈 듯 섬세한 모양이다. 비자야나가르 왕조 최후의 걸작품인 힌두사원 왕조의 장인들은 진흙 다루듯 돌을 다루었다. '뮤직 필라' 돌기둥은 두드리면 음색을 낸다. 함피 바자르에서 북동쪽 약 3km 지점의 빗탈라 사원은 1565년 무슬림에 의해 정복된 뒤 약탈되고 방치된 유적군이었다.

내가 본 명소

- 왕궁 구역(Royal Endosure): 비자야나가르 왕궁이 있었던 구역이다.
- 로투스 마할(Lotus Mahal): 왕비가 휴식을 취하던 곳으로 가장 아름답다.
- 하자르 라마 사원(Hazaar Rama temple): 1406~1424년 재위한 데바라야가 지은 사원.
- 언더그라운드 시바 사원: 이곳에서 가장 오래된 사원이다.
- 엘리펀드 스테이블(Elephant Stable): 코끼리 사육장이었던 곳이다.
- 마하나바미 디바(Mahanavami Dibba): '두르가 여신'에게 제사(祭祀)를 올리던 곳.
- 왕비의 목욕탕(Queen's Bath): 왕비가 목욕하던 곳이다.
- 헤마쿠타 힐(Hemakduda Hill): 산에서 내려와서 강가 왕조의 크리슈나 사원으로 나라심하상이 있다.

- 비루팍샤 사원(Virupaksha Temple): 1510년 비지야나가르 왕조 때 완성한 것이다. 높이 56m에 달하는 미색의 고푸람이 인상적이다.
- 마탕가 힐(Matanga Hill): 함피 바자르가 한눈에 들어오는 언덕이다.
- 하누만 사원(Hanuman Temple): 원숭이신 하누만의 출생지라 알려진 사원이다.
- 아츄타라야 사원(Achyutarata temple): 1534년 '데바라야'에 의해 건설되었다.
- 고고한 박물관(Archaeological Museum): 16세기 비자야나가르 왕조 유적 등을 전시한다.

얼굴빛을 밝게 하여 크게 웃었다. 몸 아파 우울한 내 마음을 인도 청년들과 웃으면서 사진 촬영하는 기분. 크리슈나 사원에서 서로 내 곁에 붙어 찍으리고 파안대소(破顏大笑)로 한바탕 웃었다. 몸 아픈 생각도 나지 않았다. 그래도 하늘이 도왔는지 나는 오토릭샤를 대절하여 하루 만에 중요 명소를 다보고 빗탈라 사원과 고고학 박물관까지도 보았다. 다 보고 나니 어찌나 후련하던지 몸이 아주 나아진 기분도 들었다. 집으로 돌아가도 왔던 벵갈루루보다는 하이데라바드 땅이라도 밟고 돌아가고 싶었다. 나의 마음은 너무나 여행하고 싶어 간절하다.

다음 날, 호스펫(Hospet)

오늘은 아침밥을 먹고 오전 8시 30분부터 2시간 동안 잠을 다시 잤다. 어제 몸도 안 좋은 상태에서 헤마쿠타 힐도 오른데다 하루 종일 오토릭샤를 타고 돌아다닌 피로 때문일까. 점심 식사로는 비상식으로 아껴

둔 국산 롯데 라면 하나 끓여 먹었다.

오랜만에 한국 정품 라면을 정말 맛있게 먹었다. 밥도 국물에 말아 좀 먹었다. 입맛이 좀 돌아오려나? 오후에는 시티은행에 가서 돈을 좀 찾으려고 호스펫으로 가는 버스를 타고 나갔다. 호스펫 버스 터미널에서 오토릭샤를 타고 시티은행을 릭샤왈라가 안다고 하여 믿고 갔는데 결국 못 찾고 다른 은행 앞에 내려 주었다. 그 골목 안의 은행에는 ATM기가 없었다. 한국으로 치면 마을금고 같은 곳이었다. 함피로 다시 돌아오는 시내버스 안에서는 또 기침이 한 10분 이상 그치지 않고 연거푸 나와 같이 타고 있던 인도 승객들이 놀라는 눈으로 나를 쳐다보았다. 이러다가 기관지가 나빠지는 건 아닌가? 나는 또 불안한 생각이 들었다. 이번에 내가 몸 아프면서 나의 인생에 대해서 많이 생각했다.

오늘 최종적인 결론은 "지금부터라도 남에게 봉사(奉仕) 좀 하면서 살아가자-"

로투스 마할(Lotus Mahal)
기둥 상부의 아치형이 아름답다

나라심하상(Narashimha)에서
인도인들과

빗탈라 사원 (Vitthalla Temple)
U.세계문화유산

휴게실 lounge

처음 간 해외여행 - 대만 옥산 트레킹

1993년 6월 6일 난생 처음 해외여행을 가게 되었다. 나이 48살에 대만 옥산(3,959m)을 등산하고 관광을 겸한 여행으로 전국에서 모인 산악인 22명이 서울 여행사에서 하는 패키지로 대만으로 출발했다.

국내산 2,000m 이내만 다니던 나는 거의 4,000m에 가까운 옥산에 올라가서 고소증에라도 걸리면 어떡하나? 내심 걱정을 많이 했는데 다행히 큰 문제는 없었다. 그런데 정상 가는 7일 밤부터 하산하는 다음 날까지 비가 약 300mm가 내려 우중에 등산을 하여 산 경치는 짙은 안개로 볼 수가 없었고 산 정상 표시가 있는 대만 수호신 동상 앞에서 사진 찍은 것만 남았다.

그러나 나는 3,959m 산 정상에 처음 선 것이 너무 자랑스럽고 자신감이 넘쳤다. 일행 22명 중 정상까지 간 사람은 약 10명 정도였으며 나머지는 도중에 하산하였다. 등산을 마치고 관광으로 대만 시내의 상설 야시장에서 이번 일행 중 대구에서 온 유일한 아가씨 김 양코브과 둘이서 대만 고급 오가피주(50%) 한잔하면서 등산 성공 축하 건배할 때 정말 기분 나이스였다. 야시장에서 2m쯤 되는 코브라로 실제 뱀탕을 해 주는 것을 보고 놀랐다. 마지막 여행 하이라이트로 장개석 총독이 중국에서 가져온 진귀한 보물로 가득 찬 세계 3대 박물관(대영제국 박물관, 프랑스 루브르 박물관) 중의 하나인 대만 국립박물관 관람은 돌아오는 비행기 시간 사정으로 1시간 만에 바쁘게 보고 나와 아쉬웠다. 대만공항 면세 백화점에서는 처음 하는 여행이라 아내에게 줄 선물로 30만 원의 황에메랄드 보석을 카드로 결재해 사다 주었으나 와이프에게 좋은 반응 얻지 못했다. 나중에 생각해 보니 면세 백화점 판매 아가씨들에게 완전 바가지만 쓴 느낌이었다.

대만 국립공원 옥산 입구

　여행 경비는 4박 5일에 60만 원이었고 선물을 합하여 총 경비 110만 원이 들었다. 대만은 당시 유일한 한국과의 우호 관계로 만나는 사람마다 우리를 환대해 주었다. 트레킹에 성공한 나는 너무 자신감에 차서 우리 산악회와 동네방네 산 다니는 사람들에게 트레킹 얘기를 들려 주며 자랑스러워했다. 눈산이 아닌 비 산행이었는데도 우리 산악회 회원들은 사람들은 숨을 죽이고 내 얘기를 잘 들어 주었다. 그리고 처음 간 외국 나들이에 느낀 점이 많아 가급적 1년에 한 번씩은 꼭 외국 고산 트레킹을 해야겠다고 마음먹었다.

　당시 대만은 한국보다 더 잘산다는 소문이 있었는데 실제 가서 들어 보니 아파트 값은 한국과 비슷한 수준이었고 아시아에서 가장 성 문화가 개방적어서 결혼한 남자 중 애인이 없는 사람이 드물 정도라고 했으며 사람들의 체구는 한국인들보다 조금 왜소했다. 그 뒤 내가 중국에 가서 대만 갔다 온 얘기를 하니 중국인들이 정말 갔다 왔나? 잘산다는 소문이 맞던가요? 아주 놀라는 기색으로 내게 질문했다.

　지금도 그렇지만 중국인은 여행 목적으로 대만을 잘 갈 수 없기 때문이었다. 그리고는 그 조선족이 "대만 국립박물관도 구경했어요? 보물이 많지요?" 전쟁 당시 장개석의 대륙의 전국 보물을 싣고 대만으로 향하는 배를 중공군이 발견하고 포격할까요? 하고 상부에 보고했을 때 모택동이 "그냥 두어라, 언젠가는 우리에게 다시 돌아올 물건들인데-" 했다고 하며 모주석의 영웅석 명령담을 자랑했다. 난생 처음 하는 해외여행이라 아무것도 모르고 가이드 깃발만 따라 다닌 여행이었다.

　자유 배낭여행을 하고 싶다!

5.
골콘다 성Golconda Fort - 하이데라바드

　골콘다 성(Golconda Fort)은 진흙으로 만든 인도의 만리장성으로 웅장하고 볼만했다. 대낮에 동굴의 미로를 찾아 헤매고 다니는 야릇한 기분도 만끽했다. 인도는 가는 곳마다 신기한 볼거리가 있어 좋다. 그렇게 구경을 잘 하고 나오니 점심 식사 시간이라 그 입구에서 얼마 안 떨어진 식당에 가서 야채누들을 시켰다. 잠시 후 음식이 나왔는데 한 번 먹어 보니 맛이 없었다. 그래도 몇 숟가락을 먹기 시작하는데 갑자기 입 안에서 와지끈 이빨이 부러지는 통증이 몰려왔다.
　"앗! 내 이빨이…."
　누들 쟁반 위에 함께 나온 레몬 토막을 내가 손으로 짜 레몬즙을 누들 위에 뿌릴 때 딱딱한 레몬 씨가 들어간 것을 모르고 씹었던 것이었다.
　왼쪽의 덮어 씌운 금니 쪽이었는데 다행히 이빨은 부러지지 않았는데 아파서 그쪽 이빨로는 음식을 못 씹고 건드리면 아팠다. 한국에서 그랬으면 당장 치과에 뛰어갔을 터인데 여기서는 그럴 수가 없으니…. 오른쪽 치아를 사용하면서 '좀 시리고 아파도 어쨌건 여행 기간 동안 참고 견뎌 내야 한다.'고 생각했다.
　감기 몸살 좀 나아지는가 싶더니 이제 치아까지 말썽을 일으키며 나를 더욱 궁지로 몬다. '그나저나 좀 덜 아파 견딜 수 있어야 될 텐데….' 조금 진정이 된 오후 2시경 한 한국인 여행자에게서 만나자는 전화가 왔다. 내가 카페에 올린 '길동무 구함'이라는 글을 보고 연락 온 H군(남,

27세)을 오후 3시 30분경 차르미나르 성에서 만났다.

실제 나이보다는 아직 소년 같고 활달(豁達)한 성격의 그는 "인도가 첫 해외여행지이고 3개월 정도 여행할 계획"이라고 했다. 우리는 둘 다 오랜만에 만난 한국인이라 반가워했다. 라드시장 중앙에 있는 차르미나르는 하이데라바드의 상징 건축물로 델리의 인디아 게이트보다 훨씬 멋있어 보이는 개선문이었다. 우리가 맨 위에 올라가니 동서남북 그 일대가 한눈에 들어왔다. 기분이 전환되고 좋았다.

저녁 식사를 H군과 함께 인근 식당에서 하는데 그는 얼마나 배가 고팠던지 허겁지겁 잘도 많이 먹었다. 식사 후 우리는 이런저런 얘기를 하다가 내일 만나기로 하고 헤어졌다. 그는 영어를 하긴 하는데 그렇게 잘하지는 못하는 것 같았으나 심성이 착한 사람임에는 틀림없어 보였다. 물어보니 H군 부친 나이가 나보다 몇 살 적어 내가 큰아버지뻘이었다. 오늘 본 골콘다 성은 참 신비로운 성이었다. 오늘 식사 중 다친 치아기 내일은 좀 괜찮아져야 할 텐데-

그런데 나는 여행을 하면서는 여기가 이슬람교의 최고 도시라는 걸 느낄 수가 없었다. 이슬람 복장의 남녀를 거리에서 자주 본 것 외에는 사원을 보아도 솔직히 여기가 힌두교 사원인지 이슬람 사원인지 분간이 잘 되지 않았다. 단지 사원 입구의 인포메이션(안내문)을 보고는 어렴풋 짐작 하곤 하였다.

◎ 골콘다 성(Golconda Fort)

입장 티켓은 외국인 100루피(2,100원), 인도인 10루피(200원)이다.
하이데라바드의 좀 외곽에 있는 이 성은 버스 종점에 내려 멀리서 쳐다보아도 한눈에 중국의 만리장성과 그 모습이 같았다. 점점 다가갈수록 만리장성(萬里長城)과는 달리 허물어져 가는 모양새로 다르긴 하지만. 보수공사를 할 때가 지난 것 같았다. 그날 거기서 영화 촬영이 있어서 인도 관광객들은 그곳에 정신이 팔려 있고 구경을 다 한 나는 성곽 돌기둥에 등을 대고 앉아서 1시간 정도 편히 쉬었다. 인도의 만리장성으로 불리우며 길이가 3km에 달한다. 전투 요새였으며 1143년 카카티야 왕조 때 건설되어 1512년 쿨리 쿠쿱샤 왕조 때 완성되었다.

◎ 하이데라바드(Hyderabad)

인구 685만여 명이 거주하는 안드라프라데시주(州)의 주도이다. 1512년에 골콘다의 이슬람 군주가 더 많은 물이 있는 해발 536m의 이곳으로 이주하면서 도시의 역사가 새롭게 시작되었다. 1687년 무갈제국의 아우랑제브 황제는 이 도시를 점령해 다스리다가 1948년에 인도공화국이 수립되면서 이슬람 군주(君主)의 통치시대도 막을 내렸다.

후세인 사가르 호수 북쪽의 신도시 세쿤데라바드는 영국시대에 건설했다. 인도에서 벵갈루루 다음으로 IT산업의 중요 도시로 발전하고 있다.

내가 본 명소

- 초우마할라 궁전(Chowmahalla Paiace): 1750년 니잠 시대 때 지은 궁전으로 니잠의 접견실.
- 후세인 사가르(Hussain Sagar): 룸비니 공원에서 배를 타고 부다 상 섬으로 건너간다.

- 차르미나르(Charminar): 1591년 '쿨리샤'의 전염병 퇴출을 기념하고 건설된 개선문.
- 사라르 정 박물관(Salar Jung Museum): 인도 최대 규모의 '사라르 정' 가문의 개인 박물관이다.
- 라드 시장(Lad Bazzar): 주 최대의 혼수품 시장으로 보석, 옷, 악기 등이 많다.
- 메카 마스지드(Mecca Masjid): 1617년에 쿨리샤가 건설을 시작하여 1694년에 완공되었다. 10,000명이 수용되나 여성은 출입금지이다.
- 헤 니잠 궁전(HEH the Nizam's Museum): '니잠'이 1869년부터 1911년까지 살았던 궁전으로 박물관도 있다.

골콘다 성을 둘러보고 조용히 생각해 보니 이런 성과 폐허가 된 건물 속 미로를 돌아다니는 건 내가 좋아하는 일이다. 그런데 날씨는 덥고 몸이 완전 회복되지 않았으니 다시 도질까 봐 겁도 났다. 그러나 너무 과로하지 말고 마음을 상쾌히 가지고 계속 여행할 수 있도록 조심하고 힘을 내자.

목표가 당신의 미래를 결정해 준다. 다른 것도 마찬가지지만 여행도 목표를 잘 세워야 한다. 나는 일정이 여의치 않을 때 플랜 B까지 목표를 세운다. 파사현정(破邪顯正), 그릇된 것을 관념을 지우고 올바르게 바로잡아야 한다.

p. 182-183

골콘다 성(Golconda Fort)

차르미나르 성(Charminar Fort)
1591년 쿠트브 샤히 왕조가 건설

골콘다 성(Golconda Fort)
관광 온 인도 대학생과 한 컷

메카 마스지드(Mecca Masjid)
1만 명의 예배자를 수용할 수 있는 곳

p. 187-189

헤 니잠 박물관 - 하이데라바드

야남(Yanam) 온몸에 은칠을 하고

붓다 동상 - 룸비니 공원과 인도 연인들

사라르 정 박물관
(Salar Jung Museum)

6.
사라르 정 박물관 - 헤 니잠 박물관 - 야남

　오전 10시경 H군이 나의 호텔 방에 와서 내 노트북으로 자기가 찍은 사진을 저장하면서 메모리 카드가 부족하다고 걱정했다. 나는 내가 가지고 있던 4GB 메모리칩을 그에게 하나 건네주었다. H군이 "선생님은 어찌하시려고요?"라고 말하기에 나는 "노트북도 있으니 괜찮다."라고 안심시키니 그는 연신 "고맙다."고 감사의 인사를 했다. H군과 같이 후세인 사가르 호수 속의 붓다상을 보러 들어간 룸비니 공원은 호수를 끼고 큰 수목들이 들어서 있는 아름다운 시민공원이다. 인도 관광객들과 함께 유람선을 타고 그곳으로 건너가 봤다. 붓다 동상은 크고 웅장했다. 그런데 날씨는 덥고 그늘은 없어서 얼른 부처님께 여행의 안전(安全)을 기원하는 예를 간단히 올리고 그 섬에서 나왔다.
　룸비니 공원의 큰 나무 그늘에서 쉬면서 H군이 "선생님은 인도만 오세요?"라고 묻기에 나는 기다렸다는 듯이 "그렇단다. 이제 인도여행만 하지. 다른 나라는 갈 필요를 느끼지 않아."라고 답했다. 그러자 그는 "아니 왜요?"라고 반문해 나는 "그만큼 인도가 볼거리가 많고 이제 미운 정 고운 정이 다 들었단다."라고 말하자 그는 고개를 끄덕였다. 다시 우리는 시내버스를 타고 사라르 정 박물관으로 갔다. 인도여행 중 가는 곳곳마다 들러 보는 인도 박물관이라 기대를 그다지 하지 않았는데 여긴 아주 특별했다.

좀 빠른 속도로 봤는데도 3시간이나 걸릴 만큼 전시된 유물은 내용이 특이하고 흥미로운 게 많았다. 우리는 박물관 내 식당에서 식사를 하고 아이스크림도 하나씩 사 먹었다. 사라르 정 박물관은 고고학적 가치는 정확히 모르지만 내가 본 인도 박물관 중 가장 인상 깊었다. 그러나 사진을 못 찍게 하니 큰 흠이었다. 초우마할라 궁전은 H군 말로는 가이드북에도 안 나오는 궁전이라는데 막상 가 보니 정말 좋았다. H군이 아니었다면 나는 그곳을 모르고 그냥 지나칠 수 있었기에 그가 고마웠다.

초우마할라 궁전은 정말 아름답고 그곳에서 본 왕의 생활상은 호화의 극치에 달했다. 벨기에산 수정으로 만든 거대한 샹들리에가 달려 있는 예식장은 눈이 부셨다. 헤 니잠 박물관은 니잠 왕과 왕비의 생활용품을 전시하는 곳인데 그 전시실이 고급스러워 전시품이 더 멋지게 보이는 박물관이었다. 해가 질 무렵 우리는 메카 마스지드로 갔는데 반바지 차림으로는 못 들어간다고 해 H군은 들어가서 구경하고 나는 밖에서 안을 보면서 사진을 찍으며 기다렸다. 입장 요금은 없었고 안에서는 코란의 합창(合唱) 소리가 들려왔다. 저녁 식사는 우리 호텔에서 가까운 식당으로 가서 프라이드치킨 라이스로 해결했는데 정말 고소하고 맛있었다.

식사 후 H군은 고아행 기차를 곧 타야 한다며 작별 인사를 하고 헤어져야 했다. 어제와 오늘, H군 덕분에 나는 참 호강했고 행복했다. 그래서 나는 그에게 "음료수 사 먹으라."며 500루피(1만 원) 한 장을 그의 주머니에 넣어 주었다. 나는 다시 한 번 "H군아, 잘 가~ 몸조심하고~ 다음에 또 만나자~"라며 작별 인사를 했다.어제 그렇게 충격을 주었던 치아는 오늘 하루 일정이 무척 분주해서 그런지 시큰거릴 뿐 그런대로 참을 수 있었다.

"제발 이번 인도여행 기간만이라도 좀 봐다오!"

◎ 사라르 정 박물관(Salar Jung Museum)

입장 티켓은 외국인 150루피(3,100원), 인도인 10루피(210원)이다.

인도 최대 규모를 자랑하는 사설 박물관으로 전시된 유물도 내용이 특이하고 흥미로운 것이 많았다. 인도 최대 규모의 개인 박물관으로 '사라르 정' 가문에서 운영한다.

◎ 헤 니잠 박물관(HEH Nizam's Museum)

하이데라바드의 군주 니잠이 1869년부터 1911년까지 살았던 궁전으로 지금은 그 안에 박물관도 들어서 있다.

인간은 자유이며 항상 자기 자신의 선택에 의해서 행동해야 한다. 나는 자유분방한 여행을 하고 싶다. 그러나 굳이 그곳의 룰을 어겨 가면서까지 만족을 취하고 싶진 않다. **사진 촬영 금지하는 곳에서 사진을 찍다가 투서기기(投鼠忌器), 쥐를 잡으려다 옆에 있는 그릇을 깨트릴까 염려하는 말로 내가 찍어 놓은 사진까지 캔슬 당할까 봐 겁도 났다.**

그러나 모형 전시관에서는 찍을 수 있었는데 옆에 H군이 붙어 다니니 보는 속도가 빨라지고 그럴 수가 없었다. 찍지 말라면 안 찍는 모범을 내가 보여야 되지 않겠나? 생각했다. 그렇게 헤어진 뒤 H군은 여지껏 한 번도 연락이 없어 궁금했다.

◎ 카키나다(Kakinada) & 야남(Yanam)

다음 날, 오전 10시에 종합버스 터미널에 가서 버스 타고 지도 보고 1시간 정도 찾아간 야남(Yanam)은 한국의 면 정도의 시골 마을인데 버스 정류소에서 조금 앉아 쉬다가 내려가니 재래시장이 크고 물건과 볼거리가 많다. 이런 동네에서는 나처럼 외국인 여행자를 잘 볼 수 없으니 나는 그들을 보고 그 사람들은 나를 쳐다보면서 서로 어색해도 반가운 눈빛이다. 점심 식사는 그 시장통 안에 있는 식당에서 토탈라이스(인도 정식), 아이스크림 콘, 주스 한 병을 먹고 쉬다 나왔다. 그 시장은 특징은 없었는데 반촌(半村) 재래시장으로 큰 편이고 물건도 다양했다. 코브라를 광주리에서 꺼내 보여 주는 사람도 구경했다.

오후 2시 30분 카키나다로 돌아왔다. 호텔로 돌아오면서 철교 큰 다리 밑 야채시장에 가서 계란을 사려고 하는데 닭은 '치킨' 하면 잘 알아 들으면서 계란은 '에그' 하면 못 알아듣는다. 그 다리 밑 시장은 빈민가로, 영어를 못하는 사람이 많다고 보아도 '에그' 모르는 사람이 어딨나? 싶었다. 계란은 꼭 사가야 하여 다시 초등학생들이 모여 노는 곳에 가서 물어봐도 에그를 몰랐다. 서로 답답하니 그중 어떤 애가 잠시 어딜 가더니 이 동네에서 영어를 제일 잘 한다는 10살 쯤 되어 보이는 남자 아이를 데려왔는데 내가 그 아이에게 에그를 몇 번 반복했으나 역시 못 알아들었다. 나는 할 수 없이 볼펜과 메모지를 가방에서 꺼내 메모지에 영어로 'Egg'라고 썼더니 그제야 그 꼬마는 웃으며 '예그'라고 발음하면서 옆쪽 골목을 손가락으로 가리켰다. 나는 그 골목으로 돌아 들어가 몇 발짝을 가니 정말 입구에 계란이 쌓인 가계를 찾을 수 있었다. 뒤에서 나를 뒤따라오던 그 열여 명의 아이들과 몇 명의 어른들이 계란가게로 들어가는 나를 보고 깔깔거리고 웃고 있었다. 나도 뒤돌아보고 아이들과 같이 웃어 주었다.

오늘 낮 불현듯 생각한 일인데 사실 나이가 많아지니 나의 자서전(自敍傳)을 남기고 싶은 생각은 전에도 한 적이 있지만 인도 여행 3년, '천신만고' 나의 인도여행 이야기를 세상에 알리고 싶은 심정이 처음 들었다. 저녁때 여행기를 쓴다고 다시 생각하니 이상하게도 지금 하는 고생이 헛고생이 아닌 것 같고 무슨 희망이 보이기 시작하는 것 같았다. 머릿속이 밝아 오는 느낌이 들었다.

◎ 비사카파트남 - 비무니파트남(Bhimunipatnam)

인도 본격 더위 4월의 시작, 비사카파트남(Visakhapatnam)에서 북쪽으로 버스 1시간 거리의 해변 마을 비무니파트남에서 찾아간 베밀리 해변(Bheemli Beach)은 둥글게 휘어진 깨끗한 백사장과 그 주변으로 야자수가 늘어서고 푸른 파도가 밀려오는 아름다운 해변이었다. 결국 나는 이런 해변을 맛보기 위해 무더위를 헤매고 다닌다. 어제 본 비사카 해변보다는 훨씬 깨끗하고 조용한 해변이며, 바닷가 조각 동상이나 꾸며 놓은 소공원도 더위를 피해 쉬어 가기 좋게 만들어 놓았다.

내가 바라는 남국(Southland)의 그림 속을 천천히 돌아보는 것 같은 행복한 시간이었다. 점심 식사는 이 동네에서 제일 고급스러워 보이는 식당에 가서 메뉴판을 보고 구운 생선 요리를 주문했는데 그날따라 고기가 안 잡혔는지 생선은 안 된다고 해서 할 수 없이 먹기 무난한 프라이드치킨 라이스와 한 홉짜리(330cc) 사이다 두 병을 먹고 나왔다. 이 도시는 해안으로 연결되는 언덕길이 많은 편이었으나 그래도 나는 더위를 무릅쓰고 계속 걸어 다니며 거리 구경을 즐겼다.

7.
수르야 사원 Surya Temple U.세계문화유산

푸리에서 동쪽으로 35km 지점에 위치한 푸리 뉴 버스 터미널에서 꼭 1시간 거리의 코나라크(Konarak)에 있는 태양 사원(Sun Temple)으로 갔다. 모래땅 위에 돌을 쌓아 만든 건축 양식의 사원으로 정말 멋있었다. 푸리의 동쪽, 코나라크에 있는 태양의 신을 모시는 힌두교 사원으로 나병을 고쳐 준 태양신 수르야에게 감사의 뜻으로 지은 사원이며, 유네스코 세계문화유산에 1983년에 등재된 곳으로 환상적인 분위기를 자랑했다.

◎ **수르야 사원(Surya Temple)**

입장 티켓은 외국인 250루피(5,250원), 인도인 10루피(210원)이다.

날씨가 무더워 힘겨웠지만 더운 줄 모르고 구경했다. 점심 식사를 태양 사원 앞 식당에서 했는데 너무 더워 냉 사이다 한 병부터 시켰다. 그런데 그 식당 종업원이 사이다 한 모금 먹고 빨대를 씹어 가져와서 내가 흥분했다. 그 녀석이 잘못했다지만 나도 평상심을 유지하고 주인을 불러 차분히 이에 대해 항의해야 했는데 그만 성질부터 부리고 말았으니…. 구경을 잘 하고 화내면 멋진 구경에 대한 추억이 좋지 않을까 봐 꽤나 참으려고 애썼지만 무리였다. 그런데 그 식당 주인은 그 직원 녀석의 잘못된 행태에 대해 나무라지 않아 더욱 화가 났다.

돌아오는 버스를 타고 10분 정도 나오다 내려서 찾은 바닷가는 '찬드라 바가 해변(Chandra Bhaga Beach)'인데 너무 더워 기념품점 그늘에서 잠깐 쉬었다. 그 앞쪽으로 화사한 색상의 사원도 보였으나 사진만 찍고 돌아왔다. 돌이켜 보니 오늘 '태양 사원' 식당에서 참 속상했다. 내 자신의 기분과 이익을 위해서 그 자리에서 사이다를 다 쏟아 버리고 한 병 더 시켜 먹고 두 병어치 다 계산하는 코리안 신사(Gentleman)처럼 나와야지….

◎ 코나라크(Konarak)

인구는 7,000여 명에 불과한 작은 도시다. 이곳에는 13세기 중엽에 건립된 '수르야 사원'이 유명한데 신전 전체가 태양신의 형상으로 설계돼 있다. 신전의 기단 벽에는 수레바퀴들이, 신전 앞에는 일곱 마리의 말이 조각돼 있다. 강가 왕조 랑굴라 나라심하가 이슬람을 물리치고 세운 승전 기념 사원이다.

◎ 수르야 사원(Surya Temple)

푸리의 동쪽, 코나라크에 있는 태양의 신을 모시는 힌두교 사원으로 태양 사원(Sun Temple)이라고도 한다. 이제부터 어딜 가도 기분 좀 상해도 다투지 않기로 했다. 화나서 싸우고 나면 나중에 '코나라크' 했을 때 그 멋진 사원 풍경보다 싸운 기억이 먼저 떠오르면 안 되지 않는가? 많은 인도인들이 얼마나 나를 잘 대해 줬는데…. 소수의 나쁜 인간은 어디든지 존재한다. 한국에도 있다. 그 고마움을 생각하며 무조건 참아(Be patient) 나가자!

8.
골든 해변Golden Beach - 푸리

　고팔푸르에서 부바네스와르까지 버스로 6시간 30분 걸렸고 '부바네스와르'에서 푸리까지는 2시간 30분이 걸렸다. 하여간 버스 타고 9시간, 더위에 고생하는 것이 이번 여행에서 가장 힘들었다. 밤에 도착하여 어디가 어딘지 몰랐는데 다음 날 아침에 일어나 보니 바다가 가까이 있어 좋았고 호텔 방도 시설은 낡았으나 그런대로 마음에 들었다.
　이틀 후, 점심 식사 후 내일 갈 준비를 했다. 쌀 500g, 계란 10개를 사다가 삶아 놓고 내일 기차 안에서 먹을 간식을 준비하고 빨래도 대충해서 널어 놓았다. 오후 4시에 밖으로 나가서 뉴 해변행 버스를 기다리다가 사이클 릭샤를 타고 골든 관광 해변 동쪽 끝까지 타고 갔다가 내려 그 주변 바닷가를 둘러보고 다시 사이클 릭샤를 타고 왔던 해변 길을 다시 걸어 나오기 시작했다.
　해 질 무렵의 시원한 바닷바람과 눈앞에 펼쳐지는 벵골 만 바다 풍경, 구경 나온 많은 사람들, 큼지막한 고기를 잡아 올리는 어부(漁夫)들, 난장의 리어카 음식점들, 바닷게를 삶을 때 풍기는 냄새 등을 만끽했다. 해변에 즐비하게 들어서 있는 호텔 등을 바라보면서 1시간가량 걸었는데 여기가 이렇게 좋은 줄 미처 몰랐다.

　이러한 기분은 이번 인도 자유여행의 최고 하이라이트였다. 그렇게 걷다 보니 지쳐서 릭샤를 타려고 주변을 두리번거리니 조금 전에 나를 태워 준 그 사이클 릭샤왈라가 멀리서 기다리고 있어서 다시 타고 호텔로 돌아왔다.

　나는 기분도 좋은데다가 고마운 생각이 들어 귀로 시에는 40루피(800원) 요금에 팁 20루피를 더 주었더니 그 릭샤왈라는 "땡큐"를 연발하며 큰 감동을 받은 얼굴이었다. 이를 통해 나는 '앞으로 가급적 오토릭샤보다는 힘들게 벌어 먹고 사는 사이클 릭샤를 즐겨 이용해야겠다!'라고 마음먹었다.

　그리고 오늘 바닷가에서 만난 많은 인도인들을 보면서 '이렇게 해변 휴양지로 놀러 다닐 정도라면 어느 정도의 경제적 여유를 가져 생활이나 마음의 여유를 지닌 또 다른 인도인들도 많구나!'라는 생각을 하게 되었다.

◎ 푸리(Puri)

　인구 16만 5천여 명으로 동인도 해안 일대의 주요 도시이자 힌두교 성지이다. 맛있는 해산물을 먹고 심신의 피로를 풀기에 아주 좋은 해변 휴양지이다. 기업의 휴가 시즌 숙소들이 많고 콜카타 쪽은 휴일을 맞으면 더욱 복잡해진다. 자간나트 사원의 복종정신(服從精神)이 오랜 세월에 걸쳐 도시 곳곳에 스며들어 평온함이 저변에 깔려 있는 힌두교 성지다. 매년 6~7월에 이곳에서 라트아트라 축제가 열리면 전국의 힌두교도들이 대거 몰려든다고 한다.

내가 본 명소

- 빌리지 해변(Village Beach): 마을 어부들의 일터라 할 수 있는 해변으로 나의 숙소가 있는 조용한 해변이다
- 골든 관광 해변(Golden Beach): 장사하는 사람들과 관광객들로 왁자하고 사람들로 넘쳐 난다.

바닷가의 먹거리는 주로 게, 생선, 가재, 고동 등 해산물로 현장에서 김이 무럭무럭 나고 맛있는 삶는 냄새가 진동한다. 여기도 한국의 70년대 바닷가로 이런 해변을 좋아하는 나는 왠지 기분이 좋아지고 마음이 들뜬다.

그런데 인도인 관광객은 현지 사람인지 아니면 인도 전국에서 온 사람인지 연일 이렇게 많을 수가 없었다. 일은 안 하고 매일 놀러만 다니나? 관광 해변을 해 질 녘 일몰을 보며 사이클 릭샤를 타고 달리는 기분은 너무 황홀해 오랫동안 기억될 최고의 호사 중 하나가 될 것이다.

골든 해변을 갔다 오면서 나는 너무 기분이 좋아 코나라크에서 받은 스트레스를 쾌도난마(快刀亂麻), 한 칼에 베어 날려 버렸다.

푸리는 여행에 지친 나 같은 사람이 모든 걸 잊고 쉬어 가기 딱 좋은 곳이다. 그걸 알면서도 실행이 잘 안 되었다. 나는 한곳에 지루해서 오래 못 있는 것이 단점이자 장점이다. 마음이 바빠서 그런지… 볼 곳을 보고 나면 곧 이어서 다른 새 곳을 보고 싶어 한다.

이걸 좀 바꾸려고 하니 그렇게 되면 여행 기간이 아주 늘어나는 단점이 있다. 인간은 항상 시간이 모자란다고 불평하면서 마치 시간이 무한정 있는 것처럼 행동한다. 여행 시간을 잘 조절하는 것 또한 성공적인 여행을 하는 비결이다

나의 인도 여행 일수 & 준비물(Materials)

〈9년 여행 일수〉

2011 [70일] 2월 25일 - 5월 5일

2012 [74일] 2월 14일 - 4월 27일

2013 [72일] 2월 15일 - 4월 27일

2014 [57일] 2월 22일 - 4월 19일

(4년간 이야기 『꽃 중년 인도 자유배낭여행』 발간)

2015 [46일] 6월 29일 - 8월 12일

2016 [47일] 2월 15일 - 4월 1일

2017 [34일] 3월 1일 - 4월 3일

2018 [34일] 3월 4일 - 4월 6일

2019 [21일] 3월 15일 - 4월 4일

합계 총 455일

2020년 2월 1일 코로나로 현재까지 여행 연기

〈인도여행 준비물(準備物)〉

(약 2개월 정도 기준)

- 항공권(Airline Ticket)
- 비자(Visa)
- 환전(Exchange)

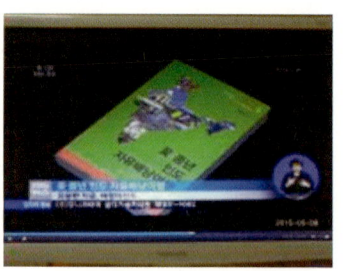

2015년 5월 KBS 문화산책 선정도서로 방영

여행 준비물

- 여행 보험(Travel Insurance)
- 취사(炊事): 전기 곤로, 코펠, 전기 코드, 점심용 플라스틱통, 수저, 나무젓가락
- 반찬: 고춧가루, 미역, 멸치, 초고추장, 김, 파는 밥, 소금, 참기름, 식용유, 맛가루, 깨소금, 육개장 즉석국 10개, 짜장라면 10개, 된장 2통, 고추장1통
- 각종 충전기, 코드선: 폰, 카메라, 노트북, 외장하드, MP3
- 간식: 커피, 땅콩, 건포도, 건빵
- 약(藥): 혈압, 비뇨, 홍삼 캡슐, 판피린, 설사약, 타이레놀
- 의류: 러닝, 팬티, 두꺼운 상의
- 세면구: 치솔, 치약, 소금, 수건, 염색약, 면도기, 로션, 선크림, 슬리퍼, 반창고
- 캐논 카메라, 작은딸 카메라(여분)
- 노트북, 외장하드, USB 메모리
- 모기약 2종

그 외 전기 장판, 붙이는 핫팩, 탁상 시계, 온도계, 돋보기, 우산, 여권 복사, 증명사진 여분, 나머지 식품류 등은 인도 현지 구입

9.
마하보디 사원Mahabodhi Temple - 부다가야
U.세계문화유산

　아침 10시에 출발해 국제 사원 구역에서 타이·중국·티베트·일본·네팔 등의 사원들이 제각각 다 잘 지어 놨는데 한국 사원은 어디 있나? '다이죠코 대불'은 일본 사람들이 국제적으로도 불교 대국의 명예를 유감없이 자랑하고 있었다. 호텔로 돌아와서 카메라 배터리를 재충전하고 점심 식사로 인도 라면 메기와 닭고기를 먹고 쉬다가 오후 2시 30분경 마하보디 사원으로 갔다. 과연 세계문화유산 명소다운 면모가 물씬 풍겼다. 정말 나도 모르게 탄성이 절로 나올 정도로 멋있었다. 나는 오늘 처음으로 유네스코 세계문화유산에 등재된 마하보디 사원을 보고 그 환상적인 아름다움에 놀라지 않을 수 없었다. 내가 룸비니, 사르나트 등을 보았지만 이렇게 잘 꾸며 보존이 잘된 걸 보고 놀랐다. 그리스도 교인이 예루살렘의 베들레헴을 가 보듯 불교인이라면 이곳을 꼭 한번 다녀가 보라고 권하고 싶을 정도였다. 그 역사의 현장(現場)에 와 보고 확인하다 보면 자기도 모르게 불심을 더욱 돈독히 하는 계기로 작용될 것이라는 생각이 들었다.

　부처님이 이곳 보리수나무 밑에서 깨달음을 얻었다는 실제 장소이거니와 부처님이 다시 이 세상으로 돌아와도 이곳에서 득도하기에 가장 적당하고 거룩한 장소라는 생각이 들었다. 수자타 마을은 부처님이 고행만이 전부가 아니라는 새로운 깨달음을 얻은 곳이다. 마차 통가를 타고 수자타 마을로 들어섰다. 수자타가 살던 스투파로 가려면 걸어갈 수 없다고 해 한 청년의 오토바이 등 뒤에 탔다. 마을 분위기는 몇천 년 전 부처님이 활동하시던 때와 다를 바 없이 발전이 없어 고풍스러웠다. 지금이라도 당장 장님 처녀 수자타가 공양 죽을 들고 나올 분위기가 물씬 느껴졌다.

스투파에 도착하니 기부금을 내라고 해서 100루피(2,100원)를 주고 그 입구의 노인 거지 약 10명에게 10루피씩 나눠 주고 나왔다. 돌아올 때는 오토바이를 등 뒤에 태워 준 청년이 안내비로 200루피를 요구해 싸움 직전까지 갔다가 100루피만 주고 버티다가 간신히 빠져나왔다. 이곳 수자타 마을의 청년들 중에는 이런 식으로 여행객을 괴롭히곤 한다는 얘기를 들었지만 내가 그 당사자가 되니 적지 않게 당황스러웠다.

여기서 내가 한 가지 느낀 점은 이러한 청년들과 끝까지 맞서려면 불상사가 일어날지 모르니 적당한 선에서 타협해야 한다는 점이다. 내가 만난 그 녀석은 제법 무섭게 나오려고 했는데 나는 하도 피로하고 길증이 더해 적당한 선에서 양보하고 평소에 잘 안 먹는 망고와 아이스케이크를 사 먹고 돌아왔다

불교 4대 성지. 탄생지 룸비니, 처음 설법을 한 사르나트, 열반(涅槃)에 든 '쿠시나가르' 중에서 깨달음을 얻은 도시. 이곳 '부다가야'가 가장 중요한 곳이다. 불교 신자인 나는 맨 처음 탄생지 룸비니는 2004년 네팔여행 때 보았고 사르나트는 지난해 바라나시 여행 때 가 보았는데 부다가야는 이번이 처음이다. 후일 붓나로 일러진 석가족의 왕지 '고타마 싯다르타' 즉 부처님이 깨달음을 얻은 중요 성지로 전 세계 불교도 순례자들에게 각광받고 있다.

마하보디 사원(Mahabodhi Temple)
U.세계문화유산

◎ 부다가야(Buddha Gaya)

　인구 32,000명 정도로 소도시에 불과하지만 불교 4대 성지 중 가장 중요한 곳이다. 불교 신자들에게 영적인 의미가 깊은 도시로 기도와 명상을 하려는 전 세계 불교도 순례자들이 즐겨 찾는 곳이다.

　10월에서 3월 사이에 티베트 순례자들이 다람살라에 있는 멕가르드간즈에서 내려오기 때문에 부다가야에는 적갈색과 노란색 관복을 입고 물결을 이룬단다. 달라이 라마는 10월이나 1월에 종종 방문하며 석가모니가 깨달음을 얻고 삶의 철학과 영적(靈的) 본질을 정립한 전당이다. 현지인들은 '보드가야(Bodh gaya)'라고도 한다.

◎ 마하보디 사원(Mahabodhi Temple)

　나는 이번에 처음으로 유네스코 세계문화유산에 등재된 마하보디 사원을 보고 그 환상적인 아름다움에 놀라지 않을 수 없었다.

　2,500여 년 전, 고타마 싯다르타 왕자가 보리수나무 아래에서 깨달음을 얻고 부처가 된 곳으로 알려져 있다. 붓다가 깨달음을 얻은 지 250여 년 후 B.C. 250년에 아쇼카 왕이 이곳에 최초로 건립한 사원으로 2003년 세계문화유산에 등재되었다. 깨달음의 내용은 훗날 사제팔 정도로 정리되었다. 진정한 불교인들은 붓다가 위대한 깨달음을 얻은 땅을 꼭 직접 밟아 보고 싶어 한다.

내가 본 명소

- 고고학 박물관(Archaeological Museum): 불상 소장품과 마하보디 사원에서 불품 일부를 보유하고 있다. 영국 정치 때 진품은 대부분 영국 엘버트 박물관으로 가져갔다. 이 박물관에서 가장 볼만한 것은 B.C. 2세기의 부조이다.
- 다이죠코 대불(Great Buddha Statue): 대불 동상은 일본의 불교 단체에서 조성한 초대형 좌불상이다.
- 보드가야 국제 사원 구역(Bodhgaya Interrnational): 대만, 네팔, 베트남, 미국, 일본, 방글라데시, 부탄, 티베트, 중국, 미얀마 등 사원 건축 양식이 각국마다 다르다. 한국 고려사는 문이 잠겨 보질 못했다.

칠전팔도(七顚八倒), 어려운 고비를 많이 겪음을 가리키는 말로 나의 여행이 이렇게 힘들어도 계속하는 이유는 무엇인가? 힘들어야 진짜 여행인가? 붓다는 '고행이 깨달음으로 가는 전부가 아니라는 점도 설법했다.'고 했는데….

예수교에 비하면 불교인들이 불교 성지 탄신지 룸비니를 가 보고 싶어 하는 마음이 덜한 것 같다. 종교마다 성향이 다르지만 내 생각은 성지를 직접 가 봐야 그 고행과 하신 말씀이 더 실감나고 믿음이 강해질 것 같았다. 사랑합니다. 부처님-!!

다음 날, ATM(현금출납기)기 사고

중국 불교 사원 옆에 있는 센트럴뱅크 지급기에서 1만 루피(21만 원)를 뽑는데 9,500루피만 나왔다. 카드기 경비원이 바로 옆에서 나온 돈을 건네주었는데 세어 보니 500루피(1만 원) 한 장이 부족했다. 경비원한테 항의하니 지점 은행에 가 보라는 것이었다.

오토릭샤를 불러 지점 은행 갔다 오는데 얼마냐고 물으니 왕복 200루피(4천 원)라 하여 생각하고 있는데 마침 버스가 와서 타고 지점에 갔다.

서툰 영어에 지점장도 만나고 담당 여직원도 만났다. 결론(結論)은 우리는 모른다. 씨티은행 카드에 문제가 있으니 파트나 씨티은행에 가서 얘기하라는 것이었다. 파트나까지는 버스로 왕복 6시간 걸린단다.

파트나 씨티은행에 가면 바로 500루피(10,500원)를 바로 내준다고 해도 또 차비 들여 갈 수가 없는 일이였다. 황당했지만 포기하는 게 내가 더 이익이었다. 돈이 반만 나오든지 전액이 안 나와도 여기서는 방법이 없다는 생각을 하니 500루피만 손해 본 것만도 다행이라며 나를 위로했다. 그런데 카드기보다는 돈을 집어 건네준 그 경비원이 의심이 갔다. 호텔에 돌아와서 빵과 주스로 점심 식사를 간단히 하고 쉬면서 곰곰이 생각하니 돈은 손해를 봤지만 저 경비원을 저대로 두면 뒤에 또 다른 한국인이나 외국인이 또 당할 것 같아 오후 3시 다시 찾아가 그 경비원에게 경찰에 신고한다고 엄포를 놓았다. 그 후 걸어서 마하보디 사원 뒷골목 시장을 돌아다니며 구경하고 빙수(찬물) 한 잔 사 먹고 로타리 나무 그늘에서 푹 쉬다가 마음을 좀 진정하여 돌아왔다.

작은딸한테 메일 넣으니 대답이 왔고, 오늘 센트럴뱅크 500루피 인출 사고를 생각하니 앞으로 인도 ATM기에서 돈 뺄 때 또 당할까 봐 걱정되었다.

"밤에 생각해 봐도 기계가 오작동되었다고는 믿기 어렵다. 경비원 그 녀석의 밑장 빼기 소행인 것 같다. 이럴 때 영어를 잘하는 서양인들은 가만있지 않고 끝까지 따진다. 말이 잘 안 통하는 나 같은 한국인을 노린 것 같다."

◎ 부다가야에서의 큰 실수

가야에서 바라나시행 기차 출발 시간을 잘못 봤다. 01:00로 새벽 1시 출발인데 오후 1시로 착각했던 것이었다. 오전 떠날 준비 천천히 꼼꼼이 하고 출발하기 30분 전, 오전 10시에 잘못된 걸 알았다. 호텔을 나서 오토릭샤를 타고 가면서 안 되면 버스라도 타고 가면 되겠지 싶었다. 그런데 막상 가야 역에 도착하여 알아보니 내가 가진 차표는 오전 1시에 출발했고 무갈사라이(Mughal Sarai)에서 바라나시로 가는 기차는 내일 있고 버스는 아예 노선(路線)이 없다는 것이다. 한국과는 영 딴판이었다. 안 그래도 일정이 바빠졌고 바라나시는 2년 전에도 간 곳이라 그냥 지나치려 했는데, 이 일을 어찌 해결할꼬, 온몸에 힘이 빠졌다.

달리 방법이 없어 일단 다시 부다가야 싯다르타 호텔로 돌아가 생각하기로 하였다. 오토릭샤를 타고 갈 때 200루피, 올 때 150루피뿐 아니라 여러 가지 큰 손해가 뒤따랐다. 호텔로 돌아오니 매니저와 종업원들의 눈이 동그랗다.

"기차를 놓쳐서 돌아왔다."

그 귀찮은 숙박부를 다시 쓰고 1층에 방을 다시 잡고 짐을 천천히 풀고 점심 식사(빵과 사이다)를 먹고 나니 오후 3시였다. 밥맛도 없었다. 순전히 내 잘못이니 누구를 원망도 못하고 내 자신이 한심스러웠다.

이런저런 생각을 하다가 20일에나 있다는 바라나시 - 카주라호 기차

표를 지금 빨리 예매하지 않으면 매진될까 걱정이 되어 다시 일어나 오토릭샤를 타고 가야 역으로 갔다. 나의 인도에서 제일 어려운 일 중의 하나가 기차표 사는 일이었다. 신청카드를 작성하고 그 복잡한 매표 창구 안으로 매표원과 말이나 통하나? 시끄러워 잘 들리기나 하나? 매표원의 묻는 말에는 무조건 '예스'다. 18일 밤에 가는 바라나시 - 카주라호 차표를 반환하고 20일 차표를 사는 과정에서 혼잡한 매표 작은 창구에 500 루피(1만 원)를 줬는데 그 돈은 무시하고 다시 돈을 내라는 통에 또 큰 착오가 생겼다. 여러 가지 오늘 일로 피곤하고 하여 나는 그때 제정신이 아니었다. 그러나 아무리 생각해도 분명 당했다고 생각이 들었다. 나는 싸울 힘도 없었지만 괘씸하고 다음 여행자를 위해서 역장실에 들어가 대충 얘기하고 역장이 있는 자리에서 그 매표원과 대면하고 따졌으나 의사소통이 안 되고 매표원은 부인하니 돈을 돌려받지 못하고 나왔다. 그래도 다음 외국인 여행자를 위해서라도 사기를 치면 자기도 이런 난처한 일을 당한다는 걸 심어 주고 온 셈이었다.

어쨌든 인도여행길에 손해 보고 사기 당하는 일이 있어도 마음에 상처 입지 않도록 내 기분, 내 이익을 위해 참으려 노력하면 그게 헛된 일이 아님을 생각하기로 했다. 지금 생각하면 그 돈의 액수가 한화로 계산하면 그리 큰 금액이 아니었지만 안 그래도 기차를 놓친 기분 나쁜 상태에서 일어난 일이고 눈 뜨고 눈앞에서 사기 당하니 괘씸하기 짝이 없었다. 인도여행에서 이번 같은 착오는 금전적 손해도 컸지만 정신적 피로가 더 컸다. 그러나 큰 사고가 아님을 다행으로 여기고 여행의 큰 경험으로 삼는 수밖에….

다음 날, 바라나시 - 라지가트 다리(Rajighat Bright)

어제 무갈사라이(Mughal Sarai)에서 바라나시로 들어오면서 본 큰 다리로 가고 싶어 합승 지프차를 타고 가서 다리를 건너 내렸다. '라즈가트' 또는 '마아비야'라 부르는 긴 다리를 걸어서 돌아오는데 푸른 갠지스 강 하얀 모래사장, 멀리 보이는 바라나시의 이색적(異色的)인 여러 가트 풍경이 나이스였다. 갠지스 강을 가로지르는 긴 다리로 2년 전에도 멀리서 바라보고 가고 싶어 했던 다리였다.

◎ 랄 가란라우자 사원(Lal Khanka Rauza)

생긴 모양이 타지마할의 작은 모형 같았다. 그 옆으로 조용히 흐르는 갠지스 강을 끼고 경치가 좋았다. 그늘에 앉아 강을 바라보면서 나 혼자의 생각을 즐겼다. 입장료는 없는데 나올 때 관리인에게 팁으로 20루피를 주고 왔다. 한참 오다 생각해 보니 사람 셋에 20루피는 진짜 너무 적게 주고 온 것 같았다.

저녁에 한국 와이프한테서 전화가 왔다. 우리 아파트 화장실에서 물이 새어 아랫집 천장이 다 젖었단다. 내가 어떻게 하냐고 걱정하니 와이프는 기술자 불러 수리할 테니 걱정 말라고 했다. 나는 걱정스러워 또 마음이 편치 않기 시작했다. 어제 고생은 많이 했지만 바라나시에 다시 잘 온 것 같다. 마라비야 다리 위에서 흘러가는 갠지스 강과 가트들을 바라보면서 "바라나시에 와서 이 경치를 안 보면 바라나시를 본 것이 아니다." 하고 나는 중얼거렸다.

휴게실 lounge

탁구 이야기

나는 초등학교 4학년 때부터 탁구를 쳤다. 선수 생활을 한 적은 한 번도 없이 순수 아마추어로서 지금까지 50년 이상 그것도 다른 사람보다 열심히 탁구를 쳤다. 내가 다니던 1950년대 부산 동광국민학교 강당에 탁구대가 한 대 있었는데, 거기서 친구들과 장난 삼아 시작한 것이 잘 치게 되어 중학교, 고등학교, 대학교 때까지 탁구 클럽(동아리)에서 활동했다. 1950~1960년 초까지 서울 외에 지방에서 열리는 전국 탁구 대회는 주로 부산에서 열렸으며 부산에서도 1965년 구덕체육관이 생기기 이전에는 주로 동광초등학교 강당에서 열렸다.

당시 부산 기차역이 중앙동에 가까이 있어 교통편이 좋았고 선수 숙박시설 여관, 식당 등 모든 점이 가장 편리했기 때문이었다. 지금 생각하면 학교 2층 강당으로 넓고 높은 천장에 바닥은 지금의 체육관처럼 후로링 마루 바닥이었으며 선수와 관계자를 제외하면 순수 관람객은 몇 사람 안 되는 시절이었다.

우리가 다니던 중학교, 고등학교 시절에는 놀이 문화가 많이 없어 탁구장에서 탁구를 잘 치면 여학생들에게 인기가 좋았다. 한참 탁구를 치다가 창문 쪽을 보면 여학생들이 빼꼼히 보고 있었다. 나는 얼른 게임을 마치고 나와서 그 여학생과 같이 뜨거운 단팥죽을 호호 불며 먹고 있는데 밖에는 눈이 내리기 시작한 적도 있었다.

1965년부터 건국대 농학창고탁구장에서 열렸던 한양대와 건국대(한건전)의 클럽 탁구 대회에서 내가 에이스로 활약했던 일도 생각나고, 1990년에 들어서면서 사회인 체육이 활성화되면서 탁구도 사회인 연합회가 생기고 각종 시, 도 전국대회도 많아졌다. 내가 한참 활동하던 1970~1980년 때에는 아마추어 대회로는 전국 탁구 동호인 연맹전 하나밖에 기억나지 않았고 그것도 매년 전국을 순회하면서 열리니 참가하기도 어려웠으며 내 실력으로는 입상도 어려웠다.

2004년 나는 부산시장기 탁구대회 장년부(50세 이상)에서 개인 단식 우승을 함으로 그간 약 5~6년 머물었던 생체 2부에서 1부로 승격되었으며 당시 59세였다. 그날 부산 MBC TV 방송에서 우승 소감을 말하는 인터뷰 영광도 안았다. 60세 이상 연령부에서 전국 우승을 할려면 60세 초년에서 이뤄져야 한다는 말이 있다. 그것은 만 60세와 69세에서 체력 차이는 하늘과 땅만큼 현격한 차이가 있기 때문이었고, 필수적으로 60세 초에 이루어 내야 했었다.

2007년 나는 62세의 나이로 강원도 횡성에서 열리는 전국 탁구대회 60대 부에서 개인 단식 우승, 단체전 우승의 성과를 올렸다. 부산에서는 60대 이상 시합에서 몇 번 우승 경험은 있으나 전국 단식 우승은 처음이었다. 내가 여지껏 낸 최고의 성적이었다. 부산에서 강원도 횡성까지 가서 여관에서 이틀 밤 자고 고군분투한 결과가 좋았다. 이름을 날려야 할 젊을 때는 선수가 아닌 이상 방법이 없었기에 노년에라도 이런 영광을 안은 것은 그간 꾸준히 탁구를 쳐 온 결과이리라. 힘을 얻은 나는, 이듬해 2005년 중국 상해에서 열리는 제49회 세계 탁구 대회를 관전하고 혼자서 여행 겸 중국 대륙 5개시 단독 원정을 나가 중국 탁구 클럽이나 탁구장에서 생활 체육인을 상대로 45일간 통합 97전 83승을 거두었다. 2008년 베이징 올림픽도 직접 가 보았고 2009년 제50회 일본 요코 하마 세계선수권대회도 관전하면서 약 한 달간 도쿄에 머물며 일본 생활 탁구인과도 교류전을 많이 했다. 듣던 대로 일본 생활 체육 탁구 수준은 높은 편이었다.

사실 탁구를 친다고 고등학교 때 학원 보충 수업도 노상 빼먹고 학업에 마이너스 영향도 컸다. 요즘도 나는 탁구 대회가 있으면 체육관에 구경을 가기도 하고 복지회관에 가서 혹시나 다가오는 70대 부 전국 탁구대회 때 입상을 생각해 보며 연습하면서 기량을 지키려고 노력하고 있다. 탁구를 좋아하고 꾸준히 친 것은 노후에 큰 다행이며 즐거움으로 생각하고 있다.

2005년 중국 5개시 단독 탁구 원정

10.
카주라호Khajuraho U.세계문화유산

서부 사원군(Western Temples Group)의 비시바나트 사원과 난다 상·데비자가담바·칸다리야 마하데브·락슈마나·차우사트 요기니·마하데바·마탕게스바라·바라하 락슈마나 사원 등은 베스트 중 베스트로 환상 그 자체였다. 정말 화려했다. '이게 진짜 인간의 작품인가? 카주라호 일대는 듣던 명성 그대로구나!' 야하기로 소문난 미투나 조각상들도 나에게는 왠지 모를 희열과 일종의 피로회복제(疲勞回復劑)와도 같은 존재로 다가왔다. 그러다 보니 정말 하나하나 열심히도 보고 다녔다.

내가 생각할 때 조각상들 중에 '미투나'는 남녀 간 야한 관계를 그린 장면을 조성하는 데 진땀을 흘렸을 것처럼 보였다. 옛날 국민학교 6학년 때 수학여행으로 찾아간 경주의 불국사 다보탑·석가탑을 처음 본 감동이 되살아나는 것 같았다. 이 사원들이나 불국사의 건립 연대는 각각 달라도 유구한 세월이 지난 오늘날에도 풍기는 그 분위기는 왠지 비슷하다는 생각이 들었다. 역사적으로도 불국사가 몽고족의 침략을 피해 온전히 보전됐다면 이곳의 사원들도 다행스럽게 이슬람 무슬림들의 침탈을 피해 갔다고 한다. 달의 신 찬드라가 개울에서 목욕을 하다가 아름다운 처녀의 몸으로 카주라호를 만들었다는 전설(傳說)이 있다. 유네스코 세계문화유산에 1986년 등재되었다.

카주라호(Khajuraho)가 이번 인도 자유여행의 마지막 코스다. 그동안 여기에 오기까지 무척 많은 고생을 해야 했지만 이번 인도여행의 하이라이트로 대단원의 막을 멋있게 내리게 돼 흐뭇하고 행복한 기분이 온몸을 감쌌다. 그런데 모레 밤 델리로 가는 야간열차 장거리 이동의 강행군을 어떻게 감당할까 생각하니 이만저만 고민이 아니었다. 점심 식사는 또 총각 식당의 수제비로 해결하고 3시에 오기로 약속한 오토릭샤를 기다렸다. 기다리며 곰곰이 생각해 보니 어제 카주라호 역에서 호텔까지 태워 준 그 오토릭샤왈라가 "내일 여기 올까요?"라고 물어 와서 값도 흥정하지 않고 별 생각 없이 와 보라고 했다.

그 청년 릭샤왈라는 몸이 건장하고 왠지 위협적으로 보이는 게 조폭같았다. 할 수 없이 2시간에 200루피(4,200원)로 값을 정하고 남부 사원과 둘라데오 사원을 보고 나서 다시 동부 사원군 안에 있는 자인교 사원 3곳을 어제 보고 오늘 보고 연거푸 두 번 둘러봤다. 반복해 봐도 후회되지 않을 정도로 좋았다. 가장 마지막 코스로 작은 언덕 위에 들어서 있는 폐허가 된 차투르푸자 사원을 보고 돌아왔다.

저녁 식사는 한국으로 돌아갈 날이 며칠 남지 않은 상황에서 내가 한국에서 가져온 라면 수프도 해결할 겸 해서 비닐봉지에 담긴 수프 뭉치를 가지고 총각 식당에 가니 그 총각 주인이 또 사람들을 불러 놓고 카드놀이 노름을 하고 있었다.

그 광경을 보고 내가 좀 어른스럽게 "카드놀이 하지 마라. 한국 여행자들에게 소문나면 식당 문 닫을 수도 있다!"고 충고하니 결국 한 사람씩 빠져나가고 흐지부지됐다. 그는 내가 내미는 라면 수프 뭉치(40여 개)를 보더니 아주 좋아했다. 나는 프라이드치킨 350루피(7,300원)를 시키고 수프 뭉치와 맞바꾸자고 제안했다. 그랬더니 그 주인은 수프 값으로 200루피의 혜택을 줄 테니 나머지 음식 값으로 150루피만 내라고 했다.

'생닭 원가를 다 받으려고? 어쩜 주인도 좀 남아야 하겠지.'라고 생각하며 그렇게 하기로 했다. 속으로 나는 웃음이 또 나왔다.

　바꿔 먹는 재미도 있고 오랜만에 먹는 프라이드치킨은 정말 입 안에서 살살 녹아 버리는 맛이 일품이었다. 내일 여기를 떠나니 오늘 느긋하게 카주라호 역이나 둘러보고 온다는 게 역으로 가는 버스가 없다고 해 눈에 보이는 마호바(Mahoba)행 버스에 올라탔다.

　시골 완행버스로 마을마다 다 서고 가다를 지겨울 정도로 반복했다. 구경은 참 잘했으나 왕복 7시간이나 걸렸다. 마호바에 가서도 돌아갈 일이 걱정되어 점심 식사만 하고 카주라호로 서둘러 돌아가야겠다고 생각하고 식당을 찾다가 어떤 빵집에 들어가서 고급 생과자 같은 빵을 주문했다. 그런데 먹어 보니 완전히 설탕덩어리로 너무 달아 절반은 반품(返品)하고 절반은 그냥 버렸다. 대신 옆길 식당으로 다시 가서 감자떡과 콜라와 바나나로 점심을 해결하고 돌아가는 버스를 타려고 걸어 나오는데 보니까 터미널 앞에 큰 식당이 보였다. 여길 올 걸…. 어쨌든 오늘 시간이 잘 안 갈 것 같았는데 마호바를 갔다 오길 잘했다. 이번도 엉겁결에 좋은 여행 경험을 했다. 버스 안에서 인도 시골 여인들의 모습을 가까이 마주할 수 있는 것도 좋았다.

◎ 카주라호(Khajuraho)

　인구 19,500여 명 정도에 불과한 자그만 도시지만 이곳에 들어선 많은 사원들은 찬델라 왕조 당시 세워져 고색이 창연하다. 85개의 옛 사원들 대부분은 950년부터 찬델라 왕조가 수도를 마호바로 옮긴 1050년까지 1세기 동안에 집중적으로 세워졌다. 카주라호는 외딴 곳에 위치해 무슬림 교도들의 침입 당시 사원 파괴를 모면할 수 있었으나 너무 외진

곳에 들어서 있다 보니 세월과 함께 세상 사람들의 관심에서도 사라져 결국 폐허가 되다시피 했다. 1838년에 영국인 관리가 이곳 유적지를 발견하기 이전까지는 '미지의 불지'로 소외(疏外)되어 있었다.

내가 본 명소

〈서부 유적군(Western Temples Group)〉

- 칸다리야 마하데브 사원(Kandariya Mahadev Mandir): 서부 사원군 제일 중앙에 자리한 이 사원은 그중에서 제일 높고, 사원 외부와 내부에 빈틈없이 남녀의 섹스 장면 미투나(Mithana) 조각을 해 놓아 볼만하고 좋았다. 시바 신의 주장은 과연 금욕인가? 탐욕인가? 정말 모를 일이다. 나는 다행히 사람들이 많이 없는 걸 이용해 자세히 많은 장면을 보고 사진에 담았다.
- 비슈와나트 사원(Vishwanath Mandir): 1002년경의 난디상이 있는 사원.
- 파르바티 사원(Parvati Mandir): 비슈누 신을 모신 곳.
- 데비 자가담바 사원(Jagadamba Mandir): 시바 신의 처 파르바티 사원.
- 치트라굽타 사원(Chitragupta Mandir): 태양신 수르야를 모신 사원.
- 마하데바 사원(Mahadeva Mandir): 사자상은 카주라호 제일이다.
- 락슈마나 사원(Lakshmana Mandir): 비슈누 신의 사원으로 954년경 완성.
- 바라하 사원(Varaha Mandir): 900년경의 멧돼지상이 있다.
- 마탕게스바라 사원(Matangesvara Mandir): 서부 사원 담 밖에 붙은 사원이다.

- 차우사트 요기니 사원(Chausath Yogini Mandir): 죽음의 신 칼리를 모시는 사원.
- 고고학 박물관(Archaeological Museum): 이 부근에서 발굴된 신상들이 있다.

〈동부 유적군(Eastem Group)〉

- 자인교 사원(Jain Telpme)
- 하누만 사원(Hanuman Mandir): 원숭이 신상과 명각이 있다.
- 브라마 사원(Brahma Mandir): 성소에 얼굴 4개가 새겨져 있다.
- 자바라 사원(Javari Mandir): 1075~1100년 사이 조성된 사원.
- 바마나 사원(Vamana Mandir): 비슈누가 난쟁이로 화한 형상의 사원.
- 파르스바나트 사원(Parsvanath Mandir): 950~970년 사이에 세워진 자인교 파르스바나트 사원.
- 아디나트 사원(Adinath Mandir): 비교적 늦게 세워진 사원.
- 샨티나트 사원(Shantinath Mandir): 힌두신 조각상(彫刻像)이 있는 오래된 사원.

〈남부유적군(Southem Group)〉

- 두라데오 사원(Duradeo Mandir): 비교적 늦게 만들어진 사원.
- 차투르부자 사원(Chaturbhuj Temple): 비슈누 신상이 있는 곳인데 미비한 상태다.
- 아디발트 부족민 민속 박물관(Adivart Museum): 이 주의 소수민족들의 삶을 보여 주는 곳.

이번 여행의 마지막 하이라이트인 카주라호를 오게 되어 정말 다행스럽다. 다른 사원군도 좋지만 세계문화유산으로 지정된 서부, 동부, 남부 사원군은 말로 표현이 안 될 만큼 환상적이였고, 그 규모 또한 컸다. 여기에 이슬람군의 파괴(破壞) 칼날이 들어왔으면 어떻게 되었겠나? 생각만 해도 끔찍하다. 인도의 유네스코 세계문화유산이 다 좋지만 그중에서도 카주라호는 정말 환상적인 아름다움이었다.

큰 꿈을 작은 조각들로 나눈다면 당신도 꿈을 가질 수 있을 것이다. 여행의 꿈을 처음부터 너무 크게 잡지 마라. 한 곳을 시작으로 차분히 하다 보면 흥미(Interested)도 생기고 쉽게 전체를 이룰 수 있다.

간다리야 마하데브
(Kandariya Mahadeva)
U.세계문화유산

락슈마니 사원 - 서부 사원군 - Khajuraho

마하데바 사원 사르둘라 조각상 - Western Group

자인아트 박물관(Jainism Museum)
이 지역에서 발굴된 자인교 유물이 전시된 박물관

여행 온 인도 청년과 한 컷 - 서부 사원군

비슈와나트 사원(Vishwanath Mandir)
U.세계문화유산

동부 샨티나트 사원(Shantinath Mandir)
3개의 자인교 사원이 붙어 있는 동부 사원군

파르바티 사원(Parvait) - Western Group

마탕게스와라 사원

2014
인도 자유여행

2014 인도 자유여행 여정도

2014년 2월 22일 ~ 4월 19일

델리 → 자이푸르 → 암베르 → 푸시가르 → 조드푸르 → 우다이푸르 → 자이살메르 → 쿠리 → 찬디가르 → 암리차르 → 다람살라 → 마날리 → 심라 → 찬디가르 → 리시케시 → 하르드와르 → 델리 → 고라크푸르 → 쿠시나가르 → 소나울리 → 델리

2014년 인도 여행 일지
2월 22일 ~ 4월 19일 [57일간]

2/22 김해 공항 출발 – 방콕

2/23 방콕 공항에서 노숙 델리(Delhi) 도착

2/24 비카네루 하우스. 대통령 궁(Rashtrapati)

2/25 붉은 성(Red Fort) 자마 마스지드

2/26 자이푸르(Jaipur) 도착 – 책 생각

2/27 시티 팰리스 박물관(City Palace Museum)
　　　잔트라 만트라(Jantar Mantar) **U.세계문화유산**
　　　하와 마할(Hawa Mahal) 센트럴 박물관. 동물원

2/28 오전 폭우. 오후 암베르 성(Amber Fort)

3/1 푸쉬카르(Pushkar) 사비트리 사원
　　　브라마 사원(Brahma Mandir) 자이푸르 가트

3/2 엠베르 구시가지. 자이푸르 호수 공원

3/3 조드푸르(Jodhpur) 도착

3/4 메헤랑가르 성(Meherangar) 사라르 바자르 시계탑
　　　우메이드바반 성. 자스완트 타다(Jaswant) 박물관

3/5 만다르 공원과 박물관. 사다르 바자르. 메헤랑가르 성 산동네

3/6 우다이푸르(Udai pur) 도착
　　　파촐라 호수(Lake Pichola) 한 바퀴

3/7 시티 팰리스. 바고르카 하벨리. 바르티야 룩칼라 박물관.
　　　작다쉬 만디르. 레이크 팰리스 호텔. 실프그람. 레이크 팰리스.
　　　파테 사가르. 바고르카 하벨리 공연

3/8 우다이푸르에서 조드푸르로 가는 버스 8시간

3/9 자이살메르(Jaisalemer) 도착
　　　자이살메르 성. 마하라자 궁 [타이타닉 호텔]

3/10 자이살메르 역. 피트완키 하벨리. 살림 싱 키 하벨리

3/11 쿠리 낙타 사파리. 사막문화 박물관. 자이살메르 성. 정부 박물관
하벨리. 간디 사가르. 반디만. 하벨리 박물관. 쿠리(Khuri)

3/12 반디만. 박물관 오후에 델리 가는 기차 타고

3/13 델리 도착 [스카이뷰 게스트 하우스]

3/14 카슈미르 게이트 역 ISBT 버스 터미널. 삼성 모바일폰 구입

3/15 찬디가르(Chandigarh) 도착

3/16 넥 찬드 락 가든. 수크나 호수. 찬디가르 관공서. 시티 박물관

3/17 암리차르(Amritsar) 도착

3/18 황금 사원. 잘리안왈라 공원. 람박 박물관. 와가 국경

3/19 람박 공원과 박물관. 오후 시장에서 대형 배낭 구입

3/20 다람살라(Dharamsala) – 맥간(Mcleod Ganj) 도착

3/21 남걀 사원. 티베트 박물관. 티베트 망명정부. 코라. 칼라치크라

3/22 박수나트 폭포. 티베트 도서관. 네충 사원. 노블링카

3/23 마날리(Manali) 도착

3/24 둥그리 사원. 삼림 보호구역. 하마찰 박물관. 미인 마타 곰파.

3/25 가단 텍촉클링 곰파. 마니카란 투어. 올드 마날리

3/26 심라(Shimla) 도착

3/27 스캔들 포인트. 크라이스트 교회.
하누만 사원. 하마찰 주립 박물관. 총독 별장

3/28 낼데라. 기차 박물관. 빅토리아 터널. 심라 기차역

3/29 찬디가르 도착

3/30 후디아나 가마논(지도) 찬디가르 관공서. 넥 찬드 락 가든

3/31 하리드와르 – 리시케시(Rishikesh) 도착. 락시만 줄라

4/1 람줄라. 락시만 줄라. 아르티 푸자

4/2 하리드와르(Hardwar) – 하이키 파이르
만사 데비 사원(Mansa davi temple) 트리베니 가트

4/3 리시케시 강변 트레킹 시작 – 시브푸르 – 말라

4/4 이발. 말라 – 카우디야라

4/5 카우디야라 – 사크디니르 – 밧첼리 카르 산동네

4/6 밧첼리 카르 – 데브프라야그(Devprayag) 종착지

4/7 비. 람줄라. 아쉬람

4/8 델리 도착

4/9 뉴델리 역 차표 사기꾼 – 휴식

4/10 잔타르 만타르. 쉼터 비빔밥. 고라크푸르 가는 지옥 밤기차

4/11 고라크푸르(Gorakhpur) 도착

4/12 쿠시나가르(Kushinagar)
  마타 쿠아르 사원. 열반당. 나르마나 스투파. 람바르 스투파
  히라냐바티 강 국제사원 구역. 중국, 베트남, 미얀마 사원
  붓다 박물관 수나울리(Sunauli) 밤에 노착

4/13 네팔 국경 검문소. 힌두교 사원. 마우타나. 람잔키 사원

4/14 네팔 국경 검문소. 고라크푸르에서 델리 가는 지옥 SL열차

4/15 델리 도착. 쉼터

4/16 칸 마켓. 코너 플레이스 [큰지도 구입]. 방랑기 식당

4/17 로디 콜로니 역. 델리 스타디움. 로디 가든. 베트 하우스

4/18 한국 출발[델리 오후 12시 발] – 방콕에서 7시간 체류

4/19 김해 공항 도착 오전 8시 30분

1.
대통령 궁Rashtrapti Bhavan - 델리

　오전 10시 호텔에서 우측 파하르간지 과일시장 쪽으로 약 8분 걸어가서 RK 아쉬람 역에서 블루라인 타고 아난다 비하르 버스터미널로 갔다. 자이푸르로 가는 버스 알아보니 여기서는 없다고 하여 다시 지하철을 타고 센트럴 시크릿 역에 내렸다. 일단 점심 식사부터 하려고 식당을 아무리 찾아봐도 없어서 길거리 간이식당의 노천 의자에서 빵 두 개와 짜이 한 잔 사 먹고 내가 메고 다니는 소형 배낭에 준비한 바나나 1개, 계란 1개 먹으니 배가 불렀다.
　다시 오토릭샤를 타고 비카네루 하우스에 가서 이틀 후 자이푸르로 가는 볼보 에어컨 버스표를 690루피(12,600원)에 예매했다. 비카네루 하우스는 고급 버스 회사인데 군부대(軍部隊) 같아서 처음에는 못 들어가는 곳인 줄 알고 망설였다. 이런 것도 외국인 입장에서 볼 때 뭔가 좀 불편했다. 거기서 오토릭샤를 타고 지난번 가려다 못 가 본 대통령 궁으로 갔는데 정말 웅장하고 멋있었다. 우측 편으로 보이는 국회의사당 건물도 잘 지어 놨었다. 이걸 안 보고 델리를 몇 번 다녔으니…. 오늘이 좋은 기회인 것 같았다.

　날씨는 낮에 더워서 한국의 초여름 날씨로 기분은 좋았다. 그런데 밤에는 추워서 전기장판을 썼다. 또 일 년 만에 보는 델리는 여전히 바쁘게 살아가는 서민들의 힘찬 삶의 현장으로 반가웠고 처음 올 때처럼 기분이 좋아 발걸음이 가벼웠다.

다음 날, 소매치기

　어젯 밤 호텔 소음 때문에 잠을 잘 못 잤다. 프런트가 너무 시끄럽고 2층 입구 방이라 옆방 문소리가 많이 나고 해서 방을 옮겨야지 도저히 안 되겠다. 지하철을 타고 찬드니 초크 역에서 내려 걸어서 붉은 성을 지나자마 마스지드에 갔는데 정말 화려했다. 델리 최고의 모스크 중 하나이다. 여기도 지난번 보려다 시간이 안 맞아 지나친 곳이다. 점심 식사는 걸어오면서 델리 바자르 식당에 들어가 롤 치킨을 먹었는데 이 집은 다른 식당에 비해 비싼 편인데도 손님은 많았다.

　오늘 걸은 이 델리 바자르(시장) 길은 끝없이 길고 골목 상점과 사람이 많았다. 몸은 피곤해도 볼수록 델리 하나만으로도 볼거리가 끝이 없다. 구경을 잘 하고 돌아올 때 델리 역에 내려 출구로 나오다가 소매치기 당할 뻔 했다. 너무 혼잡(混雜)하여 조심한다고 옷을 더듬어 보니 점퍼 왼쪽 지갑과 오른쪽 카메라 지퍼가 다 열려 있고 지갑 쪽에 손이 들어와 있었다. 이때는 너무 당황하여 말도 안 나왔는데, 나오다가 그 녀석을 다시 발견하고 "폴리스! 폴리스!" 하고 고함치니 도망가는 걸 경찰들이 잡으려 뛰어가는 것까지 보고 나는 역을 나왔다.

　만약 카메라나 지갑을 당했으면 얼마나 여행 기분 망치고 움직이기 싫어질까…. 생각만 해도 큰 충격이었다. 천만다행이고 복잡한 곳에서는 항상 조심해야 하고 오늘 일은 빨리 잊어버리기로 하자. 앞으로 철저히 조심하고 모든 것은 등에 메는 소형 배낭 안에 넣어라. 소매치기! 말만 들었지 나는 처음이었다. 그 녀석 잡혀 갔을 거다. 카메라에 절대 주의를 기울여라!

2. 잔타르 만타르Jantar Mantar U. 세계문화유산 -자이푸르

시티 팰리스 - 잔타르 만타르 천문대 - 하와 마할 궁전

　오전 9시 30분경 호텔에서 출발해 조금 걸어가다가 오토릭샤를 타고 시티 팰리스로 가서 은항아리와 박물관을 구경했는데 디와니카스에서는 찍은 사진 8장을 강제로 삭제 당했다. 그곳에서 다른 사람들이 열심히 사진을 찍기에 나도 덩달아 찍었는데 찍어서는 안 된다는 거였다. 잔타르 만타르 천문대(Observatory)는 전시 기기들이 참 이상하고 재미있어 보였다.

　정신없이 구경하고 그늘에서 쉬나가 여행 플랜 노트를 잃어버렸는데 운 좋게도 25여 분 뒤에 그 자리에서 다시 찾았다. 준비해 온 여행 플랜 노트 없이 여행을 제대로 즐긴다는 건 말이 안 된다. 앞으로 가야 할 곳도 많고 여기서는 한글로 된 여행 안내서도 구할 수 없으므로 여행을 마무리할 때까지 이를 분실하지 않도록 각별히 조심해야 한다. 하와 마할 '바람의 궁전'은 정말 미로를 헤매는 기분을 만끽해 둘러보는 재미가 쿨했다. 한마디로 황홀경 그 자체였다.

　점심 식사는 근처 식당에서 '롤 베지터블 프라이'로 맛있게 먹었다. 식후 센트럴 박물관으로 가서 멋진 외부 건물과 내부 전시품을 흥미 있게 구경했다. 오후 4시경에 동물원으로 가서 둘러보다가 조금 일찍 나와 오토릭샤를 타고 숙소 근처로 와서 쌀, 계란, 과일, 프라이드치킨 등의 먹거리를 구입했는데 파는 곳을 제대로 몰라서 찾아 헤매느라 고생깨나 했다. 요즘 이곳 날씨는 밤에는 춥고 낮에는 초여름 날씨로 더워 열탕과 냉탕을 번갈아 오가는 기분이다.

◎ 자이푸르(Jaipur)

인구 270여 만 명의 북인도 평원에서 사막으로 들어가는 관문 도시로 라자스탄의 주도이며 카츠츠와하 왕조가 영국 식민 통치 때까지 다스렸던 곳이다. "핑크 도시"라고 불리는 관광 산업 도시이다.

◎ 잔타르 만타르(Jantar Mantar)

1728~1734년경 자이싱 2세가 건설한 인도 중세 천문대 중 가장 크다. 전제 군주로는 드물게 천문학에 관심이 많았던 자이싱 2세는 델리, 우자인, 바라나시, 마투라에도 천문대를 건설했다. 이 기구들은 20세기 초까지 실제 관측(觀測)을 했으며 야간 개장이 되면 별을 관측할 수 있으나 요즘 저녁 시간에는 문을 닫는단다. 1989년에 U.세계문화유산에 등재되었다.

현지 가이드를 구하면 기구들의 자세한 내용을 알 수 있으나 영어 가이드뿐…. 태양의 그림자가 이동하는 걸 보고 시간을 관측한단다. 이 관측소를 짓기 전에 자이싱은 학자들을 해외에 보내 연구했다. 1901년 재건된 이곳이 가장 규모가 크고 잘 보존되었다. 자이싱은 인도 전국 5개 관측소를 지었다고 한다.

이 잔타르 만타르는 델리의 잔타르 만타르보다 규모가 훨씬 크다. 기구 하나하나에 이름이 있고 용도가 설명되어 있지만 나같이 천문학에 지식이 없는 보통 관광객은 깊이 알고자 하지 않는다. 인도 관람객들은 특히 해시계에 관해서는 살펴보고 신기해하는 눈치다. 그리고 실제 당시 기상 관측에 큰 도움이 되었다고 하니 한 번 더 눈이 갔다.

내가 본 명소

- 시티 팰리스(City Palace): 자이싱 2세가 지은 궁전으로, 디와니카스는 1901년 완공되었고 지금은 마하라자의 후손들이 관리하며 살고 있다. 한쪽에는 시티 팰리스 박물관(City Palace Museum)이 있다.
- 하와 마할(Hawa Mahal): 1799년에 건설된 '바람의 궁전'이라고 하는 귀족의 별장이다. 봉건 시절 구중 여인들은 문 틈이나 옥상에서 바깥세상을 구경했다. 밖에서 부는 바람을 증폭시켜 건물 전체를 시원하게 하는 바람의 궁전이다.
- 중앙 박물관(Central Museum): 왕실의 전시품과는 다른 각 부족의 민속품을 전시한다. 정식 이름은 알버트 홀 박물관(Albert Hall Museum)이라고 한다.

시티팰리스 그 직원은 사진 찍는다고 다른 서양 사람에게는 말 안 하고 동양 외국인인 나만 그렇게 지적하나? **일어탁수(一魚濁水), 한 사람의 악행으로 인하여 여러 사람의 박물관 직원들이 그 해를 받는다.**

다음 날, 수크나 호수 - 찬디가르

맨 먼저 볼만하다는 찬디가르 관공서를 보려고 호텔 근처에 있는 관광청에 출입 허가증을 받으러 갔다. 하지만 일요일은 안 된다고 하여 사이클 릭샤를 타고 넥 찬드 락 가든(Nek Chand Rock Garden)에 일단 갔는데 정말 폐품으로 이색적인 공원을 만들어 놓았다. 점심 식사는 트랜짓 로지에 돌아와서 한국에서 가져간 짜파게티를 조리해 먹었다. 지금 부터는 내가 가지고 온 음식을 자주 먹어서 무게를 줄이고 싶었다.

오후에는 시내버스를 타고 수크나 호수(Sukhna Lake)에 갔다. 물은 맑지 않은데 패들 보트와 놀이기구 등으로 사람이 많았고 너무 더워서 그늘에 앉아 호수를 바라보며 푹 쉬었다. 다시 사이클 릭샤를 타고 시티 팰리스 박물관에 가서 내가 제일 좋아하는 시간, 시원한 실내에서 조용히 전시품을 감상했다.

오토릭샤를 타고 숙소로 돌아오면서 버스 터미널 건너편에 들러 계란 5개에 50루피(900원)에 비싸게 사고 오렌지, 만두를 사 왔다. 내일 암리차르로 가는 준비를 하며 캐리어 가방은 여기 호텔 앞 락커룸에 보관료(Paid storage)를 주고 맡기기로 하고 찬디가르 관공서는 다음 가방 찾을 때 다시 와서 보기로 했다.

◎ 찬디가르(Chandigarh)

해발고도 350m에 건설된 인구 90여 만 명의 소도시로 200여 년 동안의 영국 식민 통치에서 벗어나 인도 이미지를 알리기 위해 스위스의 건축가 르 코르뷔제가 건설한 인도 최초의 계획 도시이다. 47개 섹터로 나뉘어 체계적으로 건설된 도시로 건설되어 당시부터 오늘날까지 인도 부유층이 가장 선호하는 도시 중의 하나이다.

내가 본 명소

- 넥 찬드 락 가든(Nek Chand Rock Garden): 1972년 넥 찬드가 폐기물(廢棄物)을 이용해 조성한 공원이다.
- 찬디가르 관공서(Government Buildings): 60여 년 전 르 꼬르뷔제가 지은 현대 건축학의 모범 건축물이다.
- 수크나 호수(Sukhna Lake): 물이 맑지는 않지만 호수 주변으로 보행자 도로와 보트 놀이 구역이 있다.
- 건축 박물관(Architecture Museum): 찬디가르의 도시 계획 조성 자료 전시실과 미술·과학 박물관 등이 들어서 있다.
- 정부 박물관(Government Museum)&미술관(Art Gallery): 예술 작품, 보물, 히말라야산맥 그림, 불교 조각품, 자수 작품 등이 전시되어 있다.

밤에 새로 산 삼성폰으로 한국 집에 와이프와 작은딸과 처음 통화했는데, 집에는 별일 없고 와이프와 쩨리(애견)는 큰딸 승원이 집에 가 있단다. 작은딸은 지난 12월에 결혼하여 지금 우리 집은 비어 있단다.

잔타르 만타르(Jantar Mantar) 천문대 U.세계문화유산

3.
암베르 성 Amber Fort

　오전 내내 폭우가 내려 아무 데도 못 나가고 호텔의 비 내리는 아름다운 정원을 바라보며 비가 그치기를 기다리는데 오후 12시 30분이 되니 비가 그치고 햇볕이 났다. 점심 식사는 호텔 방에서 가지고 간 짜파게티를 조리해 먹었다. RSRC 버스 터미널로 가서 조드푸르행 버스표를 사 놓고 하와 마할 앞에서 버스를 타고 암베르 성을 찾아갔는데 멀리서 봐도 정말 멋있었다. 암베르 성에 도착해 입구의 호수에서 물고기 밥을 주는 사람들이 보여 나도 물고기 밥 하나를 사서 던져 주며 소원을 빌었다. 나의 여행 안전과 한국에 있는 와이프와 아이들 그리고 손주들의 건강과 성공을 빌며….

　호수 위의 높은 산성으로 2~3층의 미로를 왔다 갔다 한 바퀴를 도는데 '하와 마할'보다 규모가 훨씬 크고 화려하고 정말 전망도 좋은 곳이었다. 이번 여정에는 날마다 '최고 기분을 만끽하는 명소' 관련 기록이 경신되는 기분이어서 더욱 흥미진진해진다. 인도여행의 맛은 바로 이 맛이라고나 할까…. 그러나 어젯밤에 피로해서 너무 힘들었다. 나의 인도여행 여정은 즐거운 여행길만이 아니다. 어찌 보면 고행(苦行)의 길이요, 나가야 할 길이 아득히 멀리, 많이 남아 있을 뿐이다. 그러하기에 늘 '내가 이를 어찌 해낼 것인가?'라는 걱정이 마음속에서 떠나지 않는다.

◎ 암베르(Amber)

1037년부터 1726년까지 마하라자 만싱이 통치했던 카츠츠 왕조의 수도였던 곳으로 오늘날에는 작은 시골 마을에 불과하다. 하지만 인도에서 가장 아름다운 성 중 하나로 꼽히는 암베르 성이 있어 인도의 필수 여행지로 회자된다.

◎ 암베르 성(Amber Fort)

입장 티켓은 외국인 200루피(3,600원), 인도인 10루피(180원)이다.

자이푸르에서 북쪽으로 11km 정도 떨어져 산 밑 언덕에 위치해 있다. 성 안에는 1640년에 지어진 가네쉬 폴 문과 정원 아람박 그리고 디와니암(왕의 공식 접견실), 쉬시 마할(거울 장식 방), 수크 니와스(여름 냉각 방) 등의 별궁전(別宮殿)으로 되어 있다.

> **내가 본 명소**
>
> - 자이가르 성(Jaigarh Fort): 암베르 성에서 뒤쪽으로 멀리 보이는 성으로 1036년 마하라자 자이싱 2세가 지은 산 정상에 있는 성.

성 입구에서 성문까지 올라가는 코끼리가 있다기에 한번 타 보려고 했는데 오늘따라 코끼리가 한 마리도 안 보인다. 어떤 인도 관광객에게 물어봤더니 자기도 타려는데 안 보인다고 했다. 성은 웅장하고 아름다웠고 여기서 보는 앞산 중턱의 자이가르 성도 보기에 멋있어 그곳도 한 번 올라가 보고 싶었다.

밝고 아름다운 웃음은 가정의 태양이다. 오늘 집 생각이 많이 났다. 집에 돌아가서 가족들과 인도 사진을 보며 같이 웃고 얘기하고 싶다.

다음 날, 푸쉬카르(Pushkar)를 오늘 당일로 다녀오려고 새벽 5시 30분 기상하여 6시 30분 식사를 완료하고 오전 8시 40분에 버스를 탔다. 아지메르에 도착하여 오토릭샤를 대절한 후 사비트리 사원 입구에서 내렸다. 사원 위치가 산꼭대기라 힘들 것 같아 포기하려다가 푸쉬카르는 볼거리가 그렇게 많이 없으니 여기라도 천천히 올라가 보자 하고 바위식 계단 등산을 시작했다.

중간에 악기를 연주하고 춤을 추며 구걸하는 아이들을 보았고 원숭이가 갑자기 내게 달려들어 깜짝 놀랐다. 사원은 별로 볼품없이 잠겨 있었고 다만 산에서 내려다보는 호수(湖水)를 끼고 있는 푸쉬카르 경치는 정말 좋았다.

"힘들어도 올라오길 잘했구나"

그곳에는 식당이 없어 점심 식사는 준비해 간 계란 두 개, 바나나 두 개, 간이매점에서 비스켓 하나를 사서 먹었다.

브라마 사원도 볼 것 없는데 그 옆 호숫가의 자이푸르 가트는 정말 시원하고 경치가 평화롭고 며칠 쉬어 가기 좋은 곳이다. 그러나 나는 갈 곳이 많아 3일 계획했던 푸쉬카르를 하루 만에 아쉽게 다녀왔다. 앞으로 무거운 짐 들고 왔다 갔다 하지 말고 한 곳을 정하고 당일에 보고 오도록 계획을 조정하자. 오늘 보니 갈 길이 많이 남은 내가 푸쉬카르에 3일이나 있을 형편이 아니다. 호텔에 돌아오니 밤 8시였다.

p. 233-234

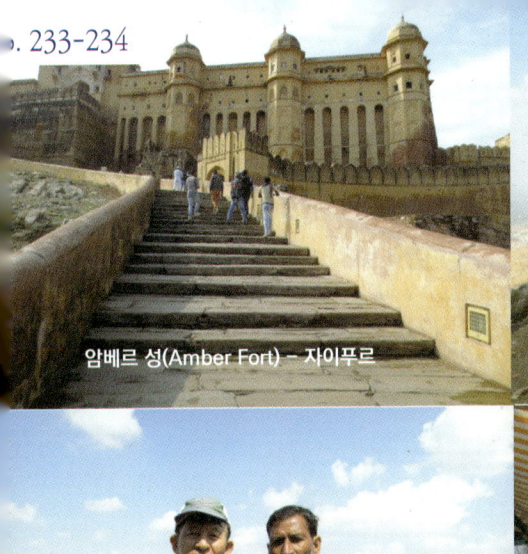
암베르 성(Amber Fort) – 자이푸르

브라마 신의 본처인 '사비트리'를 모신 사원

사비트리 사원(Savitri Mandir)
브라마 신의 본처인 '사비트리'를 모신 사원

브라마 사원(Brahma Mandir)
세계 유일의 브라마 신을 모신 사원

자이푸르 가트(aipur ghat)
푸쉬카르 동쪽에 있는 힌두교 사원

p. 237

헤랑가르 메헤랑가르 성 (Meherangar Fort)

우메이드 바완 궁전(Umaid Bhawan Palace)
1929년 '우메이드 싱' 왕이 건설한 궁전으로 지금은 박물관

만타르 공원과 박물관(Mandre Park Museum)
조드푸르 외곽의 힌두 사원과 박물관

4.
메헤랑가르 성 - 조드푸르

　오전 9시 30분경 호텔을 출발해 메헤랑가르 성으로 갔다. 그 규모도 규모려니와 제반 분위기가 정말 좋았다. 탄성이 절로 나올 정도였다. 부속 박물관도 좋았고 그 성 위에서 주변을 내려다보니 파란색 집이 정말 많았다. 다시 산동네를 걸어서 내려와 사다르 바자르 시장통 일대를 구경했다. 오늘도 낮에는 더웠다. 그리고 점심 식사는 숙소(사르바 게스트 하우스)에 들어와서 라면을 끓여 초고추장, 참기름, 김 등을 넣고 먹으니 별미 비빔면으로 맛있었다.

　메헤랑가르 성은 입장 티켓이 외국인은 400루피(7,200원), 인도인은 20루피(360원)로, 말와르 왕조 시절 권력의 상징이었고 '태양의 성'이라고 부르며 1459년 권력자 '라조 조다'가 조성했다. 코끼리 부대의 돌진(突進)을 막았던 일곱 개의 성문이 있고 왕궁 일부는 현재 개조되어 박물관으로 사용하고 있으며 성벽 위에서는 파란 집들의 시가지를 한눈에 볼 수 있다. 마하라자 가족들의 사원 차문디 데비 사원을 볼 수도 있다.

　오후 2시에 다시 사다르 바자르 시계탑을 구경하고 나서 오토릭샤를 타고 우메이드 바완 궁전도 둘러봤다. 여러모로 멋있고 박물관에서는 골동품 가마와 벽걸이 시계, 탁상시계가 이색적으로 볼만하고 기분도 좋았다. 조드푸르 버스 터미널에서는 어느 종교 소속인지 알 수 없으나 흰 옷으로 머리도 가린 특이한 차림의 남자도 보았다. 거기서 다시 나와서 오토릭샤를 타고 순백 대리석 건물인 자스완트 타다 사원을 둘러봤다. 연보라색 뒷산을 배경으로 자리 잡은 시가지가 내려다보이는 그 산동네를 걸어서 내려오니 오래된 빈민가로 남루(襤褸)한 노인들만 보였다. 그 길로 걸어서 사다르 바자르로 다시 가서 닭,바나나,포도를 사 가지고 숙소로 돌아왔다.

◎ 조드푸르(Jodhpur)

인구 100여 만 명의 중세풍 고도이자 타르 사막의 관문 도시로 '브라만' 계층이 다른 계급과의 차이를 나타내기 위해 집을 푸른색으로 칠한 게 오늘날까지 남아 있어 "블루 시티"라고 부른다. 중세시대 이야기 속에서나 나올 것 같은 웅대한 '메헤랑가르 성'에서는 오늘날에도 일반인은 마음대로 집을 파란색으로 칠할 수 없다고 한다.

내가 본 명소

- 사다르 바자르(Sadar Bazaar): 메하라 왕국의 상업 중심지였지만 지금은 시장으로 변해 있다.
- 자스완트 타다(Jaswant Thada): 1899년 완공된 자스완트 싱 2세를 기리는 순백의 대리석 기념관.
- 우메이드 바완 궁전(Umaid Bhawan Palace): 1929년에 시작해 1945년에 완공된 우메이드 싱이 건설한 궁전.

재산은 그것을 가지고 있는 사람의 것이 아니라 그것을 즐기는 사람의 것이다. 이 말은 브라만 계급층의 재산이 많은 부유한 사람을 두고 하는 말인 것 같다. 내가 생각해도 나의 인도여행 실력이 일취월장(日就月將)으로 나아지는 데 비해 체력은 하루하루 현저히 떨어져 간다.

메헤랑가르 성 위에서 아래로 내려다보니 시내에 푸른색을 칠한 집이 많이 보였다. 브라만 계급층을 나타낸다니 아직도 계급 제도가 버젓이 살아 있다는 것이다. 안 그래도 인구는 많고 먹을거리도 부족한 인도에 이중으로 고통을 주는 것 같았다. 법적으로 계급 제도가 폐지됐으면 지켜 나가야 일반 서민층의 고충(Troubles)을 덜어 줄 것인데.

다음 날, 만다르(Mandore) 공원에 가는 버스를 타고 갔다. 별로 기대하지 않았는데 그곳의 조용한 공원과 사원 박물관이 감상하기에 너무 좋았다. 이제 입장권 사고 들어가는 관람도 빼먹지 마라. 그 가치가 다 있는 것이다. 오늘 박물관을 그냥 지나치려다 들어갔는데 안 봤으면 크게 후회할 뻔하게 볼거리가 많았다.

다시 버스를 타고 시내로 와서 사다르 바자르 시계탑을 걸어서 구경하고 점심 식사는 사르바 게스트 하우스 옥상(Rooftop) 식당에서 토스트에 버터와 잼을 먹었는데 맛있었다. 2시에 출발하여 메헤랑가르 성 왼쪽 산동네 구경하고 사진 찍고 약 2시간 걸어서 좁은 상점길을 돌아다니다 보니 지쳤다. 호텔 찾아가는 길을 묻는 나를 어떤 오토바이 청년이 숙소 입구까지 등 뒤에 태워 줘서 쉽게 돌아왔다. 너무 고마워서 50루피(900원)를 준다고 내밀어도 안 받고 오토바이 타고 달아나더라-

인도여행이 좋은 이유

① 나이가 들면서 추위를 많이 타고 나는 해가 갈수록 겨울이 더 길게 느껴졌다. 특히 겨울의 끝자락으로 봄을 기다리는 2월 말부터 3월 말은 더 춥고 지루해 견디기가 어려울 지경이었다. 그런데 인도는 델리에 발이 닿는 순간부터 추위는 없어지고 내가 좋아하는 여름이 시작되는 것이었다.

② 구경거리가 많고 문화가 달라 이상하고 신기한 나라였다. 인도는 가는 곳마다 멋진 유적이 많아 볼거리가 많아 좋았다. 아시아권으로 우리나 중국과는 다른 독특한 문화와 풍습이 신비하고 사람이 많아 다양한 얼굴과 의상, 멋진 눈과 착한 마음씨가 내 마음을 끌었다.

③ 내가 경험한 바로는 식대, 호텔비, 교통비, 생필품 등의 인도 물가가 평균적으로 한국의 약 3분의 1 수준이라 여행 경비 부담이 적어 마음이 편했다. 대부분의 사람들이 나를 반갑게 맞아 주고 무엇이든 도와주려고 해서 좋았다.

그러나 반면에 교통, 위생, 바가지 요금 등 불편이 많이 따르지만 위의 좋은 조건들이 그 불편을 능가해 여행을 계속할 힘이 났던 것이다. 사실 내가 인도여행에서 고생한 것은 나의 건강상 문제가 컸지, 위의 불편은 그리 문제가 되지 않았고 돌아서면 잊으려고 노력했다. 사람이 처음 보는 첫인상이 중요하고 오래 가는 것처럼 나는 인도를 처음 보는 순간 '첫눈에 반했다'.

다시 정리하면 처음에는 기후가 좋았고 두 번째는 유적이 좋았고 세 번째는 여행 경비가 저렴해서 좋았고 네 번째는 인도 사람이 좋았다. 가

난한 사람들이 살아가는 모습을 보면 우리의 가난했던 시절이 생각난다. 그리고는 옛 부모님 생각이 이어진다. 지난 9년 여정 내내 내가 그랬다. 어머님이 살아 계실 때 제대로 섬기지 못한 게 평생 아픔과 회한으로 남아 내 마음을 떠나지 않았다. 그래서 나는 인도 어느 곳인가를 계속 걸으면서 온 마음으로 나직하게 "엄마야 누나야 강변 살자. 뜰에는 반짝이는 금모래빛, 뒷문 밖에는 갈잎의 노래. 엄마야 누나야 강변 살자."를 읊조리곤 했다.

나는 인도여행이 내 마음을 속죄하고 치유하는 데 큰 도움이 되었다. 그래서 나는 인도로 자꾸 가게 되었고 이제는 인도 외의 다른 나라는 가지 않고 인도만 계속 여행할 생각이다. 한 우물을 판다는 신념도 있고 하여 코로나 상태를 체크해 보고 2023년 2월에는 나의 10번을 채우는 인도여행을 할 계획이다!

2004년 네팔에 갔을 때 카트만두의 타멜 여행자 거리는 좋았는데 그 범위가 작고 볼거리도 단순하며 또 타멜만 벗어나면 빈민가로 이어지는 삭막한 도시여서 그 뒤 늘 인도는 어떨까 하면서 델리를 동경해 왔다.

5.
시티 팰리스City Palace - 우다이푸르

　오전 9시 호텔에서 그리 멀지 않은 곳에 있는 '작 만디르 성'을 한참 동안 우두커니 서서 바라보았다. 한 폭의 그림 같았다. 오전 10시경에 숙소에서 걸어서 찾아간 '시티 팰리스'는 내가 그동안 봐 온 인도의 궁전 중에서 가장 멋지기로 으뜸이라 할 만하다. 규모도 크고 호수를 끼고 있어 더 아름답게 보인다. 시티 팰리스는 내 오늘의 관점에서는 암리차르의 황금 사원보다 한 수 위다. 오늘은 박물관을 세 곳이나 둘러봤다. 사람들이 별로 없는 '키 하벨리 박물관'에서는 혼자서 고즈넉하게 명상을 즐기며 전시품들을 감상하는 최고의 호사를 누렸다. 작디쉬 만디르를 보고 나오다 그만 여행 플랜 노트를 나도 모르게 떨어트렸는데 주변을 지나가던 어떤 인도 사람이 주워 주었다. 그렇게 조심한다고 다짐해 놓고….

◎ 시티 팰리스(City Palace)

　우다이싱 2세가 지었고 그 뒤 역대 마하라자에 의해 계속 증축되었다. 일부는 박물관과 호텔로 사용하며 현재는 후손 마하라자가 살고 있다. 라자스탄주의 최고 궁전으로 꼽히는 시티 팰리스의 페르시아 냄새가 풍기는 치니 마할 접견실은 1877년 영국에서 수입하여 만든 크리스탈 갤러리로 별도의 입장권을 사야 했다.

　정오 12시경에 무료 관람할 수 있는 곳으로 궁전에서 가까운 '바고르

키 하벨리' 대저택을 둘러봤는데 우리 숙소 바로 앞에 위치해 있었다. 오후 1시에는 점심 식사로 강가우르 호텔 4층 식당에서 초우면을 먹었는데 음식이 너무 짰다. 오후 2시부터 3시까지 피촐라 호수 보트를 타려고 선착장에 나가 기다렸으나 시간이 맞지 않는지, 손님이 없어서 그런지 배가 뜨지 않았다. 저녁 무렵에 다시 오기로 하고 3시 30분에 찾아간 '바르티야 록 칼라 박물관'은 그저 그런데 처음 보는 인도인형극(人形劇) 15분은 정말 재미있고 우스웠다.

4시 30분경 실프그람에서 인도의 전통가옥·지방가옥·장인촌 등을 구경하고 5시 30분에 보트를 타고 피촐라 호수와 레이크 팰리스 호텔 주변을 한 바퀴 시원하게 돌았다. 약 30분 정도 보트를 탔는데 호수 한가운데서 시내 쪽으로 보이는 석양 무렵 풍광의 '시티 팰리스 궁전'은 그야말로 그림 속 꿈의 궁전이었다. 오후 6시 30분경 바고르 키 하벨리에서 하는 공연을 봤는데 어디서 소문을 듣고 왔는지 서양 사람들로 대만원이었다. 밤 공연을 보는 것은 처음인데 분위기도 좋고 호텔 바로 앞이라 편리했다.

"피촐라 호수와 호반의 아름다운 도시 우다이푸르! 하루만 구경하기엔 너무나 아쉬운 인도인들의 최고 신혼 여행지답구나!"

◎ 우다이푸르(Udaipur)

비교적 고지대라 할 수 있는 해발 600m 지대에 들어서 있는 인구 약 58만 명의 소도시로 인도 서부지역 최고의 신혼 여행지로 소문나 있다. 호반(湖畔)의 도시로 화려한 '시티 팰리스'와 피촐라 호수 속의 작은 섬처럼 자리하고 있는 호반 궁전 '레이크 팰리스'의 아름다움이 돋보인다. 무굴과 영국의 식민 통치하에서도 독자적인 세력을 만들었던 곳으로 독립 후 국제적 관광지로 떠올랐다.

내가 본 명소

- 피촐라 호수(Lake Pichola): 1660년경 우다이싱 2세가 댐을 쌓아 만든 아름다운 호수.
- 작디쉬 만디르(Jagdish Mandir): 1651년 마하라나 자갓싱에 의해 세워진 '자간나트' 신 사원.
- 레이크 팰리스 호텔(Hotel Lake Palace): 1754년 메와흐 왕조의 자갓싱 2세가 지은 왕실의 여름 궁전.
- 작 만디르(Jag Mandir): 피촐라 호수의 성으로 무굴의 샤 자한이 왕자 시절 머문 궁전.
- 바르티야 록 칼라 박물관(Bhartiya Lok Kala Museum): 라자스탄주에서 가장 규모가 큰 민속박물관.
- 가디 사가르(Gadi Sagar): 피촐라 호수 북쪽의 호수로 1678년 자이싱이 조성한 곳.
- 실프그람(Shilpgram): 라자스탄의 전통가옥, 생활 풍습을 재현한 장인촌.
- 몬순 성(Monsoon Palace): 마라하나였던 사진싱이 19세기에 세운 왕실의 여름 궁전.
- 바고르 키 하벨리 박물관(Bagore Ki Haveli Museum): 18세기 메와르 왕조의 수상 아미르 찬드 바드와의 대저택.
- 시티 팰리스 박물관(City Palace Museum)

여행을 성공적으로 하는 비결은 철저한 준비이다. 임갈굴정(臨渴掘井)

이란 말처럼 미리 준비가 없다면 현지에서 당황하게 된다. 라자스탄주에서는 우다이푸르만큼 볼거리가 많은 곳이 없을 것 같다. 시티 팰리스 왕궁과 박물관 그리고 그 아래로 펼쳐지는 피촐라 호수에 떠 있는 레이크 팰리스 호텔 모두 황홀하고 그림 같다. 여기가 해발 600m라는데 좀 시원한 줄은 모르겠다. 바고르 키 하벨리에서 하는 밤 공연은 너무 재미있어 기억에 오래 남을 것 같다.

바고르 키 하벨리(Bagore Ki Haveli Museum)
재미있는 밤 공연

작디쉬 만디르(Jagdish Mandir)
1651년 '자갓싱' 왕이 건축한
자간나트 신을 모시는 사원

가디 사가르(Gadi Sagar)
자이살메르 남동쪽에 위치한
'크리슈나' 신을 모시는 인공 호수

피촐라 호수(Lake Pichola)
1658년 우다이싱 2세 왕이 만든 인공 호수

6.
쿠리Khuri - 자이살메르Jaisalemer

사막과 낙타가 연상되는 인구 58,000여 명의 작은 도시다. 한때 육상 중개무역 도시로 큰 부를 쌓았던 곳으로 수에즈 운하, 뭄바이 항 건설 등으로 운송수단이 육송 중심에서 해운으로 바뀌면서 쇠퇴했다. 흙으로 지어진 대부분의 집들이 저녁 석양을 받아 황금빛으로 빛나 "골든 시티"라고도 불린다. 관광 산업이 주 수입원인데 그중에서도 '낙타 사파리'가 으뜸이란다.

내가 본 명소

- 자이살메르 성(Jaisalmer Fort): 900여 년 역사를 자랑하는 이 성은 아직도 성 안에 사람이 살고 있어 그 가치가 높다.
- 마하라자 궁전(Maharaja Palace): 마자라왈의 소규모 궁전으로 일부는 박물관으로 공개하고 있다.
- 정부 박물관(Government Museum): 자이살메르 일대에서 발굴된 힌두 신상과 화석 등이 전시되어 있다.
- 하벨리(Havelis: 파트완키·나트말지키·살림성키): 귀족과 부호들이 지은 개인 저택으로 보존 상태가 양호하다.
- 가디 시기르(Gadi Sagar): 자이살메르 남동쪽에 있는 인공 호수로 크리슈나 사원이 들어서 있다.
- 박물관과 사막문화센터(Desert Culture&Museum): 라자스탄 전통민속품 박물관과 인형극을 공연하는 문화센터이다.

쿠리(Khuri), 낙타 사파리

어제에 이어 오늘 오전 10시 버스를 다시 타고 쿠리에 도착했다. 버스 정류장에서 만난 삐끼 녀석이 처음에 승용차로 사막 입구까지 데려다 주어 "아니다, 나는 사막(沙漠) 낙타 사파리를 할 거야."라고 말했다. 다시 마을로 돌아와서 낙타를 탔는데 말보다 훨씬 높고 손잡이도 불편하고 떨어질까 불안했다. 결국 도저히 안 되겠어 1시간 정도 타고 가다가 라운딩 시작하는 사막 입구에서 준비해 간 페넌트를 들고 낙타 위에서 사진만 찍고 내렸다. 날씨는 무덥고 너무 힘들어 맛만 살짝 보고 내린 셈이다.

'그런데 사람들은 낙타 사파리를 대체 어떻게 몇 시간이나 강행한단 말인가?'

점심 식사를 하려 하니 쿠리 일대에는 식당이 보이지 않아서 미리 준비해 간 계란, 바나나, 포도, 반찬고로케 등을 배낭에서 꺼내 점포 앞 그늘에서 먹으며 쉬었다.

'조금은 무리가 되더라도 낙타 사파리로 삼 샌드 둔에 갔으면 좋았을까? 아니면 입구에서 사진만 찍는 쿠리와 큰 차이가 없었을까?'

쿠리에서 나올 때는 1시간 정도 걸려 오후 4시에 자이살메르로 돌아왔다.

◎ 쿠리(Khuri)

자이살메르에서 남서쪽으로 50여km 떨어져 있는 소도시로 사막 마을의 정취를 느끼고 싶어 하는 여행자들이 즐겨 찾는 곳이다. 이곳에서 즐기는 낙타 사파리의 경우도 자이살메르의 '삼 샌드 둔'보다 더 근사한 기분을 만끽할 수 있단다. 소박한 사람들, 진흙으로 지어진 전통가옥, 전기 불빛 없는 밤하늘 등 사막여행의 향수(鄕愁)를 그리워하는 여행자들 사이에 소문이 잘 나 있는 곳이다. 낙타 사파리(Camel Safari)는 낙타를 타고 본격적으로 사막이 시작되는 곳까지 사파리를 즐길 수 있는 여행 프로그램이다.

  사막 박물관으로 가는 얄미운 오토릭샤왈라는 500루피 지폐를 건네니 10루피 지폐로 바꿔 와서 잔돈 뭉치만 내게 주는 게 아닌가. 거리도 가까운데 50루피(900원)라고 바가지 씌우는 아주 얌체 녀석이었다. 힌두 신상과 화석, 민속공예품(Folk crafts)이 전시된 정부 사막 박물관을 둘러보고 나니 인형극은 오후 6시에 한다는 것 아닌가. 1시간 이상 기다릴 수 없어서 그길로 자인교 사원을 보러 가면서 자이살메르 성 안에서 마하라자 개인 박물관 한 곳을 더 보았다.

자이살메르 성(Jaisalmer Fort)
1,200년경부터 사람이 살기 시작한 라자스탄주의 고성

반디만(Vandiman)
자이살메르 외곽의 왕과 귀족들의 무덤

오아시스 마을 – 쿠리(Khuri)

낙타 사파리 쿠리(Khuri)
– 타하르 사막을 향해서

휴게실 lounge

내가 좋아하는 컨트리 뮤직(Country Music)

나는 어려서부터 음악을 좋아했다. 잘할 줄은 몰라도 듣고 감상을 즐겼다. 고교 때부터는 특히 팝 뮤직을 좋아했다. 초등학교 시절에는 누나들이 부르는 케세라세라(도리스 데이), 러브 미 탠더(엘비스), 중학교 때에는 오 캐롤(닐 세다카), 크레이지 러브(폴 앵카), 투 영(냇 킹 콜), 고등학교 때는 새드 무비(슈 톰슨), 코리나 코리나(레이 피터슨), 렛츠 트위스트 어게인(처비 체커), 대학교 때는 더 영 원스(클리프), 헤이 쥬드(비틀즈), 아임 쏘리(브렌다 리), 그린 그린 그래스 오브 홈(톰 존스)를 좋아했고, 1960~1970년대에는 일본 가요도 많이 들었다.

1976년 결혼을 하고 나서부터는 와이프와 같이 듣는 컨트리 뮤직이 본격적으로 좋아지기 시작하여 지금껏 40년가량을 즐겨 들었다. 대학 때부터 음악의 여러 장르에서 10년쯤 즐기며 방황하다가 컨트리 뮤직에 정착하기로 한 것이었다. 1983년 포니2 승용차를 구입하면서 차 안에서 듣는 카 오디오의 카세트에는 케니 로저스와 돌리 파튼의 카세트 테이프 몇 개가 얼마나 많이 들었는지 하얗게 닳고 몇 번이나 끊겨 유리 테이프로 이어 들었던 기억이 있다. 하여간 보통 때도 그렇지만 차로 드라이브하면서 듣는 컨트리 뮤직은 환상 그 자체였다.

영국 아일랜드에서 시작하여 미국 남부 백인들의 유례를 거쳤다는 컨트리 뮤직은 듣고 있으면 미국 남북 전쟁 시의 어려움과 마차를 끌고 다니며 필사적으로 노력하여 오늘의 세계 최강국을 만들어 성공한 바탕에 컨트리가 깔려 있는 느낌이었다. 솔직히 나의 경우 컨트리 뮤직을 좋아하다 보니 미국이라는 나라가 더 돋보였다. 남자 가수들은 사랑의 애절

함을 구성지게 표현하고 여자 가수들은 현실의 어려움을 넘어 밝고 활발한 노래로 희망의 세계로 이끌어 준다.

주로 영어로 된 가사라 내용을 모르는 것이 오히려 내게는 더 좋은 효과를 주어 노래에 싫증을 덜 느끼고 우리를 상상의 세계로 이끌어 주니 말이다. 마치 라디오 스타가 TV 스타보다 더 오래 간다는 말과 같은 효과일까? 한정된 카세트테이프를 신물이 나도록 들어 내가 가지고 있는 컨트리 뮤직에 완전 싫증이 날 바로 그 무렵, 1990년경 인터넷 음악이 보급되면서 내가 모르고 있었던 컨트리 뮤직이 대량 터져 나왔다. 나에게는 행운이요, 대박이 난 것이었다. '힐리 빌리 뮤직(Hilly Billy Music)'이란 미국 남서부에서 컨트리 뮤직을 통틀어 부르는 이름이기도 하다. **블루그래스(Bluegrass)로도 분류하지만 나는 여전히 올드 컨트리 뮤직이 좋다.**

수많은 컨트리 뮤직 가수가 있지만 그중에서 제일 좋아하는 가수는 약 50년 전에 처음 접한 '돌리 파튼'이다. 여전히 컨트리 여왕으로 활동하고 있으며 1946년생으로 나와 동갑이며 평생 나의 연인으로 직접 한 번 공연을 보고 같이 사진 찍는 것이 내 소원 중 하나다. 내가 좋아하는 탁구, 트레킹, 음악 감상 중에 가장 끝까지 즐길 수 있는 것은 그래도 컨트리 뮤직인 것 같다.

컨트리 뮤직의 여왕 돌리 파튼

황금 사원(Golden Temple)

7.
황금 사원Golden Temple - 암리차르

　숨이 막히도록 아름다운 황금 사원! 시크교의 총본산이 아침 햇살을 받아 더욱 찬란하다. 맨발로 한 바퀴 돌면서 내가 오랫동안 기량을 갈고 닦아 온 탁구 페넌트와 히말라야 페넌트를 들고 기념사진을 찍었다. 탁구 페넌트를 들고 사진을 찍고 있는 광경을 지켜보던 어떤 인도 아저씨는 대뜸 "올림픽에 나갔어요?"라고 물어왔다. 그 질문에 나는 그냥 웃기만 하자, 그도 함께 영문을 모르고 멋쩍게 웃고 말았다.
　내가 올림픽에 나가 봤으면 얼마나 좋았을까….

◎ 황금 사원(Golden Temple)
　정식 이름은 '하리 만디르'이며 시크교의 총본산이다. 연못 중앙의 황금 사원은 약 400kg의 순금으로 지붕을 덧씌웠다. 나머지 부분은 도금으로 처리해 건물 전체가 번쩍인다. 교조의 숙원(宿願) 사업의 하나로 무료 식당을 운영하고 카스트제도에 반대하고 있다.

황금 사원(Golden Temple) - 암리차르

이곳 호수 안에 들어서 있는 시크교 신전은 순례자들의 줄이 너무 길게 서 있고 나도 구경하고자 맨 뒤에 서 있다가 시간이 너무 많이 걸릴 것 같아 포기했다. 황금 사원을 나와서는 바로 옆에 있는 잘리안왈라 공원으로 갔다. 한국으로 치면 파고다 공원쯤 되는데 1919년에 영국 식민 통치에 대한 항거 사건이 일어났던 현장이다.

당시 인도인 희생자도 많았지만 이 사건으로 인도는 독립의 기반을 마련했다. 참고로 황금 사원 입장료와 잘리안왈라 공원 입장은 무료였다. 영국군의 발포 당시 무려 120명이 빠져 죽은 '잘리안왈라 공원' 우물도 보았다.

점심 식사는 투어리스트 게스트하우스로 돌아와 조금 쉬면서 토스트와 잼으로 먹었다. 그리고 시내를 천천히 구경하고 지리를 익히는 데는 사이클 릭샤가 제격인데 대부분의 릭샤왈라들이 영어를 잘 몰라 헤매기 일쑤였다. 오늘 같은 경우도 몇 번을 물어보고 투어리스트 게스트 하우스를 잘 알고 있다기에 덥석 탔는데 결국 기사는 찾지 못하고 한참 동안 헤매고는 돈을 더 내라고 생떼를 썼다. 말도 잘 통하지 않아 실랑이를 벌여 봐야 실익이 없을 것 같아 20루피를 더 주고 말았다. 그리고는 국경 도시 와가행 버스를 탔다.

◎ 암리차르(Amritsar)

인구 120여만 명의 대도시로 1577년에 시크교 4대 구루인 람다스가 건설한 도시다. 인도와 파키스탄의 경계 지역에 자리하고 있다. "감로(甘露)의 땅"이라는 의미로 시크교 최대의 성지이기도 하다. 또한 시크교는 16세기 구루 나나크에 의해 성립되었고 항상 칼을 소지하고 다니는 종교적 전통을 지켜 나가고 있다.

> ### 내가 본 명소
>
> - 잘리안왈라 공원(Jallianwala Bagh): 1919년 4월 영국의 집회법에 항의하던 인도인들이 학살된 곳.
> - 람 바그(Ram Bagh): 시크교 왕궁터로 현재는 공원과 시크교의 역사 박물관이 있다.
> - 와가(Waga): 힌두교의 인도와 이슬람교의 파키스탄이 대치되는 국경지대로 각 국기의 하강식이 열리는 곳이다.

아침 햇살에 반짝이는 황금 사원의 지붕이 연못에 반사되어 눈이 부실 지경이었다. 아침부터 순례객들과 관광객들이 몰려와 매일 시크교 축제가 벌어지는 곳이다. 나도 머리에 황색 머리띠를 두르고 그 사람들과 어울려 얘기하고 사진도 같이 찍고…. 날아갈 듯 너무 기분이 좋고 쿨해서 무아지경(無我之境)으로 빠져 즐겼다.

고생이 되어도, 인도여행 바로 이 맛이야!

오후에 와가행 버스를 탔다. 버스 종점하여 사이클 릭샤를 타고 1km쯤 가니 큰 검문소가 나오고 차들이 많이 정체되어 있어 걸어서 검문소 앞을 지나갔다가 다시 돌아왔다. 와가는 그 검문소에서 1km만 더 가면 된다는데 어디서든 나는 밤에 다니는걸 불안해하고 싫어한다. 파키스탄과의 국경 국기 하강식을 못 볼 바엔 버스 시간 더 늦기 전에 그냥 돌아오고 싶었다.

사랑이란 인간관계에 있어 모든 이기심(Egoistic mind)이 제거된 후에 남은 것이다. 나의 인도 사랑도 이쯤 되었으면 좋겠다.

p. 253 잘리안왈라 공원(Jallianwala Bagh)
1919년 4월 영국에 항의하던 인도인들이 학살된 곳

p. 257 칼라차크라 사원(Kalachakra Gompa) - 코라

박수나트 폭포(Bhagsu Nath Fall)
맥간 동쪽의 산중턱에 쏟아지는 시원한 폭포

노블링카(Noblingka)
달라이 라마의 여름 궁전

8.
맥그로드 간즈 & 다람살라 티베트 불교

　오전 9시 30분경 칼상 게스트 하우스를 출발해 찾은 남걀 사원은 별로 볼 것도 없는데 그 사원 경비원들은 어찌나 까다롭던지 '영 아니다.' 싶었다. 휴대폰, 카메라, MP3 등을 보관소에 다 맡기고 오라고 했다. 내가 혹시나 중국 사람인지 민감해서 그런가 싶었다. 그리고 달라이 라마가 있는 출라캉과 같은 입구라서 그런 것 같기도 했다. 막상 박물관 내부도 볼 것이라곤 티베트 사람들과 달라이 라마가 망명할 때 찍은 사진뿐이었다.

◎ 다람살라(Dharamsala)

　윗마을 맥그로드 간즈에는 티베트 사람들이 주로 살고, 아랫마을 다람살라에는 인도인들이 주로 거주한다. 맥간은 다람살라 윗동네 격으로 산동네이다. 시외버스는 다람살라까지만 운행되고 맥간까지는 버스를 갈아타야 된다. 두 곳의 해발 차는 약 500m이며 12km 정도로 걸어 내려올 때는 약 2시간, 오를 때는 3시간 정도 걸린다. 일반 버스는 30분~1시간 정도에 한 대씩 다니며 약 20분 정도 걸린다.

◎ 출라캉(Tsuglagkang)과 코라(Kora)

　출라캉은 현재 달라이 라마가 거주하는 저택으로 남걀 사원에서 연결되는 통로로 단체 접견 시에는 허가를 받고 들어갈 수 있다. 코라는 산길 라운딩 코스로 룽타와 바위에 새겨진 진언들이 많으며 마니차를 돌리고

'옴 마니 반메 훔'을 외우며 가다 보면 다람살라 시가가 훤히 보인다. 더 안쪽으로 들어가면 칼라차크라 사원도 만난다. 칼라차크라 사원까지 갔다가 거기서 아랫마을 쪽, 티베탄 델렉 병원 아래까지 산길로 쭉 내려오다 보니 지쳐 있을 무렵, 마침 지나가는 택시를 타고 다람살라 버스 터미널까지 왔다. 그리고 점심 식사는 칼상 게스트 하우스에 와서 라면을 끓여 먹었다. 오늘 날씨는 낮에는 약간 구름이 끼었다가 밤에는 온도가 급강하(急降)했다.

어젯밤에도 전기장판 없이는 자지 못할 정도였다. 해발고도가 높다 보니 일교차가 더욱 심하다는 생각이 들었다. 오후에 다시 다람살라로 내려가서 마날리행 버스 시간을 알아보고 빵, 쌀, 생닭, 인도 라면(메기)을 사고 나서 버스를 타고 올라왔다. 이 일대가 마치 네팔의 포카라 산동네 '사랑 곳'에 올라가는 마을 같다. 바나나, 포도 등의 과일이 맥간 산동네라 그런지 귀하고 엄청 비싸다. 다람살라에 내려갔을 때 사와야 했는데…. 옆방 한국 아가씨들은 아침에 나가 밤 8시가 넘어도 안 들어온다.

버스를 타고 다람살라 쪽으로 들어오다 보면 그 수려한 자태를 드러내는 설산, 맥그로드 간즈에 들어서면 더 가까이 보이는 설산의 위용(威容)! 칼상 게스트 하우스 객실은 입구 쪽으로 발코니가 있는데 거기서 내려다보는 경치도 좋고 객실료도 저렴한 편이다. 그런데 문제는 이곳은 일단 추워서 오래 머무르기가 쉽지 않다는 점이다. 게스트 하우스 객실 안에 전기 곤로를 켜 놓고 쬐고 있어야 할 정도이다.

◎ 맥그로드 간즈(McLeod Ganj)

설산을 끼고 있는 고도 1,760m의 산악지대에 들어서 있는 인구 약

5,000명의 자그만 산간 마을로 1959년에 인도로 망명한 달라이 라마가 망명 정부를 세울 수 있도록 당시 인도의 네루 수상이 지진으로 버려진 이 일대를 거처로 제공해 주었다. 현지에서는 맥간도 다람살라라고 부른다. 나의 관심은 남달랐다.

내가 본 명소

- 남걀 사원(namgyal compa): 달라이 라마가 국가 대사 등을 집행하는 중요한 사원이다.
- 티베트 박물관(Tibet Museum): 전시된 사진에는 달라이 라마의 젊은 시절이 다 나와 있다.
- 출라캉(Tsuglagkang): 현제 달라이 라마의 집무실이 있고 거주하는 저택이다.
- 티베트 도서관: 해발 1,500m 위치해 있으며 본토에서 가져온 문헌들이 있다.
- 네충 사원(Nechung Gompa): 티베트 도서관 옆에 있는 '뵌교'라는 토속(土俗)종교의 불교 사원이다.
- 박수나트(Bhagsu Nath): 박수나트 폭포로 많이 알려져 있으며 뒤에 설산이 있어 경치가 좋다.
- 트레킹 코스: 맥간의 다람 곳 방면 설산으로 왕복 6시간 코스도 있다고 한다.
- 노블링카(Noblingka): 1954년에 건축되었으며 다람살라에서 14km 떨어져 있는 티베트 불교 사원이자 장인촌, 민속 문화 구역이다.

나는 이번에 맥간 출라캉에서 달라이 라마를 혹시나 직접 만날 수 있을까? 기대를 마음속으로 했는데 그게 그렇게 쉽고 허술한 일이 아니었다. 출라캉 들어가는 데만 해도 아주 까다로운 몸 검사를 했다. 나의 기대는 날아가고 괜시리 그 검문하는 사람들이 미워지고 달라이 라마 생각도 달아났다. '당신을 변화시키는 힘은 당신 안에 있다.'라는 말이 있다. 검문하는 사람이 밉다고 달라이 라마가 싫으면 진짜 달라이 라마를 좋아하는 사람이 아니다. 내 스스로 '자승자박'을 하게 된다.

코라(Kora)에서 본 설산

9.
둥그리 사원Dhungri Mandir - 마날리

　오늘 하루 종일 비가 내리고 추워서 온종일 덜덜 떨었다. 언젠가 기차에서 한 여행자로부터 들은 "아열대 지역에 속하는 인도에 위치해 있지만 마날리는 3~4월에도 여전히 춥다."는 말이 맞았다. 그 얘기를 들을 때만 해도 '설마 그 정도이겠나?'라고 생각하고 무거운 내 짐이 산악 지역을 이동하는데 거추장스러울 것 같아 겨울옷을 모두 델리에 두고 왔다. 그런데 지금 그 겨울옷이 절실히 필요하다. 숙소의 아침나절 실내 온도는 섭씨 15도더니 오후 2시경에는 오히려 13도로 더 떨어졌다. 여기는 해발 2,000m 이상의 히말라야 산악(山岳) 지방이라 맥간하고는 여러모로 기후 조건 등이 나르다. 같은 시기에 남인도는 더워서 힘들고 여기는 추워서 힘들다.
　오전 9시경 숙소에서 나갈 때는 잠시 햇볕이 나더니 둥그리 사원과 삼림보호구역을 구경하면서부터는 흐리고 비가 부슬부슬 오다가 오후에는 많이 내렸다. 비를 맞으며 버스 터미널로 가서 심라행 버스 시간을 알아보고 나서 여행사 사무실에 들려 관련 버스 투어 코스와 시간을 알아보고 내일 투어를 예약했다. 이곳 마날리에서는 날씨도 좋지 않고 혼자 주변 지역을 여행하는 게 힘들 것 같아 여행사 패키지 투어 프로그램에 조인해 보기로 했다. 점심 식사는 야크엔예티 숙소 내 식당에서 치킨 누들로 해결했다. 오후에는 비가 내려도 오토릭샤를 타고 출발해 히마찰 박물관을 둘러봤다.

◎ 마날리(Manali)

해발고도 2,030m에 인구 약 20,000여 명 남짓한 작은 도시로 히마찰 프라데시주에서 가장 유명한 산간 휴양지이자 북인도 최고의 신혼여행지로 이름나 있다. 특히 마날리를 에워싸고 있는 히말라야의 눈산들, 울창한 침엽수림, 각종 나무와 다양한 꽃의 축제가 펼쳐져 최근 들어 마날리는 아름다운 관광 휴양지와 최근 각종 레저 활동을 동시에 즐길 수 있는 휴양지로 이름나 있다.

가단 테촉클링 곰파로 가고자 오토릭샤를 이용했으나 오토릭샤왈라가 불교 사원 '미인마파 곰파'에 잘못 내려 줬는데 그 덕분에 미인마파 곰파(2층 불교 사원)를 덤으로 구경했다. 얼핏 보기에도 양산 통도사 성보 박물관과 내부가 유사했다.

◎ 가단 테촉클링 곰파(Gadhan Thekchhokling Gompa)

1969년에 지어진 티베트 사원으로 난민(難民)들의 중심 사원의 기능을 한다.

나오다가 입구에서 곰파 관리인과 전기 히터 불을 쬐면서 1시간 정도 몸을 녹이며 이런저런 얘기를 나누다가 호텔로 돌아왔다. 마날리는 내가 찾은 시점보다 한 달 정도 늦은 4월 말 이후에 방문하는 게 적당하다는 생각이 든다. 이곳 기후는 우리나라의 아주 추운 날씨와 비슷하다. 뜻밖의 추운 날씨를 지닌 이곳에서 원래 4박을 하기로 했는데 3박만 하고 심라로 가야겠다고 여행 계획을 수정했다.

'한국의 여전히 싸늘한 날씨를 피해 따뜻한 곳을 찾아온 사람이 추위에 떨고 있으니 말이나 되나? 정말 힘들다. 하지만 이번 여행은 꼭 끝까지 건강을 유지(維持)하며 성공해서 돌아가자.'

낮에 비가 부슬부슬 내리는 큰 숲속 길을 혼자서 산책하자니 기분이 상쾌하면서도 왠지 무서운 생각이 엄습해 왔다. 그 순간 '이럴 때 동행자가 있어서 서로 느끼는 감정을 이야기하면서 다니면 얼마나 좋을까?'라는 생각이 들었다.

"동행자가 아쉽다. 사람이 그립다!"

◎ 둥그리 사원(Dhungri Mandir)

1553년 지어진 사원으로 비마의 부인 하딤바를 모셨다고 하딤바 사원이라고도 부른다. 사원을 둘러싸고 있는 전나무와 삼나무의 숲은 유럽의 전설의 숲에 들어온 기분이라고 말한다. 사원의 외벽에는 구라파 성에서나 볼 수 있는 동물 머리 박제가 있다.

내가 본 명소

- 올드마날리(old manali): 뉴마날리 북쪽에 있는 고유의 생활 방식으로 살아가는 마을이다.
- 히마찰 민속문화 박물관(Himachal Museum): 마날리와 히마찰 주 소수민족 부족어의 민속 용품들이 전시되어 있다.
- 삼림보호구역(Forest reserve): 히말라야 전나무, 삼나무 등 침엽수림이 장관을 이루는 곳이다.
- 가단 테촉클링 곰파(Gadhan Thekchhokling Gompa): 1969년에 지어진 티베트 사원으로 난민들의 중앙 사원이다.

장유유서(長幼有序), 우리는 지금도 어른을 공경하는 풍습인데 인도는 그렇지 않은 것 같다. 그리고 인도인들은 대개 한국 사람보다 10살은 나이가 더 들어 늙어 보이고 수염을 길러 나이 분간이 잘 안 된다. 경로우대는 찾아볼 수가 없었다.

마니카란(Manikaran) 협곡 투어는 쿨루(Kullu)에서 약 30km 지점의 설산과 온천수 사원이 있는 곳으로 마날리에서 가장 기억에 남는 쿨루의 마니카란 투어다. 마날리에서 관광버스를 타고 쿨루를 지나 산 협곡 깊은 골짜기로 끝도 없이 달려 들어가는데, 겁도 나고 그 협곡(Gorge)과 오지 경치가 너무 좋아 탄성이 몇 번 나왔다. 같이 간 인도인 관광객들도 모두 즐거워하는 눈치다. 나는 언젠가는 이 협곡을 한번 트레킹할 기회를 생각했다. 잘 갔다 돌아올 때는 그 산길 1차 도로에서 차 한 대가 고장이 나서 예정 시간보다 1시간 늦은 밤에 마날리로 돌아왔다.

p. 260-261
마니카란(Manikaran) 협곡 투어 일 광경
가단 테촉클링 곰파(Gadhan Thekchhokling Gompa) 1969년 건축된 황금색 기와 지붕의 티베트 불교 사원
히마찰 박물관(Himachal Museum) 히마찰푸라데시주의 민속 문화 박물관

p. 265
크라이스트 처치(Christ Church) 1857년 건축된 여전히 아름다운 교회
하누만 사원(Hanuman Temple) 해발 2,400m에 위치해 있는 원숭이 신 사원

10.
스캔들 포인트 Scandal Point - 심라

심라에서의 둘째 날

　스캔들 포인트 - 크라이스트 교회 - 하누만 사원·히마찰 주립 박물관 - 총독 별장 등의 명소가 자리 잡은 이곳 심라가 마날리보다 날씨가 훨씬 더 온화하다. 아침의 실내 온도가 섭씨 16~17도 정도다. 비크란트 호텔에서 언덕길을 따라 30여 분 정도 오르니 '스캔들 포인트' 광장이 나왔다. 그 일대의 광장은 분위기가 정말 좋았다. 오래된 영국과 유럽 스타일의 건물에 그만 넋을 잃고 카메라 셔터를 누르느라 정신이 없었다.

◎ 스캔들 포인트(Scandal Point)

　심라 최고의 번화가이자 고급 상가의 중심부로, 도로 좌우에 배치된 영국풍의 상가들과 양복 차림의 인도인들이 오가는 광경을 구경하는 것만으로도 충분히 즐거운 곳이며 전국에서 몰려든 인도 부유층의 여유(餘裕) 있는 모습을 볼 수 있는 좋은 기회다.

　인도를 여행하면서 절감하곤 하는 사항인데 '대영제국'은 정말 대단한 나라였다는 생각이 또 들었다. 그 옆에 위치한 '크라이스트 교회'는 노란색으로 외관을 단장해 놓은 게 인상적이었다. 그곳에서 '하누만 사원' 쪽으로 한참을 걸어 올라가다 너무 높아 힘들어 중도에 포기하고 말았다.

대신 인근 구멍가게에서 짜이 한 잔을 사먹고 내려오다가 영국인 부부 여행자를 만나 택시비를 반반씩 내기로 하고 올라가서 구경하고 다시 택시를 타고 내려왔다.

◎ 하누만 사원(Hanuman Temple)

하누만 사원(Hanuman Temple)은 원숭이 신 사원으로 심라에서 가장 높은 해발 2,400m에 있다. 보기보다 너무 멀어서 택시를 타지 않았으면 올라가지도 못할 뻔했다. 내려오면서 다시 '스캔들 포인트'를 거쳐 언덕배기에 들어선 좁은 시장에 잠시 들렀다. 시장 안은 어찌나 인파가 많던지 계속 걸어가면서 눈요기만 하다가 비크란트 호텔로 내려왔다. 점심 무렵에는 인도 라면을 끓여 먹고 카메라 배터리를 충전하고 쉬었다. 오후에 들어서 호텔 앞 올드 버스 터미널에서 걸어서 주립박물관으로 가고자 출발했으나 검문소가 있는 큰 삼거리까지 가니 힘들어 어느 청년의 자가용을 얻어 타고 박물관으로 갔다.

◎ 심라(Shimla)

히마찰프라데시주의 주도이자 고도 2,200m에 위치한 인구 40여만 명의 작은 영국풍의 산간 도시이다. 고지대에 위치하다 보니 여름철 기후로는 환상적인 곳으로 1864년에 산간 휴양지로 개발되었다. 1903년에 캉가 - 심라 간 산악 열차가 개통되었고 오늘날 심라는 인도의 부유층(富裕層)들이 주로 찾는 산간 휴양지의 모습으로 발전했다.

박물관에 들어가 구경하는데 비가 많이 쏟아졌다. 반면 박물관은 조용하고 깨끗한 분위기로 감상하기에 좋았다. 나올 때는 다행히도 40대 인도 아저씨의 자가용을 얻어 타고 조금 나오니 비가 그쳤다. 거기서 또 좀 걸어서 총독 별장으로 갔는데 입구에서부터 정말 크고 멋진 게 왠지 압도되는 것 같았다. 관람 방식은 안내 직원이 사람들을 모아서 1층 접견실만 보여 주는 것인데 안에 들어가니 입이 딱 벌어질 정도로 화려했다. '왕의 집'이라는 말처럼 아마어마하게 큰 정원과 화려한 건물로 정말 '꿈의 궁전'이었다.

'비크란트 호텔'은 이번 인도 자유여행 여정 중 묵은 숙소 중에서 가장 비싼 편이면서 화장실 시설은 열악해 안에 들어서면 고약한 냄새가 코를 찔렀다. 화장실에는 수건도 못 걸어 놓을 정도였다. 어쨌든 한국에서처럼 인도인 승용차를 내 맘대로 얻어 타고 다니는 바쁘고 기분 좋은 하루였다.

내가 본 명소

- 영국 총독 별장(Viceregal Lodge): '왕의 집'으로 불리며 1940년까지 영국 총독의 여름 관저.
- 히마찰 주립박물관(Himachal Museum): 소수민족이 많이 모여 사는 곳에 들어서 있는 이들의 문화·종교·생활상을 엿볼 수 있는 곳.
- 크라이스트 교회(Christ Church): 1857년에 건립된 북인도의 오래된 교회로 지금도 예배가 열린다.
- 넬데라(Neldehra): 심라에서 26km, 해발 2,055m의 세계에서 제일 높은 골프장이 있는데 왠지 추워 조금 구경하다가 바로 돌아왔다.
- 기차 박물관(Baba Bhalku Rail Museum): 1864년 심라는 산간 휴양지로 기차가 개발되기 시작했다. 여름철 기후로는 아주 쾌적해 델리의 총독부(總督府) 전체가 심라로 옮겨 왔다고 한다.

여기가 고도 2,200m라서 그런지 3월인데도 계속 으슬으슬 추웠다. 어젯밤에 비가 오고 오늘도 날씨가 흐리니 더 추웠다. 델리는 지금 한창 더위가 시작되니 이렇게 추운 날씨에 대비를 못하고 옷을 얇게 입은 것도 착오지만 여하튼 추위는 싫어! 이제 다시 찬디가르로 가면 추위 걱정은 없겠지~

'편지는 키스 이상으로 영혼들을 화합시켜 준다.'고 했는데 집에 여행 잘 다니고 있다고 편지를 한 통 쓰자. 노심초사 나를 걱정하는 와이프와 아이들을 생각하며 써 보내자. 이메일은 어쩐지 기분이 않나….

p. 263-265
히마찰 주립박물관(Himachal Museum)
소수민족의 유물이 많이 전시된 히마찰 주립박물관

영국 총독 별장(Viceregal Lodge)

심라 우체국(Shimla Post)
그림같이 예쁘게 단장한 포스트 오피스

p. 268
락시만 줄라(Laksjman Jhula)
리시케시 갠지스 강 상류의 출렁다리

람 줄라(Ram Jhula)
리시케시 하루의 아름다운 출렁다리

하르키 파이리(Hariki pairi)
하르드와르의 갠지스 강 상류 목욕 성지

11.
람 줄라, 락시만 줄라 - 리시케시Rishikesh

    주변 지리도 익혀 놓을 겸해서 어제 오토릭샤를 타고 왔던 차도로 길을 천천히 걸어 나가 람 줄라까지 내려갔다. 배를 타고 강 건너편으로 건너가서 불꽃 접시 하나 사서 강에 띄우고 물고기 밥도 강에 던졌다. 남은 여정의 안전을 기원하며, 가족들의 건강도 빌었다. 모든 일이 순조롭게 풀리길 기도했다. 그리고 람 줄라에서 락시만 줄라까지 약 2km의 강을 따라 강변길을 걸었는데 더워도 마음이 시원하고 좋았다.

    이산 호텔로 돌아와서 점심 식사로 비빔면과 독일 빵을 먹고 쉬다가 늦은 오후의 햇살을 받아서 더욱 환상적인 '락시만 줄라'로 오후 2시경 나시 나가시 디리를 건너 풀차티 방면 강변길을 걸었다. 여전히 날씨가 무더워도 강바람을 맞으며 산책(散策)하는 기분이 아주 좋았다. 그렇게 약 1시간 20분쯤 갔을까. 다리가 나오는 곳까지 아무 생각 없이 걸어갔는데 이 길은 이번에 인도 여정 중 가장 즐거운 시간 같았다.

    그러다 보니 생각보다 걸음걸이가 가벼워 마음이 더욱 산뜻했다. 지난해 초여름 경북 청도 동창천을 따라 걷던 기억이 떠올랐다. 그런데 이 오래되고 낡은 포장길은 강을 따라 끝없이 펼쳐져 있다. 그 산책로를 따라 무작정 끝없이 걷고 싶지만 어느 시간이 지나니 몸이 지쳤다. 돌아갈 길을 생각해 우측으로 다리를 건너가니 리어카 과자점과 아이들이 보였다. 길도 물을 겸 쉬면서 10루피짜리 과자를 사서 5명의 아이들에게 하나씩 나눠 주니 어른, 아이들 할 것 없이 무척 좋아했다.

그런데 100루피(1,820원)짜리를 주니 주인아줌마는 30루피만 내줬다. 20루피를 더 달라고 하니 잔돈이 없다고 해서 안 받았지만 왠지 기분이 찜찜했다. 아줌마는 자기도 20루피 이익을 취한 것이다.

나중에 생각해 보니 사탕이라도 20루피어치 가져오는 건데….

내가 본 명소

- 람 줄라(Ram Jhula): 서시 '라마나야'에 나오는 주인공 형의 이름을 딴 하류의 큰 다리.
- 락시만 줄라(Laksjman Jhula): 상류에 있는 작은 다리로 형제 중 동생의 이름을 땄다고 한다.
- 아르티 푸자(Arti Pooja): 람 줄라 건너편 해 질 때 강가 여신에게 바치는 종교 의례
- 트리베니 가트(Trivdni Ghat): 세 개의 강이 합수한다는 뜻으로 관광객의 가장 큰 목욕 가트.
- 갠지스 강(Ganges Ganga): 강고트리에서 발원한 강물은 리시케시를 거쳐 바라나시로 흐른다. 말라(Malla)에서는 바기라티 강(Bhagi Rathi River)이라고 한다.
- 하이킹(Hiking): 람 줄라에서 락시만 줄라까지의 오솔길은 아름다운 풍경이다.

◎ 리시케시(Rishikesh)

해발 532m 고산지대에 위치한 인구 6만여 명의 소도시로 히말라야 트레킹의 관문(關門)이자 히말라야 힌두교 성지로 가는 길로 잘 알려져

있다. 1960년대 말 영국의 음악 그룹 비틀즈도 이곳에 머문 사실이 알려지면서 이곳의 인기는 한층 치솟았다. 특히 "요가의 고향"으로 알려져 있어 장기간 요가와 명상을 즐기고 싶은 여행자에겐 아주 좋은 장소로 이름나 있다.

오후에는 생닭을 사려고 버스를 타고 리시케시 터미널로 갔는데 생닭을 사지 못했다. 대신 식당에서 비싸고 맛없는 프라이드치킨만 사 왔다. 오토릭샤왈라가 생닭 파는 집을 잘 안다고 해서 갔는데 프라이드치킨 집이었다. 할 수 없이 사 가지고 호텔에 와서 보니 시꺼멓게 탔고 양도 적어서 무척 속상했다. 그렇다고 탄두리 치킨도 아니고 '정말 인도여행 속상해서 더 이상 못 하겠다.'

다음 날, 하르드와르(Haridwar)

하르드와르는 힌누교인늘의 복욕 성지다. 오전 9시 출발하여 오늘 하르드와르 보러 간다고 호텔 위쪽 삼거리까지 걸어 올라가서 합승 템포를 탔는데 리시케시 터미널에 바로 안 가고 직진하여 시장 쪽에 내려 주어 구경하면서 가느라 아침부터 많이 걸었다. 리시케시에서 하르드와르로 가는 버스는 많았다. 하르드와르 터미널에 도착해서 사이클 릭샤를 타고 우선 하르키 파이리 가트부터 가려고 했지만 중간에 릭샤 통행금지(Curfew) 구역에 내려줘 재래시장 구경은 잘 했지만 몇 번 물어물어 찾아갔다. 하르키 파이리 가트 다리에 도착하니 정말 좋았다. 강물이 맑고 시원하고 경치가 좋고 구경꾼, 성지 참배객도 많았다. 인도 어딜 가나 사람이 많지만 여기는 강물에 목욕하러 온 순례객이 더 많이 몰려 있는 것 같았다. 1시간 정도 넋을 잃고 바쁘게 구경했다. 산꼭대기에 있는 난다 데비 사원으로 올라간다고 조금 걸어 올라가니 덥고 힘들어 할 때 케이블카 타는 곳이 보여 다시 내려와 케이블카를 타고 올라갔다. 사원은 들어가 봤는데 별로 볼 것이 없었고 거기 식당에서 점심 식사하고 사이다를 마시고 쉬었다. 도시 전체 경치를 보려면 조금 더 산으로 올라가야 한다기에 힘들 것 같아 그냥 계단으로 걸어서 내려왔다. 날씨가 더우면 시원한 냉차나 빙수라도 먹어야 하는데 여기서는 혹시 배탈이라도 날까 겁나서 못 사 먹고 참아야 한다. 하르드와르 터미널로 올 때는 마차(퉁가)를 타고 와서 다시 버스로 리시케시로 돌아왔다.

리시케시 터미널에서 오토릭샤를 타고 트리베니 가트(Triveni Ghat) 강변을 갔는데 경치가 한국의 정선 동강같이 좋았다. 강변 마을 주변에 더러운 곳이 있었으나 계속 걸어서 람 줄라까지 왔는데 해 질 무렵이라 더 좋았고 거기서 템포를 타고 호텔로 돌아왔다. 템포는 오토릭샤 합승차로 오토릭샤보다 조금 더 크다. 여기 기온이 이번 시즌 중 제일 좋고 경치가 좋아 이번 여행 계획 종착지(終着地)로 정했다. 지금 델리로 가도 덥고 하니 여기서 부담 없이 며칠 쉬어 가기로 마음먹었다. 그러면서 강변 산책을 한 5일 정도 잡고 어제 걸었던 강변길을 따라 계속 상류 쪽으로 트레킹하고 싶었다. 이번 여행 계획을 완수해서 그런지 오늘은 기분이 홀가분해 여기 온 여행객들과 같이 어울려 맥주로 건배라도 한잔하고 싶은 심정이다!

스캔들 포인트(Scandal Point) - 심라

리시케시 트레킹(Rishikesh Trekking) 75km

리시케시 - 트리베니 가트 - 람 줄라 - 락시만 줄라 - 시브푸르 - 말라 - 카우디 야르 - 사크니디르 - 밧첼리카르 - 데브프라야그

첫째 날, 리시케시 → 말라(Malla)

호텔 위쪽 버스 다니는 삼거리에서 데브프라야그행 버스를 바로 잡아 타고 시브푸르 마을 입구 다리에 내려서 계속 걸어갔다. 바기라티 강(Bhagi Rathi River)이라는 안내판에 지도와 같이 나와 있는데 갠지스 강의 상류 구간 같았다. 강은 정말 푸르고 폭이 꽤 넓은 큰 강으로 협곡 역시 아름다웠다. 나는 주변 경치에 매료(魅了)되어 더운 줄도 모르고 강변 트레킹에 무아지경으로 깊이 빠져들었다. 그러나 그 높고 좁은 벼랑 길에 버스와 화물차가 지나다녀 겁이 났으나 이왕 시작했으니 조심해서 걸었다. 걸어가는 진행 방향으로 왼쪽은 조금 안전한 편이나 강 아래쪽이 잘 안 보여 위험해도 우측 벼랑 쪽이 경치를 감상하기에 좋아 어느 정도 위험을 감수하고 조심조심해서 걸어갔다.

어떤 의미에서는 트레킹이란 게 힘이 들어도 강 하류로 내려오며 걷는 것보다는 강 상류로 올라가는 것이 더 새로운 경치를 만끽할 수 있다. 무엇보다도 더욱 신비한 대자연의 비경 속으로 빨려 들어가는 기분을 만끽할 수 있어 좋다. 오후 12시 40분경이 되어 점심 식사로 준비한 빵에 계란 1개와 바나나 2개를 곁들여 길가에 앉아서 먹었다. 날씨는 맑고 한국의 초여름 날씨임에도 그늘에 있으면 시원했다. 데브프라야그까지 30km 남았다는 푯말이 나타나 계속 걸어가니 출렁다리가 있는 '말라' 일대 경치는 마치 한 폭의 산수화 같았다. 그곳이 람 줄라와 데브프

라야그의 중간 지점쯤 되는 것 같았다. 길을 걷다가 원숭이들에게 과자를 나누어 줬는데 어떤 큰 원숭이가 뒤에 와서 눈 깜짝할 새 봉지째로 날름 낚아채 갔다. 나는 순간의 습격에 깜짝 놀랐다. 순간 반짝이는 카메라를 낚아채 가지 않아 안도의 숨을 내쉬고 겁나서 카메라를 감췄다. 계속 걸어가니 강줄기를 따라 래프팅을 즐기는 무리들이 보였다. 다리를 건너니 하얀 모래 강가에 크나큰 야영 시설과 래프팅 고무보트가 대량으로 준비되어 있었다.

우리나라 경남 산청 경호 강에서 나도 예전에 래프팅을 즐겨 봤지만 이 일대는 우리나라와는 비교할 수 없을 정도로 큰 스케일과 색다른 분위기를 자랑했다. 강 자체가 무척 크고 유속도 빨라 래프팅을 하면 스릴을 만끽할 수 있을 것 같았다. 주변의 여러 풍경들을 구경하며 계속 발길을 재촉하는데 갑자기 가파른 언덕길이 시작되었다. 순간 '오늘은 더 이상 무리하지 말고 여기까지 이 정도로 만족하고 내일을 기약하자!'며 돌아가는 버스를 기다렸다. 돌이켜 보니 오늘 약 12~13km를 걸은 것 같다. 어떤 사람은 이 강을 '방가 시와리'라고도 불렀다. 어쩌면 이번에 인도 자유여행 길에 올라서 진짜 내가 하고 싶은 트레킹을 원 없이 즐겼다. 사실 나는 현재의 제반 컨디션을 감안해 보면 많이 지쳐 있어서 산길을 못 걸을 것 같았는데, 걸어 보니 이상하게 걸음걸이가 가벼웠다.

"어디서 이런 힘이 나오지? 내 자신도 잘 모를 일이다! 아마도 자유여행의 묘미(妙味)는 바로 이런 데 있지 않나?"

말라(Malla) 리시케시 트레킹

둘째 날, 말라 → 카우디 야르

트리베니 가트에서 데브프라야그까지 강 협곡 길 약 70km 트레킹을 꼭 완주해 보자. 오후 4시가 되니 어제 말라 같은 출렁다리가 또 하나 나타났다. 여기도 보통 경치가 아니었다. 아무도 없는 그 출렁다리를 건너갔다 다시 건너오는데 너무 흔들려 무서워서 혼났다. 그런데 마음은 아무도 없는 마(魔)의 성으로 공주를 구하러 들어가는 왕자처럼 야릇하고 혼자만 느끼는 멋진 흥분이 있었다. 조심스레 출렁다리를 건너갔다 돌아오며 내가 머문 약 30분 동안 다리를 지나다니거나 부근에 사람 한 사람 보이지 않았다.

내가 왔다 간 흔적을 남기고 싶었다. 우리말에 쓸모 있다는 뜻으로 '유용한'이란 말이 있다. 여기서 이 다리 이름을 내 이름 '유용환 쥴라'라고 이름 지어 명명해 놓았다. 이다음에 여길 지나는 한국여행자는 '유용환 쥴라'라고 불러 주었으면 고맙겠다. 외로운 여행자의 반가운 이정표처럼 여기고….

셋째 날, 사크니디르 → 밧첼리카르

그 높은 산동네 바로 옆의 구멍가게 짜이집에서 뜨거운 물만 얻어 국산 믹스커피 2개로 한 잔 타 먹고 10루피(180원)에 사탕 40개를 사서 동네 아이에게 20개를 주고 내가 20개를 가졌다. 그래도 싸구려 오렌지 사탕은 맛있었고 그 짜이집 주인하고 얘기 많이 하며 쉬었는데 나중에 내려오다 생각하니 알고 싶었던 그 산 이름과 해발(海拔)을 안 물어보았다. 동네를 나오다가 그 옆의 좀 큰 가게에서 콜라 한 병 사 먹고 동네 아이들 셋한테는 나눠 먹으라고 사이다 한 병 사 주니 가게 주인이 물건을 팔아서 그런지 아이들보다 더 기분이 좋아 보였다. 한참을 쉬고 내리막 길이 시작되니 또 힘이 나서 계속 걸어 내려와 밧첼리카르까지 5km를 더 걸어왔다. 가게 앞에서 찬 생수 한 병 사 먹고 20분 기다려 돌아오는 버스를 탔는데 좌석이 없어 1시간 20분을 털럭거리는 버스에서 서서 오니 힘들었다.

래프팅을 즐기는 사람들

넷째 날, 리시케시 트레킹 → 데브프라야그(Devprayag) 종착지

트레킹 코스를 마무리하는 5일째 여정이 시작됐다. 오전 9시경 숙소 삼거리에서 버스를 타고 밧첼리카르에 내리니 10시 50분이었다. 계속 내리막길이라 걷기가 쉬웠다. 점심 식사는 버스 승객들이 많이 이용하는 전망 좋은 레스토랑에서 난 두 개를 주문해서 미리 준비한 바나나와 계란으로 해결했다. 오늘은 데브프라야그 종착지에 이르는 트레킹 대장정을 마무리하려면 가능한 서둘러서 빠르게 걸어야 했다. 계속 내리막길을 내려오다가 다리를 건너 하누만 사원에 잠시 들러 계속 길을 재촉하니 제3의 출렁다리가 또 나왔다. 아무리 시간이 없어도 길 아래에 놓여 있는 출렁다리를 건너 보고 오자는 생각에 갔다 오니 정말 덥고 힘이 빠졌다.

앞으로 남은 코스가 약 4km 정도인데 종착지에서 호텔로 돌아갈 생각을 하니 도저히 시간이 안 되겠다 싶어 할 수 없이 또 버스를 이용해 종착지까지 가기로 작정했다. 그래서 길을 재촉하면서도 뒤를 자꾸 돌아보아도 버스는 좀처럼 오지 않는다. 간혹 지나가는 지프차를 보고 손을 들어 봐도 무심코 그냥 지나간다. 그러다 보니 정말 지칠 대로 지쳤다. '조금 전의 제3의 출렁다리만 내려가 건너지 않았더라도 어느 정도 체력을 비축(備蓄)해 놓을 수 있었는데….' 하고 생각하니 후회막급이었.

그렇게 버스가 행여 오나 하며 천천히 걸어간 지 40분 이상이 흘렀다. 이제 남은 거리라고 해야 2km 정도밖에 되지 않는다고 생각되는데 이제 힘이 거의 소진돼 한 발짝도 걸음을 떼기에 천근만근 몸이 무거웠다. 돌아갈 버스 시간도 걱정거리이다. 순간 뇌리에 '이제 2km도 안 남은 것 같다. 젖 먹던 그 마지막 힘을 쏟자!'라는 생각이 스쳤다. 그런 마음가짐으로 오르막을 약간 지나 내리막 커브 길로 돌아서는 순간 시야가 넓게 트이면서 저 멀리 우측에 마을로 이어지는 제4의 출렁다리가 보이면서 바로 그 아래로 큰 산동네가 펼쳐졌다. 그곳은 바로 '데브프라야그'였다! 그때부터는 내리막길이 펼쳐지니 다 왔다는 기쁨으로 힘든 줄 모르고 그 동네만 바라보고 계속 걸어갔다.

"내가 드디어 해냈구나!"

한 목표를 거의 다 이뤘다는 생각이 드니 발걸음이 가벼워 그냥 힘을

들이지 않아도 저절로 움직이는 것 같았다. 제4의 출렁다리는 큰길 우측 아래편에 있는데 이제 다리로 내려갈 필요 없이 환하게 보이는 데브프라야그만을 바라보고 뚜벅뚜벅 걸어가고 있었다. 다시 약 500m를 걸어 내려와 비포장 먼지투성이 길을 지나서 길 옆 전망대(展望臺) 벤치에 앉아서 건너편 동네를 바라보니 데브프라야그는 심라처럼 산동네로 아름다웠다. 바로 밑으로 내려다보이는 강줄기의 3강 합수 지점에 많은 사람들이 모여 목욕하고 있었다. 이색적인 탑 모양의 차마 사원도 보이는데 내려가서 들어가 보고 싶었다. 나는 '어릴 적 고향 데브프라야그를 떠난 이후 오랜 세월 객지 생활로 전전긍긍하면서 고향 마을 오매불망 잊지 못해 그리워하다가 백발 노인이 되어서 다시 고향을 찾아온 사람'같이 잠시 감격의 감회에 빠져 있었다. 천신만고 끝에 여기까지 왔는데 동네를 한 바퀴 돌면서 천천히 구경하길 열망하면서도 더 이상 한 발짝도 움직일 힘이 없어 스스로가 원망스러웠다. 버스를 타고 숙소로 돌아갈 일도 걱정이었다.

   그래도 이건 정녕 정말 큰 행운이다. 처음 여행 계획에도 없었던 리시케시에서의 강 협곡 트레킹을 원 없이 즐겼으니 이는 평생 추억으로 기억될 것이다. 리시케시에서 시작해 6일에 걸쳐 여섯 번의 70km 협곡 로드 트레킹에 도전해 이를 무난하게 소화해 냈으니 내 자신이 자랑스럽고 뿌듯했다. 이건 분명한 신기원(新紀元)이다. 마침 운도 좋아 때를 잘 맞춰 와서 이렇게 긴 트레킹 코스를 완주했지, 만에 하나 좀 일찍 왔더라면 산악 지역이라 추워서, 또 조금 늦게 와서는 더워서 이 코스를 도전할 엄두를 내지 못했을 것이다. 참~ 행운이다!

트레킹도 하다 보면 장거리를 할 수 있다. 그리고 여긴 일단 경치가 좋으니 낙동강 자전거 길처럼 다음 구간이 궁금해서라도 힘이 나고 종착지를 보고 싶다. 적소성대(積小成大), 작은 것도 쌓으면 크게 완성된다. 4년간의 인도여행 중 최고 하이라이트인 것 같다. 리시케시를 말하면 어느 누구보다 할 말이 많을 것 같은 좋은 경험이다. 여행에 지쳐 있었는데 어디서 그런 힘이 나왔을까? 사실 이런 트레킹은 한국에서는 엄두도 못 낼 것 같은 호지다. 힘들었지만 갠지스 강과 함께 평생 추억으로 간직하고 싶다.

데브프라야그(Devprayag) 리시케시
트레킹 종착지로 3강이 합류하는 목욕 성지

12.
쿠시나가르Kushinagar 불교 4대 성지

오전 8시 30분경 고라크푸르 암바라즈 호텔에서 체크아웃을 하고 프런트에 큰 배낭을 맡기고 쿠시나가르행 버스를 타니 1시간 10분 걸려 오전 10시에 쿠시나가르(Kushinagar)에 도착했다. 걸어서 부처님이 누워 있는 열반당(涅槃堂)을 보고 절하고 바로 그 옆의 화려한 미얀마 사원을 구경하고 또 걸어서 마타 쿠아르 사원으로 갔는데 지키는 사람이 문을 열어 줄까 염려가 되었다. 그래서 영어로 문을 열어 달라고 해도 말을 못 알아들어 그만두고 나왔다. 팁이라도 줘 보고 한번 보고 올 걸이라는 때늦은 후회가 밀려왔다.

◎ 열반당(Nirvana Mandir)

붓다가 입멸한 자리에 세워진 순백의 사원으로 5세기경에 건립된 것으로 추정되며 1876년 무슬림들의 침입으로 파괴된 것을 버마 스님들이 재건한 것이다. 마치 잠을 자는 듯한 얼굴의 와불(臥佛)로 고살라국의 왕비 말리카, 기억력 제일의 제자 아난다, 불상을 조성한 승려 '하리발라' 세 명의 인물이 새겨져 있다.

이곳 불상이 그렇게 아름답다는데 날씨가 너무 더워서 한 발짝도 못 움직이겠다는 생각에 다시 발길을 돌릴 엄두가 나지 않았다. 그래서 사이클 릭샤를 타고 왕릉같이 생긴 람바르 스투파에 갔다가 나오면서 부처님이 목욕한 강도 보고 스리랑카와 일본의 사원이 나란히 들어서 있는 광경도 보고 박물관도 들어가 구경했다. 박물관 안에는 관람객이 거의 없어 아주 한산했다. 내가 구경하는 동안 릭샤왈라 할아버지는 밖에서 기다리고 있었다. 박물관을 나와서 다시 릭샤를 타고 돌아다니다가 너무 더워서 바로 버스 타는 도로까지 나왔다. 사이클 릭샤왈라 할아버지에게 80루피를 줬는데 나중에 100루피(1,820원) 정도 줄 걸이라는 생각이 들었다.

'그 할아버지 참 순한 사람 같던데….'

도로변 식당에서 튀김 반찬 두 개를 시키고 준비해 간 바나나, 계란, 빵으로 점심 식사를 해결했다. 그래도 쿠시나가르에서 볼만한 건 다 본 것 같았다.

"부처님 사랑합니다! 내가 이곳을 보러 아주 멀리서 힘들게 찾아왔습니다. 그런데 이곳은 입장료가 없어서 그런지 너무 허슬하게 관리되고 있사오니 굽어 살피소서!"

나는 이번에 쿠시나가르를 끝으로 불교 4대 성지를 다 둘러보았다. 2004년 당시 네팔여행 때 '탄신의 땅' 룸비니를 봤고 2011년 설법 지역 사르나트도 둘러봤다.

◎ 쿠시나가르(Kushinagar)

인구 1만 8,000여 명의 작은 마을이다. 불교의 4대 성지 중 하나로 붓다가 생을 마치고 열반한 곳이다. 서른다섯에 깨달음을 얻고 45년간 설법을 설파해 나락에서 허우적거리는 수많은 중생(衆生)들을 구해 낸 붓다는 마지막 제자 수바드라를 보고 입멸했다. 이곳에는 미얀마·중국·티베트·일본·스리랑카·한국(대한사) 등의 국제 사원이 있다.

2013년에는 깨달음을 얻은 부다가야도 찾아갔으니 10년 만에 불교 4

대 성지를 모두 돌아본 셈이다. 이제는 양산 통도사를 찾아가서 4대 성지 얘기를 해도 큰 무리가 없을 것 같다. 고라크푸르로 돌아오니 오후 2시 30분경이었다. 서둘러 프런트에서 맡겨 둔 배낭을 찾고 3시경 소나울리로 가는 버스를 탔다. 버스 내부는 복잡했다. 오후 6시 30분경 소나울리에 도착해 사이클 릭샤를 타고 마음에 맞는 호텔을 찾아다녔는데 5군데를 돌아다니다 보니 어두워졌다. 그래서 어쩔 수 없이 그나마 마음에 드는 '라히 투어리스트 호텔'로 돌아왔는데 마침 정전이라 모르는 성에 들어온 것처럼 사방이 깜깜해 무서웠다.

내가 본 명소

- 마타 쿠아르 사원(Matha Kuar Mandir): 1,000년의 역사를 자랑하는 이 불상은 인도 전국 불교 사원 중 가장 아름답다고 한다.
- 나르마나 스투파(Narma Stupa): 입멸의 땅을 기념하는 미얀마에서 세운 스투파이다.
- 람바르 스투파(Rambar Stupa): 붓다의 다비식을 치른 곳으로 중국 현장이 방문했을 때만 해도 아쇼카 왕이 세운 스투파와 석주가 있었다고 기록했는데 1,300년이 지난 지금은 찾을 수가 없다고 한다.
- 히라냐바티 강(Hirayavati River): 붓다가 열반 직전 마지막으로 목욕했던 강이다.
- 붓다 박물관(Buddha Museum): 불교 유물, 조각품, 테라코타, 티베트 탕화, 무굴 세밀화 등이 전시되고 있다.

저녁식사를 마치고 오늘의 일을 곰곰이 생각해보니 내가 생각해도 영어도 잘 못하고 옆에서 도와주는 사람도 없는데 혼자 잘도 찾아다닌다. 이번에는 여기에 계획 없이 즉석 계획으로 왔는데 이제 인도 전역에서 못 찾아갈 곳이 없을 것 같다. 그만큼 경험과 여행 실력이 늘어난 것이다.

"실패(Failure)는 새로운 창조의 기초 정보를 담은 인간사의 이벤트이다."

이것은 내가 인도여행에서 시행착오를 많이 겪었기 때문에 결국 성공으로 이루어진 이야기다.

다음 날, 소나울리 - 오전 9시 인도

네팔 국경 검문소를 보러 갔다. 인도 쪽 검문소에서 철도 건널목 같은 분위기이고 저 너머 네팔 검문소가 약 20m 앞에 보인다. 인도 네팔 현지 사람들은 자연스럽게 건너가고 오고 하지만 나는 혹시나 염려하여 조금 가다 사진 찍고 돌아 나왔다. 점심 식사는 한국에서 가져온 짜파게티 라면을 조리해 먹었다.

오후 2시 호텔 지배인에게 물어 여기서 8km 떨어진 큰 시장이 있다는 나우타나와(Nautanwa)에 버스를 타고 갔는데 시장은 보이지 않았다. 일요일이라 그런지 상점 문을 많이 닫았으며 길 공사하는 비포장 길 좀 걷다가 더워서 합승 오토릭샤를 타고 소나울리로 돌아왔다. 계란도 사고 델리로 가는 버스 알아보니 안내 책자와는 달리 여기서 20시간 걸린다고 해서 버스는 포기했다. 할 수 없이 내일 다시 고라크푸르로 가서 기차를 이용하는 수밖에 방법이 없었다. 시장 안의 람잔키 사원(Ramjanki Temple)을 보러 갔는데 별로 볼 게 없었다. 계란 사러 가시 국경 오른쪽에서 사진 찍는다고 그러는지 어떤 군인이 패스포드를 보자고 해서 보여 주니 보고 돌려주었다. 소나울리는 네팔을 드나들 때 들르는 곳이지, 몇 시간 차를 타고 관광 목적으로 올 곳은 못 되는 것 같다. 그러나 네팔로 가는 국경 검문소 지대에 대한 궁금증은 많이 풀렸다.

여행도 그렇고 책도 그렇다. 이왕 시작했으면 최선을 다해 보자. 다른 사람보다 한 곳이라도 더 보고 기록을 남기자. 적자생존(適者生存), 환경에 적응하는 자만 살아남고 적응 못 하는 자는 사라진다. 살아남자!

2015
인도 자유여행

2015 인도 자유여행 여정도

2015년 6월 29일 ~ 8월 12일

델리 → 하르드와르 → 우타르카시 → 강고트리 → 우타르카시 → 야무노트리 → 뉴테리 → 손프라야그 → 케다르나트 → 조시마트 → 바드리나트 → 고빈가트 → 리시케시 → 델리 → 레 → 카루 초그람사 → 스리나가르 → 소남막 → 델리

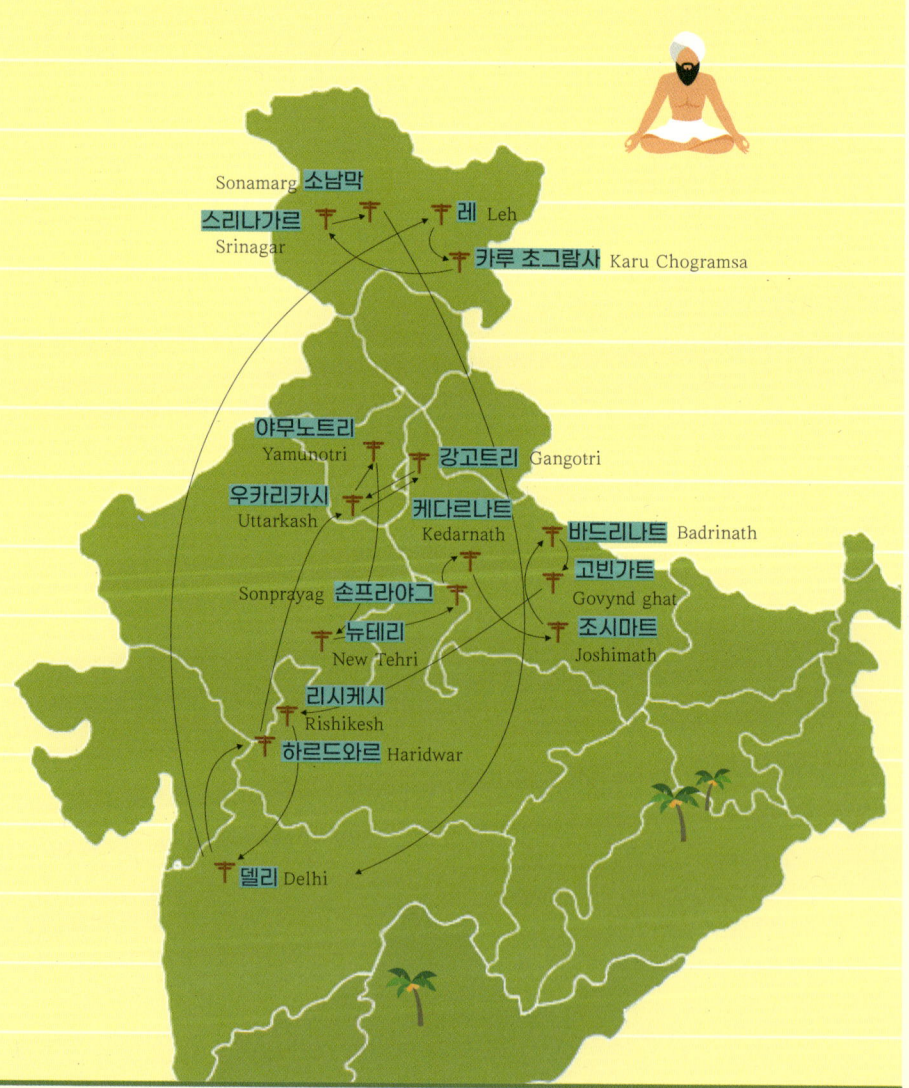

2015년 인도 여행 일지
6월 29일 ~ 8월 12일 [46일간]

6/29	델리(Delhi) 도착
6/30	방랑기와 쉼터 식당
7/1	하르드와르(Haridwar) 도착
7/2	우타르카시(Uttarkash) 도착
7/3	비사와나크 만디르(BishaWanak Mandir)
7/4	람브가온(Lambgaon)
7/5	강고트리 도착(Gangotri) 강고트리 사원(Temple)
7/6	하드실 트레킹(Hardsil trekking)
7/7	강고트리 건넛마을. 우타르카시 도착
7/8	휴식. 소나기
7/9	야무노트리 도착 [Gmvn 투어리스트 게스트 하우스]
7/10	야무노트리 사원(Yamunotri) 칼린다 파르밧
7/11	케디르나트로 향해서 뉴테리(New Teri)
7/12	케다르나트로 향해서 손프라야그(Sonprayag)
7/13	가우리 3박째 가우리마라 사원(**Gourimara Temple**)
7/14	케다르나트 사원(Kedarnath Temple) 도착
7/15	조시마트(Joshimath)
7/16	바드리나트사원(Badrinath Temple) 도착
7/17	고빈가트(Govynd ghat) 꽃의 계곡(Valley Flowers)
7/18	케이블카 전망대(Ropeway Auli)
7/19	산사태. 지갑분실 리시케시(Rishikesh) 도착
7/20	리시케시 람 줄라(Ram Jhula Road Trekking)
7/21	델리 도착
7/22	휴식. 방랑기 식당
7/23	레(Leh) 도착
7/24	남걀 체모(Namgyal Tsemo Gompa) 레 왕궁

7/25	샨티 스투파(Shanti Stupa) 대청 보사(한국절)
7/26	딕세 곰파(Tikse Gompa) 쉐이 곰파. 상카르 곰파
7/27	마토 곰파(Matho Gompa) 스톡 팔레이스
	스피툭 곰파. 사캬파 곰파
7/28	카루(Karu) 초그람사(Chogramsa) 달라이 라마 환송식
7/29	스리나가르(Srinagar) 도착
7/30	니샤트 박(Nishat Bagh) 무굴가든(Mughal) 네루파
7/31	소남막(Sonammark)
8/1	올드 시티, 자마 마스지드
	나케스 밴드 쉽(Nakesh band Shib) 파리 마할
	자마 마스지드(Jamia Masjid) 다스피갈 사이브
8/2	팜포르. 센트랄 미쥼 올드 시티(Old City)
	나크슈반드 사히브. 다스트기르 사이브(Dastgir Shaib)
	팜포르(Pampore) 센트랄 미쥼(Central Museum)
8/3	하즈랏발모스크. 상카라차르야 힐. 니스하트
8/4	달 레이크(Dal Lake) 시티타운(City Town)
	다스티겔 사이브(Dastigeal shaib) 케스밴드 사이브
8/5	델리 도착
8/6	바하이 템플(Bahai Temple) 코넛 플레이스
8/7	붉은 성(Red Fort) U.세계문화유산
	코넛 플레이스 시티전 손목시계
8/8	스테이트 인포리움, 센트랄 고테지 인포리움
8/9	선물 준비
8/10	선물 구매
8/11	커피 하우스
8/12	한국 도착

1.
우타르카시 – 히말라야 4대 성지로 가는 길

하르드와르 호텔에서 오전 4시에 기상하여 4시 30분에 아침 식사 완료하고 버스 터미널에 도착하여 짐꾼을 불러 오전 7시 버스에 승차했다. 버스는 10시에 화장실에 잠깐 서고 점심 시간 없이 달려 오후 4시 30분에 도착했으니 6시간 30분 걸렸다. 내가 좋아하는 건 도시를 끼고 있는 유적지인가? 아니면 이런 벼랑 산길과 굽은 강길인가? 아직도 결론짓지 못하고 몸이 피로(疲勞)해도 차창 경치가 워낙 좋으니 기분이 좋아 힘든 걸 잊게 해 준다.

도착한 호텔은 우타르카시 버스 종점 부근 고빈드 파레이스 식당 3층 방인데 1박에 450루피(8,100원)로 정하고 짐을 풀어 놓고 부근 시장에 식품을 사러 나갔다. 여기가 해발 1,100m라 좀 덜 덥다. 여기서 의무적으로 3박하고 쉬어 가자.

◎ 우타르카시(Uttarkashi)

리시케시에서 155km 떨어져 있으며 가르왈 북부에서 가장 큰 도시로 강고트리 사원으로 가는 길목으로 나 같은 여행객이 많이 들르는 곳이다. 이곳 중앙 시장에는 없는 게 없다 보니 돌아보고 준비하는 곳이며 가무크 빙하 트레킹을 하는 사람은 여기서 가이드나 포트를 구할 수 있단다.

다음 날, 강고트리 사원(Gangotri) 해발 3,140m

갠지스 강(Ganges River)의 발원지 강고트리로 간다. 오전 4시 30분 기상하여 밥맛이 없어도 아침밥을 억지로 먹었다. 아침 식사를 하고 나니 5시 10분, 준비하여 7시 10분 강고트리행 버스를 탔다. 차창 경치가 눈물겹도록 아름답다. 이제껏 본 인도 산 경치 중 최고다. 오전 11시 30분 강고트리 도착, 숙소는 강고트리 게스트 하우스 1박 200루피인데 들어와 보니 너무 후지다. 이불은 아주 두껍고 짙은 밤색 담요인데 깨끗한지 눈으로 구분이 안 된다.

전기도 낮부터 계속 왔다 갔다 불안하고 점심 식사는 숙소 식당에서 '싱가폴 누들'을 먹었다. 맛있지도 없지도 않다. 식사 후 강고트리 사원에 갔는데 주변 경치는 좋은데 규모는 그리 크지 않고 오랜 역사와 특이한 형태(Unusual form)의 사원으로 보수공사가 한창이다. 숙소에서 가까우니 가기 전에 한 번 더 볼 생각이다. 날씨는 낮에 햇볕은 약간 덥고 바람은 한국의 10월 바람같이 시원하다. 밤은 지내 봐야 알 것 같고 잘 도착했지만 전기 사정이 걱정이다.

◎ 강고트리(Gangotri)

히말라야 4대 힌두 성지 중 가장 신성시되는 곳으로 해발 3,140m 갠지스 강의 발원지이며 18세기에 고르카 왕국의 '아마르 싱타파'가 건설한 사원으로 강고트리 빙하에서 최초의 물이 흘러내린다고 한다.

다음 날, 여행객들은 강고트리에 와서 사원을 보고는 진짜 수원인 가무크를 찾아서 트레킹을 한다고 숙소주인은 말한다. 나는 가무크 트레킹을 가는 데까지 가다가 거기서 돌아오는 사람들한테 물어보고 갈 수

강고트리 사원(Gangotri Temple)

있으면 더 가고 안 되면 돌아온다고 계획하고 있었다. 가무크 가는 초입 길은 마침 우리 숙소 앞으로 팻말과 함께 잘 나와 있었다.

그러나 벌써 춥고 지치기 시작한 나는 가무크(Gaumukh) 쪽을 포기하는 대신 오늘 아래편 하드실 쪽으로 강변 트레킹([Hardsil trekking)을 하기로 했다.

오전 9시 30분에 출발해서 계속 산 아래로 걸어 내려가다가 군부대 지나 샘물 나오는 곳에서 점심 식사로 준비해 간 빵, 삶은 계란, 바나나로 먹고 계속 걸어 내려가면서 트레킹했다. 힘찬 물이 흘러내리는 계곡과 울창한 침엽(針葉)수림은 해발 4,000m가 넘는 것 같았고 내가 약 10년 전 네팔 EBS 트레킹 이후 거의 처음 보는 멋진 풍경이었다. 약 10km를 세 시간 정도 걷다가 돌아올 때는 숙소 쪽으로 올라가는 차를 타려고 해도 버스는 안 오고 비는 내렸다. 버스 정류소에서 비 피하고 있는데 오후 2시 30분 인도 청년들이 대절한 택시를 태워 주었다. 너무 고마워서 도착하여 100루피(1,800원)를 주어도 그들은 돈을 안 받았다.

그 인도 청년들을 보니 '선(善)은 항상 보다 높은 가치를 위한 결정이다.'라는 말이 생각났다. 그 옛날에 여기에 강고트리 사원을 처음 짓고자 한 사람은 정말 현자요, 선한 마음을 가진 선인같이 생각되었다.

히말라야 4대 성지 중 가장 중요한 강고트리를 보고 나니 기분도 좋고 마음도 가벼웠다. 사원 자체는 그렇게 화려한건 아니지만 오래되었고 그 동네의 힌두교 지도자 '바바'를 만나 얘기하는 기분도 쿨했다. 그리고 하드실 트레킹을 하고 나니 기분이 좋아 나의 여행하는 힘을 많이 불어 넣어 준 것 같았다.

그 힌두교 바바는 기념품점의 힌두교복 250루피짜리를 사 달라고 했지만 나는 점심 식사만 한 끼 대접하고 옷은 묵살했다. 그런데 시간이 많이 흐른 지금 생각하니 그깟 250루피(4,500원) 힌두교복 한 벌 사 주고 올 걸….

그러나 한편 '안분지족(安分知足),' 편한 마음으로 내 분수를 지키며 만족하는 생각으로 여행하고 싶었다. 그리고 내가 옷을 사 주면 그 '바바'는 이제 외국인만 보면 옷 사 달라고 할 것 아니냐! 생각했다.

p. 291-295

비사와나크 만디르
(BishaWanak Mandir)
우타르카시의 힌두교 사원

강고트리 사원(Gangotri Temple) 입구
해발 3,140m 히말라야 4대 성지 중 한 곳

하드실 트레킹(Hardsil trekking)
갠지스 강을 따라 하드실 마을까지 워킹

강고트리 힌두교 지도지 바바와 함께

p. 296-298

온천욕 하는 인도 사람들이 촬영하는 나를 보고 환호한다

야무노트리 사원

2.
야무노트리 사원 Yamunotri

　오전 5시 20분 기상하여 아침식사 완료하니 6시 10분, 버스 터미널에서 7시 45분에 로컬버스를 타고 다라수 - 바르코드 - 하누만 차티 순으로 달린다. 비가 퍼붓는 위험한 산길을 8시간 30분 달려 하누만 차티에 도착했다. 점심 식사는 바르코드에서 빵, 삶은 계란, 바나나로 먹었다. 좀 위험해도 버스 맨 앞자리에 앉아서 비와 경치를 감상하며 달려서 지루한 줄 몰랐다. 오후 4시에 도착해서 바나구나 궁전(Bahuguna Palace)을 보러 가려다가 시간이 늦어 내일 야무노트리 사원 갔다 와서 보기로 했다.

　야무노트리는 강고트리 다음가는 중요 성지로 찾아가는 교통이 불편하며 델리에서 가는 경로는 리시케시 - 우타르카시 - 야무노트리 순서이다. 나는 강고트리에서 나와서 우타르카시 - 하누만 차티 - 카르살리 - 야무노트리 사원으로 이동했다. 카르살리에 있는 내가 들어온 숙소 Gmvn 투어리스트 방갈로도 난방(暖房) 시설이 없었다. 인도 호텔은 거의 난방 시설은 없다고 보면 된다. 여기가 강고트리보다 훨씬 덜 추운 것 같고 호텔도 넓고 좋다. 강고트리에서 후진 숙소에 잔 경험이 헛되지 않다. 오늘 하루 자 보고 여기서 3일 쉬어 가기로 하자.

◎ **카르살리(Kalsali) 해발2,500m**
　인구 350여 명으로 전기 공급이 원활치 않은 산골마을로 지금은 한산

하나, 야트라 축제 기간에는 방이 부족하고 작은 동네가 미어져 북새통을 이룬다고 한다.

다음 날, 야무노트리 사원

오전 8시 30분에 말을 타고 출발하여 야무노트리 사원에 10시에 도착했다. 이런 류의 조랑말은 처음 타 보았는데 말의 힘이 대단함에 놀랐다. 그리고는 말이 불쌍해 보여 내리고 싶었지만 말이 힘들어한다고 내가 안 탄다면 말 주인과 말은 수입이 없어 더 힘들어질 것이다. 나도 만일 말을 안 탔으면 사원까지 못 올라가고 중간에 포기할 수도 있었을 것 같았다. 그러니 이런 복잡한 생각은 안 하는 것이 좋다.

산과 폭포도 좋지만 중간 말 쉼터에 가니 안 보이던 인도 관광객이 그렇게 많이 보였다. 야무노트리 사원 입구의 감자나 계란이 익는다는 뜨거운 온천은 봤는데 여신 사원과 '수르야쿤드 온천'은 또 어디인가? 약 700m는 조랑말을 타고 오르는 일도 수월치 않았다. 사원 입구 온천에서는 순례자들 중 남자들은 대부분 온천 목욕을 하다가 한국 동양인인 나를 보고 모두 손을 들고 환영해 준다. 순간 나는 힘이 나고 기분이 좋아지며 고마움을 느꼈다. 인도인들은 어른이고 아이고 나만 보면 좋아하는 것 같다.

◎ 야무노트리 사원(Yamunotri Temple)

야무나 강의 원천이며 해발 3,290m로 순례객이 가장 많은 시기는 눈이 녹는 4~6월과 9~10월이다. 야부나 사원 뒷산 킬린다 파르밧(Kalinda Parvat) 4,421m의 얼음 호수와 빙하로 시작되는 원천(源泉)은 가는 길이 너무 험해 일반인은 방문이 어렵단다.

오전에 구름 끼고 내려올 때부터 비가 내리더니 나중에 폭우가 내렸다. 다시 한번 동물의 힘, 조랑말의 힘이 대단하다. 여기 3박 생각했는데 하룻밤 자고 보니 추워서 안 되겠다. 데라둔, 무수리에서도 여기로 오는 교통편이 있다고 하고 오늘은 안개가 끼고 비가 와서 그런지 사진도 선명치 않다. 밤이 되니 난방 시설이 없는 호텔은 또 추워지기 시작했다.

춥고 정전 심하고 거기다 계속 비 오니 내일 내려가자. 오늘 따뜻한 우리 집 생각이 났다. 가정이란 어떠한 형태의 것이든 인생의 커다란 목표라고 했다. 나는 지금 내 가정을 잘 해 놓고 여행하고 있는가? 정말이지 누구나 가정이야말로 인생의 큰 목표이자 보금자리이다. 안빈낙도(安貧樂道), 가난한 생활에서도 편안한 마음으로 도(道)를 즐긴다는 말로 내가 비록 넉넉한 형편은 아니지만 마음의 도를 닦는 기분으로 집을 생각하며 여행하고 있다.

말을 타야 한다니 호기심도 있어 탔지만 지금 생각하니 걸어도 될 것 같았다. 말에서 안 떨어지려고 고삐를 움켜쥐고 가는 것도 여간 힘든 일이 아니었다. 그 거리나 시간만 미리 알았어도 내려올 때만이라도 걷기에 충분할 것 같았다. 걸어 내려오면서 보는 산과 사람들은 내가 좋아하는 일인데…. 그러나 말을 타고 산을 오르는 경험도 잘 해 보았다.

야무노트리 사원 (Yamunotri)

3.
가우리Gouri 산동네 - 케다르나트

오전 5시에 기상하여 아침 식사 챙겨 먹고 케다르나트 사원으로 가는 준비를 하고 6시 30분 호텔에서 급하게 출발했다. 공원으로 들어가는 입구 사무실에 들어서니 옆 건물 보건소에서 신체검사를 하고 합격해야 입장 허가증을 준다고 했다. 강고트리와 야무노트리에서 안 하는 일을 여기서는 하고 있었다. 순간 혈압이 높아 혈압약을 먹고 있는 나는 또 걱정이 되었다.

'여기서 불합격 되면 사원에 못 갈 수도 있다.'

체온을 재고 혈압을 재고 노년의 나를 간호사가 힐금 힐금 보더니, 통과 도장을 찍어 주었다. 내가 인도 와서 내 돈 주고 구경하면서 신체검사까지 받아야 하니 이런 일을 계속해야 하나? 말아야 하나? 짜증도 나고 한편 '희안한 경험을 하는구나.' 생각하니 우습기도 했다.

케다르나트 입장 허가증 받고 그 뒤 말 승강장(Horseplatform)까지 가파른 산길 5km를 헉헉거리며 2시간 만에 걸어 올라갔는데 도착하니 오전 9시 30분쯤 되었다. 힘들게 가우리 마을 말 승강장에 가니 직원은 오늘 출발은 이미 끝났다고 하며 케다르나트 말을 탈려면 내일 아침 6시까지 여기에 오라고 했다. 기가 찰 노릇이다!

그렇다면 호텔 사장은 왜 나에게 정확한 시간을 말해 주지 않았나?

조랑말이 내일 아침에 출발한다기에 나는 여기까지 와서 케다르나트를 안 보고 갈 수가 없어서 여기서 자고 내일 아침 일찍 출발하는 말을 타기로 했는데 오전 10시부터 그 좁은 산동네에 갈 곳이 없어 가우리마라 사원을 구경하고 길가의 식당에 앉아 오가는 사람들을 구경했다. 오후에는 구경을 마치고 돌아오는 지친 각양각색의 말을 탄 탐방꾼 구경에 시간을 잘 보내고 있다가 너무 지루하고 기분이 안 좋아 그냥 포기하고 내려갈까? 또 생각도 하다가…. 나는 시간적 여유가 있으니 여기까지 온 김에 여기서 하루 자고 내일 케다르나트 사원 올라가서 보고 내려가기로 결정했다.

그리고 4대 성지를 다 봐야지, 3곳만 보고 끝낼 수도 없었다. 또 오늘 당일에 보고 내려간다고 생각했으니 세면 도구와 식사 등을 준비하지 않고 잔다니 좀 막막한 생각도 들었다. 우선 마을을 한 바퀴 돌면서 구경하고 가까운 가우리마라 사원 구경하며 헌금 100루피 주고 일이 잘되도록 힌두신께 예배를 올렸다. 점심 식사는 식당에서 야채누들로 식사하고 짜이도 한잔하고 식당 앞에 죽치고 앉아, 계속 말 타고 사원에서 돌아오는 사람들 구경을 했다. 사람도 많고 인도 전역에서 찾아온 가족 단체 손님이 많은 것 같았다. 참 지루하고 시간 안 간다.

내가 저녁 식사는 모모(만두)를 먹고 싶다고 하니 한국 사람처럼 생긴 주인겸 주방장은 모모를 만들어 주어 맛있게 먹었고 식사대 외 50루피(900원)를 팁으로 주었다. 그리고 한국 동전 500원짜리를 선물로 주었더니 주방장(30대, 남)은 몹시 기뻐하며 식당 손님들에게 보이며 자랑했다. 그러면서 돈의 가치가 루피로 치면 얼마나 되느냐고 나에게 묻기도 했다.
내가 자는 민박집은 판자집 같은 집인데 다행히 안에 세면대와 화장실이 허름하지만 같이 있었다. 바로 앞이 마굿간이라 냄새가 코를 찌르고 말들도 나처럼 피곤했는지 계속 무슨 소리를 내고 있었다. 나는 겁이 나고 불안하여 문을 꼭 잠그고 창문도 확인했다. 그러니까 야무노트리를 출발하여 3박째 자고 가는 것이었다. 하여간 버텨 내라!

여행을 성공적으로 이끌어 나가는 방법은 참고 견뎌 내는 수밖에-!

가우리마라 사원(Gourimara Temple)은 별다른 특징이 없는 작은 사원으로 100루피(1,800원) 헌금을 주었더니, 주지는 아주 흡족한 얼굴로 사원 설명을 해 주었지만 나는 이해하지 못했다.

다음 날, 천신만고 끝에 도착한 케다르나트 사원

오전 5시에 와야 조랑말을 탈 수 있다고 해서 오늘 아침 4시에 기상하여 5시에 승강장에 도착하여 8시에 말을 탔으니 3시간을 아침부터 기다렸다. 그런데 야무노트리에서도 조랑말을 탔지만 나는 말 타는 것이 어색하고 흔들거리며 산길을 올라가는 것이 처음부터 힘들고 어려웠다.

말을 끄는 마부는 28살 쯤 보이는 총각으로 가급적 빠른 속도로 말을 몰고 있었다. 약 1시간을 가니 하얀 설산이 보이기 시작하고 빙하(氷河) 지역을 통과할 때는 조랑말이 미끄러질까 봐 고삐를 꽉 잡았다. 겁이 났다.

올라가는 데 약 4시간 걸려 12시경 도착하여 사원 입구의 식당에서 점심 식사를 하고 케다르나트 사원에 구경하고 사진 찍고 3일을 달려와 머무는 시간은 약 2시간이었다. 말 승강장에서 내려 사원까지 약 1km를 걸어갔고 나올 때도 걸었으니 왕복 2km를 걸었다. 해발 3,584m의 케다르나트 사원에 오르는 일은 그리 만만치 않았다. 구름에 가린 설산 배경의 케다르나트 사원은 그리 크지는 않지만 오랜 세월을 지킨 성지 사원의 엄숙한 자태였다.

◎ 케다르나트 사원(Kedarnath Temple)

우타라칸드주에 있는 힌두교 사원으로 쉬바의 고향이라 불리우며 가는 길이 4대 성지 중 가장 힘들어 '라스트 성지'라고도 한다. 만다키니 강의 발원지로 신성시되고 있었고 8세기경 '구루 상카라'가 건축했다.

말 타고 내려올 때를 걱정했는데 내리막길이라 몸이 앞으로 쏠려 중간에 한 번 말에서 낙마했다. 갈비뼈가 역간 바위에 닿았는데 아프진 않고, '정말 괜찮아야 할 텐데.' 걱정되었다. 원인은 커브 길에서 마부 녀석이 말을 확 당겨 일어난 사고였다. 다행히 내려올 때는 쿤드 마을 밑으로 3km 더 내려와 말 터미널(승강장)까지 타고 왔다. 말을 8시간 타고 나니 사람 정말 죽겠더라….

그런데 올라갈 때는 이 말 터미널(큰 승강장)에서 타면 안 되는지 알 수가 없었다. 말 요금은 1,400루피가 왕복인 줄 알았는데 편도 요금이고 왕복 2,800루피(오만 원)으로 비쌌다. 이런 줄 미리 알았다면 걸어서 갈 수도 있었을 것 같았다. 인도 관광객들은 대부분 걸어 다니고 있었다. 나는 초행이고 왕복 거리를 잘 몰랐으니까 할 수 없지. 오늘 아침 올라갈 때 걸은 산길 5km를 내려올 때 가우리 마을에서 안 내리고 말 터미널 쿤드까지 말 타고 온 것도 천만다행이었다. 말에서 내려 공원 입구에 다 와서 어두워질 무렵 길을 몰라 헤매는 나를 호텔까지 오도록 도와준 네팔인 공사장 인부에게 너무 고마운 생각이 들어 200루피(3,600원)를 팁으로 주었다.

다친 곳을 걱정했는데 호텔에 오니 아무렇지 않다. 그래도 오늘 밤을 자 봐야 안다. 정말 힘들었던 케다르나트였는데 정보가 없어서 그렇지 지금 생각하면 아침부터 가우리에 머물면서 내일 출발을 기다릴 게 아니라 바로 걸어 올라가서 케다르나트 사원 근처 숙소에서 자고 다음 날 사원 구경하고 천천히 걸어 내려오는 것이다. 낙마(落馬)도 안 하고 경비도 절약하고 마부 그 녀석 눈치도 안 보고….

가장 좋은 방법이지만 출발 전에는 거리와 시간을 도통 몰랐으니까. 그리고 나의 관심은 미래에 있다. 그것은 내 삶의 나머지 부분을 미래에서 보내야 하기 때문이다. 이미 지나간 것을 붙들고 후회 말자. 지나간 건 지나간 것이다. 다음에 여길 올 때는 오늘을 경험 삼아 잘 해낼 수 있을 것 같다. 그러나 나는 언제 또 다시 여길 올 수 있을까? 4대 성지 중 가장 찾아가기 힘든 곳, 케다르나트는 인도 순례자들도 꺼리는 곳을 갔다 왔으니 마음이 홀가분하고 좋았다. 이제 마지막 바드리나트 사원만 남았다.

가우리 사원(Gouri Temple)

케다르나트 사원(Kedarnath Temple)

케다르나트(Kedarnath)
가우리에서 케다르나트로 가는 중간 지점의 설산

p. 303

케다르나트 사원(Kedarnath Temple)

p. 307

바드리나트 사원(Badrinath Temple)

4.
바드리나트 사원Badrinath Temple

손프라야그(Sonprayag) - 쿡시마트 - 루드라프라야그 - 카다나 프라야그 - 조시마트

어제 몸 걱정을 많이 했는데 오늘 다행히 몸 컨디션 좋다. 어제 낙마 때 다친 옆구리는 별다른 느낌을 모르겠다. 천만다행이다. 손프라야그 사이닉 호텔 방은 습기가 많고 큰 털거미가 나와 혼자 소동을 했는데 무서워도 거미를 살려 주었다. 습기 방지로 비닐이 덮인 두꺼운 이불은 완전 겨울 이불이고 주인은 체크아웃 타임이 오전 6시라며 악덕업자 행세를 한다. 세상에, 아침 늦잠 자는 사람은 아예 안 되는 곳이다.

오늘 몸도 괜찮고 차를 4번 갈아타도 기다리지 않았고 차장과 포타들이 짐도 다 잘 들어 주었고 날씨는 맑고 덥다. 루드라프라야그(Rudraprayag)에서 조시마트(Josimath)로 오는 버스 차창으로 보이는 큰 산들이 내가 아직 구경하지 못한 멋진 절경(絶景)이었다. 그래서 장시간 로컬버스를 타도 힘들고 지루한 줄 몰랐다. 위험한 산길을 아마 10시간 이상 차를 타고 온 것 같았다. 조시마트에 있는 동안 여길 한 번 더 구경하며 걷고 싶다. 오늘 알고 보니 케다르나트에서 바드리나트까지는 224km나 되는 거리였다.

조시마트 호텔에서 1km 걸어서, 버스 주차장에서 1시간 기다렸다. 오전 9시에 출발하여 43km를 달려 해발 3,133m 바드리나트 사원에

11시에 도착했는데 4대 성지 중 가장 멋지고 산을 배경으로 더 아름답다. 사원 안에서 찍은 사진 10장은 캔슬 당했다. 사진 촬영 금지 구역이라 다른 방법 없이 캔슬에 순순히 응하니 그들도 미안해하는 눈치다. 정오 12시에 사원 문을 닫아 버리니 그나마 들어가 본 것만으로도 큰 다행이다.

여기 도로 개발이 잘되어 그나마 오늘 4대 성지(4 Hindu holy place) 탐방을 쉽게 끝낸 것 같다.

◎ 바드리나트 사원(Badrinath Temple)

해발 3,133m로 비슈누 힌두종파의 본산이 있는 곳으로 알라크난다 강의 발원지(發源地)이며 4대 성지 중 가장 화려하며 비교적 교통이 좋아 사철 순례자가 가장 많이 몰리는 곳이다.

히말라야 4대 성지 순례 완성! 기분 최고 좋아! 그간 '정말 고생 많았다.' 스스로를 위안해 본다. 이제 히말라야 4대 성지 다 돌아보고 꽃의 계곡만 남았다.

걸어서 내려오다가 손을 드니 개인 승용차가 고빈드 가트(Govind ghat)까지 태워 주어 고마웠고 거기서 또 조금 걷다가 합승차를 타고 돌아왔다. 고도가 높아서 그런지 산과 계곡의 경치가 빼어났다. 이로써 히말라야 힌두 4대 성지 탐방 완성을 하고 나니 기분이 하늘을 날 것 같다~!

오늘 길에서 인도 여인이 큰딸을 나무라는 걸 보고 생각난 이야기는 '우리는 누구나 칭찬이란 말로 인하여 하고자 하는 의욕이 생긴다.'이다.

우리 작은딸은 대학 다닐 때 나에게 꾸짖기만 하지 말고 칭찬을 좀 해 달라는 말을 몇 번 했다. 지금 생각하니 옛날 우리 자랄 때처럼 내가 엄하게 교육시키려는 생각이었는데, 시대가 바뀐 것이다. 작은딸, 미안하다. 아빠가 너 잘되라고 했을 뿐이다.

히말라야 4대 성지를 다 보고 나는 순간 나는 날아갈 듯 마음이 가볍고 기분이 좋았다. 힘들었지만 내가 다 해낸 것이었다. 오늘 바드리나트는 차에서 내려 많이 걷지도 않고 사원도 가장 아름답고 좀 쉬운 편이었다. 총 14일이 걸렸는데 만약 힘을 덜 들이려면 사원 구간을 택시로 다녔으면 어쨌을까? 생각을 해 봤더니 그러면 힘과 시간은 많이 절약되어도 오늘 내가 느낀 감동은 반으로 줄어들었을 것이다.

다음 날, 꽃의 계곡(Vally of Flowers)
나는 오래전 책에서 본, 한번 들어갔다 나오면 '과거(過去)를 잊어버린다'는 꽃의 계곡에 꼭 가 보고 싶었다. 그런데 '비운다'까지 지프차를 타고 와서 알아 보니 여기서부터 조랑말을 타고 가는데 오늘 당일에 못 돌아오고 꽃의 계곡에서 하룻밤 자야 된다는 얘기에 바로 포기하고 말았다. 나는 자는 준비를 하나도 안 했고 남은 여행 일정이 많아 아무리 생각해도 무리가 올 것 같았다. 아침부터 동행한 그 인도 의사(Dr. 무달리 보찬)와는 작별 인사를 나누고 조랑말을 타고 올라가는 그의 뒷모습만 지켜보았다. 그래도 입구 비운다(Bhyundar)까지만이라도 왔으니 꽃의 계곡 입맛은 본 셈으로 나를 위로했다.

나는 비운다에서 조금 더 올라가다가 점심을 먹고 지프차를 타고 고빈드 가트(Govynd ghat)로 다시 내려왔다. 꽃의 계곡 입구에서 약 1시간 30분 걸어 내려오는 경치는 안 가 봤지만 꽃의 계곡 못지않게 좋았다. 지나가는 자가용 승용차에 손 드니 태워 주었고 큰 다리에서 합승차를 타고 돌아왔다.

◎ 꽃의 계곡(Vally of Flowers)

인도 국립공원으로 1931년 영국 등반가 '스미드'가 최초 발견했다. 300여 종의 꽃으로 덮혀 있으며 곧 U.세계문화유산으로 등재될 전망이다. 고빈드 가트에서 강가리아 마을까지 말을 타고 올라간단다.

다음 날, 조시마트(Josimath)

해발 1,845m 이며 케이블카 전망대(Ropeway Auli)에 올라갔다. 1인 요금이 왕복 750루피(13,500원)로 비쌌다. 혼자 타고 22분 올라가서 구름 낀 산만 보고 약간 추위에 움츠리며 다시 케이블카 박스가 올라올 2시간 동안 주위의 산과 경치를 구경하고 있다가 내려왔다. 손님은 나 혼자뿐이었으며 정상에서 약 1시간 정도 구경하고 내려올 때도 혼자 타고 내려왔다. 해발 약 2,000m라 좀 추웠다.

케이블카 매점에서 4대 성지와 꽃의 계곡 CD 2장 구매했다. 설산 사진 32장과 큰 지도 한 장도 거기서 사고 점심 식사는 호텔에 와서 라면에 초고추장 넣어 비빔면을 해 먹었다. 좀 쉬다가 2시에 출발해서 고빈드 가트 반대편으로 1시간 30분 걸어 내려갔다

◎ 케이블카 전망대(Ropeway Auli Observatory)

인도에서 가장 긴 최신식 케이블카로 조시마트와 아울러 위쪽 슬로프까지 연결된다. 정상에서는 인도에서 가장 높은 산 '난다데비' 설산풍경

(雪山風景)을 볼 수 있다. 최신식이라지만 직접 가 보니 콘 박스 2대가 왔다 갔다 하는 곤돌라식이다.

어쨌던 이번 여행을 반쯤 한 것 같고 이제 '리시케시 - 델리 - 레'로 간다. 레에는 특별히 고산병에 몸조심해야 하는 곳이다.

바드리나트 사원

꽃의 계곡 입구(Valley of Flowers) 다리

꽃의 계곡 입구에서 무달라 보찬 박사와 기념 촬영을 하고 헤어질 때 정말 섭섭했다.

바드리나트 사원(Badrinath Temple) 4대 성지를 끝내고 나니 그렇게 후련할 수가 없다

지갑 분실과 인도 청년

새벽 4시 30분에 일어나 세수하고 준비하여 아침밥은 안 먹고 리시케시로 가는 버스를 탔다. 한 3시간을 잘 달려가다가 어떤 산모롱이에서 버스가 정차하여 갈 줄을 모른다. 알고 보니 어젯밤 산사태(山沙汰)가 나서 양방향 차가 오도 가도 못한다. 차에서 내려 사람들을 따라 긴 자동차 행렬이 서있는 약 100m를 걸어 맨 앞에 가 보니 포클레인이 한 대가 큰 바위를 열심히 치우고 있었다. 몇 시간이 걸릴지 장담을 못 한다고 했다. 그 작업 현장 사이로 위험하게 찻잎를 따는 아주머니들은 큰 차 바구니를 메고 지나간다. 도로 공사 관리인이 호각을 불면서 못 가게 해도 흩어진 바위 사이로 지나가는데 조금 전 위에서 큰 바위가 굴러 하마터면 큰 사고가 날 뻔했다. 참 힘든 날이다. 조시마트에서 리시케시까지는 버스로 8시간인데 그곳의 산사태로 인해 아침 5시 40분 탄 버스가 밤 8시 40분에 도착했으니 14시간 버스와 더위에 시달렸다.

그런데 그 와중에 포켓에 넣어 둔 내 지갑이 없어졌다. 버스 좌석 주위로 아무리 찾아봐도 없고 지갑에는 약 2,500루피(45,000원) 정도 현금이 들어 있었다. 내가 지갑을 잃어버렸다니 좁은 버스 안에는 큰 소동이 일어났다. 처음에는 버스 속에서 내렸다 탔다 할 때 누가 훔쳐 간 걸로 생각해 흥분했다. 그 지갑 속에는 돈 외에는 그다지 중요품은 안 넣어 두어 조금 안심은 되었다. 곰곰이 생각해 보니 아까 버스가 섰다 가고 할 때 들른 그 중간 호텔 레스트랑 라운지에서 앉아 쉬다가 일어서면서 흘린 것 같았다. 나는 약 2km쯤 떨어진 그 식당에 가면 혹시나 누가 주워 프런트에 맡겨 놓지 않았나 하고 생각했는데 차가 없어 갈 수가 없는 것이었다.

그때 옆에서 이야기를 듣고 있던 오토바이를 가진 25세 인도 청년이 나의 사정을 듣고 자신의 오토바이 뒤에 타고 그곳에 가 보자고 했다.

버스 운전수와 차장도 우리 버스가 언제 갈지 모르니 그렇게 해 보라고 했다. 나는 그 오토바이 등 뒤에 타고 그 레스트랑에 달려가서 그 청년과 같이 먼저 내가 앉았던 발코니 주위를 둘러보고 없어서 프런트에 가서 혹시 조금 전 누가 지갑 맡긴 것 없느냐고 물었더니 없었다고 했다. 할 수 없이 다시 그 청년 오토바이를 다시 타고 버스가 있는 쪽으로 돌아왔다. 버스에서 기다리던 사람들이 우리 쪽에 몰려와서 지갑을 찾았냐고 물어서 나는 못 찾았다고 대답했다. 사람들도 좀 허탈(虛脫)해하는 모습이었다.

나는 내가 내 물건을 잘 간수하지 않고 벌어진 소동에 대해서 승객들에게 미안하기도 했다. 그런데 그 오토바이 청년은 내가 안쓰러워 보였는지 이제 돈이 한 푼도 없어 어떻게 하느냐고 하면서 자기 호주머니를 뒤져 가진 돈과 동전을 긁어 모아 500루피(9,000원) 정도를 내게 주는 것이었다. 우리 버스는 물론 지루하게 버스 갈 일만 기다리던 다른 버스 사람들까지 수십 명 구경꾼이 이 광경을 흥미롭게 지켜보고 있었.

나는 그 청년에게 버스 뒤쪽 큰 트렁크 가방 속에 내 돈이 많이 실려 있으니 호의는 고맙지만 괜찮다고 받지 않았다. 나는 트렁크 가방에서 돈을 꺼내면 되지만 그 청년은 포켓의 돈을 탈탈 털어 다 주고 나면 자기는 또 어쩐단 말인가? 그렇게 생각하니 그 청년이 너무 고마워서 나는 차장에게 버스 뒷문을 열게 하고 큰 트렁크 가방을 꺼내 그 속 지갑에서 당장 내가 쓸 돈 2,000루피를 꺼내 그중 500루피 한 장을 그 청년

필자를 도와준 인도 청년   산사태로 도로가 막혔다.

에게 내밀면서 오토바이 태워 주고 신경 써 주어 고맙다고 하니 그 청년은 끝내 사양하고 안 받았다. 그러고는 돈이든 케리어 가방을 가리키며 조심하라고 했다. 그러자 잠시 뒤 버스 시동 거는 소리가 나고 버스가 움직이자 청년은 자기 갈 길을 향해 반대 방향으로 달려 나갔다. 나는 고맙다고 차창으로 손을 흔들었다. 정말 고마운 인도 청년 이름이라도 잘 적어 둘 걸, 주소라도 알아 놓을 걸, 사진은 있는데 기록은 암만 찾아도 없다.

 밤늦게 리시케시에 도착하니 길도 어둡고 피곤하여 아무 데나 길가에 가까이 보이는 호텔 방을 잡아 자는데 도로변이라 차 소리가 시끄러워 혼났다. 오늘 산사태로 길이 두 번이나 막혔고 지갑 잃고 참 힘들었다. 할수록 고난도의 인도여행을 계속해야 하나? 리시케시로 올 때 조시마트 - 루드라프라야그 - 스리니기르   피브 프라야그를 거쳤다.
 '예절과 타인에 대한 배려는 동전을 투자(投資)해 지폐를 돌려받는 것과 같다.'고 했다. 그 인도 청년이 대가를 바라고 나에게 친절을 베푼 것은 아니지만 그 청년은 그런 식으로 남에게 배풀면 틀림없이 성공할 것이란 생각이 들었다.
 저녁에 생각해 보니 결국 내가 그 호텔 휴게소에서 섰다 앉았다 하면서 지갑을 흘린 것 같은데 그 주변의 인도인 소행으로 생각됐다. 지갑을 찾아 주겠다고 왕복 오토바이를 태워 주고 돈도 없을까 봐 가진 돈 500 루피를 주던 고미운 인도 청년도 있는데 인도인을 의심한 나는 참 못난 중년 한국 여행자이다. 내 마음을 누르고 반성하자!

휴게실 lounge

내가 그동안 즐겨 온 국내 백패킹(backpacking)

흔히 아웃도어 레저 활동을 즐기는 사람들에게 친숙한 '백패킹(backpacking)'의 원래 사전적 의미는 "짊어지고 나르는 여행"을 뜻한다. 오늘날 이 단어는 "1박 이상의 야영생활에 필요한 장비를 갖추고 산과 들을 내 맘대로 자유롭게 떠돌아다니는 여행"을 의미한다. 달리 말하면 그다지 깊지 않고 완만히 흐르는 하천이나 자그마한 강의 상류 또는 하류를 따라 계속 이동하면서 새로운 경치를 만끽하다가 지쳤다 싶으면 적당한 곳에서 야영생활을 즐기는 강변 트레킹을 뜻한다. 여름이 오면 등산은 무더워 힘들고 지루할 수 있는 데 비해 계곡을 따라 시원한 옷차림으로 배낭 하나 짊어지고 걷는 즐거움은 여름 한철의 낙이기도 하다.

하루 종일 또는 며칠씩 걷고 걷다가 늦은 오후에는 적절한 장소를 물색해 텐트생활을 즐기며 동행하는 가족 또는 친구와 함께 상호 우의와 모험심과 협동 정신을 돈독히 해 나가는 열정의 트레킹이다. 다만 우리나라의 경우 미주나 유럽지역의 경우처럼 한 달씩 계속 도보로 이동하며 캠핑을 즐길 만한 큰 강줄기가 없다는 게 늘 아쉬움으로 남았다. 하지만 나는 인생여로를 달려오면서 짬짬이 4~5일 여정으로 백패킹을 즐기는 것만으로도 행복하고 감사했다.

한여름에 백패킹을 즐기면서 끊어질 듯싶다가도 절묘하게 이어지는 태극무늬형의 계곡 어느 곳에서 쩍 갈라진 큰 수박의 붉은 속살을 보는 것 같은 바위와 협곡의 비경을 접하면 마치 별천지 속의 주인공인 된 것 같았다. 주변이 깊은 어둠 속으로 빨려 들 무렵 통나무를 모아 태운 모닥불이 어둠의 적막을 가르는 명상의 깊은 세계 속으로 침잠하다 보면 어

1996년 동강(東江) 백패킹

느새 칠흑 같은 미명의 새벽을 밝히는 여명의 광명이 계곡의 아침을 열곤 했다. 사실 나는 나이가 들면서 여름에는 높은 산을 오르내리는 힘겨운 등산보다는 강가를 계속 며칠씩 구경하며 걷는 것이 더 마음을 끌어당겨 이를 즐기곤 했다.

다음은 내가 '백패킹' 스타일로 지난 1990년부터 2000년까지 7~8월 여름 시즌에 다녀온 곳으로, 혼자 다닌 적이 많았다.

- 왕피천. 울진 [영양 - 서면] 1990, 1997(3회)
- 내린천. 인제 [기린 - 광원 양양] 1991, 1994(2회)
- 송천. 평창 [정선 - 횡계 - 굴지]1992, 1995(2회)
- 골지천 [정선 아우라지 - 태백] 1993, 1995(2회)
- 길안천 [길안 - 안덕] 1994, 1995, 1998, 2002(10회 이상)
- 남대천 [구산 - 양양] 1995, 1999(2회)
- 동강 [정선 - 영월] 1996, 2000(3회)
- 가곡천. 삼척 [풍곡 - 원덕] 1997, 1999(2회)
- 내성천. 예산 [예천 - 금천] 1998
- 경호강. 산청 [유림 - 산청] 1999
- 오대천. 평창 [신기 - 정선 광하] 2000
- 낙동강 [봉화 현동 - 석포] 2000
- 임천강 [산청 - 의탄] 2001

5.
남걀 체모 곰파 Namgyal Tsemo Gompa - 레

오전 9시 고소증을 걱정하며 조심스레 쉬어 가면서 힘들게 올랐는데 레 왕궁이 아닌 남걀 체모 곰파였다. 어제 몇 번을 물어봐도 인도 사람들은 건성으로 이 길을 얘기했다. 올라가기 힘들어도 남걀 체모에 올라서니 휘날리는 룽타 깃발과 레 시내와 설산 전망이 일품이었다. 성 기단부 주변의 남걀 스투파, 1430년에 남걀의 참바라캉 왕이 건축했다니 약 600년이 되었다.

벽면을 화려한 그림으로 장식한 천불이 있다는데 문이 잠겨 아쉽게 못 봤다. 내려오면서 바로 내려다보이는 레 왕궁에 들려 전시품과 미로(迷路)를 구경하고 내려왔다. 일단 큰 것 하나는 해결되었다.

◎ 레 왕궁(Leh Palace)

1630년경 남걀 왕조 때 지은 것으로 1846년 이후 방치되었다가 재건되었다. 안으로 들어가면 미로처럼 얽힌 어두운 복도들, 숨겨진 계단, 임시로 만들어 놓은 사다리 등을 지나 옥상에 올라가니 레 도시의 전경이 펼쳐진다. 성의 작은 기도실, 잠무 카슈미르 기념물 사진 전시실도 있다. 어두운 복도를 미로처럼 걸어 사다리를 타고 옥상(屋上)까지 올라간다.

숙소에 와서 점심 식사로 라면 비빔면을 조리해 먹고 나서 가 본 폴로 경기장은 오늘따라 경기 없이 주차장으로 되어 있었다. 다시 골목시장 따라 내려가니 택시 주차장이 나오고 주변 사진 찍고 올라오다 메인 바자르 PC방 가서 사진 여지껏 찍은 것 대형 외장하드에 저장하고 나니 속이 후련하다. 날씨는 햇볕은 불이고 그늘은 써늘하고…. 내려오는 길에서 본 레 산골의 가난한 아이들을 보니 착잡한 생각에 잠겼다.

습관(習慣)은 또 다른 천성으로서 인생을 바꾸어 놓는다고 했다. 지금부터라도 조금씩 남을 돕는 습관을 기르자. 나는 한국전쟁 때 가장 삶이 치열했던 부산 국제시장에서 어린 시절을 보냈기에 아끼고 숨기는 습관을 지금이라도 꼭 바꾸고 싶다. 그리하여 내 인생관을 바꾸고 싶었다. 이제 점점 그 기회도 줄어든다.

그리고 인도는 아직도 여필종부 사상이 한국의 60년대처럼 남아 있다. 여필종부(女必從夫), 아내는 무조건 남편의 뜻을 따라야 한다. 우리 어른들의 고향 경북 군위는 아직도 그런 사상이 많이 남아 있었는데 최근 급격히 바뀌고 있단다. 참 다행스러운 현상이다!

◎ 샨티 스투파(Shanti Stupa)

다음 날, 샨티 스투파(Shanti Stupa) 일본 사원으로 오전 8시 30분 출발

여행 노트 들고 물어물어 찾아가서 오르막 오르는데 어제도 남걀 사원 오른다고 힘들었고 오늘도 여기 오른다고 힘들었다. 레 고도가 3,500m나 되니 조금만 움직여도 숨이 가빠 오는데 거기다 가파른 산길을 오르고 있으니 오죽하나-

남걀 사원보다는 길은 넓은데 경사는 마찬가지다. 이러다가 고소증(高所症)이 오지 않을까? 하는 무엇보다 불안감이 컸다. 나중에 엉금엉금

기다시피 올랐다. 과연 일본 사람들은 세계 모범 국민이다. 먼저 들른 법당도 잘 꾸며 놓았고 그 위의 스투파도 정말 크고 멋있고…. 나는 스투파 주위를 한 바퀴 돌면서 소원을 빌었다.

나의 건강이 좋아지는 것과 가족들의 건강과 아이들과 손자들이 평온하기를. 법당에 시주 100루피(1,800원), 스투파에 100루피 하고 남은 여행의 안전을 빌었다. 세계 곳곳에 세운 불교국 평화의 탑이라고 했는데 2차대전 최대 피해국이라는 말에 웃음이 나왔다. 밉기도 하고 부럽기도 한 샨티 스투파였다. 1991년 건축되었다.

◎ 대청보사(Korea Temple) 한국절 해동 사원

샨티에서 천천히 걸어서 내려와 보니 차 타기도 어려워 주위 구경도 할 겸 2km쯤 걸었는데 한국 해동(海東) 사원을 물어물어 찾는다고 또 힘들었다. 겨우 찾았으나 문이 잠겨 있었다. 인도에 진출한 최초의 한국절이며 레에 있는 유일한 한국 사원이다. 왜 하필 내가 오는 날 문이 잠겨 들어가 보지도 못하고…. 외부만 열심히 봤는데 1시간 전의 일본 샨티 스투파와는 비교가 안될 정도로 소규모이고 그나마 문이 잠겨 예배를 드릴 수도 없고 서운하지만 "우리도 앞으로 레에 샨티 스투파 못지않는 사원이 세워질 날이 있을 거다." 하고 희망을 가져 본다. 티베트 사원 모양의 해동 사원 앞에서 나는 사진만 찍고 발걸음을 옮겼다.

◎ 샹카르 곰파(Sankar Gompa)

대청보사에서 한참을 내려오다 샹카르 곰파에 들렀는데 여기도 오늘 휴관이다. 한 번 더 걸음해야 하나 아니면 빼 먹나 생각 좀 해 보자. 할 수 없이 그 앞의 개인 박물관은 봤는데 별로 볼 것 없고 불상과 수석 그리고 오래된 골동품, 잡동사니들로 완전 돈벌이 위주로 만든 것 같았다.
 계속 걸어 다녔더니 이제 지쳐서 더 걷진 못하고 숙소에 와서 구운 밀가루 빵과 사이다를 먹고 나니 몸이 너무 안 좋아 판피린 한 병 먹고 오후 4시까지 의자에 앉아 고소증인가 걱정하며 쉬었다. 다행히 몸이 조금 회복되어 4시 30분 출발하여 레 입구 통관문(通關門) 밑에 있는 버스 터미널 가서 내일 갈 틱세 곰파 버스를 알아보고 6시에 숙소로 돌아왔다.

일본 샨피 스투파(Shanti Sutpa) 평화의 탑

남갈 체모(Namgyal Tsemo Gompa)
1430년 남갈 왕조가 건설한 곰파로 주위 경치가 좋다

레 왕궁(Leh Palace)
1630년생세 남갈 왕이 건축했고 현재는 박물관도 있다

레(Leh)의 중심가

샨티 스투파에서 꽃중년 여행기 메니트롤 들고서-

남갈 체모에서 본, 레시가와 설산

6.
틱세 곰파 · 쉐이 곰파 · 산카르 곰파 티베트 불교 사원

오전 8시에 출발하여 어제 갔던 버스 정류장에 가서 알아봐도 틱세 곰파로 바로 가는 버스는 없다. 어떤 사람이 합승 지프를 타라고 말해 주어 20분쯤 타고 가다 초그람사(Chogramsa)에서 다시 물어보고 갈아탔다. 틱세 곰파도 높은 곳에 있어 올라간다고 힘들었지만 어제보다는 낫고 티베트 불교 곰파다. 다시 내려와서 쉐이 곰파를 갔는데 역시 언덕 위다. 티베트 불교(佛敎) 곰파로 여기도 볼만하다.

내려와서 그 입구 식당에서 준비한 바나나, 계란, 비스킷으로 점심 식사를 했다. 두 군데 보고 나니 어제처럼 피곤하여 그 연못가에서 많이 쉬었다. 합승 지프를 타고 바자르 입구까지 와서 그 타고 온 지프를 바로 대절하여 어제 휴관이라 못 본 산카르 곰파를 다시 갔는데, 여기에 안 와 봤으면 후회할 정도로 잘되어 있었다. 에콜로지 센터는 문이 잠겼고 PC방에 가서 인도 히말라야 뮤직 100곡 복사로 구입했다.

◎ 레(Leh)

인구 약 30,000명 해발 3,520m이며 라다크(Ladakh)의 주 도시로 설산(雪山)으로 둘러싸여 경치가 좋고 오래된 궁전과 티베트 불교 사원이 아름다운 도시이다. 여름에도 털옷을 입고 사는 노인이 많이 보이는 곳으로 옛 불교 라다크 왕국의 현제 제일 도시로 티베트 불교 문화를 지켜나가는 스투파(Stupa, 사리탑)와 마니 돌담과 하얀 곰파, 만드라 조약돌 등이 있는 독특한 라마 불교 성지이다. 그리고 티베트 양식의 궁전과 요새로 바위산 꼭대기에 우뚝 솟아 있는 곰파와 잉크빛 파란 하늘에 나부

끼는 오색 기도 깃발, 신비한 불교 왕국은 인도의 가장 북단 산악지대 중심에 자리하고 있다. 험한 산과 깊은 골짜기, 높은 고원으로 이루어진 라다크의 중심 도시 레에서는 항상 두통과 숨 가쁨 증상이 나는 고소증에 주의해야 한다.

◎ 틱세 곰파(Tikse Gompa)

14세기경 라다크를 대표하는 곰파 중 하나이다. 광활한 벌판 위에 높이 솟은 거대한 바위산 그리고 그 위에 우뚝 솟은 티베트식 건축물은 강렬한 인상을 남기기 충분해 레를 소개하는 광고나 기념 엽서에 대표 사진으로 등장하고 있다.

◎ 쉐이 곰파(Shey Gompa)

14세기 창설된 티베트 불교 주류인 겔룩파(황모파) 건축물로 2층으로 되어 있으며 안팎으로 수많은 불교 벽화들이 그려져 있다. 라다크 남걀 왕조의 여름 궁전으로 지어졌었다. 그 후에 사원으로 바뀐 것이다. 라다크 수도인 레에서 약 15km 정도 떨어져 있다. 1645년 건설되었다.

◎ 산카르 곰파(Sankar Gompa)

레 북쪽의 수로망을 따라 멋진 오솔길로 이어진 곰파로 레에 있는 유일한 관광지 목적의 불교 사원이다. 천 개의 얼굴과 천 개의 손을 가진 천수천안(千手千眼) 불상이 모셔져 있으며 주중에는 티베트식 법회가 열리고 있다. 좀 무섭게 보이지만 신은 항상 인간을 도우려고 존재한다고 보면 된다.

오늘 그 PC방의 주인은 추위와 여행에 지친 나를 정말 따뜻하게 대해 주었다. 훌륭한 예절이란 타인의 감정을 고려하여 표현하는 기술이다. 젊은 서양인 손님들도 많았는데 그 오래된 라다크 뮤직을 찾아내 주었다. 돈을 버는 장삿속을 넘어선 훌륭한 품격을 갖춘 젊은이였다.

레에 와서 오늘도 길에서 어려운 노숙자들을 많이 봤지만 판공초도 못 가고 마음이 바빠 다른 사람 도울 생각이 안 났다. 오비삼척(吾鼻三尺), 내 코가 석자로 나의 일도 감당 못 해 남을 도울 겨를이 없었다.

틱세 곰파는 버스에서 내려 바로 사원 쪽으로 올라가면서 '여기는 차를 타고 올라갈 수는 없구나.' 생각했는데 본당을 보고 조금 큰 뒷길로 나가니 승용차가 주차해 있고 기념품점도 있는 정식 정문이 나왔다. 대부분의 사람들은 차를 타고 와서 여기로 입장한다. 그러나 나는 오른다고 땀을 흘려도 틱세 곰파의 구석구석을 더 자세히 본 것으로 기분이 흐뭇했다. 무슨 일이든지 땀을 흘려야 제맛이 난다.

레 왕궁에서 본 시가와 설산

7.
마토 곰파 · 스피툭 곰파 티베트 불교 문화유산

아침에 호텔 앞에서 택시로 버스 주차장에 도착했다. 어떤 청년이 어제처럼 가르쳐 주어 차 환승하던 초그람사에 내렸다. 마토 곰파는 합승 택시(CR Taxi)가 없다고 200루피(3,600원)에 택시 대절해서 갔다. 본당 불상은 문이 잠겨서 못 봐도 천천히 구경하며 걸어 내려오는 재미가 더 좋았다.

◎ 마토 곰파(Matho Gompa)

티베트 불교 종파 중 하나인 사캬파 사원으로 신비주의(神祕主義) 학자인 콘촉 갈포(Konchog Gyalpo)에 의해 15세기 설립되었다. 레에서 약 28km 떨어진 지점이며 라다크에서 유일한 사캬파(Sakyapa) 사원이다.

지나가는 인도인 자가용 50루피(900원)에 타고 다시 초그람사에 와서 다시 스톡 왕궁으로 택시 150루피(2,700원)에 타고 갔는데 박물관인데도 여기도 사진 못 찍게 하였다.

◎ 스톡 왕궁(Stock Palace)

오라클(Oracle) 점성술사(무당), 민간 의사가 현재도 있는 곳이다. 현재 남아 있는 남걀 왕조의 후손들은 스톡 왕궁과 마날리 개인 저택에 거주하고 있다. 화려한 색깔의 창틀이 있는 스톡 왕궁은 19세기 카쉬미르와의 전쟁에서 패한 뒤 권력을 빼앗긴 라다크의 남걀 왕조는 수도 레에서 스톡 지방으로 쫓겨났다고 한다.

내려올 때 개인 오토바이 등 뒤에 30루피 주고 타고 다시 초그람사로 와서 레로 돌아왔다. 점심 식사로 티베트 음식집 초우면을 먹었는데 맛있었다. 칼국수나 수제비 종류도 있었다. 스피툭 곰파로 간다고 2km 밑에서 합승 택시 갈아타고 갔는데 불상과 박물관은 경찰이 못 들어가게 지켰다. 내일 '달라이 라마'가 온다고 그런 것 같았다.

◎ 스피툭 곰파(Spituk Gompa)

레 시내에서 약 11km 떨어져 있으며 14세기 말에 건설되었고 레 공항 활주로를 굽어보는 바위 언덕에 있다. 금박으로 장식한 '스쿠드 라캉'실과 화려한 두캉 기도실과 겔룩파 불교를 전파한 '초카차'상이 모셔져 있다.

1,000여 년의 역사를 자랑하는 고찰(古刹)로 라다크에 있는 겔룩파(황모파) 곰파 중 가장 오래된 곳이다. 라다크의 다른 곰파와 마찬가지로 눈 덮인 히말라야 봉우리에 둘러싸인 언덕 위에 자리하고 있으며 곰파 뒤쪽으로 인더스 강이 흐른다.

달라이 라마와 환영 인파가 있는 거리를 지나 위쪽 산길 산동네로 가고 싶어 차를 기다리다가 차가 안 와 다시 초그람사에 가서 '카루'로 가는데 합승 지프로 30분 거리였다. 판공초와 마날리로 가는 갈림길에 있는 강이 흐르고 경치가 좋은 아담한 마을로 흙탕물 강 사진 찍고 동네 구경하고 30분 머무르다 돌아왔다.

◎ 카루(Karu)

판공초와 마날리로 가는 갈림길 동네로 사람들은 아주 순박하여 여행자를 친절히 대하며 머무는 사람은 거의 없는지 레스토랑은 보이는데 호텔은 보이지 않는다.

점심 식사 하려고 어제 갔던 바로 옆집 티베트 중국집에 갔다. 사골 칼국수는 맛있는데 100루피(1,800원)니 비싼 편이다. 또 DVD 2개 구입하고 아시아 박물관 갔으나 폐관처럼 되어 있고 에콜리지 센터 문 열고 들어갔으나 아무 반응 없어 그냥 바로 나왔다. 오늘 달라이 라마를 레 광장에서 직접 보았다. 인자한 모습이었다. 여기 해발 3,500m라서 그런지 계속 숨이 가쁘다. 고도가 낮아지면 나아야 할 텐데…. 내일 공항 가는 택시 기사를 내가 데리고 와서 300루피(5,400원)에 예약했다. 호텔 주인 할아버지는 택시 기사 전화번호도 모르고 손님들에게 아무런 서비스를 하지 않는다. 역지사지(易地思之), 돈만 챙길 줄 알지 손님의 불편은 하나도 생각하지 않는다.

판공초(Pangong Tso)에는 가지 못했다. 강용해 사무실을 3번 찾아갔고, 레에 올 때 딴 곳은 못 봐도 판공초는 꼭 보고 온다고 계획했는데 같이 갈 맴버가 없으니 나 혼자 지프차 대절하여 1박 2일에 16,500루피(30만 원)로 비싸도 가려고 했다. 언제 내가 이곳을 다시 온단 말인가? 그런데 어제 남걀 체모 곰파와 레 왕궁 갔다 오고 오늘 샨티 스투파에 갔다 온 후 몸이 아주 춥고 떨려 꼭 고소증이 올 것 같아 많이 고민 하다가 결국 다음 기회를 생각하며 계획을 접었다. 너무나 아쉬웠다. 오라클(Oracle) 무당(巫堂)은 우리 어릴 때는 고민이나 병이 나면 제일 먼저 무당한테 달려갔다. 여기 '오라클'이라도 있으면 찾아가 판공초 일을 물어보고 싶은 심정이다.

틱세 곰파(Tikse Gompa)

인도 9년 필자가 탐방한 인도 전국 박물관(National Museum)

2011년 [4소]

[11.3.4] 델리, 국립박물관(National Museum)

[11.4.14] 바라나시, 람 나가르 성 박물관(Ram Nagar Fort Museum)

[11.4.16] 사르나트, 고고학 박물관(Samath Archaeological Museum)

[11.4.26] 콜카타, 인디언 박물관(Indian Museum)

2012년 [11소]

[12.2.27] 첸나이, 정부 박물관(Govemment Museum)

[12.3.23] 푸두체리, 푸두체리 박물관(Puducherry Museum)

[12.3.27] 마두라, 간디 박물관(Gandhi Memorial Museum)

[12.4.3] 칸야쿠, 비베카난다푸람 박물관(Vivekanandapuram)

[12.4.5] 티루바난타푸람, 나피에르 박물관(Napier Museum)

[12.4.5] 푸탄말리카, 궁전 박물관(Puttan Malika Palace)

[12.4.16] 파나지, 고아 주립박물관(Goa State Museum)

[12.4.18] 올드고아, 고고학 박물관(Archaeological Museum)

[12.4.22] 뭄바이, 웨일즈 왕자 박물관(Prince of Wales Museum)

2013년 [8소]

[13.2.20] 벵갈루루, 정부 박물관(Government Museum)

[13.2.20] 기술 과학 박물관(Science Technology Museum)

[13.2.24] 마이소르, 자간모한 박물관(Jaganmohan Palace)

오리싸 스테이트(Orissa State) 박물관 – 부바네스와르

[13.3.11] 함피, 고고학 박물관(Archaeological Museum)

[13.3.17] 하이데라바드, 사라르 정 박물관(Salar Jung Museum)

[13.3.17] 하이데라바드, 헤 니잠 박물관(HEH the Nizam's Museum)

[13.4.14] 부다가야, 붓다 고고학 박물관(Archaeological Museum)

[13.4.22] 카주라호, 고고학 박물관(Khajuraho Archaeological)

2014년 [13소]

[14.2.27] 자이푸르, 시티 팰리스 박물관(City Palace Museum)

[14.2.27] 자이푸르, 중앙 박물관(Central Museum)

[14.3.7] 우다이푸르, 시티 팰리스 박물관(City Palace)

[14.3.7] 우다이푸르, 바르티야 록 칼라 박물관(Bhartiya Lok Museum)

[14.3.10] 사이살메르, 파트완키, 나트말지키, 살림 싱 키 하벨리 (Havelis)

[14.3.11] 자이살 사막 박물관 사막문화센터(Desert Culture& Museum)

[14.3.12] 자이살메르, 정부 박물관(Govemment Museum)

[14.3.16] 찬디가르, 건축[시티] 박물관(Architecture Museum)

[14.3.19] 암리차르, 람박 시크교 박물관(Ram Bagh Museum)

[14.3.24] 마날리, 히마찰 민속문화 박물관(Himachal Museum)

[14.3.27] 심라, 히마찰 주립박물관(Himachal Museum)

[14.3.28] 심라, 기차 박물관(Rail Museum)

[14.4.12] 쿠시나가르, 붓다 박물관(Buddha Museum)

2015년 [3소]

[15.7.24] 레 왕궁 박물관(Leh Palace Museum)

[15.7.26] 산카르 곰파 박물관(Sankar Gompa Museum)

[15.7.27] 스톡 왕궁 박물관(Stock Palace Museum)

2016년 [7소]

[16.2.18] 존 마샬 기념관(John Marshall Memorial)

[16.2.19] 보팔, 고고학 박물관(Bhopal Museum of Man)

[16.2.22] 아우랑(Aurangabad) 시바지 박물관

[16.2.29] 델리, 민속 박물관(Craft Museum)

[16.3.24] 콜카타, 인디언 박물관(Indian Museum) (2번)

[16.3.8] 부바네스와르, 오릿사 스테이트 박물관(Orissa State)

2017년 [6소]

[17.3.3] 델리, 간디 박물관(National Gandhi Museum)

[17.3.4] 델리, 기차 박물관(국립 철도 박물관/National Rail Museum)

[17.3.16] 러크나우 주립박물관(Lucknow Museum)

[17.3.19] 파트나 박물관(Patna Museum)

[17.3.21] 바이샬리 박물관(Vaishali Museum)

[17.3.29] 다즐링 히말라야 박물관(HMI Museum)

2018년 [11소]

[18.3.6] 델리, 미술 박물관(마티다그 박물관)

[18.3.7] 델리, 국립박물관(National Museum)

[18.3.10] 뭄바이, [알버트] 시티 박물관(Albert City Museum) (2번)

[18.3.12] 뭄바이, 웨일즈 왕자 박물관(Prince of Wales Museum) (2번)

[18.3.14] 디우 박물관(Diu Museum)

[18.3.19] 디우 조개 박물관(Diu Shell Museum)

[18.3.21] 아메다바드, 시티 박물관(City Museum)

[18.3.23] 아메다바드, 갈리코 직물 박물관(Calico Museum of Textiles)

[18.3.31] 올드고아, 돌 작품 전시장

[18.4.1] 올드고아, 로자리오 기독교 박물관(Museum of Christian Art)

[18.4.2] 고아, 정부 박물관(Goa State Museum) (2번)

2019년 [5소]

[19.3.19] 안다만, 인류학 박물관(Anthropological Museum)

[19.3.19] 안다만, 사무드리카 해양박물관(Samudrika Museum)

[19.3.31] 티루치, 왕궁 박물관

[19.3.31] 티루치, 고고학 박물관(Archaeological Museum)

[19.3.31] 티루치, 타밀 박물관(Tamil Museum)

총 68소

8.
달 호수 Dal Lake - 스리나가르

스리나가르 7일째 마지막 날, 아침에 호텔 방에 나타난 주먹만 한 털거미 "아침에 거미 소동"

오늘 아침 호텔 방에 지난 7월 12일 케다르나트 호텔처럼 거미가 나타났다. 종이를 말아서 유인해 밖으로 나가게 했다. 아침에 거미를 보면 재수 있다는데, 그것도 아주 큰 거미를 봤으니…. 오늘 분명 '대박 나는 일이 있을 거다.'라고 생각했다.

아침 9시 버스 타고 '랄바자르'를 가는데 1시간을 버스 속에서 서서 갔더니 피로했다. 그 동네에서 내려 돌아오다 보니 '자마 마스지드'가 보였다. 그 주변에서 사진 찍고 호텔로 돌아와서 점심 식사로 숙소에서 비빔라면을 조리해 먹었다. 그리고 호텔비 4일분 1,600루피(28,800원)와 내일 공항 택시비 500루피(9,000원)를 지불했다.

나 혼자 다니다 보니 오늘이 4일이 맞는지 모르겠다. 휴대폰은 안 되지, 확인은 오직 캐논 카메라뿐이다. 더워서 계속 쉬다가 오후 5시에 숙소 직원 총각 카리드와 같이 오토바이 타고 시내 가서 DVD 80루피, 390루피 두 개 사왔다. 카리드(호텔 직원)가 스빌한테 들었는지 한국 여행기 책 얘기하며 알고 있더라. 팁 100루피(1,800원) 주니 안 받으려 하더라. 인상은 날카로운데 참으로 순수한 총각이다.

◎ 달 호수(Dal Lake)

달 호수의 보트 하우스 주민들은 대부분 시카라(보트)를 가지고 있다. 19㎢의 광대한 호수로 스리나가르의 대표 명소이다. 인구 110만의 거대한 식수로 달 호수가 젤룸 강으로 흘러들고 수온이 낮은 탓에 물이 깨끗해 보인다. 가을에는 호수를 둘러싸고 있는 신기루(蜃氣樓) 같은 백설 산들이 보였다 안 보였다 한단다. 스리나가르를 나타내는 대표 상징물이다.

시티 타운(City town)은 스리나가르의 신시가지이자 쇼핑몰이 있는 곳으로 손주들 선물을 살까 하고 들렀는데 별난 것이 없어 이곳저곳 구경만 하다가 돌아왔다.

'과거는 생각하기 위해, 현재는 일하기 위해, 미래는 즐거움을 위해 존재한다.'
이제 과거는 생각지도 말고 현재는 여행만 열심히 하자. 그리고 내 미래는 밝고 즐겁고 환영(歡迎)받는 일을 꿈꾸며 책을 쓰고 동영상을 만들자. 정말 호수도 맑고 설산도 아름다운 스리나가르에서 인도여행 처음으로 보트 하우스 사장님집에 오찬 초대를 받았다. 닭백숙을 맛있게 먹고 그 집 사모님과 딸과 기념사진도 찍었다. 아들이 한국팀 고산 가이드도 했다니 장삿속이든 아니든 상관없이 고마웠다. 아들은 주로 서울을 왕래한다는데 혹시 부산 오면 연락하라고 내 전화번호를 알려 주었다.
겉으로는 부드럽고 순하나 속은 곧고 꿋꿋하게 나도 이제 나이도 있고 하니 이렇게 처신(處身)하고 싶다. 오늘 초대도 받고 뭔가 자신감이 서는 기분이 아주 좋은 날이다!

달 호수(Dal Lake) 경치가 눈이 부시구나!

보트 하우스에서 3박 했다 - 달 호수

휴게실 lounge

코타키나발루(Kota Kinabalu) 트레킹

　1995년 6월 2일, 역시 여행사 패키지로 4박 5일의 여정으로 말레이시아 보르네오 섬에 있는 4,110m의 코타키나발루에 두 번째 해외 원정 등반에 나섰다. 나의 고산병 걱정은 대만 옥산 3,959m 등산을 경험하고 나니 훨씬 덜한데도 또 은근히 걱정되었다.

　말레이시아 쿠알라룸푸르 공항에서 내리니 여기는 완전 열대지방으로 대만보다 훨씬 더 더웠다. 동남아 최고봉으로 보르네오 섬의 열대우림은 산 높이에 따라 차례로 아름다운 꽃과 나무가 울창한 산이었다. 여행사 가이드 측에서 스케줄이 잘못되었는지 사피 섬 구경과 시내 관광을 먼저 한단다. 본래 힘든 등산을 먼저 하고 관광을 해야 기분도 가볍고 좋은데, 사피 섬의 옥색 바다 맑은 물과 야자수 나무 그늘, 발코니에서 경치가 좋은 고급 호텔 등, 나로선 처음 경험하는 한 폭 그림 속의 열대지방 풍경이었다. 그런데도 마음속에선 내일부터는 4,000m 산을 올라야 한다는 부담감이 있어 편치 않았다.

　다음 날, 차를 타고 라반타 산장 입구까지 가서 오르막을 걷기 시작했다. 오후 5시에 라반타 산장에 도착하여 쉬다가 저녁 식사를 하고 일찍 잠자리에 들었다.

　다음 날, 산 중턱에 있는 라반타 산장에서 새벽 2시에 일어나 헤드 랜턴을 켜고 올라간 캄캄한 바위산은 중간에서부터는 로프를 잡고 오르는데 위험스럽고 아무리 올라도 끝이 없었다. 오전 6시 30분경 산 정상에서 일출을 보려면 부지런히 올라야 한다는 것이다. 고산을 오르는데 낮에 오르는 것과 밤에 오르는 장단점이 있었다. 낮에 오르는 것은 시야가

코타키나발루(Mt. Kota Kinabalu) 4,110m 정상

잘 보여 더 안전하고 경치가 보여 좋은 반면 힘든 것은 더 느끼고 시간도 지루한 데 비해 밤에 오르는 것은 약한 랜턴 불빛에 의존해 어디가 어딘지 위험스럽고 산 경치는 전혀 볼 수가 없는 대신 그렇게 힘든 줄 모르겠고 시간도 개념 없이 잘 지나갔다.

오전 6시 30분경 정상에 올랐는데 오늘따라 구름이 많이 끼어 일출은 볼 수가 없었으나 해냈다는 성취감은 매우 만족스럽고 기뻤다. 내가 이제 늦게나마 해발 4,000m 등산시대를 열어 간다고 생각하니 내 자신이 너무 대견스럽고 자신감이 넘쳤다. 내려오는 바윗길은 로프를 잡고 더 조심스레 내려와서 차를 타는 주차장에서 다시 한번 산을 올려다보니 구름 사이에 보이는 키나발루 정상은 '내가 정말 저 산에 올라갔다 왔나?' 믿기지 않을 정도로 높게 보였다. 전국에서 모인 일행 18명 중에서 정상에 갔다 온 사람은 10명 정도였다.

기분은 좋았는데 2년 전 처음 대만 옥산을 올랐을 때보다는 감동이 덜 했다. 더 나이가 들기 전에 하루 빨리 5,000m의 산을 올랐으면 좋겠는데….

나는 옥산과 이번의 코타키나발루 두 번을 끝으로 이제 패키지식 트레킹이나 여행을 다시 하지 않기로 했다. 산 정상을 올랐다는 기록 외에는 가이드의 깃발만 보고 따라다니는 아무 재미도 의미도 없는, 내가 바라는 방식의 여행이 아니었기 때문이었다. 어쨌든 어려워도 "내 마음대로 움직이는 개인 자유여행을 하기로 하자."라고 마음먹었다.

9.
소남막 Sonammarg

스리나가르 3일째, 오늘은 경치가 좋다는 소남막을 가기로 했다. 어젯밤 시끄러워 잠을 잘 못 잤다. 숙소를 옮겨야겠다. 작은 나룻배를 타고 모선(母船) 호텔로 일일이 드나드는 것도 힘들었다. 아침 9시 출발해서 오토릭샤를 타고 첫날 도착한 버스 터미널에서 합승 택시 500루피(9,000원)를 달라고 해서 안 타고 어떤 아저씨의 소개로 오토릭샤를 100루피(1,800원)에 타고 칸간 버스 터미널에 가서 1시간 기다려 11시 10분에 출발하였다.

소남막(Sonammarg)에 오후 4시에 도착했으니 약 4시간 10분 동안 버스를 탔다. 흰 눈산에 싸인 초원과 침엽수가 어울려 아름다운 그림 같고 스리나가르에서 63km 떨어진 지점으로 고대 교역(交易)의 중심지였다고 한다.

돌아갈 일이 걱정이라 15분 정도 사진 찍고 CR 택시를 타고 칸간에서 다시 갈아타고 시내로 들어와 오토릭샤를 80루피(1,400원)에 타고 달 호수 보트 숙소에 도착했다. 여행이란 목적지보다 오고 가는 재미가 더 좋을 때가 있다. 소남막은 좋긴 좋은데 트레킹을 해야 할 지역이다.

다음 날, 아르주만드 호텔로 숙소를 옮겼다. 레에서 탈출하더니 이번에는 H.B 하우스 보트 숙소 드림 데이스에서 탈출했다. 소음 문제도 컸지만 어디 나갔다 올 때 버스 정류소에서 걷기가 힘들고 일일이 보트를 타야 되니 아주 불편했다. 그리고 습기가 많아 몸이 끈적거렸다. 스빌이 배로 간단히 짐을 옮겨 주어 200루 팁을 주었다. 아르주만드 호텔로 옮기고 나니 비가 많이 왔다. 점심 식사로 라면에 3분 짜장 넣어 먹으니 맛있었다. 올드 시티는 옛날 집들이 코친의 분위기처럼 정말 좋았다.

처음 본 것이 나케스 밴드 쉽(Nakesh band Shib) 사원이고 두 번째 4방 자마 마스지드 사원(Jamia Masjid)였다. 그런데 다스피갈 사이브(Dasfigeal Shaib)는 어딘지 모르겠다. 비를 맞으며 사진을 많이 찍었다. 이제 이번 여행이 10일 남았다. 후회 없이 열심히 여행하자.

◎ 스리나가르(Srinagar)

설산을 품에 안은 푸른 호수, 화려한 하우스 보트, 꽃향기로 가득한 무굴 정원 그리고 카쉬미르 스타일의 목조 사원이 있는 구시가지와의 조화는 스리나가르를 인도 서북부의 낙원(樂園)으로 만들었다

내가 본 명소

- 올드 시티(Old City): 영국 정치 때 지은 건물들이 정말 볼만하고 멋있다. 거기다 중앙 통로의 시계탑이 잘 어울린다. 첫날은 비가 와서 사진을 못 찍었고 며칠 동안 구석구석 둘러봤는데 이국적인 느낌도 있고 좋았다.
- 나크슈반드 사히브(Naqshband Sahib): 17세기 성지로 히마찰 프라데시 양식으로 건축되었다. 색칠은 되지 않고 여러 형태의 아름다운 모양을 하고 있으며 지진(地震)의 피해를 줄이려고 나무와 벽돌로만 만들었단다.

- 다스티겔 사이브(Dastgir Shaib): 수피교 성지의 삼각형 모양 잔디밭 북쪽 끝부분에 녹색의 작은 모자발 성지가 자리 잡고 있다. 정확하지 않지만 성지 지하층에 예수 그리스도의 묘가 있다고 한다.
- 니샤트 박(Nishat Bagh): 스리나가르의 무굴 정원 중에서 가장 크고 아름답다. 무굴제국 제항기르 왕 처남이 만들었다.
- 살리마르 박: 무굴제국 최고번성기를 이끈 4대 왕이 무굴제국의 여름 궁전에서 멀지 않은 곳에 만든 무굴 정원이다. 유난히 술과 여자를 좋아했다는 체항기르가 만든 정원이다.
- 네루 공원(Nehru Park): 보트로 건너가는 달 호수 중간에 있는 경치가 환상적인 작은 공원이다.
- 자마 마스지드: 1385년 '술탄 시칸데르'가 건축했다. 목재로 지은 스리나가르 대표 모스크로 5,000명이 동시에 예배를 드릴 수 있는 큰 모스크다. 350년 된 지마 마스지드 멋있더라! 목재(木材)건물이니 불조심!
- 스라 프라타프 싱 박물관(Sri Pratap Singh Museum): 무굴제국의 작품과 4세기 타일, 8세기의 무기류들이 소장된 역사 박물관으로 1872년 프라타프 싱 왕의 랄만디 궁전을 전시해 놓았다. 스리나가르 중심부에 위치해 있다.
- 하즈랏발 모스크(Hazratbal Mosque): 백색의 대리석으로 지은 카슈미르의 중요한 모스크 중의 하나로 '시카라(나룻배)'로 통해 들어가고 이슬람교 모하메드의 머리카락이 보관된 곳이다.
- 샹카라차르야 힐(Shankaracharya Hill): 아름다운 달 호수와 시가지를 내려다볼 수 있는 전망대 구실을 하는 달 호수의 작은 언덕으로 위에는 힌두교 사원이 있다.

> • 파리 마할(Pari Mahal): 샤 자한 왕의 아들 달 '시코'가 불교 사원 터에 지었다. 달 호수가 바로 보이는 무굴 정원으로 아름답다. '샤 하이단 마스지드'는 1395년 지은 불교 힌두교 이슬람이 혼재된 목재로 만든 모스크 카슈미르의 건축 양식으로 현제의 건물은 1731년 새로 지은 것이다.

하즈랏발 모스크에서 오늘 어떤 인도 청년이 다가와서 눈을 찡긋하고 몸짓하며 뭐라고 나를 웃겼다. 우스운 말 들어 본지도 오래다. 이럴 때 동행이 있으면 기분이 더 좋았을 것이다. 유머는 인류가 사용하는 가장 효력 있는 약이다. 유머는 주위 사람들을 즐겁게 하고 자신도 즐겁게 만든다. 유머가 통 없는 사람은 여유가 없는 사람 같다. 적절한 유머는 비용이 들지 않고 자신의 품격(品格)을 높여 주기도 한다. 그 인도 청년이 고마웠다.

아침부터 비가 내리고 시야가 안 좋다. 산 위의 '상카힐'에 올라가려다 숙소 바로 앞에서 버스를 타고 종점에서 구시가지 사진 찍고 다시 찾아 간 곳이 '팜포르'로 잠무 가는 쪽이다. 점심식사 식당에서 먹은 난에 오뎅 같은 것은 맛이 없어 못 먹겠더라. 110루피(2,000원)가 아까웠다. 다시 차 타고 스리나가르 버스 종점에 와서 다리 건너 센트랄 박물관 구경하고 돌아오니 오후 4시다. 바로 앞의 달 호수에서 낚시하는 사람들 구경했다.

오늘 와이프와 큰딸과 손자 승원이 전화 통화하고 나니 힘이 났다!

2016
인도 자유여행

2016 인도 자유여행 여정도

2016년 2월 15일 ~ 4월 1일

델리 → 자이푸르 → 암베르 → 푸쉬카르 → 조드푸르 → 우다이푸르 → 자이살메르 → 쿠리 → 찬디가르 → 암리차르 → 다람살라 → 마날리 → 심라 → 찬디가르 → 리시케시 → 하르드와르 → 델리 → 고라크푸르 → 쿠시나가르 → 소나울리 → 델리

2016년 인도 여행 일지
2월 15일 ~ 4월 1일 [47일간]

2/15 부산 출발

　　　델리(Delhi) 도착 공항 노숙

2/16 보팔 도착(Bhopal) [만지트 호텔]

2/17 바랏 바반(Bharat Bhavan) 어퍼 호수. 모티 마스지드

　　　타지울 마스지드(Tajiul Masajid) 자마 마스지드

2/18 산치(Sanchi) **U.세계문화유산**

　　　산치 스투파. 토라나(Toranas) 차단타 차트카. 보팔

　　　사원과 수도원. 아쇼카 석주. 뮤지엄 오브 맨

2/19 뮤지엄 오브 맨 민속 박물관(Museum of Man)

2/20 빔베트카(Bhimbetka) **U.세계문화유산**

　　　타지울 마스지드 연못 구경. 고고학 박물관

2/21 아우랑가바드(Aurangabad) 도착

2/22 판차키(Pan Chakki) 비비 카 마크바라(리틀 타지마할)

　　　차트라 시바지 박물관(Chatrapati Shivaji)

2/23 그리슈네슈와르 사원. 불교 석굴 사원군

　　　다울라타바드(Daulatabad) 다오렌 박물관

2/24 아잔타(Ajanta Unesco World) **U.세계문화유산**

2/25 엘로라(Elloro) **U.세계문화유산**

　　　카알라쉬 사원(Kailash Temple) 자인교 석굴 사원

2/26 쿨다바드. 라우자 힌두교 사원. 대통령관과 동물원.

2/27 엘로라 아우랑 석굴 불교 석굴(Aurangabad Buddha)

2/28 델리(Delhi) 도착

2/29 다야밧 한국 식당. 민속 박물관. 국립경기장

3/1 국립 현대 미술관(NGMA. Gallery of Modern Art)

　　　간디 슴리띠(Gandhi Smrit)

3/2 야무나 다리. 니자무딘의 무덤(Nizamudin'S Dargah)
3/3 카물라 나가르 대학가(Kamla Nagar). 밴크루스 로드
3/4 부바네스와르(Bhubaneswar) 도착
3/5 빈루사가르 호수. 링가라즈 사원. 안드라 바수데르 사원
3/6 우다야기리 동굴(Udayagiri). 칸다기리 동굴(Khandagiri)
3/7 커탁(Cuttack)
3/8 오리사 스테이트 박물관(Orissa State Museum) 동물원
3/9 트리발(Tri Bal) 박물관. 부바네스와르 기차역 바라문다
3/10 푸리 Puri(Gundicha Mandir)
     자간나트 사원(Jagannātha) 골든 해변
3/11 코나라크 수르야 사원(Sun temple) **U.세계문화유산**
     묵테스와르 사원. 케다르 스바나르 백색 사원
3/12 발라소르(Balasore) 도착
3/13 고피나스 사원(Gopinath Temple)
3/14 찬디푸르 해변. 바라스라 어촌. 자간나트 사원
     푸루나 발라소르(PurunaBalasore) **찬디푸르 해변**
3/15 시밀리펄 국립공원 (덴말가서 시도)
3/16 찬디푸르 해변, 바라스라 어촌마을 발람가디
3/17 구두(Gudu) 스가르(Sergarh) 식당 구르다(Kuruda)
3/18 비베카난다 아래쪽 버스 종점 해변 마을
3/19 강가사가르(Gangasagar) 섬 도착 카드위프
3/20 강가사가르 섬. 카추베리아 – 카프티 분디스 사원
3/21 카드위프 수로길과 올드 시티 – 버스 정류소 기차역
3/22 사가르 섬. 고빈나티푸르 구르마 오토
3/23 해피 홀리데이. 사가르 섬. 루드라 나가르 (그란디 나가르)

3/24 콜카타(Kolkata) 도착 (갤럭시 호텔) 인디언 박물관
       성 바울 성당(St. Paul Sathedral) 벌라(Birla) 천문관
3/25 빅토리아 메모리얼. 하우라 다리. 페리 왕복(비비디 박)
       빅토리아 메모리얼(Victoria Memorial) 하우라 다리
3/26 비비디 박(BBD Bagh) 에스플라네이드. 파라스 와나타 사원
3/27 다크쉬네스와르 칼리 사원. 쉬탈나트지 자인교 사원(파라스 와나르사 원) 에덴 공원. 벨루르 마트. 고등법원. **샤히드 미나르**
3/28 나코다 모스코(Nakhoda Masjid) 대학가. 동물원. 말리크 가트(Mallick Ghat) 꽃 시장
3/29 벨르르 마트. 페리(하우라 - 비비디 박 선착장) 존슨 교회
3/30 난단 극장(Nandan Cinema) 뉴가리나 역
3/31 한국 출발[오후 2시]
4/1   인천 도착[오후 12시 40분] 십 노작[오후 7시 15분]

1.
어퍼 호수Upper Lake - 보팔 - 산치

바랏 바반 - 어퍼 호수 - 모티 마스자드 - 올드 시티 - 타지울 마스지드 - 자마 마스지드

지난밤 푹 자고 나니 피로가 많이 풀렸다. 오전 10시 30분에 나서서 오토릭샤를 타고 제일 먼저 바랏 바반(Bharat Bhavan)을 갔는데 공연이 없어서 그런지 조용하고 정원이 넓어서 몸도 마음도 시원했다. 바로 앞에 보이는 어퍼 호수는 경치도 좋고 가슴도 툭 트여 호수를 배경으로 사진 찍고 30분 머물다 나왔다. 그 후 오토릭샤를 타고 모티 마스자드로 갔는데 건물이 멋있다.

그리고 그 옆 올드 시티의 오래된 건물들이 너무 좋았다. 계속 더 보면 피로할 것 같아 참고 돌아와 점심 식사로 호텔 방에서 짬뽕 라면 조리해 먹고 쉬었다. 오후 3시에 다시 보팔 역으로 가서 21일에 가는 아우랑가바드 기차 표를 미리 사는데 그 직원 여자 실수로 오늘표 두 장 샀다가 환불했다. 그 과정에서 150루피(2,800원) 착오가 났는데 그 여자 매표원이 가져간 것 같았다. 다른 외국인에게 또 사기칠까 봐 좀 따지다가 여자라 꾹 참고 나왔다.

다시 오토릭샤를 타고 타지울 마스지드로 갔다. 정말 델리의 자마 마스지드처럼 멋있었다. 나와서 다시 오토릭샤를 타고 자마 마스지드 구경하고 재래시장을 지나왔다. 날씨는 밤에 약간 추워 전기장판을 썼지만 낮에는 덥다.

◎ 바랏 바반(Bharat Bhavan)

　인도 현대 예술과 부족 조각품, 회화 작품 등을 감상할 수 있는 조용한 문화센터이다. 도서관, 현대 미술관, 카페가 있고 야간에 정기적으로 시와 음악, 연극공연(演劇公演)이 펼쳐지는 곳으로 간디 수상 재임 당시 인도 전국에 만든 예술회관을 말한다.

◎ 어퍼 호수(Upper Lake)

　아시아에서 가장 큰 인공호수로 보팔을 처음 조성한 '라자 보즈'의 아이디어로 보팔의 역사와 발전을 같이하고 있다. 보팔시는 호수를 기반으로 하는 관광 사업을 계속 계획하고 있다. 유람선을 타면서 탐방하면 더 좋다.

◎ 모티 마스지드(Moti Masjid)

　1860년 쿠드시아 베굼의 딸, 시칸데르 자한 베굼이 지은 것이다. 델리의 자마 마스지드와 형태가 비슷하나 규모는 작으며 금빛 못으로 장식한 둥근 지붕을 뽐내고 있다.

◎ 타지울 마스지드(Tajiul Masajid)

　보팔의 여성 통치자 '샤 자한 베굼'은 세계에서 가장 큰 모스크를 짓고자 1877년 건축을 시작했으나 1901년 그녀의 사망 때까지도 완성하지 못하고 1971년까지도 건축을 재개하지 못하고 있었으며 인도에서 가장 큰 모스크로 손꼽힌다.

P. 349-352

산치 BC 3세기경
아쇼카 왕이 처음 조성하기 시작

모티 마스자드(Moti-Masjid)
1860년 시칸데르 자한 베굼이 세운 이슬람 사원

어퍼 호수(Upper Lake)
아시아에서 제일 큰 인공호수로 넓이가 3

산치(Sanchi) 3번 사리탑 U.세계문화유산

산치 박물관(Sanchi Museum)

P. 356-357

비비카 마크바라(Bibi Ka Maqbara)
인도 여인과 포즈를 잡다 보니

그리시네슈와르 사원(Grishneshwar Mandir)

P. 363

빔베트카(Bhimbetka)
구석기 시대의 벽화가 보존된 동굴군

다음 날, 산치(Sanchi) U.세계문화유산(World Heritage)

천년 잠에서 깨어난 산치 스투파를 가려고 오전 9시 30분 나서서 버스 터미널까지 10분 걸어가서 45루피 요금 주고 로컬버스를 탔다. 2시간 만에 산치에 내려 오토릭샤를 30루피에 타고 입장권 250루피(4,600원)에 들어가니 정말 유네스코 세계문화유산답게 고상(高尙)하고 아름다운 불교 유적지가 보였다. 1번, 3번, 2번 순서로 경주 왕릉같이 생긴 스투파도 보고 박물관도 좋았다.

날씨가 이제 더워지기 시작하고 냉수로 샤워해도 안 춥다. 그래도 밤에는 전기장판을 쓴다. 점심 식사는 식당에서 누들을 시키니 인디언 누들(인도 메기 라면)이 나왔다. 사이다 두 병하고 준비해 간 계란 1개, 바나나 2개와 같이 먹었다. 손목시계 전지 두 개 갈아 넣는데 100루피(1,850원)로 바가지 씌운다. 비싼 줄 알면서도 당해 주었다.

다시 오토릭샤를 50루피에 타고 올라가다 포스트 우편카드 50루피(900원)어치를 샀다. 버스 타고 보팔에 돌아와 오토릭샤를 타고 박물관 오브 맨에 갔는데 오토릭샤에서 내려 산길 2km 걸어 올라가야 된다고 했다. 오늘 너무 지칠까 봐 내일 다시 오기로 하고 어퍼 호숫가를 약 30분 걷다가 오토릭샤를 100루피에 타고 호텔로 돌아왔다.

◎ 고고학 박물관(Archaeological Museum)

베트와 강 바로 서쪽에 위치해 있는 인도 중부 마디아프라데시주 중서부에 있는 사적지 박물관으로 산치 주변에서 발굴된 유물이 많다. 인도에서 가장 잘 보존된 불교 유적이 잘 전시되어 있다.

◎ 산치 스투파(Sanchi Buddhist Monuments)

인구 약 7,000명으로 인도를 대표하는 불교 유적지이다. 보팔에서 동북쪽으로 45km 떨어진 언덕 위에 인도에서 제일 오래된 둥근 왕릉 같은 불교 건축물이 자리하고 있다. BC 262년 아쇼카 황제는 칼링가 왕국 침입을 반성하고 불교를 받아들이며 왕의 고향 산치에 반구형 건축물 대사리탑을 건축했다. 불교 유적이 BC 3세기경부터 아쇼카 왕에 의해 만들어져 약 1,400년 동안 조성되었다. 이후 힌두교가 서서히 발전하면서 불교는 쇠퇴했고 1818년 한 영국 장교가 재발견하여 다시 빛을 보게 되었다. 1989년 유네스코 세계문화유산으로 등재된 곳이다.

◎ 토라나(관문)와 사리탑(스투파)

북쪽 토라나(North Torana): 법륜이 올라가 있다.
남쪽 토라나(South Torana): 인도의 모든 지폐에서 볼 수 있는 사자가 있다.
서쪽 토라나(West Torana): 올챙이 배를 한 난쟁이들이 있다.
동쪽 토라나(East Torana): '사라반지카'가 새겨져 있다.

- 1번 스투파(사리탑) - 아쇼카 황제 시절 최초 건립된 곳이다. 숭가 왕조 때 확장 공사했으며 스투파의 문이라는 토라나가 동서남북 만들어져 있다. 사리탑은 화려한 4개의 입구가 있다.
- 2번 스투파(사리탑) - 토라나가 없는 스투파로 2세기경에 만들어진 것으로 추정되며 돌에 새긴 연속 무늬 연꽃이 인상적인 작품이다.
- 3번 스투파(사리탑) - 붓다의 제자였던 '샤리 푸트라'의 사리불이 안장되어 있는 곳으로 이 사리는 영국 대형 박물관에 전시되었지만 1953년 반환(返還)되었다.

건축물 하나하나에 깊은 사연이 담긴 사리탑과 토라노는 약 2,000년에 지어진 순수 불교 건축물로 불교 교도는 꼭 한번 순례하길 바라며 불교의 역사가 유구하고 찬란했던 것을 기억했으면 좋겠다. 산치의 사리탑과 토라노를 보면 가장 먼저 떠오르는 것이 신라 경주의 왕릉이다. 신라도 불교문화가 왕성했던 시대가 아닌가…. 그런데 여기는 스투파에 붓다의 생애(生涯)나 각종 아름다운 조각 장식이 분위기를 흥미 있게 나타내고 있다. 아쇼카 왕 시대에 건립되었다니 2천 년이 넘어 오래되기도 오래되었다.

성공은 목적이 아니라 과정이다. 그 과정이 즐거워야 한다. 다른 일도 그렇지만 여행도 목적하는 그 과정을 즐겨야 하는 것이다.

산치(Sanchi)
1번 스투파로 산치에서 가장 먼저 건립되었다
U.세계문화유산

2.
비비 카 마크바라 Bibi Ka Maqbara - 아우랑가바드

오늘은 내 생일이다. 비비 카 마크바라(리틀 타지마할)로 갔다. 정말 생일파티를 해야 하는 날인데, 인도에서 혼자 유적 탐방을 즐기며 보낸다. 작은딸, 와이프, 큰딸 순으로 생일축하 문자가 왔다. 진짜 금년 9월 15일 결혼기념일에는 행사를 한번 크게 해야겠다. 오전에 나서서 버스 터미널까지 걸어가 가까운 쇼핑몰에서 쌀, 계란, 포도, 빵 500루피(9,250원)어치를 샀다. 이런 편리한 몰(Mall)을 모르고 재래시장만 헤매고 다녔으니…. 그러나 인도 소도시에는 아직도 슈퍼마켓이나 쇼핑몰이 없잖아….

점심 식사는 호텔 방에서 라면으로 비빔면을 해 먹었다. 2시 30분 나서서 연못이 있는 판차키 모스크 입장료 20루피(370원)를 내고 구경하고 나와서 비비 카 마크바라로 향했다.

◎ 판차키(Pan Chakki)

17세기에 시작된 이 물레방아는 밀가루를 빻기 위해 만들어진 '거대한 물레바퀴'라는 뜻의 이름을 가진 정원이다. 물레방아가 기계(機械) 기술 중 최고였던 시절에 붙여진 이름으로 5km 저수지 물을 끌어와 곡물을 빻는 데 이용되었으며 수피교의 성자 '바바샤 무자파르'의 묘가 있는 곳이다.

비비 카 먀크바라(Bibi Ka Maqbara) - 리틀 타지마할
가난한 사람들의 타지마할이라는 빗대는 말도 있다.

◎ 비비 카 마크바라(Bibi Ka Maqbara)

아우랑제브 황제의 장남 '아잠 샤'가 1679년 자신의 어머니를 위해 건축한 영묘이다. 전체적으로 4개의 첨탑이 있는 아그라의 타지마할과 매우 유사한 모습으로 '작은 타지마할' 또는 '초라한 타지마할'로 알려져 있으며 대부분 대리석이 아닌 흰 석회 몰타르로 되어 있다. 타지마할과 닮아 '가난한 사람들의 타지마할'이라는 닉네임도 있다. 비비 카 마크바라는 정말 타지마할 축소판(縮小版)이 맞고 정말 멋있더라. 여기서 멋진 사진 한 장 꼭 남기고 싶었다.

◎ 차트라파티 시바지 박물관(Chatrapati Shivaji Museum)

기대를 하지 않고 갔는데 상상 외로 규모가 크고 전시품이 많았다. 마라타족의 시바지 일생을 보여 주는 박물관이다. 대부분이 아우랑가바드 부근에서 발굴된 유물들이다. 좀 걸어 나와서 오토릭샤를 타고 호텔로 돌아왔다.

◎ 아우랑가바드(Aurangabad)

인구 약 112만 명에 해발 516m이며 엘로라 아잔타로 가는 관문 도시로 알려졌고 무굴의 마지막 왕이었던 아우랑 제브가 만든 도시이다. 1629년 샤 자한 왕 때 무굴제국에 흡수되었다. 인도의 중서부, 마하라슈트라의 북부 데칸 고원에 자리한 아우랑가바드는 여행자들의 호감을 끌지 못하는 도시였는데 최근 관광 개발로 크게 발전하였다. 400년이 넘는 역사 중에서 무굴제국의 마지막 황제 아우랑제브(Aurangzeb)가 무굴제국의 수도를 삼으면서 전쟁이 끊이지 않았던 도시였다.

비비 카 마크바라는 내가 봐도 타지마할의 축소판이다. 건축 연대도 타지마할 보다 25년 뒤에 지어졌다. 내 생각이지만 타지마할 건축 양식을 많이 본뜬 기분이다. 그러나 건축물의 자태는 타지마할 못지않게 멋있었다. 4개의 굴뚝 같은 첨탑(尖塔)도 훌륭했다. 보고 있는 동안 나는 행복했다. 큰 기대를 안 하고 왔으니 더 좋은 것 같다. 행복에 있어서 가장 큰 장애물은 너무 큰 행복을 기대하는 마음이다. 지금부터는 작은 행복으로 만족하도록 해야 한다. 계속 큰 행복을 찾다간 작으면서 소중한 행복을 놓칠 수 있기 때문이다.

다음 날, 다울라 타바드(Daulatabad)

여행사 공중전화에 가서 델리 단야밧 한국 식당에 전화하니 내가 한국에서 부친 식품을 3일 전 소포로 받아 보관 중이라고 강여사의 밝은 목소리가 들려왔다.

오전 11시 엘로라를 출발해 오토릭샤를 40루피(750원)에 나고 그리시네 슈와르 사원으로 갔다. 조티 링가를 모시는 시바 신 사원으로 남자는 상의를 벗어야 들어갈 수 있다는데 나는 옷을 입고 출입했다.

점심 식사는 그리시네 슈와르 사원 보고 나와서 거리 식당에서 먹었다. 다오렌 박물관은 무료이고 볼 것이 많았다. 오늘 날씨 본격적으로 더더워지며 그늘은 시원하다.

◎ 그리시네 슈와르 사원(Grishneshwar Mandir)

지금의 사원은 18세기에 건축되었으며 시바교 종파(宗派)로 인도 전역에서 가장 중요한 사원 중의 한 곳이다.

◎ 다울라타바드(Daulatabad)

아우랑가바드의 투글라크 왕조의 구 수도였으며 그 내부의 황실 사원 자마 마스지드는 현재 힌두교 사원으로 이용되고 있다. 인도에서 가장 멋진 성 중의 하나이다.

◎ 다오렌 박물관(Daoren Museum)

다울라 타바드 입구에 위치해 있으며 이 부근에서 발굴된 힌두교 석상이 많이 전시되어 있다.

카일라쉬 사원은 휴일이라 못 보고 그 대신 오토릭샤를 타고 나오다가 다울라티바드를 봤는데 정말 유명 명승지(名勝地)였다. 힘들게 꼭대기까지 올라갔는데 아주 힘들었고 귀한 구경을 할 수 있었다. 골콘다 성보다 더 멋진 정말 끝없는 미로를 헤매는 성이었다.

힌두교(Hinduism)의 신(神)들

인도에서 매일 만나는 최고 인기의 주신은 비슈누와 시바 신이다. 그 외의 신은 이 두 신의 아내나 자식, 아니면 '화신'이라고 설명되고 각각 사이좋게 공존하며 추앙(推仰)받고 있다. 신들에게 향을 피우고 꽃을 바치는 제사를 푸자(Puja)라고 한다.

◎ 비슈누(Vishnu)

온화한 세계를 유지하는 신으로 반조반인 '가루다'를 타고 있으며 '나라야나'나 '하리'라고도 불리며 변신해서 세계를 구제하러 온다.

비슈누의 화신으로는 멧돼지 [바라하], 사자 모습을 한 사람 [나라심하], 거북 [쿠르마], 난쟁이 [바마나], 물고기 [마츠야], 파라슈라마, 라마, 크리슈나, 부처, 칼키 등 10가지가 있다.

◎ 시바(Shiva)

파괴의 신으로 포악해서 위험하지만 그것이 매력적인 신이다. 이마에 제3의 눈이 있고 삼지창을 지니고 코브라를 목에 감고 호랑이 모피에 앉아 명상하는 고행자의 모습을 하고 있다. 시바 사원 내에는 생식력을 나타내는 링가(남성 성기)가 상징물(象徵物)이다. 성스러운 소 '난디'를 타고 있으며 마하데비, 산카르라고도 불리며 '춤의 왕'이라고 해서 '나타라자'라고도 한다.

◎ 락슈미(Lakshimi)

비슈누의 아내이며 부와 행운의 여신으로 성격도 좋고 아름다워 이상적인 아내의 표상으로 인기가 높다.

◎ 우마(Uma)

시바의 아내인 우마 신은 시바와 비슷해서 피를 좋아하고 무서운 성격도 보여 준다. 물소 모습의 '두르가'와 검은 여신 '칼리'도 이 우마가 변한 모습이다.

◎ 크리슈나(Krishna)

비슈누의 화신으로 서민에게 가장 사랑받고 있다.

◎ 라마(Rama)

마왕 '라바나'를 물리치고 아내를 구한 '라마'는 악마(惡魔)를 물리치는 비슈누의 화신이라고 한다. 또 원숭이 장군 '하누만'도 사람들에게 인기가 있다.

◎ 가네샤(Ganesha)

시바와 파르바티의 아들로 코끼리 머리를 하고 배를 내밀고 있는 모습은 유머러스하다. 뭔가 새로운 일을 시작할 때 '가네샤'를 모시면 잘된다고 해서 장사의 신으로 추앙받고 있다. 타고 다니는 것은 '쥐'다.

◎ 사라스바티(Sarasvati)

흰 새를 타고 현악기인 '비나'를 손에 쥔 우아한 모습으로 표현되는 학문, 예술의 여신이다.

그 외에 용맹의 신 인드라, 불의 신 아그니, 물과 법의 신 바르나, 태양의 신 수르야, 죽음의 신 야마, 사랑의 신 카마, 강의 여신 강가와 야무나 등이 있다:

인도의 신들(Indian god)

인도의 힌두교 신(Hindu god)

3.
빔베트카Bhimbetka U.세계문화유산

　오전 9시 유네스코 세계문화유산 빔베트카를 보러 갔다. 보팔에서 남쪽으로 46km 위치에 있다. 보팔 버스 터미널에서 로컬버스 30루피에 타고 2시간 달려가서 다시 자가용 영업택시를 100루피(1,850원)에 타고 입구 사무소에서 입장권을 100루피에 샀다. 자가용 영업택시를 타고 100m쯤 공터가 있는 곳까지 걸어 올라갔으나 동굴이나 안내 팻말은 하나도 보이지 않았다. 여기서부터는 사람 한 명도 보이지 않고 무서울 정도였다. 앞으로는 더 가파른 언덕이고 옆은 낭떠러지였다.

　택시나 차가 없는 곳에서는 인도의 보통 승용차는 다 영업 행위를 한다. 나는 자가용을 보내고 혼자서 동굴 벽화를 찾아보려고 한참을 더 올라가서 둘러봤지만 찾을 수 없어 할 수 없이 천천히 걸어 내려오면서 다시 찾아봐도 고분 같은 큰 바위만 보일 뿐 아무것도 보이지 않았다.

　매표소에 도착하여 관리소 직원에게 아무것도 못 봤다며 환불(還拂)을 요구해 봤지만 말이 안 통했다. 주변에 차나 오토바이가 있으면 요금을 주더라도 다시 시도해 보겠지만, 가이드도 없고 차량도 한 대도 없고 날씨는 덥고 다른 방법 없이 포기하고 걸어 내려가기 시작했다. 동굴 팻말도 없고 길도 제대로 나 있지 않아 힘들어 바로 내려왔다. 전혀 개발은 안 해 놓고 입장료만 받아 챙기는 곳이다.

　조금 걸어 내려오다가 젊은 남녀 오토바이의 여자 등 뒤에 타고 버스 정류소까지 왔다. 고맙다고 돈을 줘도 안 받고 손을 흔들며 달려가더라.

그 버스 정류소에서 또 자가용 영업택시를 탔는데 보팔에 다 와서 호텔 찾는다고 헤매었다. 300루피(5,550원)를 주었다.

1시 50분에 점심 식사로 호텔 방에서 라면 비빔면을 먹자 날씨가 이제 더 더워질 조짐이다. 오후 3시에 나오면서 호텔 매니저에게 팁 100루피(1,850원)를 주었다. 버스 타고 타르못 마스지드에 가서 연못 한 바퀴 돌고 수쿨 모스코 지나오다 다시 시내버스를 타고 보팔 역에서 아우랑가바드 기차표를 사 가지고 기차에서 먹을 바나나 20루피, 오렌지 30루피를 샀다.

◎ 빔베트카(Bhimbetka)

안내문 동굴에 약 500개에 선사시대 벽화(壁畵)들이 남아 있다. 같은 벽면에 서로 다른 시대의 그림이 그려져 있다. 흰색과 적색, 천연 안료 덕분에 색체가 잘 보존되어 있다. 버스 정류소에서 동굴 입구까지는 3km로 약 45분 걸어가야 한다. 구석기 시대의 벽화가 남아 있는 동굴 군으로 붉은색으로 그려진 거대한 짐승은 구석기 시대로 12,000년 전의 것이다. 500개 동굴 중에 15개만 출입이 가능하다. 동굴은 티크나무와 사하수나무 숲에 있다. 매표소는 있어도 다른 편의시설은 전혀 없다. 1987년 세계문화유산에 등재되었다.

내가 여지껏 본 인도 유네스코 세계문화유산 중 가장 개발이 안 된 곳이다. 유네스코 본부에서도 좀 개발하라고 독촉하지 않나? 물론 그 가치가 인정되니까, 등재(登載)를 허가했겠지만 우리 같은 외국 여행자가 멀리서 찾아와 어느 정도의 볼거리로 흥미를 느껴야 되지 않겠나? 그래 놓고 주제넘게 입장료만 받아 챙기는 곳이다.

"당신이 할 수 없는 일에 매달리지 말고 당신이 할 수 있는 일을 더 하도록 해라."

그렇다! 빔베트카 여기서는 내가 어떻게 해 볼 방법이 없다. 이 힘을 내가 좋아하는 곳에 가서 더 쓰도록 노력하자. **호사유피(虎死留皮)**, 범이 죽으면 가죽을, 사람이 죽으면 이름을 남긴다고 했다. 나는 인도여행기 3권을 남기고 싶어 오늘도 노력하고 있다.

빔베트카(Bhimbetka) U.세계문화유산

나의 인도여행(印度旅行)은

① 『꽃 중년 인도 자유배낭여행』은 2011부터 2014년까지 4년의 이야기다. 이번의 이 책은 2015년부터 2019년까지 5년의 이야기만 하려고 처음에 계획했는데 주위의 여러 지인들의 의견을 종합하여 9년을 한권으로 통권(統卷)했다.

② 다른 여행기나 가이드북에서는 저자가 안 가 본 곳도 넣었지만, 나의 책은 확실히 내가 직접 가 본 곳만 넣었다.

③ 인도여행을 처음 가면서는 여행기를 써야겠다는 계획이 없었는데 3번째(2013년) 여행 때 함피에서 몸이 너무 아파 죽을 고생을 하고 나서 아무도 모르는 내 인도여행 체험담을 여행기를 써야겠다고 마음먹었다.

④ 인도의 볼거리는 여러 곳의 유명한 건축물도 있지만 내가 보는 견해는 아무래도 유네스코 세계문화유산이 인정하는 인도 U.세계문화유산이다. 그래서 나의 이번 책은 인도 세계문화유산과 불교 성지를 중점적으로 다루었다.

⑤ 나는 요즘의 젊은 해외 여행자들과 비교가 안 되지만 첫 해외여행(海外旅行)이 1995년 55세에 처음 이루어졌다. 우리가 젊었을 때는 평범한 여행 목적으로 해외 나가는 건 법으로 금지되었을 때였다.

⑥ 그리고 나 같은 경우 그때 여행 허가가 나와도 우선 여비(돈)가 없어 못 가던 형편이었다.

⑦ 요즘 젊은 대학생들이 여행하는 걸 보면 대견스럽지만 나는 그래도 내 할 일과 가정의 도리를 어느 정도 다 해 놓고 노후에 하는 여행으로 마음에 부담은 좀 덜했다. 그러나 여행의 감동은 역시 한 살이라도 젊어서 해야 크고 도움도 될 것 같았다.

⑧ 나의 9년 인도여행의 남다른 점은 밤의 유흥가에 한 번도 가지 않았고 소문난 맛있는 음식점을 찾아다니지 않고 오직 밤에는 일찍 자고 아침엔 일찍 일어나 밥 해 먹고 힘차게 출발하는, 오직 여행에만 몰두했다는 점이다.

⑨ 내 친구들은 내 사진을 보고 "인도에서 예쁜 여자들과 데이트도 하지 않았나?" 하지만 내가 인도에서 그런 일을 하면 내 여행 신조나 목적에 어긋나고 집에서 내가 무사히 돌아와 주길 기도하는 와이프와 아이들의 기대를 무너뜨리는 행위로 내 자신이 용납(容納)되지 않았다.

⑩ 원래 등산과 여행을 좋아하던 나는 젊을 때 해외에 못 나가는 대신 국내여행을 많이 했다. 내 생각이지만 내 연령 또래로 치면 나만큼 국내 등산과 여행을 많이 한 사람도 쉽게 찾을 수가 없지 않을까 생각한다.

⑪ 그런데 나도 다른 사람처럼 나이가 많아지니 체력에 부담이 되어 등산에서 여행길로 들어선 것이다.

⑫ 등산으로 산길을 걷는 데 익숙한 나는 나이가 들어도 걷는 일에는 자신 있고 좋아해 인도여행 때도 웬만한 거리는 구경도 할 겸 걸어 다녔다.

델리 레드포트(붉은 성) 앞에서~

⑬ 나의 인도여행은 감사. 인내. 사랑. 긍정. 용서를 터득하고 실천에 옮기는 구도여행(求道旅行)으로 노력했으나 지금까지 나타난 효과는 없는 것 같다. 그러나 이 트레닝은 계속 된다.

⑭ 돌아보면 보통 사람들의 소원인 '해외여행' 그리고 내가 좋아하는 '국내여행'을 많이 해서 내가 생각해도 나는 참 행운이다. 그런데도 인간이란 욕심(欲心)이 많아서 그런지 아직도 아쉬움이 많고 미련이 많다. 코로나도 그렇지만 이제 모든 걸 내려놓아야 할 때가 온 것 같다.

⑮ 어쨌든 나는 더운 지방이 좋아 코로나가 끝나면 여행은 안 해도 더운 나라에 가서 일 년에 두 달 정도 살고 싶다. 그 나라가 인도가 되었으면 더욱 좋겠다.

⑯ 인도여행, 나는 맨 처음엔 더운 날씨를 만끽하고 싶어서 갔고 그 다음에 끝없는 유적이 좋았고 지금은 그 서글한 눈과 마음씨 좋은 인도인(印度人)이 더 좋아졌다. 그래서 항상 감사하는 마음으로 인도여행을 한다.

KBS 아침마당에 인도여행 이야기로 출연

4. 아잔타 Ajanta U.세계문화유산

　찬란한 불교 석굴 벽화! 불교 예술의 극치 동굴 프레스코화! 호텔에서 8시 45분 출발하여 오토릭샤를 타고 버스 터미널에 갔다. 아잔타로 로컬 버스를 타고 가는데 3시간, 오는데 3시간 걸렸다. 입장 티켓은 250루피(4,600원)였다.

　불교 유적지로 정말 멋있더라. 규모도 크고 볼거리가 부다가야를 훨씬 능가했다. 그런데 올라가면서 동굴을 들어갔다 나왔다를 약 20번 이상 하니 마지막 26번째는 더위와 함께 많이 지쳤다. 점심 식사는 빵과 삶은 계란 등 잘 준비해 갔다. 그 안에는 식당이 없었다. 사진 많이 찍었고 여길 안 보곤 인도 이야기를 못 할 정도로 유명 유적지다. 일본 사람이 좀 보이고 서양 백인도 보이는데 한국 사람은 안 보인다. 2시 45분경 구경을 마치고 셔틀버스를 타고 나와서 오토바이 등 뒤에 타고 50루피(930원)를 주고 버스정류소까지 왔다. 날씨 맑고 오늘 그렇게 덥진 않는데 언덕 석굴 올라가는데 아주 힘들었다.

　8번 동굴 아래의 다리를 통해 와고레 강을 건너 조금만 걸으면 첫 번째 전망대가 나오고 여기서 오르막을 40분 오르면 영국인이 최초로 발견했다는 두 번째 전망대가 나온단다. 전망대 두 곳에서 말굽 형태의 협곡 전경을 감상할 수 있다는데 나중에 너무 힘들어 두 번째 전망대는 중도에 포기하고 얘기만 들었다.

◎ 아잔타(Ajanta)

인도 회화의 최고봉으로 불교미술의 보고(寶庫)!

아잔타는 아우랑가바드에서 북동쪽으로 약 100km 위치에 있다. 엘로라는 불교, 힌두교, 자이나교가 한곳에 모인 다양한 종교의 보고라 한다면, 아잔타는 인도 초기 불교의 건축, 조각, 회화 등 예술적 가치가 응집된 곳이다. 인도 최초의 불교 수도원으로도 유명하다. 하지만 엘로라 석굴이 조성되면서 쇠락하여 황무지가 되었다. 1819년 영국인 존 스미스경의 사냥꾼들이 우연히 발견하여 다시 떠오르게 된다. 석굴의 많은 프레스코 벽화는 높은 문화적 가치로 인정받게 된다.

천연 접착제 염료로 만들어 보존 상태가 매우 좋은 편이다. 아잔타의 30개 동굴이 와고레 강 협곡의 언덕에 자리해 있다. 대승불교의 최고봉인 비하라인 1번 동굴은 마지막에 만들어진 동굴로 가장 아름답다. 최고의 걸작품 '보디사트바 파드마파니'를 이곳에서 볼 수 있다. 1983년에 세계문화유산(Unesco World Heritage)으로 등재되었다.

오늘 아잔타에서 관광 온 서양인 미녀를 봤다. 호치단순(皓齒丹脣), 여자의 흰 이와 붉은 입술 정말 예쁘더라. 그러나 나는 잘생긴 얼굴은 나에게 필요없다. 여자나 남자나 너무 잘생기면 덕이 부족하고 사생활이 복잡할 수 있다는 말을 많이 들어서다. 오히려 책을 많이 읽고 긍정적인 마인드를 가진 현모양처가 나는 좋다.

오늘 그 동굴을 몇 번이나 들락날락했는지 모르겠다. 그러나 그 동굴 벽화와 10번 불상은 난생 처음 보는 불상인데 얼마나 아름답고 신기했던지 힘든 줄 몰랐다. 그러나 건너편 전망대를 올라가서 이쪽을 보고 싶었는데 그때는 너무 힘들어 포기했다. 어떤 인도 관광객들은 네 사람이

드는 가마를 타고 관람하기도 했다.
 붓다가 말씀하셨다. 자신(自身)을 존중하지 않으면 모든 것을 다 가져도 의미가 없다. 첫째가 자기 존중이다. 이 순간 나는 나를 존중하고 있는가?

아잔타(Ajanta)
세계 최고의 석굴 10번 불상 U.세계문화유산

5.
엘로라 Elloro U.세계문화유산

카알라쉬 사원을 보는 순간, 인간의 예술적 힘은 한없이 위대하구나! 엘로라 동굴을 수없이 들락날락, 날씨는 덥고 힘들어 죽을힘을 다해 구경했다. 아잔타만큼 기대를 안 하고 갔는데 정말 아잔타보다 더 좋았다. 아침 9시 30분 출발했다. 어제 사과 장수한테 속아 기분 나빴던 것, 오늘 다른 사람한테 화풀이했던 것…. 그렇게 안 해야 되는 거다. 그 사람한테 미안해서…. 엘로라로 가는 로컬버스에서 어제처럼 지나가지 않으려고 카알라시 엘로라 사원에 내려 달라고 했는데 오늘 또 지나가서 내려 줬다.

할 수 없이 오토릭샤를 타고 다시 내려왔다. 버스비 228루피(4,200원)에 돌아오는 오토릭샤 40루피. 화가 났지만 16번 첫 힌두 사원을 보면서 다 잊어버렸다. 불교, 힌두교, 자인교 3신 사원이 정말 화려하다. 16번부터 1번 순까지 보고 다시 셔틀버스 타고 가서 자인교 사원 29~32번 보고 다시 버스타고 나오다 17~22번 석굴(石窟)을 보았다. 나중에는 덥고 생수도 떨어져 그 뒤는 확인도 안하고 그냥 보고 내려왔다. 정말 엘로라를 안 보고는 인도를 얘기할 수 없을 정도로 규모도 크고 황홀했다.

◎ **엘로라 석굴 사원(Elloro Cave Tempie)**
783년 라슈트라쿠타 왕조 때 건설되었으며 인도 석굴 사원의 어머니라는 찬사를 받고 있는 엘로라 석굴 사원의 하이라이트다. 크리슈나 1세에 의해 건설되었다. 아우랑가바드에서 38km 거리에 있고, 입장료는 외국인 250루피(4,600원), 내국인 10루피(185원)이다. 1983년 유네스코 세계문화유산으로 지정된 경이로운 동굴 사원으로 2km의 급경사를 따라 자리해 있다. 엘로라에는 총 34개의 동굴이 있는데 12개 불교 동굴, 17개 힌두교 동굴, 5개 자이나 동굴로 AD 600~1000년 사이에 건축되었다. 가장 웅장한 동굴은 16번 카일라사 사원으로 단일 암석(巖石)으로는 세계에서 가장 큰 석조 동굴이며 150년에 걸쳐 만들었고 시바 신을 모시는 사원으로 인도 고대 건축의 백미로 꼽힌다. 불교, 힌두교, 자인교 유적이 혼재되어도 반목 현상과 종교 마찰은 없었던 곳이며 마하라슈트라주의 종교 예술의 보고이다. 안내문 팜플릿에 나와 있다.

◎ 카일라쉬 사원(Kailash Temple)

라슈트라쿠타 왕조의 크리슈나 1세가 AD 760년에 만든 시바 신의 히말라야 거주지 카일라쉬 산을 상징하는 웅장한 사원이다. 불교 동굴은 1~12번까지로 매우 인상적인 조각을 볼 수 있으며 비하라 수도원들이다. 힌두교 동굴은 13~29번까지로 규모와 독창성이 돋보이며 극적인 흥분이 살아 숨 쉰다. 자인교 동굴은 30~34번까지이며 정교한 조각들을 간직하며 북쪽으로 1km 떨어진 끝자락에 있다.

무슬림들은 전쟁할 때 종교 사원부터 파괴했는데 여기처럼 종교끼리 사이가 좋은 곳은 처음 보았다. 불교, 힌두교, 자이나교가 서로 경쟁을 하듯 동굴(洞窟) 사원을 잘 지어 놓았다. 천년을 잘 지켜 온 고마움도 느꼈다. 그 중에서도 카일라쉬 사원은 정말 숨이 막힐 만큼 아름답다. 만세! 소리가 입 밖으로 튀어나올 지경이었다.
 엘로라 만세! 인도 만세! 인도여행 만만세~!!

다음 날, 쿨다바드(Khuldabad)
 아우랑제브의 아들과 수피교의 왕과 성자의 무덤이 몰려 있는 곳이다. 쿨다바드는 이슬람의 창시자 모하메드의 옷이 있는, 인도에서 가장 유명한 이슬람 성지이다. 대체로 조용한 곳이지만 매년 4월이 되면 순례자(巡禮者)들로 지역이 인산인해를 이룬단다. 마호메트의 수염, 입었던 옷과 나무에서 딴 은 덩어리를 볼 수 있기 때문이다.
 당신을 변화시키는 힘은 당신 안에 있다. 오늘 이 동굴 안에서 사원들을 보면서 많은 생각을 했다. 나도 내 인생의 마무리만은 정말 인간답게 내 생애의 진 빚을 다 갚으며 멋있게 마감하고 싶다. 꼭 이루고 말 테다!

카일라쉬 사원(Kailash Temple)
U.세계문화유산

6.
아우랑가바드 불교 석굴
Aurangabad Buddha Caves

아우랑가바드는 오늘 하루뿐이다. 아우랑가바드 석굴로 간다는 것이 버스를 타고 보니 또 엘로라로 가게 되었다. 다시 입장 티켓을 250루피 (4,600원)에 사고 22번 석굴부터 27번까지 자세히 보았다. 다시 오길 잘했다. 엘로라를 미처 못 본 곳 5~6군데를 한 번 더 보았다. 히스트로 박물관은 못 갔다. 점심 식사는 엘로라 입구 식당에서 차이나 샌드위치 4쪽과 사이다로 했다. 다시 합승 택시를 타고 아우랑가바드 석굴 120루피에 갔다. 여기도 안 왔으면 또 후회(後悔)할 뻔했다. 부디즘 불교 석굴이 위치가 비비 카 마크바라 삭은 타지마할 뒤쪽이다.

입장 티켓은 100루피(1,850원)이며 내려올 때와 호텔 돌아올 때 오토 릭샤를 타고 왔다.

◎ 아우랑가바드 불교 석굴(Aurangabad Buddha Caves)

엘로라나 아잔타보다는 규모나 수준이 떨어지지만 언덕을 깎아 조성한 10개의 동굴이 모두 불교 동굴이며 도시 밖에 산비탈을 깎아 만든 이 석굴은 2~7세기에 만들어진 것으로 추정된다. 초기 불교 건축 양식을 찾아볼 수 있는 12개의 석굴은 1km 거리를 사이에 두고 두 그룹으로 나눠져 있다. 10~12번 석굴은 미완성 상태지만 각각의 석굴들은 특징을 가지고 있다. 관람객이 많지 않은 조용한 분위기는 정말 불교 예술(佛

敎藝術)을 감상하는 데 더없이 좋은 기회였다.

아우랑가바드(Aurangabad)는 정말 볼 곳이 많은 도시이다. 다시 말하지만 비비 카 마크바라 뒤 산 중턱에 있는 이 불교 석굴은 엘로라나 아잔타에 가려 큰 빛을 못 보고 있는 분위기이지만 이곳이 델리 근처에만 있어도 얼마나 많은 사람들의 찬사(讚辭)를 받았을까? 생각해 본다. 아우랑가바드는 불교 예술의 천국이다. 비비 카 마크바라 보고 그냥 가지말고 바로 뒤쪽의 이 석굴을 꼭 보고 갈 일이다.

호텔 매니저가 와이파이를 계속 고쳐 줘서 고마운 마음에 내 명함과 같이 팁 100루피(1,850원)를 주었다. 다음에 혹시나 한국 여행객과 연결될까 봐도 생각하며 주었다. 어젯밤 호텔 107호에서 아이 문 소리가 자꾸 나서 밤 11시 30분에 웨이터를 데리고 가서 항의했다. 그렇게 안 했으면 언제 끝나고 잠들지 몰라…. 이 호텔을 좋다고 생각해도 이렇게 한 가지 흠은 다 있다.

인간이 고뇌에 지는 것은 수치가 아니다. 쾌락에 지는 것이야 말로 수치다. 나는 쾌락에 이기고 지는 시기는 이제 끝났다고 본다. 그런 면에서 나는 마음이 편하다. 이제 고뇌에 대한 나와의 싸움만 남았다. 여기서 이기기 위해 좋은 일을 많이 하고 싶다. **나의 인도여행기가 '화중지병'되지 않도록 최선을 다해야 한다. 완전 체험을 통한 그림의 떡이 아닌 실제 인도여행을 하는 데 도움이 되도록 쓰려고 노력해야 한다.**

7.
빈두 사가르 호수Bindu Sagar - 부바네스와르

빈두 사가르 주변의 힌두교인이 아니면 못 들어가는 인드라 마수레로 사원을 뒷담에서 내려다보니 못 들어가서 더 그런지 정말 멋있었다. 아침에 큰딸, 작은사위와 전화 통화했다. 호텔 방 온도가 34도까지 올라가 밖에 나가기가 겁난다. 오토릭샤를 타고 시장에 가서 쌀, 계란, 양파를 사 왔다. 이 호텔 옥상 레스토랑에서 파는 프라이드치킨 라이스(닭 볶음밥)가 맛있어도 내가 해 먹는 음식만 못하다. 유니트(Unite) 마켓 시장은 컸었다. 오후 3시에 나서서 오토릭샤를 타고 빈두 사가르에 갔는데 이 호수 주변(湖水周邊)에 사원이 많이 모여 있었다.

맨 처음 본 곳은 링가라즈 사원으로 푸리의 자간나트 사원과 함께 오디사주에서 가장 큰 사원이다. 이곳 사원 중에서 가장 멋있는데 힌두교인 아니면 출입금지라 뒤쪽 약간 높은 담벼락에서 잠깐 보고는 기부금 50루피(900원)를 주었다. 그 다음 소형 사원 약 3개를 더 보고 시원한 호숫가에서 쉬다가 나오면서 사각 연못을 끼고 사이클 릭샤를 타고 가 보니 몇 년전에 갔던 묵테스와르 사원도 보였다.

◎ 링가라즈 사원(Lingaraj Mandir)

빈두 사가르(Bindu Sagar)는 링가라즈 사원 옆에 있는 연못으로 여기서 목욕을 하면 최고의 죄악을 씻어 내는 효과가 있다고 한다. 그런데 연못 물이 너무 더러운데 마시는 사람도 있었다.

◎ 부바네스와르(Bhubaneswar)

오리사주의 주도이며 인구는 약 67만 명으로 인도의 최고 사원 도시라는 말처럼 10세기 강가 왕조의 수도였다. 약 7,000개의 사원이 있었으나 이슬람 세력의 침입(侵入)으로 파괴되어 현재 약 500개의 사원이 남아 있다. 인도 동부 오리사주의 주도이며, 옛 이름은 부바네스바라(Bhuvaneśvara)이다. BC 3세기부터 시작된 부바네스와르의 역사는 빈두 사가르 부근 중심 유적지에서 찾아볼 수 있다.

이 도시는 5~10세기에 수많은 힌두 왕조의 지방 수도이자 시바 신 숭배의 중심지로 7~16세기에 걸쳐 이루어 졌다. 휴양도시 푸리와 수르야 사원의 코나라크, 종교 도시 부바네스와르 이 세 도시가 오리사주의 관광 골든 트라이앵글을 이루고 있어 순례자와 관광객이 일년 내내 줄지어 찾아오는 곳이다.

친절은 사회를 하나로 묶는 황금 사슬이다. 모든 아름다운 사회의 시작은 친절(親切)로부터 나온다. 그런데 이 사원들을 지을 때도 친절이란 말이 있었겠지. 인권이 미비했지만 종교를 통해 법과 질서와 원칙, 예의가 있었던 것이 분명히 느껴진다. 오늘 만난 사원 관리인은 정말 친절했다. 부바네스와르는 힌두 사원이 너무 많아 나중에는 묵티나트 사원, 링가라즈 사원 등 몇 곳만 기억되고 나머지는 헷갈려서 사원 이름도 잘 기억이 안 난다. 사원이 약 500개나 된다니 이 사원만 다 보는 데도 몇 년이 걸릴 것 같다. 이 사람들의 모든 인생과 관심(Attention)은 힌두교만 생각하고 사원만 짓다가 끝나나 보다.

다음 날, 우다야기리 동굴과 칸다기리 동굴

오전 10시에 나서서 우다야기리 동굴에 오토릭샤를 타고 갔는데 썩 좋지는 않지만 관광객은 많았다. 입장 티켓은 외국인 100루피(1,850원), 인도인 5루피이고 다음 칸다기리 동굴에 갔는데 두 동굴이 다행히 붙어 있어 보기 편했다. 여기는 우다야기리 동굴보다 더 높아 약간 힘들었다.

점심 식사는 호텔 방에서 짜왕 라면 조리하여 먹고 쉬다가 오후 4시에 나서서 박물관 걸어가니 일요일은 오후 4시까지다. 화요일에 다시 오란다. 그 길로 오토릭샤를 타고 올드 타운에 가서 링가다르 뒤쪽의 사원 몇 개를 보았다. 여기도 사원 천국이다. 다시 빈두 사가르 호수(湖水)로 걸어서 가다가 오토릭샤를 타고 길바나 스케이트로 돌아왔다.

◎ 우다야기리(Udayagiri)

일출로도 유명한 이곳은 도심 서쪽 6km 부근 두 개의 언덕에 바위를 깎아 만든 동굴로 기원전 1세기경 자이나교 수도자들을 위해 만들어진 곳이다. 1번 동굴은 여왕의 궁전, 3번은 코끼리 동굴, 12번은 호랑이 동굴, 14번은 코브라 뱀 동굴인데 이곳을 건립한 카라벨라 왕의 업적이 실린 비문(碑文)이 있다.

◎ 칸다기리(Khandagiri)

올라가면서 오른쪽의 코끼리, 꽃, 거위가 새겨진 아난타 동굴과 여러 개의 자이나 사원이 있고 정상의 자이나 순백색 사원에 가면 부바네스와르의 시내가 보이는 멋진 전망을 감상할 수 있다

내가 이 더운 곳에서 대체 무슨 생각으로, 어젯밤 호텔 옥상에서 한국

에서는 못 느끼는 한여름밤의 정취를 즐겼나? 밤에는 훈풍이 불어와 좋았다. 저녁 식사로 호텔 레스토랑에서 샌드위치 먹었는데 맛있었다. 간만에 기분 좋았다. 무드~ 베리 나이스!

우다야기리(Udayagiri)

칸다기리(Khandagiri)

빈두 사가르(Bindu Sagar) 호수
호수 주변으로 주요 사원이 몰려 있다 - 부바네스와르

빈두 사가르(Bindu Sagar) 호수 - 부바네스와르

바니 산카라 사원(Bhabani Sankara Temple)
색과 백색의 탑들이 모여 있는 아름다운 사원

링가라즈 사원(Lingaraj Mandir)
1,100년경 건설되었으며 54m의 높이를 자랑하

8.
푸리 - 수르야 사원 Surya Temple
U.세계문화유산

   3년 만에 다시 찾아온 푸리, 오전 10시에 나서서 코나라크는 차가 자주 안 다닌다니 우선 교통이 쉬운 푸리로 갔다. 60km로 1시간 30분 걸려 터미널에 도착하여 사이클 릭샤를 타고 3년 전에 갔던 골든 해변 끝까지 다시 가 보았다. 여길 다시 오길 참 잘했구나! 바닷가에는 수영하는 사람들이 아주 많았다. 점심 식사는 빅보스 식당에서 생선 탈리(생선 졸임)를 먹었는데 맛있고 오랜만에 생선을 먹었다. 그 길로 걸어서 자간나트 사원을 지나 어느 오래된 집 입구 그늘에서 30분 쉬다가 다시 시내버스를 타고 터미널에 왔다. 거기서 시외버스를 디고 호텔에 오니 오후 5시 40분이었다. 오늘 날씨는 그렇게 많이 덥지 않았다. 푸리는 이번에 왕복 버스가 아주 편안했고 자간나트 근처도 그때보다 훨씬 여유롭게 보았다.

◎ 푸리(Puri)

   인구 약 16만 2천 명으로 동인도 해안 주요 도시이며 자간나트 신의 힌두교 성지이다. 또 맛있는 해산물을 먹고 몸과 마음의 피로를 푸는 멋진 해변 휴양지(休養地)이다. 기업의 휴가용 숙소들이 많고 콜카타가 휴일을 맞아 붐빌 때면 복잡하단다. 인도 동부 오리사주 동부 벵골 만에 있는 이 해안도시는 수공예, 생선 저장, 정미업 등 거래 중심지이며 철도역의 종착지이기도 하다.

◎ 자간나트 사원(Jagannātha Mandir)

푸리는 조용한 어촌마을이지만 해마다 한 번씩 여름 순례가 열리면 수많은 순례객들이 모여들고 거대한 신상의 수레바퀴를 돌리면서 축제를 즐긴다. 1135년 건축되었다. 힌두교인이 아니면 출입이 안 되고 지금은 사원 보수공사 중이다. 자간나트 신의 복종 정신으로 평온하게 살아가는 힌두 성지이며 매년 6~7월에는 라트아트라 축제로 전국의 힌두교도 순례자들이 푸리로 찾아온다.

골든 해변(Golden Beach)의 긴 해변 산책로를 걷다 보면 각종 해산물 등 간식거리를 파는 노점들이 모여 있어 해변 휴양지로 적합하다. 내 숙소가 있었던 어촌 해변보다는 규모가 크고 고급호텔, 레스토랑이 들어서 있다

회자정리(會者定離), 인간은 만나면 언젠가는 헤어지게 되어 있다. 인생의 무상함을 일컫는 말이다. 그런데 한용운은 헤어질 때 다시 만날 것을 믿는다고 했다. 나도 인도여행에서 만나는 사람도 다시 만나길 바란다. 오늘 3년 전 친절했던 그 릭샤왈라 아저씨가 생각났지만 만날 순 없었다.

2013년 여길 처음 왔을 때 생각이 났다. 내가 그 기념품 상점의 주인에게 힌두신자가 아닌 사람이 자간나트 사원에 들어갈 방법이 있느냐고 물었더니 그 주인이 200루피(3,700원)만 자기에게 주면 같이 사원에 들어갈 수 있다고 했다. 나는 마음이 당겨 어떻게 들어가느냐고 물었더니 힌두교복을 보여 주며 이걸 갈아입으라고 했다. 나는 잠시 생각하다가 잘못하면 신성 모욕죄(侮辱罪)로 큰 곤욕을 당할 수 있겠다 싶어 거절하

고 상점을 나왔다.

　인간은 자유이며 항상 자기 자신의 선택에 의해서 행동해야 한다. 아무리 인간이 자유이고 내가 자유여행을 한다지만 변장을 하고 불법을 선택하며 하고 싶지는 않다. 나는 사소하다고 보인 행동이지만 인도인들은 큰 범죄로 생각할 수가 있으니 말이다. 지금 다시 생각하니 웃음이 나왔다.

수르야 사원(Sun temple) - 코나라크 U.세계문화유산

　오전 9시 30분 나서서 코나라크까지 70km, 버스비 45루피(850원)를 내고 갔다. 코나라크 사원에 들어갈 마음은 없었는데 거기까지 간데다 또 그 주변에 볼거리가 없어 들어갔는데 입장 티켓이 외국인은 250루피(4,600원), 인도인은 10루피였다. 여기는 3년 전 처음 볼 때보다는 규모가 조금 작아 보이는 느낌이다. 왜 그럴까? 다 알고 있어서 그럴까? 점심 식사는 넓은 궁전 같은 기소르 가든의 식당에서 치킨 누들과 사이나를 먹었다. 손님도 나 혼자로 3년 전 그 식당과는 천지 차이로 좋았다.

◎ 코나라크(konarak)

　13세기 동강가 왕 랑골라 나라심하가 세웠다. 인구 약 7,000명으로 푸리에서 동쪽으로 35km 떨어져 있다. 수르야 사원(Surya Temple)이 있는 곳으로 일명 태양 사원이라 부르는 힌두교 사원이 있다. 강가 왕조 랑굴라 나라심하가 이슬람을 물리친 세운 승전(勝戰) 기념 사원으로 건축되었다. 1984년 유네스코 세계문화유산에 등재된 아름다운 사원이다. 나병을 고쳐 준 태양신 수르야에게 감사의 뜻으로 지은 사원이다.

돌아오는 길은 참 멀고 지루하였다. 부바네스와르 다 와서 칸바나에서 두 번째 들어간 백색 사원 '캐다르스바나'를 머릿속에 확실히 기억해 두고 합승 지프를 타고 돌아왔다. 오늘은 부바네스와르 8일 마지막 날로 정말 완벽하게 구경 잘했다. 날씨는 구름이 뿌옇게 끼어 될 더웠다.
내일 발라소르에 무사히 도착해야 할 텐데….

골든 해변(Golden Beach)
어선들이 들어오면 바로 생선 경매 어시장이 열리는 곳

자간나트 사원(Jagannātha) - 푸리

수르야 사원(Surya Temple) 인도 청년들과

수르야 사원(Surya Temple)
태양 사원이라고도 한다

수라야 사원(Surya Temple) - 코나라크

태양 사원(Sun temple) 수르야 사원 U.세계문화유산

휴게실 lounge

2005년 중국여행

  2005년 나는 60살의 나이로 중국을 혼자서 처음 갔다. 말만 듣고 책에서만 본 중국을 여행하면서 3월 30일부터 열리는 제 48회 세계탁구대회도 구경하고 중국 탁구인들과 탁구 게임도 해 보고 싶었다. 3월 25일 상해에 도착하여 인터넷을 통해 알데 된 조선족 동사장 아저씨(46세)가 하는 아파트 민박에 숙소를 정했다. 관광을 할 때는 중국여행 가이드북과 동사장의 설명을 들었다. 상해시에서 처음 보는 그 빌딩 숲은 너무 높고 아름다워 눈이 부시고 혼이 나갈 정도였다. 동방명주 전망대에서 내려다보이는 와이탄과 황포강, 상해 시내는 한 폭의 그림같이 멋졌다.

- 4월 초 새봄을 맞이하여 꽃피고 새 우는 계절에 황포강가에 나온 중국 젊은 연인들
- 한가롭게 또 분주히 떠다니는 유람선을 타고 황포강을 떠다니며 관광하던 일
- 유럽풍의 각 건축 양식으로 지어져 늘어선 고색창연한 건축물들
- 3,000년 된 당나라 시대에 실제 있었던 유서 깊은 골목들
- 수많은 인파에 복잡하고 활력 있는 유웬 거리

  사람을 '뽕~' 하게 취해 버리게 만드는 상해는 평생 추억으로 잊지 못할 것 같다. 그리고 처음 보는 세계탁구대회의 규모와 중국인들의 탁구 사랑, 열기 어느 것 한 가지 경이롭지 않거나 놀랍지 않은 게 없었다.

  상해(上海) - 처음 보는 멋진 빌딩의 숲 상하이 와이탄 시가지 동방명주 전망대에서 내려다보는 상해 시가지와 황포강 인파로 넘치는 화려한 유웬거리 - 마침 4월초 봄이 열리는 황포강가로 데이트 나온 젊은 연인들 - 유람선

서안의 진시황제 병마용,
상해에서 탁구 우승컵을 잡고~

을 타고 황포강을 오가며 보는 상해 항구의 모습, 늘어선 유럽풍의 고풍스럽고 아름다운 건물들 -나는 평생 이 추억을 잊을 수 없을 만큼 감동적이었다.

서안(西安)은 도시 안에 큰 고성이 있다. 성 위로만 걸어 다니면서 보는 것은 큰 구경거리였다. 진시황의 병마용은 놀랍기도 하지만 어디서 소문을 듣고 왔는지 몰려온 세계 각국의 서양 백인 인파에 한 번 더 놀랐다. 숙소 귀락원의 50대 주인 아줌마는 또 얼마나 친절히 나를 도와줬나 말로 다 못하게 고마웠다.

란주(兰铸)는 시내 한가운데로 붉은 황토색 황하강이 흐른다. 그 강가로 계속 거닐며 돌아다녔다. 경찰 대학 다니는 그 조선족 학생은 지금쯤 경찰 간부가 되어 있을까?

시닝(甘肅省, Xining)은 실크로드가 시작되는 중국 대륙의 한복판이다. 어딜 가도 중국에는 사람이 많다. 그 30살 조선족 한식당 주인은 또 얼마나 나를 잘 도와주었나? 베이징으로 가는 항공표도 여행사에 같이 가서 사 주지 않았나? 식사를 제대로 못 하니 급격히 몸이 안 좋아 베이징으로 돌아왔지 않았나….

베이징(北京)은 발 디디는 곳마다 넘치는 구경거리가 넘쳤다. 자금성, 만리장성, 조류 판매 거리 등. 가까운 판자웬 골동품 거리는 재미있어 또 몇 번을 갔나? 귀락원에서 1박 2식에 5,000원, 밥반찬으로 매일 소고기, 돼지고기가 나왔다. 중국여행이 이렇게까지 좋은 줄은 이번에 처음 알았다. 비용도 적게 드니 앞으로 자주 여행할 생각이다.

9.
찬디푸르 해변Chandipur Beach - 발라소르

　오전 9시 30분 나서서 찬디푸르 해변에 갔다. 합승 오토릭샤를 10루피(185원)에 타고 내려가서 다시 오픈 오토릭샤를 120루피(2,200원)에 타고 기분 냈다. 호텔에서 15km가 맞고 제법 멀었다. 조수 간만이 심한 갯벌만 보이고 해변은 보이지 않는다. 야자 한 통 20루피에 사 먹고 여기 입구의 눈더미처럼 하얀 염전이 보이며 사이클 릭샤를 20루피에 타고 더 안으로 내려가니 어선이 많이 보이고 큰 얼음 냉장 작업을 하고 있다. 다시 자전거 나무판 수레 50루피에 타고 더 안동네로 들어가니 거기는 어판장(魚販場)이 많은 큰 어촌 마을이다.
　점심 식사는 어느 완전 창고 같은 식당 들어가 반찬 4개, 사이다와 준비한 바나나를 먹고 10루피에 버스를 타고 발라소르 버스 정류소로 돌아왔다. 그냥 어슬렁 돌아다니는데도 재미있다. 거기서 자간나트 사원을 오후 3시에 찾아갔다. 사원 이름이 푸리의 자간나트와 같았다. 그렇게 오래되진 않은 것 같은데 규모가 크고 멋있어 한참을 구경했다.

◎ 찬디푸르 해변(Chandipur Beach)
　오디샤주의 조수의 차가 심해 썰물 때는 4km나 물이 빠져 바다가 없어지고 거대한 갯벌을 이루는 곳으로 거닐기 좋은 평온한 해변 마을이며 조수 간만의 차가 무려 5km에 이르는 벵갈 만에 위치하고 있다.

◎ 자간나트 사원(Jagannath Temple)

푸리의 자간나트 사원과 이름이 같고 면적이 넓고 사원 동수가 많다. 그렇게 오래되지는 않은 느낌이며 내가 갔을 때 탐방객이 제법 많았다.

부바네스와르와 콜카타 중간의 발라소르의 찬디푸르 해변을 구경하고 그 안쪽의 어촌 마을은 외국 여행객이 잘 안 들어오는 곳이다. 이런 곳일수록 현지민들은 외국인을 더 반갑게 바라보고 친절히 대한다. 이곳은 생선을 매일 잡아 오니 교통편은 오지이지만 경제적으로는 부촌(富村) 마을인 것 같은 느낌이 들었다.

웃음은 마음의 치료제일 뿐만 아니라 몸의 미용제라고 했다. 사람은 웃을 때가 가장 아름답다. 여기뿐만 아니라 인도인들은 화낸 얼굴을 한 사람을 보기가 어렵다. 대부분의 사람이 밝은 얼굴이며 웃는 얼굴을 많이 본다. 생활이 어려워도 인도인들은 웃음을 잃지 않는다. 이것이 인도인의 장점이다. 우리나라도 마찬가지지만 인도의 미래도 젊은 청년층에 달려 있다. '젊은이'란 장차 큰 역량을 이룰 존재라 존중하라. 후배를 무서워하라. 그러니 여행객들도 인도 청소년에게는 함부로 대하지 마라. 나는 마냥 그들이 사랑스럽기만 하다.

다음 날, 발람 가디(Balaram Gadi)

비단퍼아 카스팔로 가려 했는데 버스가 없어 막 출발하는 찬디푸르행을 타고 삼거리에 내렸다. 어떤 오토바이 등 뒤에 타고 군부대를 지나 다른 해변을 찾는다는 게 바로 그 아래 해변에 도달했다. 점심 식사는 식당에서 야채 정식과 사이다로 먹었다. 어젯밤에 천둥(天動)과 비가 좀 왔고 오늘은 낮에도 비가 조금 왔다.

다시 버스 타고 어촌 마을 발람 가디(Balaram Gadi) 가장 안쪽에 들어가 모래사장과 큰 나무 밑에서 바다를 보며 약 2시간 동안 불어오는 여름 훈풍을 즐겼다. 이번 여행에서 가장 좋은 휴식을 취했다. 나와서 오토릭샤를 100루피(1,850원)에 타고 돌아왔다. 그래서 오늘 느낀 것이 긴장을 풀고 될 대로 되라는 식으로 마음 편히 다녀야 한다.
여행 재미를 만끽하는 하루였다~

찬디푸르 해변(Chandipur Beach)

고피나스 사원(Gopinath Temple)
오디샤주 북부의 발라소르에서
가장 화려한 힌두 사원

발라소르(Balasore) 빈노 청년들과

카추베리아
강가사가르로 들어가는 페리호 선착장

키프티 보디스 사원 - 강가스와르

강가사가르 사원(Gangasagar Temple)

강가사가르 해변(Gangasagar Beach)
물고기 신

해피 홀리데이(happy holiday Festival)
강가사가르섬에서 보는 인도 청소년들

혼자 하는 인도여행

나는 여행을 물가가 싸서 경비가 적게 들어 경제적 부담이 적은 나라로 가 보고 싶고 그 나라 사람들이 외국인을 어느 정도는 반갑게 맞아 주는 나라였으면 좋겠다고 늘 생각했다. 내가 가장 싫어하는 여행은 유럽 쪽으로 키 크고 콧대 높은 백인들이 우리를 시큰둥한 눈으로 보고 대하는 것이다. 스트레스 풀려고 여행 갔다가 받고 오는 격이었다.

9년(455일)을 혼자서 인도여행을 했다.

인도 사람들은 좀 가난해도 채식주의로 순한 성격과 느긋한 심성이 내 마음에 들었다. 그래서 2011년 여행을 하고는 그 매력에 끌려 연속 9년을 계속해 왔다.

그리고 혼자 여행하게 된 동기는 대만 옥산과 코타키나발루 두 번의 여행사 패키지식 여행은 가이드의 깃발만 보고 따라다니며 산 정상에 올랐다는 기록 외에는 아무 재미도 흥미도 없는, 내가 바라는 방식의 여행이 아니었기 때문이었다. 그래서 나는 그때마다 어쨌든 '힘들어도 내 마음대로 움직이는 개인 자유여행을 하자.'라고 마음먹었다.

처음 네팔 EBC 트랙킹을 갈 때 내 주변에서 같이 갈 일행 한 명을 구하려고 무척 노력했다. 등산을 좋아해도 해발 5,000m 고산 트레킹을 가려는 사람이 잘 없었고 여행 기간이 한 달쯤 되니 직장인이나 직업을 가진 사람은 아예 안 되었다. 다음은 트레킹도 여행 기간도 다 되는데 여행 경비가 부담되어 안 되는 사람도 있었다. 결국 마땅한 사람이 없어 같이 갈 사람 구하는 일은 포기해 버렸는데 위의 3조건이 다 맞아도 그 외의 성격, 어느 정도의 트레킹 실력 등을 생각하다 보니 이 눈치 저 눈치 안 보고 혼자 훌쩍 떠나는 것이 상책이었다. 여행을 혼자 가는 것과 단체(2인 이상)로 가는 데는 큰 장점과 단점이 있다.

〈장점〉
- 일행에게 신경 쓸 필요가 없고 자기의 습관에 눈치 볼 일이 없다.
- 모든 행동과 계획, 일정을 자기중심으로 조정한다.
- 그 외 자기가 선호하는 일에 전념하고 몰두하기 좋다.

〈단점〉
- 여행 비용이 단체여행에 비해 더 들 수 있다.
- 비상시나 위험시는 혼자서 대처해야 한다.
- 대화 상대가 없어 허전하고 외로울 수 있다.

그리고 들은 이야기인데, 대체로 서로 맞는 것 같아 여행을 같이 가서 둘이서 한 방에 자 보니 코를 많이 골아 힘들었다, 또 이빨을 많이 갈고 잠꼬대 소리를 많이 하여 무서웠다, 또 한 사람은 밤 10시에는 꼭 자야 하고 잘 때는 반드시 전깃불을 꺼야 잠이 온다는 등의 경우가 많다고 한다. 그래서 여행은 같이 해도 방은 따로 써야 된다고 했다. 그렇게 되면 여행비 절감에도 별로 도움이 되지 않는다고도 했다. 나의 경우 2004년 네팔 히말라야 트레킹 때, 처음 혼자 하고 나서 자신감을 많이 얻었다. 그런데 여행이든 등산이든 마니아가 될수록 혼자 여행하는 경향이 많다고 했다.

10.
강가사가르 섬Gangasagar Island

◎ **후글리 강이 바다를 만나는 사가르 섬**

　어젯밤에 방을 잘 옮겼다. 밤새 시끄러워 잠을 못 잘 뻔 했다. 해피 홀리데이 축제 전야제 행사를 한 것 같았다. 아침 9시에 나서서 선착장까지 걸어가는 동안 보이는 바다와 마을 풍경이 너무 마음에 들었다. 배는 1시간 간격으로 사가르 섬으로 드나들었다. 카드위프에서 약 45분 정도 배를 타고 섬에 도착한 곳은 카추베리아 선착장(船着場)으로 여기서 다시 버스를 타고 30km 강가사가르로 가는 기분은 정말 나이스였다.
　종점 강가사가르에 도착하여 점심 식사는 식당에서 야채 정식과 생선한 토막과 사이다를 먹었다. 100루피(1,850원)로 비싼 편이다. 너무 더워 기념품 가게 그늘과 그늘 사이로 피해 걸어서 바닷가에 오니 물속에서 목욕재계(沐浴齋戒) 하는 순례자들도 많았다. 돌아올 때는 버스 타고 카추베리아 나와서 5시 50분 페리를 타고 돌아왔다.

◎ **강가사가르(Gangasagar)**

　인구 약 6만 명에 콜카타에서 남쪽으로 약 120km 떨어져 있다. 바다를 만나는 강물은 정확히 말하면 갠지스 강의 본류는 아니다. 본류는 방글라데시로 흘러가고, 갠지스 강의 지류인 후글리 강이 벵골 바다를 만나는 이곳이 '강가사가르'라고 불리는 힌두교의 목욕 성지이다. 사가르 섬을 그냥 '강가사가르'라 부른다. 이곳에서는 겨울인 1월에 축제가 많이 열린다.

내가 인도 지도를 보면 가장 가 보고 싶었던 섬이 강가사가르였다. 카드위프에서 정기 페리를 타고 약 40분 건너가서 강가사가르 맨 끝 목욕성지를 가려면 또 버스를 약 30분 타야 한다. 그 바닷가에서 순례객들은 죄를 씻는 목욕을 하고 카프티 분디스 사원에 가서 예배를 올린다. 나는 더워도 목욕은 안하고 사원에서 여행의 안전을 비는 간단한 예배만 올렸다.

흑묘백묘(黑猫白猫), 검은고양이든 흰 고양이든 쥐만 잘 잡으면 된다. 나는 지금 경치가 좋든 안 좋든 가릴 곳이 없이 어디든지 시원한 곳에서 편이 앉아 쉬고 싶은 마음뿐이다. 같은 사물이라도 어떻게 보고 형상화하는가는 그 사람의 마음가짐에 따라 다르다. 여기를 여행하는 며칠간 나는 계속 기분이 좋았다. 그토록 오고 싶은 곳을 와서 좋고 섬의 구석구석을 돌아다니는 기쁨이 이만저만 좋은게 아니다. 마음이 즐거우니 보이는 사람도 다 좋은 것이다.

다음 날, 해피 홀리데이(Happy Holidays) 축제

강가사가르 3일째, 어젯밤 앞방 전화하는 소리에 잠을 좀 설쳤다. 아침 식사 후 1시간 또 잤다. 오전 11시에 배 타고 섬에 도착하니 12시라 버스에 빈자리가 없다. 점심 식사는 버스 정류소 앞 식당에서 먹었다. 그 집 감자요리가 맛있던데 버스가 곧 간다고 하여 대충 끝내고 올라탔다. '그란리 카다가'에 내리려 했는데 가다 보니 강가사가르 버스 종점까지 갔다. 조금 걷다가 구르마(나무 리어카) 릭샤 타고 '그란리 카다나'에 가서 사이다 한 병 먹고 사진 찍었다. 오늘은 해피 홀리데이라 복잡할까 봐 좀 빨리 나가려고 템포 타고 4시에 선착장 도착했는데 사람이 많아 결국 6시 30분 타이타닉 난파선(難破船) 같은 배를 타고 돌아왔다. 오늘은

'해피 홀리데이'라 그런지 사람이 무지하게 많이 탔다.

◎ 웨스트벵갈주의 사가르 섬(Sagar Island)

43개의 마을에 20만 명이 넘는 주민이 살고 있다. 문화적 유산이 풍부하고 식자율이 95%가 넘을 만큼 주민들의 교육 수준도 높은 지역이지만 여전히 4만 이상의 가구가 전기가 없이 생활하고 있단다.

◎ 해피 홀리데이 축제(happy holiday Festival)

사가르 섬의 인도 최고의 축제로 3월 중순에 열리며 모든 관공서는 물론 상가도 휴무이다. 오후가 되면서 가게들은 하나씩 문을 연다. 사람들은 몸에 색분을 바르고 외국인인 나에게도 같이 즐기자고 덤벼든다.

빅토리아 메모리얼(Victoria Memorial)
영국 빅토리아 여왕 기념관

11.
빅토리아 메모리얼Victoria Memorial - 콜카타

아침 9시 나서서 '빅토리아 메모리얼'로 향했다. 걷다가 늦을까 봐 택시를 타고 가서 입장했다. 내가 생각한 대로 동쪽이라 아침에 정면이 밝았다. 신경을 써서 사진 몇 장 찍었는데, 잘 나와야 할 텐데…. 5년 만에 다시 보는 이 궁전 기념관(記念館)은 처음 볼 때처럼 황홀했다. 오늘 내부를 자세히 보니 처음보다 훨씬 감동이 컸다. 내부 사진을 못 찍게 하여 눈치껏 몇 장 찍었다.

점심 식사는 호텔에 돌아와서 짜장 라면을 조리해 먹었다. 쉬다가 3시에 나서서 버스를 타고 하우라 다리를 건너갔다. 아래쪽 비비디 박으로 다니는 유람선 한 번 왕복하고 다시 위쪽으로 배 갈아타서 두 번째 선착장에 내려 오래된 동네 구경, 제재소(製材所)와 선박창고 구경을 많이 했다. 다시 버스를 타고 하우라 역으로 가서 구경하다가 돌아올 때 시내버스 안에서 레이디석이라고 앉았던 자리 뺏겼다. 호텔로 돌아오는 시내버스 안에서 나는 왼쪽 창가 레이디(여성)석에 앉아 있었다.

차 안은 그렇게 복잡하지 않았는데 조금 가다가 40대 아줌마와 7살쯤 되어 보이는 아들과 타더니 아줌마는 자리를 잡아 앉고 그 아들을 앉히기 위해 나보고 자리에서 일어나라고 했다. 나는 눈을 감고 모르는 척 앉아 있었는데 아줌마는 더 큰소리로 일어나라고 했고 주변의 인도 남자 몇 명이 덩달아 나보고 일어나라고 했다. 오늘도 하루 종일 돌아다녀 피곤한 나에게 말이다. 순간 화가 머리끝까지 치밀었지만 꾹 참고 자리에서 일어났다. 이것만이 사태수습의 빠른 길이자 내가 스트레스를 줄이는 것이었다.

한국 같으면 어림도 없는 일이지만 일단 로마법을 따른다고 자리를 내주고 옆에 섰었지만 내심 괘씸하기 짝이 없었다. 너희는 경로(敬老)도 없나? 그런데 문제는 인도 사람들이 나를 50대 초반 정도로 밖에 나이를 안 보니 말이다. 나는 속상해서 두어 정거장을 서서 가다가 버스에서 내려 택시를 타고 호텔로 돌아왔다. 인도 여행 즐거움 중에 하나가 내 나이를 50대로 보는 것인데 오늘은 된통 당한 날이다.

◎ 빅토리아 메모리얼(Victoria Memorial)

인도 콜카타의 빅토리아 메모리얼은 빅토리아 여왕을 기리는 일종의 추모 기념관이다. 1906년 빅토리아 여왕 추모관 건립을 크루존 총독이 시작하여 1921년 완공되었다.

◎ 하우라 철교(Howrah Bridge)

하우라 다리는 세계에서 가장 통행량이 많은 다리 중의 하나로 1943년에 후글리 강 위에 놓인 다리이다. 콜카타시와 하우라시를 연결하고 서민이 많이 지나다닌다.

다음 날, 다크쉬네스와르 칼리 사원(Daksin neswar Kali)

오전에 나서서, 걸어서 에스플라네이드 터미널 가서 다크쉬네스와르에 가는 버스를 찾는다고 한참 돌아다녔다. 32번이 아니고 43-1번 타고 전찻길로 1시간 가서 자전거 릭샤를 타고 내려서 걸어 들어갔더니 강변에 있는 사원으로 벌써 사람들이 많이 와 있었다. 들어가는 줄이 두 줄인데 줄 서서 기다리지 못해 그냥 외부만 보고 강가 사진 찍고 돌아왔다. 올 때는 다시 43-1번 버스 타고 에스플라네이드에 내려 쉽게 돌아왔다.

점심 식사는 호텔 앞 식당에서 공갈빵 두 개와 양념을 45루피, 파인애플주스를 35루피에 먹고 쉬었다. 오후에는 쉬탈나르지 사원에 간다고 배를 타고 사이암 바즈 역에 내려 또 버스를 타고 갔더니, 어제 갔던 '파라스 와나르'와 쉬탈나르지 자인교와 이름이 같은 곳이라 헛고생을 했다. 명칭을 통일하든지 해야지 사람 헷갈리게…. 짜증도 나고 한편 내 행동이 우습기도 하고…. 그러나 배 타고 왔다 갔다 구경은 잘했다. 거기서 전차(트램)를 타고 전차 레일 가로세로 직각(直角)으로 맞물리는 지점 사진을 찍었다. 다시 전차를 타고 에스플라네이드 와서 에덴 공원, 포트 윌리엄, 샤히드 미나르, 종합 스타디움 운동장을 구경하고 호텔로 걸어왔다. 오늘 날씨는 구름이 끼고 최근 가장 덜 더운 날이다.

◎ 다크쉐네스와르 칼리 사원(Daksinneswar Kali Temple)

1847년 칼리 신을 기리기 위해 건립되었다. 활기 넘치는 강변 지구의 중심에 위치한 힌두교 사원이다. 이곳은 '라마크리슈나'가 있었던 곳으로 현재는 특별 명상(Meditation) 기도실이 있다.

◎ 비비디 박(BBD Bagh)

영국 지배 시절에 당시 콜카타에서 가장 규모가 큰 광장이었다. 광장 중앙에는 도시 주민들에게 물을 공급하는 저수용 호수가 있고 그 주위는 야자수 나무가 싸여 있다. 영국시대의 장엄한 건물들이 지금도 버티고 있다. 1780년에 완공된 라이터스 빌딩이 있고 1860년에 건립된 웅장한 중앙 우체국이 있다.

◎ 고등법원(High Court)

　1872년 사이에 건립된 웅장한 '고딕풍 벨기에'식 건물이다. 이 건물의 외관은 볼수록 장관이다. 또 1814년에 건립된 옛 시청 건물은 현재도 화려하고 1799년에 건축된 '라즈 바반'은 지금은 서벵골 주지사의 공식 관저로 사용하고 있다.

◎ 샤히드 미나르(Shahid Minar)

　에덴 공원 동쪽에 있는 샤히드 미나르는 1816년 네팔과의 전쟁에서 승리한 영국군이 지은 승전탑이다. 그 옆의 나무를 잘라 내 완성된 마이단도 보았다. 위치는 Strand Road, AJC Bose Road, Cathedral Road &Eden Garden Road에 걸쳐 있다.

◎ 에덴 공원(Eden Garden)

　초우링기 주변의 녹지로 많은 사람들이 쉬는 공원으로 당시 영국 총독 여동생 마담 에덴이 설계해서 만들었다고 이름이 에덴 공원이다.

◎ 포트 윌리엄

　1706년에 세워진 영국 동인도 회사의 인도 침략을 위한 전진기지이다. 공원 경기장은 불탑이 있다. 여행자들에게는 잠시 쉬어 가는 장소지만 인도인들에게는 국제 크리켓 경기가 열리는 흥미진진한 장소이다.

　다음 날, 아침 식사 후 나서서 하우라 쪽 버스를 타고 내려 벨루르 마트행을 타고 45분가량 갔다. 위치를 알고 보니 쉬탈라 자인교 사원과 다크 쉬네스와르 칼리사원 중간으로 후글리 강변으로 경치가 좋고 시원하다.

◎ 벨루르 마트(Belur Math)

라마크리슈나 선교회의 총본부가 있는 곳으로 1893년 개최된 시카고 세계종교대회를 계기로 건립되었던 곳이다. 북서쪽 안뜰에 있는 그의 방을 찾는 신도들의 행렬이 끊이지 않는다. 종교적인 색채(色彩)가 강한 곳이지만 사원과 벨루르 마트 사이를 오가는 보트는 제법 낭만적이다. 에스플라네이드 버스 정류소에서 32번, 34번 시내버스를 타면 간다.

콜카타는 두 번째 왔지만 델리처럼 복잡하지도 않고 추억의 전차도 다니고 후글리 강도 도시 중심으로 흐르고 볼거리도 많았다. 여기에 있는 동안 나는 인도여행의 즐거움도 많이 느꼈고 장기 체류하는 여행자도 많았다. 나는 보트를 타고 후글리 강을 건너갔다 와서 하우라로 돌아왔다. 점심 식사는 하우라 터미널 앞 간이식당에서 아이가 만드는 달(Dal)을 20루피(370원)에 먹었는데 이번 인도여행 음식 중 제일 맛있었다.

다시 버스를 타고 비비디 박 선착장에 내려 걸어서 간 1787년에 건립된 세인트 존슨 교회(Johnson Church)는 내부가 넓고 정원도 잘 조성해 놓았다. 에스플라네이드 전차 종점에 와서 오후 3시 10분 서쪽으로 가는 전차를 탔는데 알고 보니 5년 전 굴다리 빈민가(貧民街)를 지나가는 노선이 짧은 전차였다. 너무 더워 바로 다시 전차를 타고 에스플라네이드로 돌아와서 선물 살 것을 알아보았다. 이것으로 공식 여행 일정은 모두 끝났다. 오늘 하루 사진 623장 찍었다.

쉬탈나르지 자인교 사원(Soeetalnatkji Jain Temple)
1867년부터 계속 타고 있는 등불이 있다.
일명 파레쉬나트 사원

비비디 박(BBD Bagh)
영국 식민지 시대 화려한 건물들이
연못 주변으로 몰려 있다

성 바울 성당(St Paul Sathedral)
1847년 건축된 인도에서
가장 화려한 스테인드글라스로 되어 있다

벌라 천문관(Birla Planetarium)
아시아에서 가장 큰 천문관으로 '한벌라' 클럽에서 만들었다

샤히드 미나르(Shahid Minar)
영국군의 승전탑으로 높이가
48m나 되는 전망대

다크쉬네스와르 칼리 사원(Daksinneswar Kali Temple)
1855년 라스모니가 지은 힌두교 스리 라마크리슈나 기념관

비비디 박(BBD Bagh)
1780년에 건축되어 지금은 웨스트 벵갈주 의회 사무실

말리크 가트(Mallick Ghat)
하우라 역 건너편의 콜카타 꽃 도매 시장

2017
인도 자유여행

2017 인도 자유여행 여정도

2017년 3월 1일 ~ 4월 3일

델리 → 아그라 → 파테푸르 시크리 → 러크나우 → 스라바스티 → 상카시아 → 파트나 → 바이샬리 → 라즈기르 → 뉴잘패구리 → 다즐링 → 굼 → 실리구리 → 박도그라 공항

2017년 인도 여행 일지
3월 1일 ~ 4월 3일 [34일간]

3/1 델리 도착 - [구즈 호텔]

3/2 델리(Delh) - (파하르간지 Paharganj) 쉼터

3/3 라즈 가트(Raj Ghat) 간디 추모 공원. 국립 간디 박물관

3/4 락슈미 나라얀(Laxmi Narayan Mandir) 국립 철도 박물관
    칸 마켓(Khan Market)

3/5 쿠틉 미나르 유적군 처음 가 본 4개 사원. U.세계문화유산
    자말리 모스크.(Jamali Mosque). 라자기 바브리 탱크
    아짐 칸스 묘(Azim Khan's Tomb) 마하비르 붓다 사원

3/6 아그라 도착 - [호스트 호텔]

3/7 아그라 - 자마 마스지드(Jama Masjid)

3/8 파테푸르 시크리(Fatehpur Sikri) U.세계문화유산
    자마 마스지드 파테푸르 시크리 왕궁

3/9 아그라 - 메탑 박(Mchtab Bagh) 이티마드 우드 다울라
    무삼만 버즈(Musamman Burj) 시칸드라. 치니 카라우자

3/10 파테푸르 시크리 - 올드 시티(Old City)

3/11 타지마할(Taj Mahal) U.세계문화유산

3/12 아그라 성(Agra Fort) U.세계문화유산

3/13 러크나우(Lucknow) 도착 (마유르 호텔)

3/14 러크나우 - 바라 이맘바라. 시계탑 . 영국 총독 공관
    루미다르와자 초타이맘바라(Chota Imambara)

3/15 스라바스티(Sravasti) 기원정사(Jetavana) 한국 천축 사원

3/16 러크나우 동물원. 주립박물관 . 루미 다르와자

3/17 상카시아(Sankasia) 아쇼카 동산 코끼리 스투파

3/18 러크나우 - 암베드카 공원(Ambedkar Park) 총독 박물관

3/19 파트나 도착 - 파트나 박물관(Patna Museum)

3/20 파트나(Patna) - 골가르(Golghar) 하르 만디르

3/21　바이샬리(Vaishali) 일본 사원. 아쇼카 석주

3/22　라즈기르(Rajgir) 불교 8대 성지 날란다대학 **U.세계문화유산**

3/23　파트나 - 슴리티 불탑(Budda Smriti) 쿰라하르

3/24　뉴잘패구리 가는 기차

3/25　뉴잘패구리(New Jalpaiguri) 도착 [홀리돈 호텔]

3/26　뉴잘패구리 - 스콘 만디어(Sckon) 로크낫 만디어

3/27　다즐링 도착 - 히말라얀 레일웨이 **U.세계문화유산**

3/28　다즐링(Darjeeling - 초우라스타. 다즐링 역. 타이거 힐

3/29　다즐링 - 파드마자 히말리야 동물원. 히말라야 등산학교.
　　　히말라야 박물관(HMI Mus) 티베트 난민센터. 업소버트리
　　　티베트 불교 사원. 해피 하벨리 차 농장. 벵갈 역사 박물관

3/30　다즐링 - 굼(Ghoom)
　　　이가 촐링 곰파(Yiga Choeling Gompa) 사카 촐링 곰파
　　　삼텐 촐링 곰파(Samten Choeling Gompa) 일본 사원

3/31　칼림퐁(Kalimpong) 뉴잘패구리 - [홀리돈 호텔]

4/1　뉴잘패구리 - 실리구리(Siliguri) 시티 센터 마켓 쇼핑

4/2　한국 출발 - 박도그라 공항 - 델리 공항

4/3　인천 도착 - 부산 도착

1.
델리 – 타지마할Taj Mahal U.세계문화유산

어젯밤에 시끄러워 잠을 제대로 못 잤다. 방을 옮겨야 하나? 아침에 공항 픽업비 문제로 호텔 매니저(남, 20대)와 다투었다. 픽업도 안 했는데 픽업비 800루피(14,200원)를 달라는 것이다. 내가 영작문을 하여 설명해 주고 우리 카페 회원이 여러 번 전화 통화하고 무지브(부산 인도 대학생)가 몇 번 전화하여 결국 픽업비를 안 주기로 했다. 25살 정도 되어 보이는 호텔 매니저란 녀석, 고객을 괴롭히는 사기꾼 수준이다.

점심 식사는 호텔 방에서 짬뽕 라면과 빵으로 먹었다. 날씨는 약간 뿌옇고 시원한 느낌이었다. 이번 여행에 나의 멋진 사진 작품을 만들어 보자. 1시 30분 나서서 오토릭샤를 타고 가서 코넛 플레이스에서 가까운 라지파트(왕의 길)를 걸어 보고 간디 추모 공원도 보았다. 인도의 근대사(近代史)를 한눈으로 관람했다.

근처에 있는 국립 간디 박물관(National Gandhi Museum)에는 간디의 소지품과 사진 자료들이 전시되어 있으며 1757년부터 1947년까지 인도의 독립운동에 대한 자세한 기록들이 보관되어있다. 인도에는 5개의 '간디 박물관'이 있는데, 이곳이 특별한 이유는 1948년 델리에서 간디가 암살당할 당시 입었던 피 묻은 도티(Dhoti)가 전시되어 있어 한국의 김구 선생처럼 해방(解放)을 맞고 암살된 것과 비슷한 현상이었다.

올 때는 라지 가트에서 10루피(178원)에 시내버스를 타고 뉴델리 역에 와서 사이 클릭샤를 타고 와서 방랑기 한국 식당에 가서 핸드폰 유심 신청해 놓고 왔다. 구즈호텔 매니저는 기분나쁘지만 내가 매니저에게 100불짜리 1장 환전(Exchange)하여 이익을 주었다. 조금 눈빛이 달라지는 것 같았다.

델리(Dalhi)는 연방직할주로 옛날부터 널리 알려져 있는 올드델리와 남쪽에 있는 뉴델리(1912년 이후 인도의 수도), 가까운 농촌 지역으로 이루어져 있다. 올드델리가 많은 사람들이 몰려 있는 경제 중심지인 반면에 뉴델리에는 행정 관청이 집중되어 있다. 직할주 전체가 중북부 인도로 가는 화물수송 중심지 역할(役割)을 한다.

델리는 여러 제국 및 왕조시대를 거치면서 계속 수도로 있던 곳이다. 여러 번 터를 옮기기는 했지만 이곳들은 모두 델리 트라이앵글(Delhi triangle)이라고 부르는 지역 안에 속해 있다. 갠지스 강 지류인 야무나 강 서쪽 기슭에 자리 잡고 있는 연방직할주는 우타르프라데시주, 하리아나주(서쪽)와 경계를 이루고 있다.

국립박물관(National Museum) 2011년 처음 여행할 때 이 박물관은 좀 세세히 봤기 때문에 오늘은 박물관을 한 바퀴 돌면서 외부만 봤는데 분수를 비롯하며 정말 멋있게 꾸며 놓았다.

다음 날, 락슈미 나라얀 힌두 사원(Lakshmi Marayan Temple)

밤에는 추워서 전기장판을 쓰고 큰 이불 덮으면 또 더웠다.기후 적응을 하느라 그런가 보다. 오전 10시에 방랑기 식당에 가서 유심 찾아 사용해 보니 잘되었다. 기차표 3곳 여기서 구입하려는데 수수료 포함해 3

만 원 정도였다. 그리고 내가 타려는 기차 날짜와 시간이 다 안 맞았다. 하루 더 생각해 보자. 여태껏 나 혼자 다 매표하고 다녔잖아….

11시에 나서서 오토릭샤를 타고 락슈미 나라얀 힌두 사원에 갔는데 사진을 못 찍게 하니 재미가 없어 그 뒤쪽 사원을 구경하고 사진 많이 찍었다. 의외로 볼거리가 다양하고 좋았다.

점심 식사는 호텔에 와서 칼국수 라면 조리하여 먹었다. 날씨 맑고 딱 다니기 좋다. 오후 2시에 나서서 오토릭샤를 타고 기차 박물관 갔는데 여기도 정말 잘되어 있었다. 히말라야 모형 기차(토이 트레인)도 타 보고 나와서 칸 마켓 쇼핑몰에 들렀다 돌아왔다.

◎ 락슈미 나라얀 사원(Lakshmi Marayan Temple)

델리의 악샤르담 사원을 포함한 700여 개의 힌두 사원을 세운 인도의 종교 단체 스와미나라얀에서 처음으로 세운 사원으로 1850년에 만들어져, 비슈누 신과 그의 부인 락슈미에게 봉헌되었다. 스리스와미 나라얀 사원은 미얀마산 티크목을 재료로 사용하였고 1938년 공식(公式) 문을 열었다.

◎ 국립 철도 박물관(National Train Museum)

인도 기차에 관한 가장 큰 규모를 자랑하는 국립 철도 박물관이다. 옛날 1등칸(First Class) 같은 객실도 들어가서 구경할 수 있다. 박물관 한쪽에 영업용 유사 토이 트레인(Toy Train) 한 번 타 보았는데 다즐링에서 타는 세계 유산 트레인을 타는 기분이었다.

◎ 칸 마켓(Khan Market)

 칸 영화제를 생각하고 칸 마켓을 갔으나 영화관은 보이지 않고 메이커 고급 의류점과 다양한 커피점과 비싸 보이는 레스토랑, 바가 거리를 메우고 있었다. 칸 마켓 역에서 내린다.

◎ 쿠툽 미나르 유적군(Qutap Minar) U.세계문화유산

 6년 전, 2011년 3월에 본 쿠툽 미나르 유적군을 다시 찾아가 그때 본 승전탑 쪽은 안 보고 그 주변에 있는 자말리 모스크, 라자기 바브리 탱크, 아짐 칸스 묘, 마하비르 붓다 사원을 봤는데 다 멋있고 봐야 될 곳이였다. 특히 마하비르 붓다 사원은 델리에서 보기 드문 불교 사원이다. 나는 마음속으로 빌었다.

 "부처님 이번 여행도 저를 보호해 주시길 바랍니다!"

다음 날, 아그라 타지마할(Taj Mahal) U.세계문화유산

 이번에 파테푸르 시크리를 가면서 6년 만에 다시 타지마할에 들렀다. 처음엔 혹시 2011년 때의 그 멋진 감동을 깰까 봐 안 보려 했는데 이제 여길 언제 다시 오겠나? 생각하니 또 보고 싶어 들어가 봤는데 그게 아니었다. 그때 못 본 걸 다시 보고, 본 것은 다시 자세히 보고…. 이번에는 시간적 여유가 넉넉했고, 정말 볼수록 멋있는 곳이 타지마할이었다. 이번에 안 봤으면 크게 후회(後悔)할 뻔했다.

◎ 아그라 성(Agra Fort) U.세계문화유산

 여기도 6년 만에 다시 와서 본 곳이다. 아그라 성도 이번에 안 볼 계획이었는데 어제 타지마할에 용기를 얻어 다시 봤는데 2011년 처음 볼때

보다 훨씬 여유를 가지고 보니 좋았다. 그 위치를 알고 있으니 찾기도 쉽고 여기도 역사적으로도 가치가 충분한 곳이다.

좌정관천(坐井觀天), 우물 안에서 하늘을 본다는 말인데 타지마할과 아그라 성을 다시 보고 나니 그때보다 나의 여행 견문이 훨씬 넓어졌다는 생각이 들었다. 세계 최고의 유적지로 아그라 성은 최소 3일 정도로 여행기일을 잡고 파테푸르 시크리를 볼려면 4일을 잡아야 한다.

그래서 이제부터는 인도 유적지 좋았던 곳은 조금 무리해도 그 지역에 갔을 때는 그냥 지나치지 말고 꼭 다시 한 번 더 보기로 마음먹었다.

나는 인도에서 '주여야기(晝旅夜記)'=라는 말처럼 낮에는 부지런히 여행하고 밤에는 열심히 기록을 남겼다.

타지마할(Taj Mahal) U.세계문화유산
이번에는 한쪽 첨탑 보수공사를 하고 있다

2.
파테푸르 시크리 궁전Fatehpur Sikri
U.세계문화유산

아침에 내일 예정한 파테푸르 시크리를 오늘 가기로 하고 계란 3개 삶아 가지고 10시에 나서서 오토릭샤를 타고 이드카 버스 터미널에서 로컬버스를 타고 1시간 30분 만에 도착했다. 여기 볼거리는 세 가지로 올드 바자르, 자마 마스지드, 파테푸르 시크리 왕궁 순으로 보는데, 제일 가까운 올드 바자르는 옛날의 모습 그대로였다. 노점도 그렇고 사람들 옷차림도 그렇고….

자마 마스지드는 약간 높은 지대에 웅장(雄壯)하고 멋있어 1시간 정도 구경했다. 파테푸르 시크리 왕궁은 규모가 크고 붉은색 사암으로 아름답더라. 과연 세계문화유산(World Heritage)다웠다. 점심 식사는 파테푸르 시크리 성안 조용한 곳에 앉아 준비해 간 계란 2개, 바나나 2개, 빵 1개로 했다. 여기 식당이 멀리 있어서 잘 준비해 왔다. 약 3시간 정도 머물렀다가 올 때는 모르고 후문으로 나와 길을 몰라 헤매고 걸어가다 오토릭샤를 탔다. 정문으로 와서 다시 버스로 갈아타고 루이 버스 터미널에서 호텔로 돌아오니 오후 5시 30분이었다.

◎ 파테푸르 시크리(Fatehpur Sikri)

인구는 약 30,000명이고 U.세계문화유산으로 1986년에 등재되었다. 아그라 서쪽 40km지점에 위치해 있으며 1571년 악바르 왕조의 수도였던 곳으로 성 밑의 파테푸르 마을의 오래된 시장통, 북쪽 시크리의 평화로운 마을로 구분(區分)된다. 고대도시 파테푸르 시크리는 16세기 무굴 제국의 왕 악바르(Akbar)에 의해 건설되었다. 악바르는 종교 대통합을 꿈꾸며 이슬람과 힌두교 혼합식 도시를 만들었다.

1571년부터 14년간 무굴 제국의 수도였던 이곳은 결국 물 부족으로 인해 버려졌고, 이후 400여 년간 잊혀져 있었다. 그러나 주요 건물들이 잘 보존되어 있어 많은 여행자들이 아그라와 함께 즐겨 찾는 여행지가 되었다. 자마 마스지드와 궁전 단지로 구분된다. 자마 마스지드 서문으로 연결되는 바자르(재래시장)에는 현재도 과일, 야채 생필품 등 시계탑 주변이 가장 사람이 많이 모인다.

이틀 뒤, 다시 파테푸르 시크리에 왔다. 마침, 스마트폰에서 '박근혜 탄핵되다!' 뉴스가 나왔다. 나는 여러 가지 생각에 잠겼으나, 내 인도여행이나 열심히 완수하자고 생각했다. 점심 식사는 호텔 방에서 칼국수 라면을 조리해 먹었다. 어젯밤에 천둥 치고 비 많이 오더니 오늘도 오전부터 흐려 있다. 오후 1시 30분 출발해서 다시 파테푸르 시크리에 간다고 이드가 정류소에서 1시간 20분 로컬버스를 타고 가서 올드 바자르 골목시장에서 약 50분가량 사진 찍었다. 돌아올 때 버스가 제시간에 안 와 30분 앉아 기다렸고 다시 탄 버스가 타이어 펑크가 나서 다른 버스 갈아타고 아그라 터미널에 오니 밤 8시 10분이었다. 오토릭샤를 타고 호텔에 도착했는데 왠지 밤은 무서웠다.

◎ 올드 바자르 시티(Old City)

파테푸르 시크리의 구시가지로 자마 마스지드 서문 샛길로 연결되며 현재도 큰 재래시장이 있고 현지 주민과 관광객들로 활발하게 움직인다. '하티폴'이라는 성문 주변이 가장 복잡하고 조금 더 내려가면 웅장한 파수대 '히란 미나르'가 나온다. 사진 촬영하기 좋은 곳이다.

◎ 자마 마스지드(Jama Masjid)

1571년에 완공된 이 크고 아름다운 모스크는 페르시아와 인도 양식의 디자인을 혼재하여 만들었다. 석조 계단을 계속 올라가면 센트럴 출입구가 나온다. 이곳을 통과하면 54m 높이의 불란드 다르와자 승리의 문이 나오고 이슬람 칸 묘가 있다.

내가 본 19번째의 인도 유네스코 세계문화유산인데 한 폭의 그림을 보는 것처럼 화려했다. 사람들은 아그라까지 왔어도 타지마할과 아그라 성만 보고 간다. 아그라에서 서쪽으로 40km 떨어진, 버스로 왕복 3시간 거리로 그리 멀지 않은 곳이니 시간을 할애(割愛)하여 꼭 한번 가 보길 권하고 싶다.

다음 날, 메탑 박 - 이티마드 우드 다울라 - 무삼만 버즈 - 소아미 박 사원, 시칸드라

오늘은 한국의 5월 말같이 날씨가 좋은 날이다. 오전 10시에 나서서 메탑 박(Mehtab Bagh)에 갔는데 별 건물은 없고 야무나 강 건너 보이는 타지마할 뒷면이 더 볼만하다. 그다음 이티마드 우드 다울라(Itimad ud Daula) 건물이 멋있더라. 여기서 점심 식사로 바나나 2개와 인도 빵을 먹고 준비한 삶은 계란은 깜박 잊고 안 가지고 왔다.

무삼만 버즈(Musamman Burj)는 샤 자한 왕이 죽은 곳으로 건물은 시원치 않고 야무나 강변에서 샤 자한이 타즈마할을 그리워하며 숨을 거둔 곳이다. 그다음, 소아미 박 제창기르 왕궁에 간다는 것이 잘못 찾아가 중국 모모스 사원(Chinese Momos Temple)에 갔는데 보수공사 중이었다. 그다음 찾아간 시칸드라(Sikandra)는 악바르의 무덤인데 정말 멋있더라.

◎ 메탑 박(Mehtab Bagh)

타지마할 만들기 이전에 바부르 황제가 건립한 이곳은 강 건너 모래의 침식작용([浸蝕作用)으로 타지마할이 훼손될 것을 우려한 사람들이 공원으로 재건하였다. 여기서 보는 강 건너의 타지마할은 또 다른 특별한 모습이다.

◎ 이티마드 우드 다울라(Itimad ud Daula)

타지마할과 비슷하여 '베이비 타즈(Baby Taj)' 혹은 '리틀 타즈'라 불리는 이곳은 제항기르 왕의 장인 미르자 기야스 벡(Mirza Ghiyas Beg)의 무덤이다. 타지마할에 사용된 피에트라 듀라 기법을 인도 최초로 사용한 곳으로 얼핏 보면 타지마할과 비슷하다. 1622년 건립되었다.

◎ 무삼만 버즈(Musamman Burj)

새하얀 대리석으로 만든 팔각탑과 궁전은 샤 자한이 1666년 죽을 때까지 갇혀 있었던 곳이다. 그는 이곳에서 부인의 무덤이 있는 타지마할을 내다보며 그리워했다.

◎ 디와니암(Diwani Am)

샤 자한이 건설한 왕의 접견실로 1628년에 지었다.

◎ 시칸드라(Sikandra)

제국의 가장 위대한 황제로 인정받는 것이 악바르 대제였고, 악바르 대제의 무덤이 시칸드라이다. 여기도 무덤(툼)을 잘 조성했는데 그 규모와 화려함에 놀랄 정도이다.

그렇다. 우리는 고마움을 통해 인생은 풍요로워진다. 오늘 아그라의 유적들을 보고 나니 아름답기도 하지만 그 사원을 만든 왕과 사람들에게 또 다른 고마움도 느껴졌다. 감사함을 느끼니 내 기분도 좀 풍요로워졌다. 그런데 그것을 표현하는 펜을 드리우면 멋진 문장을 이루어 내는 글재주가 없어 통탄스럽다.

시장 골목의 노인들 – 파테푸르 시크리(Fatehpur Sikri)

파테푸르 시크리(Fatehpur Sikri)의 외국인을 좋아하는 청소년

자마 마스지드(Agra Jama Masjid)
1648년 건축된 아그라의 이슬람 사원

파테푸르 시크리(Fatehpur Sikri)
올드 시티 바자르에 가운데 있는 시계

3.
바라 이맘바라 Bara Imambara - 러크나우

바라 이맘바라 - 루미 다르와자 성문 - 총독관저

오전에 불교성지 스라바스티와 상카시아에 가는 기차표 사러 호텔 직원과 같이 기차역에 갔으나 기차로는 당일에 돌아오는 건 안 되고 1박 하고 오는 시간 차표라 안 사고 그냥 돌아왔다. 버스 터미널에 가서 물어보니 가는 데만 5시간 걸린단다. 이 두 곳은 너무 힘들 것 같아 뺄까 했지만 원래 계획은 가는 것이었고 여길 안 가면 당장 내일부터 이곳에서 특별히 갈 곳도 없다. 힘들어도 갔다 와야지…. 점심 식사로 호텔 앞 식당에서 프라이드 라이스를 먹었는데 맛있더라. 프라이드 라이스는 60루피(1,100원), 샐러드빵은 30루피에 먹었다.

오후 2시에 나서서 오토릭샤를 타고 먼저 간 곳은 '바라 이맘바라'였는데 정말 멋있었다. 왕묘(王墓)인데 탄성이 저절로 나왔다. 보고 나오는 성문(게이트)인 루미 다르와자도 환상적이고 그 앞으로 올드 시티로 연결되는 성문 두 개 그리고 높은 시계탑이 참 좋더라. 이 맛에 고생스러워도 인도여행을 한다. 입장 티켓은 외국인은 500루피(8,900원), 인도인은 50루피(900원)였다. 거기서 오토릭샤를 타고 총독관저에 갔는데 정말 이상하고 아름다운 정원의 오래된 성터와 건물들로 볼만했다. 날씨 맑고 더워진다. 밤에는 아직 춥다. 내일 힘든 '스라바스티'로 꼭 가야 하나?

◎ 러크나우(Lucknow)

인도 북부의 통치자 '나와브'가 거주했던 곳으로 맛있는 음식과 춤, 음악 등 예술이 흥했던 도시였다. 1856년 영국군이 나와브를 제거시키자 1857년 독립전쟁이 일어났는데 총독관저의 영국군이 포위 작전으로 승리하여 막을 내렸다

◎ 총독관저(Rasideny)

총독관저는 영국 연방 왕국의 회원국의 총독 또는 거주하는 공간이다. 1,600년에 조성된 영국왕 공간에는 넓은 정원과 영국 통치 기간의 역사를 보여 준다. 1857년 독립전쟁 당시 수많은 영국인들이 포위되었던 지하공간(地下空間)과 지금 박물관에는 총, 대포 자국이 그때 상황을 증명해 주고 있다.

◎ 바라 이맘바라(Imambara)

거대한 묘지는 한쪽에 아름다운 모스크가 있고 어두운 미로 사이에 계단식 우물 '비오리'를 지나면 좁다란 통로가 복잡하게 얽힌 '불루라이야'를 지나 옥상 발코니까지 이어진다. 러크나우의 관문으로 1784년에 지어졌다.

◎ 루미 다르와자 성문(Rumi Darwaza)

이 입구는 이스탄불의 출입구를 그대로 복제한 것이라고 하며 '루미'는 이스탄불이 로마 비잔타움이었던 시절에 이슬람교도들이 불렀던 이름이다. 건너편에는 1680년 지어진 틸라왈리 마스지드가 보인다.

이맘바라는 더 이상 바랄 것이 없을 정도로 넓고 아름답지만 루미 다르와자 성문은 커다란 자수정 보석처럼 생긴 동굴을 지나가는 느낌이다. 가져갈 수 있는 방법은 오직 사진뿐이다. 지나온 그 뒷면도 좋았지만 동쪽이라 역광(逆光)으로 사진이 잘 안 나온다. 정말 아름답고 인도가 다시 고맙게 느껴진다. 또 다시 힘이 난다!

◎ 시계탑(Clock tower)

인도에서 가장 높은 67m짜리 붉은 벽돌 시계탑은 1880년에 지어졌다.

그렇다! 꿈을 품어라. 꿈이 없는 사람은 아무런 생명력이 없는 인형과 같다. 내가 좋아하는 여행의 큰 꿈을 지녀라. 그리고 항상 실행할 준비를 꾸준히 하라. 꿈이 없으면 아무것도 이룰 수 없다. 나도 젊은 한때 한과 고독(鰥寡孤獨), 외롭고 의지할 곳 없을 때가 있었잖아. 그러나 언젠가 이룰 꿈을 잃지 않고 품고 있었던 결과가 지금 나타나고 있지 않는가! 비바!

이티마드 우드 다울라(Itimad ud Daula)
무굴제국의 4대 황제 재항기르의 장인 무덤

시칸드라(Sikandra)
무굴제국 3대 황제 악바르 왕의 관용적인 종교 무덤

치니카라우자(CChini ka Rauza)
1635년 건설된 샤자한 왕의 수상이던 아프잘 탈의 무덤

시칸드라(Sikandra) 악바르 왕의 무덤(내부)

인도여행 9년 호텔과 게스트 하우스 숙소(宿所)

(총 85소)

2011 [5소] 환율 25.2

2/25 델리 [36박] 원 게스트 하우스(Won G.H) 91 9717035504.
9312009648 [1박 2식 720Rs. 18,000원]

4/3 기차 1박 [델리 - 바라나시]

4/4 바라나시 [16박]

울바시 게스트 하우스 0542 3258534 [1박 250Rs. 6,300원]

[14박] 하레라마 게스트 하우스 0542 2455951 [1박 250Rs. 6,300원]

4/21 기차 1박 [바라나시 - 콜카타]

4/22 콜카타 [12박]

[3박] 파라곤 호텔(Paragon) 033 2252 2445 [1박 350 Rs. 8,800원]

[9박] 갤러시 호텔(Galaxy) 033 2252 4566 [1박 500Rs. 12,600원]

2012 [10소] 환율 22.8

2/15 델리 [10박]

[2박] 나마스카르 호텔(Namaskar Hotel) 011 2358 3456 [1박 550Rs. 12,500원]

2/17 [8박] 굿데이 호텔(Good day Hotel) 011 98100 88322 [1박 500Rs. 11,400원]

2/24 첸나이 [16박] 리젠트 호텔(Regent) 044 2819 1801~4 [1박 350Rs. 8,000원]

3/12 마말라 [8박] 락스미 코테이지 044 2744 2463 [1박 450Rs. 10,300원]

3/20 푸두체리 [5박] 파크 게스트 하우스(Park G.H) 0413 233 4412 [1박 400Rs. 9,100원]

3/25 마두라이 [5박] 아킬토어 롯지(Akiltower Lodge) 0452 234 2022 [1박 350Rs. 8,000원]

3/30 칸야쿠마리 [5박] 사라바나 롯지(Sarsvana Lodge) 04652 246871 [1박 400Rs. 9,100원]

4/4 트리반드룸 [5박] 올 시즌 게스트 하우스 [1박 550Rs. 12,500원]

4/8 코친 [7박] 스리 니바스 호텔 0484 237 7577 [1박 500Rs. 11,400원]

4/14 기차 1박 [코친 - 파나지]

4/15 고아 [6박] 콜바 리조트 호텔 0832 222 4862 [1박 500Rs. 11,400원]

4/20 기치 1박 [고아 - 뭄바이]

4/21 뭄바이 [5박] 볼가 호텔(Volga Hotel) 022 22026320/10 [1박 1,000Rs. 22,800원]

2013 [12소] 환율 21.0

2/15 델리 [1박] 공항 이어톤 호텔(Eaton Hotel) 91 11 4525 2000 [시간당 20불, 7시간 140불. 154,000원]

2/16 벵갈루루 [11박] 아잔타 호텔(Ajantha) 080 25584321.
32711260 [1박 990Rs. 20,800원]

3/ 4 함피 [10박] 가우리 게스트 하우스(Gouri G.H) 08394 241951
[1박 550Rs. 11,500원]

3/14 하이데라바드 [8박] 수해일 호텔(Suhail Hotel) 040 2461
0299 [1박 600Rs. 12,600원]

3/22 망기나푸디 [3박] 비자야 라그바 게스트 하우스(Vijaya Raghva
Residency) 08672 220934 [A.C(에어컨)] [1박 840Rs. 17,600원]

3/25 카키나다 [5박] 바나스카라 빌딩 호텔(Bhaskara Building
Hotel) 94404 86979 [1박 600 Rs. 12,600원]

3/30 비사카파트남 [4박] 로히니인 호텔(Rohini Inn Hotel) 0891
6637835 [1박 500Rs. 10,500원]

4/3 고팔푸르 온 시 [4박] 시사이드 브리즈 호텔(Sea Side Breeze
Hotel) 91 94373 25595 [1박 500Rs. 10,500원]

4/7 푸리 [6박] 핑크 하우스 호텔(Pink House Hotel) 06752
222253 [1박 450Rs. 9,400원]

4/12 기차 1박 [푸리 - 부다가야]

4/13 부다가야 [5박] 싯다르타 비하르 호텔(Bodhgaya Bihar) 0091
631 2200445, 2200 [1박 945Rs. 19,800원]

4/17 기차 1박 [부다가야 - 무갈사라이]

4/18 바라나시 [3박] 하레라마 게스트 하우스 0542 2455951 [1박
500Rs. 10,500원]

4/21 카주라호 [3박] 샨티 호텔(Shanti) 91 07686 274560. 08085348122 [1박 500Rs. 10,500원]

4/24 기차 1박 [카주라호 - 델리]

2014 [16소] 환율 18.2

2/23 델리 [3박] 나마스카르 호텔(Namaskar Hotel) 011 2358 3456 [1박 400Rs. 7,300원]

2/26 자이푸르 [5박] 에버그린 게스트 하우스(Ever Green G.H) 0091 141 2361284 [1박 500Rs. 9100원]

3/3 조드푸르 [5박] 사르바 게스트 하우스(Sarvar G.H) 91 0291 2616424 [1박 700Rs. 12,700원]

3/6 우다이푸르 [3박] 강가우르 팰리스 호텔 0294 242 2303 [1박 500Rs. 9100원]

3/9 자이살메르 [4박] 타이타닉 호텔(Titanic Hotel) +91 94147 60047 [1박 200RS. 3,600원]

3/12 기차 1박 [자이살메르 - 델리]

3/13 델리 [2박] 스카이 뷰 호텔(Sky View Hotel) 9811136068 . 011 23589230 [1박 400Rs. 7,300원]

3/15 찬디가르 [2박] 트랜짓 롯지(Transit Lodge) 0172 4644485. 2704761 [1박 750Rs. 13,600원]

3/17 암리차르 [3박] 투어리스트 게스트 하우스(Tourist G.H) +91 98143 81008. 093560 03219 [1박 500Rs. 9,100원]

3/20 맥간 [3박] 칼상 게스트 하우스(Kalsang G.H) 01892 221709 [1박 450Rs. 8,200원]

3/23 마날리 [3박] 야크 엔 예티 게스트 하우스(Yak &Yeti G.H) 9816009126. 9816929564 [1박 300Rs. 5,500원]

3/26 심라 [3박] 비크란트 호텔(Vikrant Hotel) 0177 3602 2178 [1박 880Rs. 16,000원]

3/29 찬디가르 [2박] 트랜짓 로지(Transit Lodge) 0172 4644485. 2704761 [1박 750Rs. 13,600원]

3/31 리시케시 [8박] 이샨 호텔(Ishan Hotel) 0135 243 1534 [1박 500Rs. 9,100원]

4/8 델리 [2박] 스카이 뷰 호텔 9811136068. 011 23589230 [1박 400Rs. 7,300원]

4/10 기차 1박 [델리 - 고락푸르]

4/11 고라크푸르 [1박] 암바라즈 호텔(Ambar Raj Hotel) 0551 2201912 [1박 400Rs. 7,300원]

4/12 수나울리 [2박] 라히 투어리스트 호텔(Rahi Tourist Bungalow) 05522 238201 [1박 400Rs. 7,300원]

4/13 기차 1박 [고라크푸르 - 델리]

4/15 델리 [3박] 스카이뷰 호텔 9811136068. 011 23589230 [1박 400Rs. 7,300원]

2015 [17소] 환율 18.0

6/29 델리 [2박] 스카이 뷰 호텔(Sky View Hotel) 9811136068. 011 23589230 [1박 400Rs. 7,200원]

7/1 하르드와르 [1박] 치드라 레시던시 호텔(Chitra Residency) 08057227896 [1박 850Rs. 15,300원]

7/2 우타르카시 [3박] 고빈드 팔레이스 호텔(Govind Palace Hotel) 01374 222515 [1박 450Rs. 8,100원]

7/5 강고트리 [2박] 강고트리 게스트 하우스(Gangotri G.H) 01377 75790 57689 [1박 200Rs. 3,600원]

7/7   [2박] 고빈드 파레이스 호텔(Govind Palace Hotel) 01374 222515 [1박 500Rs. 9,000원]

7/9 야무노트리 [2박] 바나구나 호텔 01377 225693 [1박 500Rs. 9,000원]

7/11 뉴테리 [1박] 가우라드 파레이스 호텔(Gaurad Palace Hotel) 01376 234013 [1박 400Rs. 7,200원]
선라이즈 호텔(Sunrise Hotel) 01376 232610

7/12 손프라야그 [1박] 우마산카르 롯지(Lodge) 01364 341259 [1박 400Rs. 7,200원]

7/13 케다르나트 [1박] 가우리 쿤드 민박(Gourikund) [1박 150Rs. 2,700원]

7/14 손프라야그 [1박] 사이닉 호텔 01364 278643 [1박 400Rs. 7,200원]

7/15 조시마트 [바드리 나트] [5박] 카메트 호텔(Kamet Hotel) 01389 222155 [1박 500Rs. 9,000원]

7/20 리시케시 [1박] 바라지 페잉 게스트 하우스(Balaji Paying G.H) 0315 243 1242 [1박 300Rs. 5,400원]

7/21 델리 [2박] 락 호텔(RAK Hotel) 011 2356 2478 [1박 550Rs. 9,900원]

7/23 레 [5박] 올드 라다키 게스트 하우스(Old Ladhkh) 0091 1982 252951. +91 8492813321 [1박 700Rs. 12,600원]

7/29 스리나가르 [3박] 드림 데이스 보트 H.B(Dream Day's H.B) 0091 194 2452818 [1박 500Rs. 9,000원]

8/1 스리나가르 [4박] 아르주만드 호텔(Arjumand Hotel) 0194 2485578 [1박 400Rs. 7,200원]

8/5 델리 [6박] 구즈 호텔 +91 11 23561758. 9891573933 [1박 700Rs. 12,600원]

2016 [7소] 환율 18.5

2/15 델리 공항 대합실 1박

2/16 보팔 [5박] 만지트 호텔(Man Jeet Hotel) 0755 4257382 [1박 1,100Rs. 20,350원]

2/21 아우랑가바드 [7박] 펜차바티 호텔(Panchavati Hotel) 0240 2328755. 08624 069387 [1박 1,000Rs. 18,500원]

2/29 델리 [4박] 구즈 호텔(Gush Hotel) +91 11 23561758. 9891573933 [1박 750Rs. 13,800원]

3/4 부바네스와르 [8박] 바그왓 니와스 호텔(Bhagwat Niwas Hotel) 0674 2313708 [1박 1,000Rs. 9,000원]

3/12 발라소르 [6박] 아로마 호텔(Aroma Hotel) 06782 264780 [1박 400Rs. 7,400원]

3/19 카드위프 [5박] 마 찬드라 게스트 하우스(Maa Chandra G.H) 97345 76792 [1박 500Rs. 9,200원]

3/24 콜카타 [7박] 갤럭시 호텔(Galaxy Hotel) 033 2252 4565 0334064 3444 [1박 1,100Rs. 20,350원]

2017 [6소] 환율 17.8

3/3 델리 [3박] 구즈 호텔(Gush Hotel) +91 11 23561758. 9891573933 [1박 1,100Rs. 19,600원]

3/6 아그라 [7박] 호스트 호텔(Host Hotel) +91 0562 331010 [1박 700Rs. 12,500원]

3/12 기차 1박 [아그라 - 러크나우]

3/13 러크나우 [6박] 마유르 호텔(Mayur Hotel) 0522 2451824. +91 7236934872 [1박 650Rs. 11,600원]

3/18 기차 1박 [러크나우 - 파트나]

3/19 파트나 [5박] 마유르 호텔(Mayur Hotel, 러크나우와 이름 같음) 0612 2224142 [1박 840Rs. 15,000원]

3/24 기차 1박 [파트나 - 뉴잘패구리]

3/25 뉴잘패구리 [2박] 홀리돈 호텔(Holydon Hotel) 0353 2691335 [1박 600Rs. 10,700원]

3/27 다즐링 [3박] 뉴 갤러시 호텔(New Galaxy Hotel) 0354 08389039155 [1박 800Rs. 14,200원]

3/31 뉴잘패구리 [3박] 홀리돈 호텔(Holydon Hotel) 0353 2691335 [1박 600Rs. 10,700원]

2018 [5소] 환율 17.6

3/4 델리 [4박] 구즈 호텔(Gush Hotel) +91 11 23561758. 9891573933 [1박 1,000Rs. 17,600원]

3/8 뭄바이 [5박] 비너스 레시던시 호텔(Venus G.H) 022 22852650. 08291728534 [1박 1,500Rs. 26,400원]

3/13 디우 [7박] 니레스 게스트 하우스(Nilesh G.H) 02875 252319 [1박 500Rs. 8,800원]

3/20 아메다바드 [4박] 프리머 호텔(Prime Hotel) 079 2535 2582 [1박 910Rs. 16,000원]

3/24 고아 맙사 [12박] 수하스 호텔(Suhas) 9326868453. 0832 2262700 [1박 600Rs. 10,500원]

2019 [4소] 환율 17.0

2/15 델리 공항 대합실 1박

3/16 안다만 [1박] 만순 호텔(Raja Mansoon Hotel) 03192 230460. 241133 [1박 900Rs. 15,000원]

3/17 안다만 [8박] 아시아나 호텔(Aashiaanaa) 03192 234123. 9474217008 [1박 대 1,000Rs. 17,000원/소 500Rs. 8,500원]

3/25 마말라푸람 [5박] 풀 문 게스트 하우스(Full Moon G.H) 044 2744 2657. 98403 75546 [1박 500Rs. 8,500원]

3/30 트리치 [4박] 미가 호텔(Meega Hotel) 0431 2414092. 0431 2416354 [1박 500Rs. 8,500원]

〈9년 다닌 80여 인도 호텔과 게스트 하우스〉

- 가급적 저렴한 호텔(중급)을 이용했다. 제일 싼 곳은 강고트리 1박 150Rs(2,800원)이고 가장 비싼 곳은 델리 공항 이튼 호텔로 1시간당 20불(22,000원)로 7시간 이용료로 140,000원 지불했다.
- A.C 은 단 두 곳을 제외하고는 모두 Non A.C 룸이다.
- 모두 나 혼자 사용했으나 투 배드이다. 방에서 취사를 해야 하니 1배드방은 좁다.
- 가격 대비 가장 좋은 곳은 푸두체리의 파크 게스트 하우스(Park G.H)이다.
- 저렴한 호텔이나 게스트 하우스가 취사하는데도 마음이 편했다.
- 9년(455일)을 계속 혼자 자며 다녔다.
- 물가 상승으로 인해 인도 호텔 이용료도 인상되었을 것이니 착오 없으시기 바란다.
- 인도여행 문이 활짝 열리는 그날까지 코로나 계속 조심하세요! 꾸준히 준비(準備)하면서 기다리세요!

푸두체리의 파크 게스트 하우스[Park G.H]

휴게실 lounge

베이징 올림픽(Beijing Olympics)

　나는 처음에 중국여행을 안 해 본 것도 아니고 입장권 문제도 있어 베이징 올림픽에 구경 갈 계획이 없었다. 집에서 TV로 입장식(8월 8일)을 보고 있으려니 갑자기 가고 싶어서 항공사에 베이징 가는 항공권을 알아보니 다행히 표가 있다고 해서 부랴부랴 준비하여 8월 13일 출발했다. 입장권에 대해선 아무 준비도 없이 상해 세계탁구대회 때처럼 어떻게 되겠지. 암표상도 또 나오겠지-

　도착 다음 날 탁구경기가 열리는 북경대 체육관 정문을 찾아가 보니 상황은 달랐다. 탁구 경기표는 몇 달 전에 완전 매진되어 표를 팔지 않았다. 대회 초반에는 단속이 심해 암표상은 찾아볼 수가 없었고 가끔 만나면 부르는 게 값으로 무척 비쌌다. 정가 한화 3만 원짜리 표를 20만 원 달라고 하니…. 국내 여행사에서도 올림픽 상품을 내놓지 못한 것은 입장권 확보가 어려운 것으로 생각되었다. 모든 경기가 그랬지만 탁구경기도 하루 3번 표를 사야 했다 오전 10시, 오후 2시, 저녁 7시. 정가대로 표를 구입해서 하루 3번 보려면 한국 돈으로 십만 원 정도 든다.
　오늘 온종일 표 구하러 그 더운 경기장 앞에서 서성거리다 허탕치고 돌아왔다. 숙박하는 모텔 조선족 사장님(남, 50대)께 암표상은 만나기도 어렵고 간혹 만나도 엄청 비싸다고 하소연했더니 그 사장님이 팻말을 만들어 주셨다. 두꺼운 마분지에 매직으로 "탁구표 1매 구함"이라고 한문으로 크게 쓰고 "이걸 들고 내일 경기장 입구에 서 있어 보십시요. 외국인이라는 걸 나타내십시요." 그다음 날 나는 부끄러움도 잊은 채 바보처럼 팻말을 들고 있었다.

　사장님의 아이디어는 맞아떨어졌다. A석 탁구 입장권은 정가 500위안(당시 환율로 85,000원)짜리다. 한 중국 아저씨(45세쯤)가 나에게 다가와서 말을 걸었다. 말은 못 알아듣는데 손짓 발짓으로 대충 "한국에서 왔나? 표를 구하나? 탁구를 좋아하나?" 하는 듯하더니 표를 한 장 내민다. 나는 너무 반가워서 당장 얼마를 받겠느냐고 물었다. 그러는 도중 옆에서 보고 있던 중국 사람들과 암표상 같은 사람 5~6명이 몰려들어 서로 사려고 덤빈다. 그중 한 사람은 1,000위안을 손에 내밀며 표를 당긴다. 좀 혼란스러웠다. 결과적으로 그 중국인 아저씨는 표를 내게 주었다. 그것도 정가 500위안만 받고…. 그날 숙소에 돌아와서 조선족 사장님께 한국 손님을 배려하는 중국인 칭찬한다고 입에 침이 말랐다.

　올림픽 경기장의 입장은 경비가 너무나 삼엄하여 공항 입장은 비교도 안 되었다. 북경대 체육관 신축 경기장은 너무나 크고 화려했지만 경기 탁구대와 관중석이 너무나 멀어 선수들의 얼굴이나 표정은 잘 보이지 않았다. 쌍안경으로 보든지 차라리에 복도에서 볼 수 있는 스크린 화면이 편했다. 그리고 중국인들의 자국 응원 소리가 너무 커서 차분한 관람이 아니었고 혼란스러웠다. 그런데 한국 남녀 선수들은 처음 예선 출발은 좋았는데 올라갈수록 부진을 나타내고 있었다. 좀 마음이 편치 않기 시작했다.

　경기를 마치고 나오는 출구에서 어떤 사람이 사용한 입장권을 산다고 팻말을 들고 외치고 있었다. 한 상에 10위안(한회 1,700원)씩 주고 회수하는데 대부분의 사람들이 팔고 갔지만 나는 팔지 않았다.

　'얼마나 어렵게 구한 표인데?'

기념으로 오랫동안 간직하고 싶었다. 표를 왜 사 가는지 숙소에 와서 물어보니 종합 경품권이 있다는 얘기도 하고 오래되면 우표처럼 골동품 가치도 있다고 한다. 'Used tickets wanted' 옆에서 가방을 얼핏 보니 표가 몇천 장 들어 있었다.

세계 유명선수들은 지금 저 북경대 체육관에 안에 다 모여 있다. 잠시 밖에 나오니 선수는 아무도 보이지 않았다. 이렇게 각국의 탁구 마니아들이 다 모였는데 이참에 외국인 아마추어 탁구대회는 왜 열리지 않나? 정통 펜 홀드의 진수를 한번 보여 주려는데~ 며칠 뒤 나는 탁구라켓을 들고 만리장성에 올라섰다. 실제의 만리장성을 넘은 것이다!

"탁구표 한 장 구함"
탁구경기가 열리는 북경대 체육관

파테푸르 시크리 사원(Fatehpur Sikri) U.세계문화유산

4.
상카시아 Sankasia 불교 8대 성지

멀고도 먼 길 상카시아! 오전 5시에 기상하여 5시 30분에 아침 식사를 하고 6시 30분에 호텔 출발하여 7시에 칸푸르행(Kanpur) 버스를 탔다. 96km를 2시간 달려가서 9시 10분에 칸푸르 도착한 것까지는 순조로웠는데 칸푸르에서 오토릭샤를 20분 타고 가서 파루카밧(Farukhabad) 정류소에서 버스 갈아타고 출발하여 140km를 또 버스 타고 가는데 기차 건널목이 정체되고 해피 홀리데이 축제 행렬인지 길 막히고….

점심 식사는 버스 안에서 준비해 간 삶은 계란, 바나나, 포도, 빵으로 하고 파루카밧에 오후 3시에 도착했다. 여기 택시가 없어 택시 찾는다고 30분 걸어서 헤매다가 3시 30분에 택시를 타고 출발했다. 상카시아까지 40km라는데 1차선 도로라 속도가 안 나 1시간 넘게 걸렸다. 상카시아는 불교 8대 성지 중 유적지 규모가 가장 작고 개발(開發)이 덜 된 곳이다.

이번에 안 보면 후회할 것 같아 무리한 시간에 쫓겨 약 1시간 동안 동산에 올라가서 사진 찍고…. 그 택시 타고 돌아오는데 오후 6시 30분에 출발하여 1시간 걸려 칸불로 돌아왔다. 다시 버스 갈아타고 터미널 가서 밤 11시 30분에 러크나우 가는 버스로 바꿔 타고, 다음 날 새벽 1시 30분에 차르박 터미널에 도착했다.

날씨는 맑고 약간 덥고 차를 너무 많이 타서 피로하고 돌아오는 버스가 밤중에 끊길까 봐 몹시 불안했다. 차를 6번 갈아타며 하루 총

560km(갈 때 100km+140km+40km, 올 때 40km+140km+100km)를 왕복하니, 이번 여행 중 가장 힘들었던 것 같다. 오전 7시에 버스 타고 다음 날 새벽 1시 30분까지 탔으니 그중에서 상카시아 구경하는 1시간 30분 빼면 17시간 동안 차를 탔다.

◎ 상카시아(Sankasia)

산카샤(Sankassa)라고도 부르며 인도의 델리 동남쪽 파그나에서 11km 떨어진 촌락이다. 기둥의 꼭대기가 코끼리 모양인 아소카 석주가 있었단다. 도리천에서 내려온 땅 '상카시아'이다. 불교 정사에 의하면, 석가가 어머니 마야 부인을 위해 도리천에 올라가 법을 설하고 천 불법을 편 후 다시 세상으로 내려올 때 하강한 곳으로, 하늘 세계와 인간을 잇는 상징적(象徵的)인 장소이다. 부처님이 성도 후 살아 있는 사람들은 많이 교화를 했지만 죽은 사람들에게 교화한 적이 없었기에 스스로 도리천에 올라가 90일간 설법을 하여 많은 천상 사람들을 위해 기도했다.

불교 8대 성지 중 6번째 보는 상카시아는 아직 미개발 상태이고 가장 볼거리가 없어 보였다. 거기다 18시간을 헤매고 다녔으니 내 여행은 왜 이렇게 갈수록 힘든지 모를 일이다. 지도상으로 볼 때는 러크나우 바로 옆인데 실제로 찾아가면 아주 먼 길이다. 불교 8대 성지 중 가장 힘든 여정이었다.

제일 볼거리로 오래된 사자상은 너무나 훼손이 심해 사자인지 코끼리인지 구별이 안 될 정도다. 너무나 멀고 힘든 길을 찾아가서 그런지, 그래도 사자상을 보는 순간, 나는 허령불매(虛靈不昧), 마음이 거울처럼 맑아지고 흐뭇하여 무엇이든지 뚜렷이 비추어짐을 느꼈다.

다음 날, 암베드카르 공원 - 총독 박물관

오늘 생각해도 어젯밤 호텔까지 무사히 잘 돌아왔다. 잠을 못 자 오전에 계속 누워서 잠을 청했다. 점심은 호텔 방에서 한국 너구리 라면을 조리해 먹었다. 날씨는 맑고 약간 덥다. 그늘은 시원하다. 오후 1시 30분에 나서서 암베드카르 공원에 갔는데 델리의 악샤르담처럼 잘해 놓았다. 넓고 조용하고 내 기분에 딱 맞는 곳이였다. 여기 오길 정말 잘했다. 거기서 오토릭샤를 타고 총독(總督) 박물관에 다시 가서 사진을 많이 찍었다. 박물관이라지만 주로 오래된 흑백사진 전시관이었다.

◎ 암베드카르 공원(Ambedkar Park)

넓은 광장에 현대식으로 조성한 이 공원은 델리의 악샤르담을 연상하게 한다. 오늘따라 별로 관광객은 없으나 정말 멋있고 웅장하였다.

◎ 총독 박물관(Residency)

영국 총독관저였던 이곳의 일부를 박물관으로 개조했다.

상카시아(Sankasia) 사자상 불교 8대 성지

암베드카르 공원(Ambedkar Park) 인도 헌법의 아버지 암베드카르를 그리는 공원

상카시아 언덕(Sankasia Hill)

총독 박물관(Residency Museum) 영국이 1801년에 건설한 총독관저의 박물관

5.
스라바스티 Sravasti 불교 8대 성지

부처님의 발자취를 따라 스라바스티를 찾아간다. 오전 5시 30분에 기상하여 6시에 아침밥을 먹고 7시에 호텔을 출발했다. 7시 40분에 칼서박 버스 터미널에서 출발하여 카이스바스(Kaiser Bach)에서 점심 식사로 버스 안에서 계란 2개, 바나나 2개, 튀김 빵을 먹었다. 12시 바라이(Bahrich)에 도착하여 버스 갈아타고 오후 2시 스라바스티에 도착했다. 오토릭샤를 타고 가장 먼저 찾아간 곳은 기원정사(Jetavana Anathapindikarama) 초기 불교 금강경의 무대가 붓다가 여러 번 설법한 곳으로 지금은 성터와 보리수나무만 남아 있다. 마침 여기서 한국 여자 단체 관광객들도 만났다.

나오면서 간 사원은 미얀마 사원 - 한국 천축 사원 - 스리랑카 사원 순으로 보았다. 거리는 조용하고 평화로워 보이고 한국 천축 사원의 불상은 한국의 장인이 만든 것을 배를 통해 운송하여 모셔졌다고 한다. 겨울에는 강한 안개로 앞이 보이지 않을 때도 있단다. 법당과 수행하는 사람을 위한 크고 깨끗한 한국 천축 사원인데 돌아올 시간이 촉박하여 스님은 못 만나고 예배만 드리고 나왔다. 대절한 오토릭샤 청년은 순박하고 고마웠다.

◎ **스라바스티(Sravasti)**
교단 본부의 땅으로 금강경(金剛經)의 무대이자 사위성(舍衛城)이다.

석가모니가 생존하였을 때 자주 머물면서 설법한 곳으로 초기 불교의 정사 가운데 가장 유명하며 당시 왕사성의 죽림정사(竹林精舍)와 함께 2대 정사로 불리던 기원정사가 있던 곳이다. 붓다의 45년 교화 기간 중 가장 많은 24번의 하안거(夏安居)를 보내며 '금강경'을 비롯한 수많은 경전을 설법하신 곳이다.

◎ 급고독 장자의 집터(Kachchi Kuti)

'급고독'이라고 하더니 자신의 생활은 검소했었던가 보다. 급고독 장자의 집터에서 100m쯤 떨어진 길 건너편에는 앙굴리마라 탑 터가 보인다.

앙굴리마라의 유적지에는 '앙굴리마라'라는 수도승에 관한 흥미로운 이야기가 전해진다. 청년 앙굴리마라의 원래 이름은 아힘사(不害)다. 사위성에 있는 한 바라문의 제자였다.

스라바스티에서 바라이까지는 35km인데 버스 1시간으로 지루하였다. 바라이에서 칼바스까지는 130km로 편도 3시간 30분 걸리지만 길이 좋아 좀 다행이었다.

러크나우에서 버스 갈아타고 왕복 9시간 정도 걸렸으니 사람이 죽을 노릇이었다. 그래도 사람들에게 물어물어 찾아다니는 그 여행 과정은 재미있기도 했고 찾고 나면 "내가 하면 할 수 있지." 하는 흐뭇한 자부심도 생긴다. 그리고 부처님 8대 성지를 하나씩 섭렵(涉獵)해 나가는 기쁨도 컸다. 그렇다! 미래는 예측하기보다 창조해 나가야 한다. 여행은 예측하기도 하지만 실제 그곳에 가서 재미있게 만들어 나가는 것이다.

다음 날, 러크나우 박물관과 동물원

점심은 호텔 앞 식당에서 치킨프라이드 라이스로 먹었다. 날씨는 맑고 이제 본격적으로 더워진다. 오후 2시에 나서서 오토릭샤를 타고 간 러크나우 동물원과 안에 있는 주립박물관은 볼 게 많고 실내는 시원했다. 동물원은 내가 본 것 중 상위로 잘 꾸며졌고 정원의 큰 나무가 있어 분위기가 좋다. 1시간 쉬면서~

한우충동(汗牛充棟), 소가 땀을 흘리고 수레에 실어 집 안에 쌓으면 마룻대까지 채울 만큼 많은 여행 자료와 사진들을 만들어 보자. 욕심을 좀 내 보자! 좋은 여행기를 써 보자!

기원정사 - 스라바스티(Sravasti)

잔 사원(Jan Temple) 스라바스티

골가르(Golghar)

파트나 박물관(Patna Museum)
1,400여 년 지속해 온 왕조의 불교 유물이 많이 전시된 박물관

하리 만디르(Har Mandir Takht)

6.
하리 만디르Har Mandir - 파트나

　오전에 시티은행 잔고가 부족한 것 같아, "내 시티은행 통장으로 20만 원 송금해요." 하고 와이프한테 문자 넣었다. 호텔 앞 ATM기에 가서 10,000루피(178,000원)를 인출했고 날씨가 약간 더웠다. 점심은 호텔 방에서 라면에 짜장스프를 넣어 조리해서 먹었다. 1시 30분에 나서서 골가르로 템포를 타고 갔다. 오늘 휴일로 못 보나 했는데 한 바퀴 돌고 겨우 옆문으로 들어가서 잘 봤다. 안 그랬으면 한 번 더 올 뻔했는데 다행이다.

◎ 골가르(Golghar)
　1770년 대기근 후 대비하여 이곳에 임칭닌 규모의 창고를 건설하였다. 나무보다도 더 큰 높이의 '골가르'라고 하는 곡물창고이다. 높이 29m, 너비 125m, 14만 톤의 곡식을 저장할 수 있는 창고이다. 1786년 영국군이 지은 거대하고 둥근 곡물창고(穀物倉庫)로 기근을 대비해 만들었는데 실제 창고가 필요한 일은 발생하지 않았단다. 노동자들이 250계단을 오르내리는 식으로 설치되었다. 이 기념물 꼭대기에 있는 갤러리에서는 파트나와 갠지스 강의 아름다운 풍경을 만나 볼 수 있다고 했는데 내가 간 날은 휴무일이라 그런지 계단 문이 닫혀 있었다.

◎ 하리 만디르 타크트(Har Mandir Takht)
　아름다운 시크교 성소 하리 만디르는 시크교의 '고빈드 싱'이 태어난 자리에 건축된 시크교 사원으로 1660년에 건설되었다. 백색 대리석으로 지은 외관이 화려한 지금의 건물은 시크교의 '마라하자 란짓싱'이 지었고 간디 마이단 공원에서 동쪽으로 11km 떨어져있다. 거기서 다시 합승 뎀포를 타고 하리 만디르 12km를 좁은 동네 길로 한참 달려갔더니 백색 대리석(大理石)의 멋진 건물이 있었다. 사진 찍고 박물관 구경하고 오토릭샤를 타고 돌아와서 파트나 역 근처 시장에 들렀다.

파트나(Patna)는 불교 중심의 도시다. 하리 만디르 타크트로 가는 버스 길은 좁고 옛날 구식 냄새가 물씬 나는 정겨운 길이었다. 그 사원 앞에는 구경 온 사람들도 많고 기념품 상점도 많았다. 사원은 아름답고 순례객도 많았다. 시크교 10대 구루 가운데 최후의 구루였던 '고빈드 싱'이 1666년 태어난 장소이다.

시크교 박물관은 무굴제국 말기에 탄압받았던 시크교인들의 사진과 유물이 전시되어 있다. 별로 손님이 없던 그 박물관의 직원 아줌마는 어찌나 친절하던지 여행의 피로가 풀리고 왠지 기분이 좋았다. 근무자들은 이런 사람 정신을 베워야 한다.
그렇다! 변화는 단순히 삶에 필요한 것이 아니다. 변화가 곧 삶이다. 여행도 어려운 삶에 꼭 필요한 것은 아니다. 그러나 여행이 곧 삶이다.
잘은 모르지만 인도인들은 허장성세(虛張聲勢), 실력이나 실속은 없으면서 허세만 부린다. 말로만 염려 마라.
"노 프라블럼"
자기만의 종교가 있고 도가 있는 인도 사람들도 좀 변해야 한다. 게으름에서 깨어나야 한다.

7.
바이샬리 Vaishali 불교 8대 성지

붓다 마지막 여행의 땅 "바이샬리"

　합승 오토릭샤를 타고 터미널에 가서 오전 8시 30분 바이샬리로 가는 로컬버스를 바로 탔다. 약 4시간 걸려 12시 50분경 바이샬리에 도착했다. 버스비 50루피(900원)를 내고 오토릭샤를 타고 일본 사원에 갔는데 그 모양이 레의 샨티 스투파와 흡사하다. 거기서 또 박물관 가서 구경하고 나오다가 푸른 큰 지붕 건물로 미얀마 사람들이 단체 관람하고 있는 릿차비 스투파를 들어가 보았다. 큰 둥근 양철 지붕에 사리(舍利)가 보관된 곳이라고 한다.

　거기서 오토릭샤 타고 6km 날라간 원숭이 연못과 2번 스투파는 붓다의 사리가 보관되었던 곳이며 오늘은 날씨가 맑고 약간 더우며 다니기 좋다. 점심 식사는 베트남 사원 옆의 호텔 레스토랑에서 야채누들을 먹는데 너무 음식이 짜서 오토릭샤 기사에게 반 넘겨주었다. 짜도 오토릭샤 기사는 잘 먹는다. 인도 사람들은 우리보다 짜게 먹나?

　약 2시간 30분 구경하고 파트나 돌아오는 버스를 타고 터미널에 와서 다시 템포 오토릭샤를 타고 호텔 도착했다. 오늘 잘 다녀왔다. 내일은 오전 7시에 출발한다. 오늘 일본 스투파 불상 두 곳에서 벌 떼가 붙은 걸 보았다. 원숭이들이 나타나서 내게도 꿀을 주려고 그러나? 상상해 보았다. 좋은 일이 있을 것 같다. 올 때 버스에서 2시간 서서 왔다.

◎ 바이샬리(Vaishali)

불교 8대 성지이며 붓다의 마지막 여행지 '바이샬리'는 파트나에서 북서쪽으로 55km 지점이며 중요 관광지는 고대 저수지 주변이다. 마하비라(Mahavira)가 이곳에서 기원전 599년에 탄생하여 자이나교 사원에서 성장한 도시다. 불교와 자이나교는 깊은 연관이 있고, 아시아의 사자로 알려진 아소카 석주의 사자주두(獅子柱頭)가 현재까지도 잘 보존되어 있는 곳이다. 붓다가 다섯 번째 안거(安居)를 이곳에서 보냈으며 생전에 수차례 들러서 설법한 곳이고, 말년에 쿠시나가라로 가기 전, 최후의 설법을 한 곳이기도 하다.

◎ 일본 평화의 탑(Japanese Peace Pogoda)

현대식으로 지은 일본 불교 사원이 하늘 높이 멋진 자세로 우뚝 서 있으며 부근에 부처의 유골이 보관된 스투파가 있다. 박물관에서는 2세기경 만들어진 변기와 테라코타 모형과 점토도 볼 수 있다.

◎ 콜후아 단지(Kolhua Complex)

아쇼카 대왕 기둥 꼭대기에 앉아 있는 2,300년 된 사자가 스투파를 지켜 주고 있다. 전설에는 부처가 여기서 원숭이들에게 꿀 한 사발을 받았다고 하는 곳이다.

진실하지 않는 것은 아무리 많이 알고 있어도 쓸모가 없다. 여행도 마찬가지다. 가 보지도 않은 곳을 가 본 것처럼 말하는 것은 아무런 가치가 없다. **그리고 허세나 사치를 떠나 순수하고 검소하게 여행하고 싶다.** 다행히 오늘은 날씨가 덜 덥고 하늘도 맑았다. 오늘의 하이라이트 콜후아 단지는 정말 불교 유적들 중에 최상이었다. 아직도 거기서는 발굴인지 보수공사인지 부분 작업을 하고 있었다. 그런데 딴 곳에 비해 여기는 순례객들이 잘 안 보였다. 나는 이런 분위기도 좋았다. 왜냐하면 조용히 그 옛날 부처님을 생각하며 감상하기에 좋으니까-

8.
라즈기르Rajgir - 날란다대학 U.세계문화유산

'왕의 집'이라는 라즈기르와 천년 대학 날란다로 간다. 오전 6시에 아침밥을 먹고 7시에 출발하여 8시에 파트나 터미널에서 비아리로 가는 버스를 타고 11시에 라지기르에 도착했다. 오토릭샤를 타고 가서 미얀마 사원을 구경하고 퉁가(마차)를 타고 죽림정사(竹林精舍)에 가서 연못 보았다. 거기서 또 다시 퉁가를 타고 가서 케이블카를 타고 일본 사원과 샨티 스투파를 보고 내려와서 날란다 버스 정류소에 왔다. 점심 식사는 죽림정사를 보고 나와 식당에서 사모사 2개와 사이다 한 병 먹었다.

다시, 날란다에 도착하여 퉁가를 타고 중국 현장 기념관을 보고 시간이 없어 지나가는 오토바이 등 뒤에 타고 가서 날란다대학 보고 나니 오후 5시가 넘어 바로 앞의 박물관은 못 보아 아쉬웠다. 그 마부도 그렇지, 마감 시간을 내게 말해 줘야지- 원체 시간이 빡빡했다. 현장 기념관보다 날란다 박물관을 봐야 하는 것 아닌가…. 그래도 답답한 박물관보다 공원 같은 현장 기념관이 훨씬 더 낫지. 아쉬워서 해 보는 말이지만…. 이렇게 불교 8대 성지 관람을 마스터했다. 보통 힘든 일이 아니었다.

◎ 라즈기르(Rajgir)

포교의 땅으로, 인구는 약 35,000명이다. 돌산 5개로 멋있게 둘러싸인 이곳은 부처가 중요한 시간을 보냈던 곳이다. 부처님이 계시던 당시 인도의 동북 지방에 있던 마가타국의 수도인 라즈기르(왕사성)의 국왕 빔비사라 왕은 부처님께 죽림정사를 기증하였다. 부처는 죽림정사에서 여름 안거를 했고 근처에는 라즈기르 왕사성인 법화경 설법지 영축산이 있다. 요즘도 매년 10월에는 고전 음악과 춤의 민속 축제가 열린다고 한다.

◎ 날란다대학(Nalanda University) U.세계문화유산

세계에서 가장 오래된 불교 대학(Buddist University)으로 2~3세기경 북방 불교의 기초가 되고, 5세기경 시작된 날란다대학 중국의 현장이 700년경 1만 명의 불교 대학생이 공부하고 있었다. 불교 교학의 중심지이며, 날란다대학 사원 유적 서쪽에는 비슷한 크기와 형태의 사원유적들이 있다. 사원 유적에는 많은 봉헌탑들이 있는데 여러 가지 수인의 불상이 있고 2016년 U.세계문화유산에 등재되었다.

◎ 제티안(Jettyan)

라즈기르의 국왕이었던 빔비사라 왕이 부처님을 처음으로 맞이한 장소로 붓다가 부다가야에서 출발해 이곳으로 걸어오고 있다는 소식을 전해 들은 라즈기르의 국왕 빔비사라는 왕궁에서도 제법 떨어진 이곳 제티안까지 마중을 나와 부처님을 영접했다고 한다.

실제로 부처님이 살아 계시던 시대에 수많은 왕들이 정치와 관련된 상담뿐 아니라 개인적인 고뇌(苦惱)도 부처님께 물으며 법문을 청했다는 이야기가 있다.

◎ 죽림정사 연못(Karanda, Veluvana)

중인도 마가다국의 수도인 라자그리하 북방에 있는 가란타 죽림에 최초로 생긴 불교 사원으로 죽원 가람이라고도 한다. 코살라국 사위성의 기원정사와 함께 불교 최초의 2대 가람으로 불린다. 석가모니가 생존해 있을 때 자주 이곳에 머물면서 설법한 곳으로 유명하다.

◎ 샨티 스투파(Pagoda)

일본 불교 재단에서 세운 '세계평화탑(World Peace Stupa)'이다.

◎ 현장 기념관(Hiuen Tsang Memorial)

수안장 기념관(Xuan Zang Memorial)이라고도 한다. '대당서역기'를 통해 날란다대학에 대한 기록을 남긴 7세기 중국의 대학승 현장 스님의 기념관이 날란다 유적지 인근에 세워졌다. 현장 스님의 파란만장한 인도 여정을 기념하기 위한 기념 전시관이다.

코로나가 만연해도 살아 있는 한, 우리는 절망하지 않는다. 아무리 어려운 일을 당해도 좌절하지 말자. 부처님을 믿고 사노라면 반드시 좋은 날이 돌아온다. 여태껏 다시는 안 한다, 안 간다 하면서도 해만 바뀌면 가장 하고 싶은 게 나의 인도여행이다. 유시무종(有始無終)이랄까? 항상 시작은 있는데 볼거리는 끝이 없다.

오늘 케이블카를 타고 일본 사원 올라갈 때 기분이 아주 쿨했다. 올라가니 여기도 일본 스투파 '평화의 탑'을 잘 지어 놓았다. 이것이 보는 사람들로 하여금 국가의 위상을 나타내어 부러웠다. 한국도 이제 세계 경제 10위의 대국이니 만큼, 이런 분야에도 신경을 써야 한다. 그래야 세계인이 인정하는 한국이 된다.

다음 날, 쿰라하르(Kumrahar)

마유르 호텔은 너무 시끄러워 3일 밤 TV를 크게 틀어 놓고 잤다. TV 소리는 일정하기 때문에 잠이 잘 왔다.

오전 10시 30분에 호텔 바로 앞 슴리티 불탑(Budda Smriti Udhyaan) 입장권을 사고 불탑 박물관을 구경했다. 박물관 사진을 못 찍게 하여 좀 그랬지만 크고 좋았다.

점심 식사는 호텔 방에 와서 라면으로 비빔면 조리해 먹고, 오후 2시에 나서서 쿰라하르에 갔다. 오토릭샤를 타고 3거리 내려가서 다시 오토릭샤를 바꿔 타고 외국인 입장 티켓 200루피(3,500원)를 내고 들어갔다. 유적은 거의 볼 것 없고 공원을 잘 꾸며 놓았다. 일반 관광객과 젊은 연인들이 많이 쉬고 있었다.

◎ 쿰라하르(Kumrahar)

마우리아 왕조의 수도 '파탈리푸트라'의 궁전 터이며 인도 최고의 아쇼카 왕의 궁전 터로 추측되는 곳으로 지금은 빈터에 주춧돌만 남아 있다. 현재 볼 수 있는 것은 발굴(發掘) 중인 일부 공지와 잘 꾸며진 공원뿐이다. 공원 그늘에 앉아 쉬기는 좋은 곳이다.

◎ 파트나 박물관(Patana Museum)

델리, 뭄바이, 첸나이, 콜카타 등 4대 박물관 수준의 볼거리를 지닌 곳으로 붓다의 진신 사리, 간다라 불상 등 불교 유물이 특히 많은 것이 특징이다.

거기서 나와 비하르 투어리즘 오피스(여행 안내소)에 오토릭샤를 타고 물어물어 찾아가서 파트나 전체 유적지 홍보책 1권과 지도 1부 무료로 받아 나왔다. 경험 삼아 가 봤는데 접는 관광지도도 제공해 주었다. 그 시장에 가서 바나나, 포도, 오렌지를 사고 사이클 릭샤를 타고 오니 바로 슴리티 불탑이 보였다.

P. 448-450
라즈기르(Rajgir) - 불교 8대 성지
죽림정사 연못에서 스님과 같이 - 라즈기르(Rajgir)

P. 453-455
히말라얀 레일웨이(Himalayan Rail Way) U.세계문화유산
초우라스타(Chowrasta) 다즐링의 다목적 중심 광장

P. 458-459
히말라야 잔악 박물관(HMI. Museum)
히말라야 등산 학교(Mountaineering Institute) 1954년 개교한 텐진 노르게이가 세운 전문 등산 학교

히말라야 박물관(HMI Museum) 텐징 노르게이 앞에서 영광을 누리고-
티베트 난민센터(Tibetan Refugee Centre) 1959년 인도로 망명한 티베트인 자활 센터

9.
히말라얀 레일웨이 - 다즐링 U.세계문화유산

산 중턱에서 고장난 세계문화유산, 다즐링

아침 5시 15분에 기상하여 5시 30분에 아침 식사를 하고 호텔에서 7시 30분에 출발했다. 8시에 도착하여 짐꾼 불러서 토이 트레인 기차 타는 데까지 갔는데 그 역무원이 기차에 3분의 1밖에 사람이 안 탔는데도 끝까지 안 태워 주고 실었던 내 짐도 다시 내리게 하더니 출발 직전 내가 사정조로 태워 달라고 하니 선심(善心) 쓰는 척 태워 준다. 토이 트레인 정식 명칭은 히말라얀 레일웨이(Himalayan Railway)이다.

기차가 1시간쯤 잘 가더니 어느 정류소에 서서 1시간을 서 있다가 아주 느린 속도로 쇠 갈리는 소리를 냈나. 약 3시간 동안 산으로 올라가다가 오후 1시에 서더니 고장 나서 못 가고 그 자리에서 수리하는데 1시간을 기다려도 수리가 안 되어 계속 기다렸다. 인도 승객들과 다른 외국인들은 아무도 아무런 불평 없이 택시 불러 타고 갔다. 그럴수록 나는 출발 때 사정해서 탄 그 역무원이 더 미워졌다. 종착지까지도 가지 못하는 장난감 기차를 가지고 유세를 떨다니…. 약 3시쯤 할 수 없이 나도 다즐링 쪽으로 올라가는 시외버스를 타고 굼까지 와서 다시 합승 지프를 타고 다즐링 기차 종점에 도착했다. 택시를 타고 엔디 게스트 하우스에 가니 방이 없고 날이 어두워져 그 앞의 갤럭시 호텔에 1일 800루피(14,200원)에 들어왔다.

히말라얀 레일웨이는 1881년 다즐링산 차(茶)를 운송하기 위해 만들어졌다. 뉴잘패구리에서 다즐링을 연결하며 속도가 느린 증기 기관차로 현재 이름은 '다즐링 히말라얀 레일웨이'지만 토이 트레인(장난감 기차)으로 더 많이 불린다. 인도에서 가장 높은 지대에 위치한 굼 역에서 20분간 쉬고 간다.

다즐링(Darjeeling)은 인구 약 12만 명이며 해발 2,020m이다. 푸른 차밭과 히말라야 칸첸충가 8,598m 설산 봉우리가 보이는 산간휴양지로 웨스트벵골주의 최고 명승지다. 1780년부터 시킴 왕국과 영국의 분쟁을 끝내고 1835년 산간휴양지(山間休養地)로 탄생했다.

다즐링에 갈 때 역에서 짐꾼이 오래 기달려 100루피 주려고 했는데 더 기다리지 않고 돈 안 받고 그냥 가서 아주 미안한 마음이 들었다. 다즐링 고개에 올라갈 때 버스가 주변 구경하기 좋고 언덕의 산동네가 마음에 들었다. 다즐링에 가까우니 찬바람이 불고 호텔에 들어오니 춥다. 밤에는 정전이라 전기장판이 무용지물이 되었다.

토이 트레인(Toy train)이라고도 불리는 다즐링 히말라얀 레일웨이는 언덕을 달리는 기관차다. 쇠 갈리는 소리를 내며 산을 오르는 이 기차는 1881년 9월 60cm 너비의 트랙을 따라 시작되었다. 오늘날 '토이 트레인'은 산골 도로의 작은 상점과 주택 앞을 오가며 1999년 유네스코 세계문화유산으로 지정(指定)되었다. 토이 트레인의 노선은 산사태로 인해 2009년 이래 계속 바뀌었다. 뉴잘패구리 역으로 오가는 메인 노선은 앞으로 몇 년 안에는 다니지 못할 것으로 보인다. 다르즐링에서 굼을 경유해 '쿠르쎙'으로 가는 노선만이 하루 2회 운행하며 인도에서 가장 높은 지대에 위치한 굼 역에서 20분간 멈춰 선다. 호텔 매니저의 설명이다.

◎ 다즐링(Darjeeling)

길 양쪽에 상점들이 늘어서 있는 초우라스타가 상업중심지이다. 이 도시에서 가장 높은 전망대 구릉(해발 2,175m)에는 힌두교도와 불교도 모두가 성지로 여기는 마하칼 사원이 우뚝 솟아 있다. 자작나무 구릉에는 자연공원과 등산협회 건물이 있다. 1865년 로이드 식물원이 세워졌으며 동물원, 자연사 박물관, 경마장과 몇 개의 병원이 있다. 1962년에 세운 북벵골대학교에는 의과대학을 비롯하여 10개 대학이 속해 있다. 가장 높은 곳은 칸첸충가 설산(8,586m)이다.

토이 트레인이 종착지까지 가지 못하고 중간에서 고장이 났으면 한국 같으면 사과를 하고 당연히 승객들에게 환불을 해 줘야 하는데 여긴 그런 것이 없다. 나는 속으로 불쾌했지만 인도 여행객들도 아무 말도 하지 않는데 영어도 못하는 내가 나서 봐야 안 되는 일이다. 그러니까 무슨 룰이 없고 막무가내로 밀고 나가는 식이니 오히려 기가 차서 웃음이 나올 지경이었다. 그렇다. 인간은 항상 시간이 모자르다고 불평하면서 마치 시간이 무한정 있는 것처럼 행동한다. 인도 사람들이 그렇다. 고장난 토이 트레인을 고치는 속도도 아주 느리다. 바쁠 때는 좀 바쁘게 움직여야 되는데 만사가 태평이다. 나의 원래 여행 스타일은 유유자적(悠悠自適), 속세를 떠나 아무것에도 얽매이지 않고 마음을 비우고 내가 가고 싶은 대로 가는 것으로 인도여행도 그렇게 하고 싶은 심정으로 그들을 이해는 하지만 이건 해도 해도 너무하다!

10.
타이거 힐Tiger Hill - 다즐링

　어제저녁 엔디스 호텔에 방이 없고 어두워지기 시작해 급히 들어온 갤럭시 호텔. 들어올 때 정전으로 촛불을 켰고 밤에는 2시경부터 아침 8시까지 정전으로 아침밥은 호텔 주방에서 미역국을 데우고 계란 후라이 2개 해서 먹었다. 인도여행에서 이렇게 전기 사정이 나쁜 곳은 또 처음이다. 부산에 산다는 청년 Mr.G(36세)를 호텔에서 만났는데 장기간 인도를 여행하고 다닌단다. 고추장 1통과 커피 믹스 2개를 그에게 주었다.
　오전 10시에 나서서 굼에 가는 합승 택시 정류소까지 쭉 걸어 내려가 합승(合乘) 택시를 탔다. 굼에서 개인 자가용 얻어 타고 타이거 힐 올라으나 날이 잔뜩 흐리고 부슬비가 와서 칸첸충가(Kanchenjunga)는 물론 다른 히말라야 설산도 안 보여 아무 경치도 못 봤다. 겨우 내려와서 따뜻하고 맛있는 사모사 3개와 삶은 계란으로 점심 식사를 하고 다시 합승택시를 타고 다즐링에 나와 히말라얀 레일웨이 역과 초우라스타 광장, 업소비토리 힐 티베트 불교 사원을 구경했다.
　오늘 카메라를 보니 여기 사진에 날자를 계속 넣고 찍었다. 큰 실수다. 다즐링에서 남쪽으로 11km가량 떨어진 타이거 힐 해발 2,590m 파빌리온 전망대에서 보는 일출 스카이라인은 인도 최고봉이자 세계 3위 칸첸충가 8,598m 설산과 연봉들을 일출(日出)과 함께 감상할 수 있다고 한다. 일출을 제대로 보려면 다즐링 숙소에서 새벽 4시에 출발해야 하고 날이 맑아야 한다. 그러나 지금 계속 날이 안 좋아 포기했다.

◎ 초우라스타 광장(Chowrasta)

다즐링은 산기슭에 있는 작은 마을이다. 북쪽에 있는 초우라스타 광장과 그 남쪽으로 이어지는 쇼핑 거리는 다즐링의 중심부로 '몰(The Mall)'이라 불린다. 남북으로 시내를 관통하는 힐 카트 로드(Hill Cart Rd.)는 다즐링 역 주변이다.

◎ 업소비토리 힐(Observatory Hill)

초우라스타 북쪽에 있는 언덕이자 티베트 불교 사원으로 타르쵸 기도 깃발과 칸첸충가 설산 연봉이 보이는 전망대 겸 사진 촬영지다.

어제저녁 7시에 정전 시작하여 10시에 1시간 정도 전기 들어왔다가 다시 가고는 아침 9시 30분 내가 호텔 나올 때까지 정전이 계속되었다. 이래 가지고 사람이 어떻게 살고 관광 사업은 어떻게 해 나가나? 그런데 우리 앞집과 옆집은 밤새 전깃불이 들어와 있다. 옛날 한국전쟁 때의 우리 동네 특선(特線) 전기인가? 밤에는 추워서 이래 가지고 안 되겠다, 내일 뉴잘패구리로 내려가자. 그래서 남은 다즐링 관광 오늘 다 하기로 한다. 이제 다즐링이 아니고 질리는 다즐링이다. 아침부터 비가 부슬부슬 내리고 안개가 끼어 앞이 안 보인다. 다즐링 해발 2,200m로 계속 추웠고 오늘 갤럭시 호텔은 오전 9시 30분까지 단수로 물까지 안 나온다.

오전 9시 30분에 나서서 비를 맞고 ATM기 잔고가 55루피 남아서 못 뽑았다. 초우라스타 밑에 가서 환전하는데 100달러 6,000루피(106,800원)인 것이 델리보다 500루피(9,000원)나 적지만 여긴 지역상 비싸지 않겠나…. 동물원 가서 등산 학교 보고 등산 박물관은 텐징 노르게이(펜파 노루부) 위주로 정말 멋있어, 등산을 좋아했던 나는 산악인으로 정말 행운의 시간이었고 사진도 많이 찍었다. 거기서 나와서 걸어서 해피 벨리 다원 구경하고 오토바이 등 뒤에 타고 티베트인 난민 센터를 구경했다.

◎ 히말라야 등산 학교(Himalayan Mountaineering Institute)

동물원 경내에 숨어 있는 이 권위 있는 등반가 양성 교육기관은 1954년에 설립되었으며 인도의 유망한 산악인 일부에게 산악교육을 제공하고 있다. 1953년 영국의 힐러리와 함께 세계 최초로 에베레스트를 등정(登頂)한 텐징 노르게이(Tenzing Norgay)가 후진을 양성한 인도에서 가장 유명한 등반가 양성소 히말라야 등산 학교이다.

◎ 히말라야 등산 박물관(HMI Mountain Museum)

다즐링에서 출발한 1922년과 1924년 에베레스트 원정대에 관한 흥미로운 자료를 보유하고 있다. 아돌프 히틀러가 네팔 군대의 수장에게 선물한 망원경도 전시되있다. 박물관 바로 앞 텐징 노르게이가 화장된 장소 옆에 용맹한 산악인으로 에베레스트 정상을 등반한바 있는 텐징 동상이 있다. 그는 다즐링에서 일생 대부분을 보냈으며 수년간 등산학교의 디렉터로 일하기도 했다.

◎ 히밀라야 동물원(Padmaja Himalayan Zoological Park)

인도 최고의 동물원 가운데 하나인 이곳은 히말라야 동물을 연구 및 보존하기 위한 목적으로 1958년 건립되었다. 호랑이도 있고 흑곰, 표범, 산양, 히말라야의 다양한 조류도 있다.

◎ 티베트인 난민 재활 센터(Tibetan Refugee Self Help Center)

각종 장인들의 작업장으로 카펫, 목각, 가죽, 모직 등을 전시 판매한다. 1959년에 설립된 이 센터는 노인 쉼터이자 학교, 병원을 운영한다. 그리고 사진 전시실에는 티베트인 초기의 정치적인 사진과 난민 사진을 전시해 놓았다.

◎ 해피 밸리 다원(Happy Valley Tea Estate)

차 생산지로 백차, 녹차, 오룡차, 홍차 등 영국의 데이비드 윌슨에 의해 설립되었다. 힐 카트 로드 아래에 위치한 이곳은 1854년 문을 열어 홍차, 녹차, 백차를 생산한다. 방문하면 직원의 안내로 공장 내부를 다니며 각종 차 생산과정을 상세히 들을 수 있다. 다즐링 홍차(紅茶)는 세계적으로 맛을 인정받고 있는 실정이다.

힐레리경이 1957년 세계 최초로 에베레스트 정상에 오른 후 에베레스트 하면 힐레리경 이름만 나오지 도움을 받고 같이 정상을 밟았던 텐징 노르게이(Tenzing Norgay)는 이름은 잘 나오지 않아 나는 늘상 아쉬워했다. 여기 오니 텐징 노르게이 내역과 동상을 보니 무척 반가웠다. 한국에서는 펜파노루부라고 알려져있다.

내가 본 등산 박물관 중 최고다!

금년 인도여행도 끝나 가는구나. 지금부터라도 매사에 더 조심하여 내실 있고 아름다운 끝을 잘 맺도록 노력하자!

해피 밸리 다원(Happy Valley Tea Estate)
홍차, 녹차 등 차를 생산하고 판매하는 농장

11.
다즐링의 티베트 불교 사원 Tibetan Buddhist

어젯밤에는 갤럭시 호텔에서 염려했던 전기가 계속 들어와 전기장판을 켜고 따뜻하게 잘 잤다. 호텔 체크아웃 하고 뉴잘패구리로 떠날 배낭을 챙겨 호텔에 맡겨 두고 오전 9시 30분에 나서서 굼행 합승 택시를 탔는데 다행히 굼 기차역에 내려서 곰파 3곳을 걸어서 찾아다녔다.

이가 곰파 - 사카 곰파 - 삼텐 곰파 - 일본 사원
오늘 정말 좋은 다즐링 관광의 마지막 기회다. 그리고 일본 사원을 찾는다고 산길을 얼마나 올랐는지 정말 힘들었다. 알고 보니 내가 정문으로 안 가고 산쪽 뒷문으로 올라가서 그랬다. 일본은 역시 샨티 스투파처럼 가는 곳마다 잘해 놨었다. 내려올 때 개인 승용차를 만나 초우라스타 광장 밑까지 편히 잘 왔다. 고마웠다.

점심은 KFC에서 치킨롤과 감자튀김, 콜라 185루피(3,300원)어치 먹었다. 실리구리 가는 버스 터미널에 간다고 호텔에 택시를 불러 달랬더니 뚤라 (짐꾼)를 불러와서 그 50대 남자가 가방과 캐리어를 머리에 이고 나는 뒤에서 사진 찍으며 지키고 따라 내려갔다. 옛날 한국전쟁 때 부산역 앞 지게꾼이 생각났다. 버스 정류장에 오니 실리구리행 버스는 없어 합승 지프 제일 앞에 앉아 왔다. 다즐링을 떠나는 오늘도 안개가 자욱히 끼어 맑은 날이 한 번도 없었다. 저녁 7시 30분에 뉴잘패구리 홀리돈 호텔에 무사히 도착했다.

◎ 굼(Ghoom)

다즐링에서 남쪽으로 약 7km 지점에 있는 굼은 여러 개의 화려한 티베트 불교 사원을 가진 작은 마을이다. 다즐링에서 토이 트레인이나 증기열차(蒸氣列車)를 이용할 수 있으며 굼을 방문하려면 다즐링에서 산악열차나 합승 지프, 택시를 이용해야 한다. 아침 일찍 타이거 힐의 일출을 보고 굼과 바타시아 루프를 차례로 방문하는 여행자들도 많은데, 나는 탐방을 마치고 타이거 힐에서 굼을 지나 다즐링까지 주위를 구경하면서 도보로 걸어왔다. 약 3시간 걸렸다.

◎ 이가 촐링 곰파(Yiga Choeling Gompa)

'Old Ghoom Monastery'라고 불리는 이가 촐링 곰파는 지역에서 가장 오래되고 유명한 사원으로 1850년에 지어졌다. 미래의 부처를 의미하는 5m 높이의 미륵 부처상과 아름다운 벽화, 티베트 불교 서적을 가지고 있다. 굼에서 서쪽이며 힐 카트 로드에서 10분 정도 걸린다.

◎ 사카 촐링 곰파(Sakya Choeling Gompa)

요새 스타일로 다리를 건너 돌아돌아 올라가는 이색적인 사원이다.

◎ 삼텐 촐링 곰파(Samten Choeling Gompa)

황금색 지붕이며 웨스트벵골주에서 제일 큰 불상이 있다.

◎ 일본 사원(Japanese Temple)

일본 불교 단체 '잔 묘호지'가 세운 세계 70 평화탑 중의 하나다. 사원으로 가는 경관이 일품이고 사원에서 내려다보는 굼과 다즐링의 모습이 정말 인상적이다.

　확고한 목표보다 더 마음을 진정시키는 것은 없다. 여행은 망설일수록 겁이 난다. 항공 티켓부터 먼저 구매하고 시작하라. 다질링을 떠나오는 날 굼에서 본 티베트 불교 세 곰파는 정말 티베트 불교 예술의 아름다움과 그 오랜 역사를 볼 수 있어서 좋았다. 가까운 거리의 세 곰파를 볼 때 당시는 이 지역 불교가 왕성한 시기였라고 볼 수 있다. 산 중턱에 있는 일본 평화탑에는 인도 학생 단체 관람으로 북적되며 불교 순례객들이 많아 마음이 놓이고 흐뭇한 기분이었다.

　인도 단체여행 온 중학생들과 사진을 같이 찍고 나니 "10루피 기브 미"라고 우스개 소린듯 말해도 나는 한국의 어른답게 **은인자중(隱忍自重), 마음속으로 웃으며 점잖게 행동하려고 했다.**

다음 날, 칼림퐁(Kalim Pong)

　실리구리 버스 터미널에 가서 오전 10시 30분에 버스를 타고 칼림퐁으로 가는 그 긴 강변 경치가 아주 좋았다. 약 3시간 30분 동안 70km를 달려 오후 1시 10분에 다즐링처럼 산 중턱 동네 칼림퐁에 도착했다. 점심 식사는 식당에서 치킨 커리 라이스를 먹는데 올해는 음식이 다 먹을 만하다. 입맛이 익숙해졌다는 걸까?

　동네를 약 40분 정도 한 바퀴 돌고 사진 찍고, 잘못하면 돌아가는 차 없을까 봐 불교 사원을 못 봐 아쉬워도 좀 서둘러 오후 2시 45분 버스를 타고 실리구리로 돌아와 터미널에서 5시 30분 합승 지프를 타고 호텔로 돌아왔다.

◎ 칼림퐁(Kalim Pong)

　인구 약 45,000명, 해발 1,250m의 티스타 강이 내려다보이는 산 중턱 도시로 여기서 칸첸충카(8,500m)가 가장 가깝게 보인단다. 시킴 왕국에서 영국 지배로 넘어갔다가 독립과 함께 인도로 귀속(歸屬)됐다. 1931년에 시가 되었다. 해마다 농산물과 가축 박람회가 열리고 수공예품(특히 직물)으로 유명하다. 종합병원과 공예미술 교육기관, 노스벵골 대학교에 속한 단과대학이 있다.

　오늘 날씨는 더운데 차를 타고 강길을 계속 달리니 시원하고 기분 좋았다. 다즐링 갤럭시 호텔 생각하면 여기 홀리돈은 진짜 호화 호텔이다. 그리고 기차역은 뉴잘패구리 역에 있고 시외버스 터미널은 실리구리에 있다.
　다즐링에서 많은 부처님상을 만나고 나는 이제껏 내가 증오한 사람들을 용서하기로 마음먹었다. "**용서는 새로운 관계를 만드는 출발점이다. 상대방을 용서할 때 패배를 인정하는 것 같은 느낌이 들지도 모른다. 그러나 실은 그 반대이다. 용서하는 자는 승리를 얻는다. 용서는 무거운 짐을 벗는 방법이기도 하다.**"라고 했다.

이가 출링곰파 (Yiga Choeling Gompa)
1850년 건립된 유명한 겔룩파 불교 사원

사카 출링 곰파(Sakya Choeling Gompa)
다리를 건너고 마치 요새로 들어가는 기분의 사원

연도별 불교 성지와 유명지 탐방(探訪)

2011년 (1소)
[11.4.16] 사르나트 - 부처가 처음으로 설법(說法)한 곳 (4대 성지)

2012년 (2소)
[12.2.21] 델리, 티베트 하우스

2013년 (1소)
[13.4.14] 부다가야, 성도(成道) - 깨달음의 땅 (U.세계문화유산)

2014년 (4소)
[14.4.12] 쿠시나가르 - 열반(涅槃)(입멸·죽음)의 땅 (불교 4대 성지)
[14.3.24] 미인 마타 곰파
[14.3.25] 마날리, 테촉클링 곰파
[14.3.22] 다름살라 노블링카

2015년 (10소)
[15.7.24] 레 - 남걀 체모 곰파, 레 왕궁
[15.7.24] 레 - 샨티 스투파(일본), 대청보사(한국)
[15.7.26] 레 - 틱세 곰파, 쉐이 곰파
[15.7.27] 레 - 마토 곰파, 스톡 왕궁, 스피툭 곰파, 쉐이 곰파

2016년 (4소)
[16.2.18] 산치(Sanchi) (U.세계문화유산)

삼텐 췰링곰파 – 다질링   2004년 룸비니 파크

[16.2.24] 아잔타(Ajanta) (U.세계문화유산)

[16.2.25][16.2.27] 엘로라(Ellora) (U.세계문화유산)

[16.2.27] 아우랑가바드 석굴

2017년 (12소)

[17.3.15] 러크나우, 스라바스티 – 교단 본부의 땅 (8대 성지)

[17.3.17] 러크나우, 상카시아 – 도리천에서 내려온 땅 (8대 성지)

[17.3.22] 라지기르, 파트나 – 포교의 땅 (8대 성지)

[17.3.21] 바이샬리 콜후아 유적군, 일본 평화의 탑 (8대 성지)

[17.3.22] 날란다대학 (U.세계문화유산)

　　　　　 라즈기르, 파트나 – 현장 기념관

[17.3.30] 다즐링, 이가 츌링 곰파

[17.3.30] 다즐링, 사카 츌링 곰파

[17.3.30] 다즐링, 삼텐 츌링 곰파

[17.3.30] 다즐링, 일본 사원

[17.3.28] 다즐링, 업소버토리 힐

[17.3.23] 파트나, 슴리티 불탑

[17.3.5] 델리, 쿠틉 미나르 불상

2004년 (1소)

[2004.4] 룸비니 – 탄생(誕生)의 땅, 당시 인도령 (4대 성지)

(세계문화유산) 합 32소.

2018
인도 자유여행

2018 인도 자유여행 여정도

2018년 3월 4일 ~ 4월 6일

델리 → 뭄바이 → 디우 → 솜나트 → 아메다바드 → 바로다 → 올드 고아 → 파나지 → 마르가오

2018년 인도 여행 일지
3월 4일 ~ 4월 6일 [34일간]

3/4 델리(Delhi) 도착 파하르간지(Paharganj) [쿠즈 호텔]

3/5 와우 카페 - 유심 구입

3/6 찬드니 초크(Chandni Chowk) 키나리 바자르. 다감바라 사원
     델리 파테푸르 시크리. 수네리 마스지드(Sunheri Masjid)
     마티다크 박물관(그림 박물관). 델리국립대학

3/7 국립박물관(National Museum) 구르드와라 방글라 사힙

3/8 뭄바이(Mumbai) 도착 [비너스 레시던시 호텔]
     콜라바(Colaba) 봄베이(Bombay)

3/9 엘리펀트 섬 U.세계문화유산
     빅토리아 터미너스(뭄바이 C.S.T 역) U.세계문화유산
     게이트웨이 오브 인디아(Gateway of India)
     엘리펀트 섬 동굴 사원(Elephant Island) U.세계문화유산

3/10 동물원. 빅토리아 공원(Victoria Park) 알버트 박물관

3/11 뭄바이 시티 투어 - 카말라 네루 공원(Kamala Nehru Park. 큰 구두). 여자 구
     두. 주후 해변(Juhu Beach)

3/12 웨일즈 왕자 박물관(Prince of Wales Museum). 엘리펀트 섬

3/13 디우 도착 디우 항(Diu Island Harbor)

3/14 고글라. 디우 박물관(Diu Museum) 세인트 폴 성당. 디우 성(Diu Fort) 성 토마
     스 성당

3/15 고글라 해변. 잠파 워트폴. 잘난다르 해변. 썸머 하우스
     나이다 천년 동굴(Naida Caves) 포르투칼 교회

3/16 솜나트 사원(Somnath)
     코디나 (Kodina) 솜나트 사원 고대 인도의 서사시
     솜나트 박물관(Somnath Museum). 고대도시의 유적

3/17 바닥바라(Vanakbara) 어촌. 나코아 해변
     곰티마타 해변(Gomtimata Beach)

- 3/18 강가사가르 사원. 화장장. 잘란다르 해변. 구시가지 성벽
  잘란다르 일몰 포인트. 강가사가르 사원(Ganga Sagar)
- 3/19 고글라 게이트. 디우조개 박물관. 피쉬 마켓. 쥬라기 공원
- 3/20 아메다바드(Ahmedabad) 도착
  아메다바드 구자라트의 주지사에서 수상 '나렌드라 모디' 고향
- 3/21 시디 사이이드 모스크. 자마 마스지드. **시디 바쉬르 모스크**
  스와미 나라얀. 술탄 아마드 샤흐. 다다하리 바올리
  시티 박물관(City Museum). 칼리코 직물 박물관
- 3/22 바로다 – 참파네르 – 파바가드. **U.세계문화유산**
  마칼리 사원(Mhakali lemple) – 케이블카
  참파네르 – 파바가드. 카리카마파 사원 – 바도다라
- 3/23 간디 나가르 – 악샤르담(Akshardham)
- 3/24 고아(Goa) 맙사(Mapusa) 도착 [수하스 호텔]
  마하바라타. 파나지(Panaji)
- 3/25 싱쿠에림(Sinquerim) 바가 해변(Baga) 맙사. 칼랑굿
- 3/26 차포라(Chapora) 차포라 성. 바가토라 해변
- 3/27 칼랑굿(Calangute) 칸돌림(Candolim)
- 3/28 아람볼(Arambol) 하르말(Harmal) 만드램
- 3/29 A.C 민박 구경. 한국 여행인 Miss. Kang
- 3/30 고아 박물관. 교회
- 3/31 올드고아(Old Goa) **U.세계문화유산**
  아세시 성 프란시스 성당(St.Francs of Assisi)
  성 캐서린 성당(St.Catherine's) 봄 지저스 성당
- 4/1 폰다 망구에수 사원. – 올드고아. 성 카젠탄 성당. 총독아치
  만도비강 도선. 아딜 사스 팰리스
  봄 지저스 성당 쪽 5곳

  기독교 예술 박물관. 아구스틴 교회. 시스터스 콘벤트
  레이디 오브 더 로사리 교회. 안토니 예배당
4/2 고아 박물관. 동정녀 마리아 성당. 자마 마스지드. 시민 공원
  파나지 판짐(Panjim). 매콤한 빈달루(Vindaloo). 생선 커리
  동정녀 마리아 성당. 자마 마스지드(Jama Masjid)
4/3 마르가오 성령 교회. 시내버스 타고 종점 갔다 돌아옴
  마르가오 Margao(마드가온 Madgaon) 성령 교회
4/4 페리 보트 타고 보는 아구아다 요새. 등대. 감옥
  아구아다 요새(Aguada Fort) 등대(Lighthouse)
4/5 한국 출발, 고아 – 델리
4/6 델리 – 한국 [부산 도착 오후 7시 50분]

1.
델리 Delhi

 찬드니 초크 시장으로 들어가니 여행 기분이 났다. 아침에 일어나니 몸 컨디션이 좀 낫다. 피로가 좀 풀린 것 같다. 천천히 준비해서 10시 30분에 출발해 와우 카페에 들러 삼성폰에 인도심을 넣으니 인터넷 가동이 잘된다. 오토릭샤를 타고 파테푸르 시크리 - 키나리 바자르 - 디감바라 사원 - 수네리 마스지드 - 마티다크 박물관 순서로 보고 점심 식사는 길거리 포장 식당에서 난과 커리 그리고 내가 준비한 삶은 계란과 바나나로 먹었다.

 오후 3시쯤 전철을 타고 비시와 비란다야 역에 내려 델리대학에 가 보니 몇 년 전에 와 본 곳이다. 후문에서 한참 쉬다가 오토릭샤를 타고 다시 901번 시내버스를 타고 돌아왔다. 델리 날씨는 지금이 딱 좋고 하루하루 더워진다.

◎ 키나리 바자르(Kinari Bazaar)

 올드델리의 순박한 인정을 느낄 수 있는 서민 시장이다. 현지인은 주로 육류를 구입하러 많이 찾는다. 버팔로 고기, 닭고기, 염소 고기 등 인도 최대의 혼수품(婚需品) 거리로 찬드니 초크에 있다.

◎ 파테푸리 마스지드(Fatehpur Masjid)

 샤 자한 왕의 왕비 중 하나였던 '파테푸리'의 이름을 따 1650년 건설됐다. 찬드니 초크의 붉은 성과 일직선에 놓여 있다. 사원 입구를 지키는 노인들도 복장 단속에는 신경을 쓴다. 찬드니 초크 역의 서쪽에 있으며 17세기 샤 자한의 부인 중 한 명의 이름을 따서 지은 사원이다.

◎ 찬드니 초크(Chandni Chowk)

올드델리의 혼란스런 상점가이다. 샤 자한 왕 시대 때부터 '달빛의 장소'로 불리는 곳이다. 찬드니 초크 대로(Chandni Chowk Rd.)를 중심으로 좁고 구불구불한 길이 뻗어 나가는 이곳은 올드델리의 가장 중심지이다. 작은 상점들이 빼곡하게 들어서 있어서 항상 사람들로 북적인다.

◎ 디감바라 자인교 사원(Digambara Jain Temple)

붉은 성 옆의 모든 생명을 존중한다는 자이나교의 사원으로 찬드니 초크의 많은 사원 중 가장 잘 알려져 있고, 새들의 병원으로 조류(鳥類)들을 치료해 주나 맹금류는 치료해 주지 않는다고 한다.

◎ 시즈간즈 구르드와라(Sisganj Gurdwara)

시크교 구르인 '바하두르'가 이슬람교로 개종하라는 아우람제브 왕의 요구를 거부하다가 1675년 순교한 곳이다. 붉은 성 근처 시장 안인데 좋았다.

◎ 수네리 마스지드(Sunheri Masjid)

붉은 성 바로 옆에 있는 작고 조용한 힌두교 사원이며 점심 식사는 길거리 간이식당에서 했다.

◎ 마티다크 박물관(Matidak Museum)

그림 박물관인데 건물 규모에 비해 전시품이 그리 많지는 않았다.

◎ 델리대학교(Delhi University)

인도 델리에 있는 국립대학으로 1922년 설립되었으며, 인도에서 가장 규모가 큰 대학에 속하는 종합 명문대학이다. 델리대학교는 개교 시부터 기숙학교(寄宿學校)로 세워졌다. 이후 여러 교육기관과 제휴한 교육단체로 발전했다.

◎ 국립박물관(National Museum)

7년 만에 다시 찾아와 내부에 들어가지는 않고 그때 보지 않은 외부만 천천히 한 바퀴 돌면서 다시 봤는데 내부 못지않게 잘해 놨더라. 그 멋진 힌두, 불교 석상과 후문의 분수 동상은 정말 멋있었다. 그러니까 사람들이 내부 구경만 열심히 하고 외부는 보지 않고 저번의 나처럼 나와 버리는 것 같았다. 외부만 보는 데는 입장권을 안 사도 된다. 기억했으면 좋겠다. 인도를 대표하는 박물관으로 다양한 보물이 가득 차 있는 곳으로 델리에 가면 필견(必見) 명소이다.

다음 날, 델리 국립 현대 미술관

12시에 쉼터 한국 식당에 갔다. 삼성폰이라도 개통하려고 칩 100루피(1,850원), 데이터 보충 500루피(9,250원) 했는데 오후 늦게 개통된단다. 점심 식사는 제육 백반으로 먹고 그래도 쉼터 이사장님이 인도 생활에 대해서 이런저런 이야기를 하는데 듣고 있으니 사람이 인정미 있는 사람 같았다. 오전에 호텔 앞의 PC방에 가서 사진 찍은 것을 삼성 하드에 저장시켰다.

간디 슴리티로 오토릭샤 100루피(1,850원)에 타고 가서 구경했다. 여기도 내부의 건물과 정원이 좋았다. 삼성폰이 개통되고 단야밧 식당 스마트폰이 개통되니 폰 두 대가 한꺼번에 된다. 날씨가 새벽에는 전기장판 켜고 낮에도 그리 덥지 않다. 새벽 실내 섭씨 18도, 실외 24도이다.

◎ 간디 슴리티(Gandhi Smriri)

간디가 종교간 불화에 맞서 운동을 벌이다가 1948년 1월 광신자의 총에 맞아 숨진 장소이다. 간디가 쓰던 방에는 그의 유품인 지팡이, 안경, 물레, 샌들 등이 보관되어 있다. 위층에는 비디오 작품 '영원한 간디'가 전시되고 있다.

◎ 국립 현대 미술관(NGMA-National Gallery of Modern Art)

입장 티켓은 500루피이며, 인도 정부 산하 최고의 미술관으로 1954년 3월 뭄바이와 벵갈루루에 이어 뉴델리에 문을 열었다. 14,000점 이상의 작품들이 전시되어 있으며 1857년 그려진 가장 오래된 작품도 있다. 인도 현대 미술의 보고로 19세기 이후의 작품들을 전시하고 있다. 주는 인도 '현대 미술의 보고'라는데 미술에 문외한(門外漢)이라서 그런지 건물과 정원이 좋지, 그 내용은 필자는 잘 모르고 보았다.

P. 474-477

디감바라 사원(Digamba Jain Mandir)
새들의 병원이 있는 자인교 찬드라 초크에 있는 사원

간디 슴리티(Gandhi Smriri)
마하트마 간디가 암살당한 기념관

구드와라 방글라 사힙(Gurudwara Bangla Sahib)

국립 현대 미술관 NGMA(National Gallery of Modern Ar
19세기 이후 인도를 대표하는 미술 작품 전시관

파하르간지(Paharganj)
뉴델리 역의 건너편 큰 시장으로 여행자 거리

P. 479-480

타지마할 호텔(Taj Mahal Hotel)
1898년에 잠세트지 나세르가 지은 호텔

엘리펀트 석굴(Elephant Caves)
U.세계문화유산

엘리펀트 석굴(Elephant Caves)
U.세계문화유산

엘리펀트 페리호(Elephant Island)
인도문에서 엘리펀트 섬으로 가는 페리

2.
엘리펀트 석굴 U.세계문화유산 - 뭄바이

    오늘 엘리펀트 섬(Elephant Cave Temple)과 빅토리아 터미너스를 보러 간다. 날씨는 맑고 더우며 델리보다 훨씬 덥다. 오전 10시에 나서서 인디아 게이트에서 엘리펀트 섬으로 가는 페리를 타고 약 45분 달려가서 입장 티켓 외국인은 500루피(8,800원), 인도인은 20루피(350원)에 샀다.
    나는 6년 전 왔을 때 그 입구에서 동굴 석상이 먼 거리인 줄 알았는데 오늘 가 보니 약 30분 만에 도착하고, 1~5번 동굴이 있었다. 1번 석굴에 있는 큰 미륵불 같은 힌두신상은 내가 본 힌두교 신상 중에 가장 으뜸이다.

    안내판의 사신들만 보고는 석굴이 미비한 줄 알았는데 그게 아니다. 정말 멋있는 유네스코 세계문화유산답다. 점심 식사는 다 보고 내려오다 식당에서 난과 사이다, 내가 준비한 삶은 계란과 바나나로 먹었다. 카메라 메모리 카드가 오늘따라 안 맞다. 일단 호텔에 돌아와서 쉬면서 메모리 카드도 다시 준비했다. 6년 만에 다시 보는 빅토리아 터미너스는 볼수록 멋있었다. 그리고 오늘 배 타니 시원하고 기분 너무 쿨~
    배에서 본 엘리펀트 섬 우측 큰 섬에도 갈 수 있나 한번 알아보자.

    2012년 4월 엘리펀트 섬까지 들어왔는데 그때 물어보니 입구에서 산으로 많이 올라간다고 하고 시간도 늦어 그냥 돌아갔는데 집에 가서 사진 보며 코앞까지 간 유네스코 세계문화유산 동굴 석상을 안 보고 온 걸 많이 후회했다. 그래서 이번에는 꼭 마음을 가지고 온 터라…. 게이트웨이 오브 인디아에서 북동쪽 지점의 수많은 석굴 사원을 자랑하는 카라푸리 섬이다. 1854년 포르투갈인들이 코끼리석상을 발견한 후로는 엘리펀트 섬으로 이름을 바꾸었다. 게이트웨이 오브 인디아에서 북동쪽 12km 지점의 섬으로 1987년 세계문화유산에 등재되었다.

엘리펀트 섬의 큰 힌두신상 얼굴은 내가 본 인도 전체에서 가장 인상적이었다. 포르투칼 군인들이 거기서 대놓고 사격 연습을 했다니, 상상할 수 없는 일이다. 군인들의 사격만 생각할 게 아니라 당시 그들의 무식한 예술 감각(Artistic sense)에 웃음이 나왔다. 비웃음이라도 항상 웃어라. 그것은 가장 비용이 들지 않는 약이다. 산 쪽으로 좀 걸어서 올라가야 되지만 그 노력도 안 하고 되나? 올라가면 그 섬에서 내려다보이는 바다 경치가 정말 좋고 시원하다.

밤에 본 뭄바이 C.S.T 역(빅토리아 터미너스)은 낮과 아주 다른 모습으로 황홀하기까지 했다. 여러 얼굴의 빅토리아 터미너스, 또 다시 보아도 감탄사가 저절로 나온다! 오늘 밤은 참 행운의 밤이다!

3.
닥터 바우 다지 라드 박물관 City Museum

　내가 쓰는 LG폰의 중요한 영어 번역기가 호텔 방에서는 되고 인터넷이 안 되는 밖에서는 안 되고 아주 불편하다. 작은딸이 준 삼성폰은 와이파이로 호텔에만 두고 사용한다. 오전 10시 30분에 나서서 택시를 타고 동물원(動物園)에 갔다. 인도 어느 동물원이든 동물은 많지 않고 빅토리아 파크 공원과 큰 나무숲이 좋다. 여기서 많이 쉬었다.

　점심 식사는 나와서 식당에서 난과 밥(인도 정식)에 내가 준비한 삶은 계란 2개와 바나나 1개로 먹었다. 다시 붙어 있는 닥터 바우 다지 라드 박물관에 갔는데 2층으로 된 건물이 정말 멋있고 진열품도 많았다. 사진도 많이 찍었디. 시티 박물관이라고도 한다 나와서 시내를 좀 관광하려고 무조건 지나가는 시내버스를 타고 빅토리아 터미너스 - 리갈 시네마 - 종점 가서 다시 2층 버스로 바꿔 탔다. 다시 빅토리아 터미너스에 내려서 주변 사진 찍고 31번 시내버스를 타고 리갈 시네마 앞의 슈퍼마켓에 들러 쌀과 토마토를 사고 호텔로 왔다. 날씨는 밤에도 더웠다. 처치 게이트는 섭씨 32도이다.

◎ 닥터 바우 다지 라드 뭄바이 시립박물관
(Dr Bhau Daji Lad Mumbai City Museum)

　19세기 중반에 건설된, 빅토리아 정원 안에 동물원과 같이 있는 박물관으로 르네상스 부흥(復興) 양식으로 건립된 이 박물관 초기의 이름은 빅토리아 알버트 박물관(Victoria Albert Museum)이었다. 4년에 걸쳐 새롭게 꾸며 2007년 5월 다시 문을 열었다. 약 3,700여 점의 전시품이 진열되어 있다.

6년 전 뭄바이에 와서 휴관이라 못 본 이 박물관을 오늘은 볼 수 있었으니 큰 다행이다. 웨일즈 왕자 박물관도 멋있지만 여기도 그 못지않게 좋다. 더구나 빅토리아 공원도 멋있고 동물원(Zoo)도 같이 있어 쉬어 가기 좋은 곳이다. 나는 동물 구경보다 그 정원의 수목 그리고 아이들과 같이 온 사람 구경이 더 재미있었다.

인도의 까무잡잡한 여인을 보면 한국의 요조숙녀(窈窕淑女) 스타일이 생각이 난다. 말과 행동이 얌전하고 눈의 아름다움은 조금 다르지만 한국 여자와 크게 다를 바가 없으니 말이다. 한 번에 한 가지 일을 잘하는 사람이 누구보다도 많은 일을 한다. 인도여행도 한 번에 다 보려고 하면 더 어려워진다. 하루에 한두 곳씩만 자세히 보다 보면 누구보다 재미있게 많이 볼 수 있다.

다음 날, 뭄바이 시내 관광 투어(Mumbai City Bus Tour)

어제 호텔 매니저한테서 들은 뭄바이 명소 10곳 관광버스 시티 투어를 하기로 하고 오전 9시까지 준비해 호텔 프런트에 내려가 기다리니 10시에 사람이 왔다. 따라 가니 결국 관광버스 출발은 11시다. 2시간 기다렸다. 큰 구두 모형이 있는 카말라 네루 공원을 구경하고 날씨 더워서 A.C 버스로 얼른 돌아와 있었다. 점심 식사는 12시 40부터 1시간 주었다.

버스 정류소 앞 식당에서 했는데 투어 승객 중에서 조드푸르에서 온 남매를 만났다. 다시 출발하여 영화관에 간다는데 나보고는 따라 오지 마라

해서 나는 영화관 입구의 스포츠 판매점 구경하고 버스 옆 그늘에 앉아 쉬었다. 그리고 또 버스가 한참 가더니 어느 큰 사거리에서 여자들만 어딜 가고 남자들만 약 40분 기다렸다. 이게 무슨 관광인가? 인도식인가?

주후 해변(Juhu Beach)에 가서 45분 시간 주어 나는 해수욕장에서 사진 많이 찍었다. 돌아올 때 빅토리아 터미너스 야간 장식 불빛 보고 버스에서 바로 내려 사진 몇 장 찍고 밤 8시에 택시 타고 돌아왔다. 기온 33도로 한여름 무더위를 피해 버스 투어는 성공적이었고 넓은 뭄바이 시내를 한 바퀴 돌면서 버스 맨 앞자리에 앉아서 사진 촬영을 많이 했다. 몇 곳을 빼고는 2012년 여행 때 다 와 본 곳이다.

덥고 힘이 지칠 땐 관광버스 투어도 해 볼 만한 것이군!

뭄바이 C.S.T 역(빅토리아 터미너스)은 2012년 4월에 처음 보고 6년 만에 오늘, 디우 가는 길에 다시 뭄바이에 들러서 낮에 한 번 보고 시티 투어 마치고 밤에 숙소로 가는 버스 속에서 우연히 보았다. 그리고 버스에서 내려 야광(夜光)이 들어온 모습을 또 보게 되었는데 낮의 그 모양과는 아주 다르게 호화찬란한 성의 모습으로 서 있었다. 밤에 조명을 받은 모습은 정말 동화나라의 궁전 모양이었다. 이 모습도 안 봤으면 빅토리아 터미너스를 다 봤다고 말할 수 없을 것 같았다.

주후 해변(Juhu Beach)
시티 투어를 같이 한 인도 아가씨

뭄바이 동물원(Victoria Park Zoo)
빅토리아 공원에 있는 쥬라기

웨일즈 왕자 박물관(Prince of Wales Museum)
1923년 완공된 궁전으로 지금은 박물관으로 이용됨

시티 박물관
(닥터 바우 다지 라드 박물관
/Dr. Bhau Daji Lad Mumbai City Museum)

주후 해변(Juhu Beach)
뭄바이 최고의 해변으로 연예인 별장이 많은 곳

대포를 가진 병사들 - 주후 해변(Juhu Beach)

밤에 본 빅토리아 터미너스(Victoria Terminus)

시티 박물관
(Dr. Bhau Daji Lad Mumbai City Museum)

뭄바이 시티 홀(Mumbai City Hall)
현재 뭄바이 시청 건물

인도 유네스코 세계문화유산(Unesco World Heritage Listed) 등재 연도와 탐방 연도

Unesco World Heritage

2011년

① 델리, 쿠틉 미나르(Qutap Minar Complex) 1993년 등재 [11.3.6]

② 아그라, 타지마할(Taj Mahal) 1983년 등재 [11.3.15][17.3.12]

③ 아그라 성(Agra Fort) 1983년 등재 [11.3.15] [17.3.12]

④ 델리, 붉은 성(Red Fort) 1983년 등재 1648년 [11.3.23][15.6.7]

⑤ 델리, 후마윤의 무덤(Humayun's Tomb) 1989년 등재 [11.3.26]

2012년

⑥ 마말라푸람, 해변 사원(Sea shore Temple) 1984년 등재 [12.3.17][19.3.26]

⑦ 마말라푸람, 판치 라타스(Panchi Rathas) 1984년 등재 [12.3.17][19.3.26]

⑧ 고아의 성당과 수도원(Goa Cathedral & Monastery) 1986년 등재 [12.4.18][18.3.31]

⑨ 뭄바이, 빅토리아 터미너스 역(Victoria Teminus Station) 1987년 등재 [12.4.22][18.3.9/11]

부다가야의 마하보디사원
깨달음을 얻은 보리수 나무

2013년

⑩ 함피, 비탈라 사원(Hampi Vitthala) 1986년 등재 [13.3.11]

⑪ 부다가야, 마하보디 사원(Mahabodhi Temple Buddha Gaya) 2003년 등재 [13.4.14]

⑫ 코나라크, 태양 사원(Sun Temple Konarak, 수르야 사원) 1984년 등재 [13.4.19][16.3.11]

⑬ 카주라호, 서부 사원군(Khajuraho Western Group) 1986년 등재 [13.4.22]

2014년

⑭ 자이푸르, 잔타르 만타르(Jantar Mantar) 1989년 등재 [14.2.27]

2016년

⑮ 산치의 불교 유적(Sanchi Buddhist Ruin) 1989년 등재 [16.2.18]

⑯ 보팔, 빔베트카(Bhimbetka) 2003년 등재 [16.2.20]

⑰ 엘로라의 석굴 사원(Elloro Cav) 1983년 등재 [16.2.23/25]

⑱ 아잔타의 석굴 사원(Ajanta Cave) 1983년 등재 [16.2.24]

2017년

⑲ 파테푸르 시크리(Fatehpur Sikri) 1986년 등재 [17.3.8]

⑳ 날란다대학 사원(Nalanda University Nālandā Mahāvihāra) 2016년 등재 [17.3.22]

유네스코 세계문화유산

㉑ 다즐링, 히말라얀 레일웨이(Himalayan Rail Way) 1999년 등재 [17.3.27]

2018년

㉒ 뭄바이, 엘리펀트 섬 석굴 사원군(Elephant Island) 1987년 등재 [18.3.9]

㉓ 참파네르 - 파바가드(Champaner and Pavagadh) 2004년 등재 [18.3.22]

2019년

㉔ 탄자부르, 브리하디스와라 사원(Brihadishwara Temple) 1987년 등재 [19.3.31]

2004년

㉕ 룸비니(Lumbini) 1997년 등재 (당시 인도령) [2004. 4.12]

엘리펀트 섬 석굴 사원군

4.
나이다 천년 동굴Naida Caves – 디우

신혼부부들의 웨딩 사진 촬영지, 천년 동굴

오전 10시 10분에 나서서 로안 주점 앞에서 버스를 타고 종점 고글라 해변까지 갔다. 바로 옆에는 디우 섬으로 들어오는 메인 검문소가 있고 디우는 섬이라 치안(治安)이 안전한 편이었다. 11시 30분에 그 버스를 다시 타고 다리 입구 로터리에 있는 제티바이 버스 터미널에 가서 아메다바드에 가는 버스 시간 알아보니, 오전 7시에 있고 8시간 걸린다니 로제티에 갈 것 없이 바로 아메바드로 간단다. 건너편 수산 시장에 가서 생선 구경하고 점심 식사는 호텔 방에서 어제처럼 모닝 롤빵에 토마토 케찹으로 먹고 디저트로 바나나, 포도, 커피를 먹으니 요즘 너무 달게 먹고 있는 것 같았다.

오후 2시 30분에 출발해 걸어서 천년 동굴에 갔는데 기대 이상으로 웅장하고 멋있더라. 그리고 동굴이라 그 안이 무지 시원하고 좋았다. 이런 기분 느끼려고 나는 고생하며 인도여행을 한다! 잠파 워트론을 오토바이 등 뒤에 타고 찾아갔으나 폐쇄된 것 같았다. 바닷가 성을 구경하며 오다가 썸머 하우스를 구경하고 써퀴트 하우스(Circuit House)도 보고 포르투갈 교회를 지나 차 없는 해안도로(海岸道路)를 천천히 걷는 재미가 정말 최고였다!

◎ 나이다 천년 동굴(Naida Caves. Thousands Years Old Caves)

큰 볼거리는 아니지만 덩굴나무와 뿌리가 엉킨 지하 동굴은 이상하

천년 동굴(Naida Caves)

고 아름다운 나라에 온 기분이다. 동굴은 어둡고 미로처럼 되어 있기 때문에 너무 깊숙이 들어가지 않도록 조심해야 한다. 성벽 바깥에 있는 계곡 내부 쪽으로 위치한 천연 동굴이다.

'잠파 워터론'은 언덕에 폭포처럼 물을 흘려 사람들이 시원하게 즐기는 시설인데 현재는 가동하지 않고 멈춰져 있고 관리인도 없었다.
포르투갈 교회(Portugal Church)인 작은 교회도 보았다.

디우 섬에서 제일 볼거리라면 디우 성과 천연 동굴이다. 천연 동굴 특징은 다른 동굴처럼 계속 깜깜한 곳이 아니고 중간중간 천정이 뚫려 햇빛이 들어와서 전기가 없어도 밝고 내부가 잘 보였다. 사람이 많이 없어도 무섭지 않았다. 그리고 일단 시원하고 소용하니 쉬이 기기 좋았다. 여기까지 와서 웨딩 사진을 찍는 신혼부부들은 모두 부유층인 것 같았다. 디우에 오니 날씨가 더워 불편하지 우순풍조(雨順風調), 다른 조건은 다 알맞고 순조롭다.

"너 자신의 친구가 되어라!"라는 말이 있다. 오늘 이런저런 생각을 하다가 항상 혼자 여행하는 나는 좀 외로워~ 내가 나의 친구가 되는 게 가장 친한 친구(親舊)가 되고 부담이 없을 것 같다. 그리고 가장 나를 아껴 줄 것 같다. 나와의 싸움이 아닌 다정한 친구가 되는 것이다!

올드 시티 게이트(Old city gate)
구시가지로 통하는 성문

휴게실 lounge

설악산(雪嶽山)

　사실 설악산은 1960년대에 들어오면서 알려진 산이라고 해도 과언이 아니다. 그전까지는 금강산에 가려져 아무도 설악산을 찾는 사람이 없을 정도였는데 6.25 한국전쟁이 나고 휴전선이 쳐지니 금강산은 갈 수 없고 강원도 속초 사람들의 입에서 알려진 명산으로 몰렸다. 당시는 등산로도 개발되지 않아 설악동에서 대청봉을 오르는 데만 5~6일이 걸렸다는 말이 있었다.

　1972년에 내가 처음 갔을 때는 부산에서 설악산을 대중교통으로 가려면 설악동까지 가는 데만 1박 2일이 걸렸다. 강릉까지 기차를 타고 올라가서 하룻밤 자고 다음 날 아침 시외버스 타고 속초로 가서 설악동 가는 시내버스를 타고 가야 했다. 그때는 설악동 국립공원 사무소가 없던 때라 지금 국립공원 사무소 자리에는 판자촌 민박집이 꽉 들어차 있던 시절이었다.

　설악산을 처음 간 것은 1972년 11월 초였다. 우리 산악회 회원 두 명과 나 셋이서 갔는데, 낙엽이 다 지고 겨울 맞을 채비의 설악산은 조용하고 가장 특색이 없는 계절이었다. 토왕성 폭포로 오르는 입구의 케이블카 도착지, 권금성에는 산악인 유창서 털보 아저씨가 있었고 희운각 대피소에는 작은 털보가 아이들과 잣을 따며 살고 있었다. 이후, 나는 대청봉을 여러 번 올라갔으나 처음 이때와 1996년 우리 가족들과 올랐을 때가 가장 기억에 남는다.

　중국 서안에 있는 화산(해발 3,500m)에서 만난 한국 산악인 한 사람은 화산이 설악산보다 더 높고 바위산으로 아름다운 건 사실이나 그래도 설악산이 더 좋다고 했다. 그것은 설악산이 조국의 산이라는 그런 것도 있고 또 그만큼 정이 많이 들었다는 이야기다.

그 말이 정말 맞았다. 우리에게 정말 깊은 정이 든 산이 설악산이다. 천불동 계곡으로 오르는 대청봉 초등은 1959년 동국대 산악부 팀이 이루어 냈고 철계단이 생기고 일반인에게 대중화될 때는 1962년경부터였다. 1968년에는 카톨릭 의대생들의 12선녀탕 폭설 눈사태 조난사고가 있었고 토왕성 빙폭 초등은 크로니 산악회 박영배 님이 1977년 이루었고 부산팀은 간발의 차로 2등을 했다고 한다.

1976년 에베레스트 전지 동계훈련 때 나의 경남중 동기 송준송도 범바위골에서 눈사태 사고를 당해 고인이 되었다. 당시 설악산 기념 우편엽서는 사진작가 성동규 씨의 작품이 대부분으로 설악산만 30년 이상 촬영하면서 최근까지도 활동하고 있다고 한다. 공룡능선, 용아장성, 토왕성 폭포 등 이름은 1960년 초 속초 산악인들에 의해 비교적 근래에 지어졌다고 전해지고 본래 지명이 있었지만 현재는 바뀐 이름으로 불리고 있다.

도둑골에서 대청봉을 올랐다는 사람은 아직도 드물고 당시 독보적인 여성 산악인, 남난희도 토왕성 폭포 빙폭을 완등했다고 한다. 설악산 안 가 본 지 어언 20년 되는 것 같다. 나는 이제 또 대청봉을 오를 수 있을까? 문득 설악산이 사무치게 그리워진다.

2018년

나는 설악산을 약 10년 만에 처음 가며 승용차를 안 가지고 가고 대중교통만 이용하여 인도여행처럼 하려고 처음 시도했는데, 결과적으로 성공적이었다. 설악산은 내가 약 20번을 갔고 대청봉은 10번 이상을 올랐지만 갈 때마다 바쁜 스케줄에 밀려 속초와 한계령, 진부령, 미실령과 인제, 양양, 인근 바다를 대충 보고 온지라 이번에는 아예 처음부터 대청봉은 빼고 내가 여지껏 안 가 본 곳을 중심으로 계획을 짰다.

이번 여행에서 나는 시외버스와 시내버스만 이용했지, 택시도 한 번 안 탔다. "옳은 여행을 하려면 자가용을 버려라."라는 말을 실감했다. 그리고 나이 들어 오랜만에 보는 가을 설악산은 또 다른 명산의 모습으로 여행 내내 힘든 줄 모르고 혼자 감당하는 내 마음을 정말 설레게 했다.

"살으리 살으리 설악에 살으리랏다.
머루주랑 다래주랑 먹고 살으리랏다"
마음은 아직도 청춘이다!

설악산과 속초
10월 8일 ~ 15일 [7박 8일]

[일지]

- 10/8
  부산 - 속초 해맞이 공원 고향 민박
  노포 터미널 오전 10시 출발해서 물치 오후 4시 도착
  점심 식사 울진 칠보산 휴게소

- 10/9
  설악산 소공원 - 신흥사 - 비선대 - 점심[케이블카] - 장사 종점 - 롯데마트

오늘은 한글날 공휴일이라 사람들이 많아 복잡했다. 약 10년 만에 처음 가는 소공원과 비선대는 많이 개선되어 있었다. 권금성 올라가는 케이블카는 표를 사려면 3시간 이상을 기다려야 해서 포기했다.

- 10/10
  양양 - 오색 - 한계령 - 원통 - 백담사[점심] - 간성 - 거진

속포와 양양은 10km로 시내버스가 10분 간격으로 다닌다. 한계령 단풍은 다음 주쯤 절정을 이룰 것 같다. 고성군 간성읍은 진부령 백담사 원통 인제로 이어지는 교통 요지이다.

- 10/11
  속초 시립박물관 - 점심[여관방] - 시외버스 터미널 - 간성[건봉사]

인구 83,000명의 속초 시립박물관은 부산 시립박물관보다 훨씬 낫다.

- 10/12
  설악산 육담폭포 - 비룡폭포 - 토왕성 전망대 - 권금성[점심] - 오색 약수

이번에 보니 토왕성 폭포 전망대가 생겼다. 겨울에 빙폭을 보고 싶다. 오늘은 케이블카 타고 권금성에 올라갔다. 유창서님이 생각났다.

- 10/13
  대진 - 통일 전망대[점심] - 진부령[흘리] - 수산 관광시장

오늘 날씨가 좋아 통일 전망대에서 보는 금강산은 더없이 좋아 보였다. 진부령을 여러 번 가도 흘리는 처음 갔는데 스키장이 문을 닫아…

◆ 10/14

시외버스 - 미시령 터널 - 백담사 - 진부령[기념관] - 원통 - 신남 - 양양 - 광산 - 어성전

미시령 터널이 3년 전 생겨서 속초에서 백담사, 원통, 인제 가기가 아주 편해졌다. 양양 어성전리는 약 30년 전 내가 전국 유명천 백패킹 하던 시절 법수치리까지 계곡을 걷던 곳으로 이번에 와 보니 감회가 깊었다.

◆ 10/15

물치 - 칠보산 휴계소[점심 식사] - 부산

오전에 속초 등대를 갔는데 동명항 산 위에 등대 모양의 전망대로 아름다운 설악산과 동해 바다, 속초 시내가 한눈에 보였다.

물치[설악 해맞이 공원] 오전 11시 50분 버스 타고 부산 노포 오후 5시에 도착했다. 부산 돌아와서 생각해 보니 코로나 중에 해외여행은 못 가고, 여행은 하고 싶고 다시 속초 한 달 살기는 어떨까? 최근 계획 중이다.

속초의 동해바다 일출

5.
아메다바드Ahmedabad or 암다바드

아침 4시 30분에 기상하여 준비하고 5시에 오토릭샤가 호텔에 와서 타고 버스 터미널에서 5시 40분 로컬버스를 타고 출발했다. 오후 1시에 라즈코트에 도착했으니 7시간 30분간 버스 탔다. 사람들은 모두들 6시간 걸린다고 했는데 1시간 30분이 더 걸렸다. 아침 식사는 7시 30분에 버스 안에서 삶은 계란, 모닝 롤빵, 바나나로 먹었다. 라즈코트에서 시간이 없는데 오토릭샤 기사가 내 바쁜 사정을 모르고 시내 일주하다가 나한테 한 소리 들었다. 오후 1시 30분에 라즈코트를 출발해서 4시간 30분 걸려 아메다바드에 6시에 도착했다.

버스 정류소에서 오토릭사를 디고 처음 간 마날리 호텔은 1박에 1,550루피 달라고 해 비싸서 나왔고 또 한 곳에 가니 방이 없고 캐딜락 호텔로 가다가 눈에 띄는 프리머(Prime) 호텔 논 A.C 하루 910루피(16,000원)라 하길래 900루피 하자고 하니 안 된다고 했다. 우리 돈으로 200원도 할인은 안 된단다. 날이 어두워지는 것 같고 피곤해 정했는데 잘한 것 같다. 오늘 하루 버스를 12시간 탄 것이다.

그나저나 염려(念慮)를 많이 했는데 아메다바드 프리머 호텔까지는 잘 왔고 이번 여행의 어려운 고비를 넘겼다

◎ 아메다바드(Ahmedabad)

인구 약 570만의 구자라트주의 주요 도시이며 1411년 구자라트의

'아메드샤'가 건설한 도시다. 수세기 동안 흥망성쇠를 반복한 도시다. 17세기에는 무굴제국의 이슬람 도시로 크게 번성했다가 18세기에 사그라들었고, 19세기 후반에 면 공업의 중심지로 발전하다가 1915년부터 마하트마 간디의 독립운동 본부로 유명해졌다. 직물 생산의 큰 중심지였는데 2002년 분열 폭동사건으로 많은 이슬람교도가 피해를 입었다.

이후 IT 산업과 화학제품 생산이 잘되고 있다. 찬란한 이슬람 유적을 품은 이 도시는 무슬림에게 참 잔인한 도시이기도 하다. 그리고 구자라트의 주도는 간디 나가르이다. 아메다바드를 아마다바드(Ahmadabad)라고도 한다. 한때는 인도 최대의 종교 분쟁(宗敎紛爭)으로 유명한 지역이었다. 현재 현 인도 총리 나렌드라 모디(Narendra Modi)의 고향(故鄕)이다.

다음 날, 시디 사이예드 모스크(Sidi Saiyyed Mosque)

오전 10시에 나서서 시디 사이예드 모스크 - 자마 마스지드 - 시디 바시르 모스코 - 스와미나라얀(델리 악샤르담) - 칼리코 박물관 - 다다하리 바올리 - 사바르나 다쉬랑 순으로 보았다. 호텔 앞에서 계란을 사려고 62세 인도 아저씨 오토바이 등 뒤에 타고 찾아다니다가 식당에 가서 12개를 사고 고마워 빵 30루피(530원) 하나 사 주었다. 빵을 안 받으려 사양했지만 아저씨의 손에 꼭 쥐어 주었다. 기온이 31도 이상 올라가는데 여기 더위가 유명하단다.

점심 식사는 호텔 방에서 식초가 없어 라면 비빔면에 신김치를 넣고 조리했는데 그래도 시원하고 맛있었다. 오후 2시 30분에 나서서 칼리코 직물(織物) 박물관에 가니 휴관일이라 헛걸음쳤다. 가기 전에 호텔 매니저한테 물어봤더니 전화해 보고는 통화 중이라며 입장할 거라고 했다. 다다하리 바올리에서 시티 박물관에 가자고 오토릭샤를 탔더니 가 봤던 시디 사이예드 모스코에 내려 줘 또 기분이 상했다.

오토릭샤를 다시 타고 시티 박물관 갔는데 사진 찍지 말라고 해서 조심했다. 그 길로 '사바르나 다쉬랑'에 가니 강가에 있는 '간디의 물레 베틀'을 보고 다시 오토릭샤를 타고 오다가 바나나, 포도, 생수를 샀다. 나는 틀림없이 100루피(1,760원)를 준 것 같은데 50루피 줬다고 착오가 생겨 다투었다. 어쨌든 미안하다. 날씨가 너무 덥고 피로해 내 착각인 것 같았다. 잘 참아 준 오토릭샤 기사 아저씨 정말 고맙다. 용서를 빌며 반성한다. 이제 어떤 일로도 절대 안 싸운다. 소소한 일에 내 여행 기분을 망치잖아….

◎ 시티 사이예드 모스크(Sidi Saiyyed Mosque)

아메다바드의 술탄 사이예디에 의해 1573년 건설되었다. 모스크 안을 장식하고 있는 아주 큰 잘리는 인도 모스크 중에서도 특별히 아름다운답다. 전문가들도 인간의 손으로 만든 '세공(細工)의 극치'라고 했다.

◎ 자마 마스지드(Jama Masjid)

1423년 '아메다샤'가 건축한 거대하고 한적한 정원을 갖춘 모스크로, 전국의 '자마 마스지드'가 좋지만 여긴 두 첨탑이 특이한게 좋다.

◎ 시디 바시르 모스크(Sidi Bashir Mosque)

3층, 24m의 높이이고 층마다 발코니가 있는 멋진 모양이며 흔들리는 미나렛 모스크로 더 유명하다. 다행이 2001년 구자라트 대지신 때 피해는 없었다.

다다하리 바올리(Dada Hari Baoli)
아메다바드의 계단식 우물이 있는 곳

◎ 스와미나라얀 사원
　(Swaminarayan Mandir)

　1423년 고대도시를 세운 술탄 아마드 샤흐(Sultan Ahamd Shah)가 지은 아름다운 모습의 모스크로, 틴 다르와자 동쪽의 고대도시 중심이다. '베다'에 근거를 둔 스와미나라얀에서 세운 사원으로 비슈누 신과 락슈미 여신을 모시고 매일 푸자를 올린다. 첨탑 두 개가 있었지만 1819년 대지진으로 소실되었다.

◎ 다다하리 바올리(Dada Hari Baoli)

　인도 북부, 서부에서만 볼 수 있는 우물인데 가뭄이 많은 지역에서 계단식 우물을 이용했다. 아사르와(Asarwa)에 있는 계단식 우물로 1499년 술탄 마흐무드 베가다의 아내가 만들었다. 와브(Vav), 쿠와(Kuva)로 부르기도 한다.

◎ 시티 박물관(City Museum)

　아메다바드 도시 건립부터 지금까지의 발굴된 유물들이 전시되어 있다. 박물관 건물 자체만 해도 건축학도들에게 큰 관심거리이다. 인도 연 박물관도 옆에 있다. 규모는 크지 않지만 다양한 전시품과 함께 아메다바드의 역사를 알 수 있는 곳으로 아메다바드의 종교 그리고 인도의 독립(獨立)을 위한 투쟁사가 전시되어 있다. 2층에는 날리는 연 박물관이 자리하고 있다. 납처럼 보이는 종이도 있다. 작품에 대한 설명은 영어와 구자라트어로 제공해 준다.

사바르나 다쉬랑은 마하트마 간디의 방식대로 소박하게 살아가려는 사람들의 아쉬람으로 영국 저항 운동으로 소금의 행진이 시작된 곳이다.

◎ 칼리코 직물 박물관(Calico Museum of Textiles)

두 번이나 오토릭샤를 타고 찾아갔는데 입구까지 가서 들어가지 못했다. 짜증 나서 포기했다. 예약을 해야 되는데 방법을 몰랐다. 인터넷 예약 제인가 보다. 아메다바드 면직물 산업의 전성기인 17~18세기에 카펫, 의류, 숄, 사리 등을 전시하고 당시 마하라자 궁전을 화려하게 장식했다고 한다. 입장은 주로 단체 투어식으로 하고 있어 개인 입장은 어렵다고 한다.

어제 아메다바드에 도착하여 오늘 여러 곳을 봤는데 대체로 볼만한 곳이며 좋았다. 그런데 날씨가 너무 더워 나중에는 움직이는 것이 힘들어 오토릭샤 기사한테 실수도 한 것 같다. 그러나 나의 착각인지는 아직도 의문이다. 나와 맞대어 싸우지 않는 것이 고마운 것이다. 그 와중에 오늘 내가 탄 오토릭샤는 시디 사이예드 모스크를 두 번이나 가서 또 짜증이 났지만 그래도 내가 참았다. 지금부터라도 싸우지 말고 **유종지미(有終之美)라는 말처럼 올해도 나는 꼭 좋은 이미지로 끝나는 여행을 하기로 마음먹자.** 그래야 우선 내가 편하고 이미지 좋은 추억이 저장된다.

시디 사이예드 모스크(Sidi Saiyyed Mosque)

6.
참파네르 - 파바가드Champaner - Pavagadh
U.세계문화유산

찾아가기도 힘든 참파네르 - 파바가드

오전 9시에 나서서 오토릭샤를 타고 버스 터미널에 가서 190km 거리의 바도다라(Vadodara)로 가는 버스를 탔다. 바도다라에 11시에 도착하여 참파네르를 물어보니 여기서 55km라 하여 다시 버스를 타고 파바가드 정류소에 도착하여 산 쪽으로 올라가는 사람들을 따라 또 버스를 타고 산 중턱 종점에 내렸다. 유네스코 세계문화유산에 대해 물어보니 아무도 모르고 경찰도 모른다고 한다.

내가 영어 발음을 잘 못해서 그런가? 그래도 그렇지, '유네스코 하트테이지' 하면 알아야지…. 그 옆의 장난감 가게 장수한테 다시 물어보니 산 정상의 마칼리 힌두교 사원을 말해 준다. 너무 산 꼭대기에 있어 틀렸구나 하고 내려오려다 발견한 케이블카를 타고 올라가서 그 산 정상의 사원을 올려다보며 열심히 사진 찍었다.

점심은 식당에서 얇은 밀가루를 구운 빵과 커리를 내가 준비한 삶은 계란 1개, 바나나 2개, 사이다와 함께 먹었다. 산에서 버스를 타고 내려와 바도다라(바로다)로 가는 버스를 알아보는데 그 앞에 성이 보였다. 성 안으로 들어가니 진짜 참파네르였다. 웅장하고 멋있는 사원과 두 개의 첨탑 성, 훌륭한 유네스코 세계문화유산(世界文化遺産)이었다. 참! 오늘은 행운이다. 이 멀리까지 와서 여길 못 봤으면 또 어쩔 뻔했나….

참파네르(Champaner) U.세계문화유산

◎ 참파네르 - 파바가드(Champaner-Pavagadh)

바도다라(Vadodara)에서 동북쪽 47km 지점이며 파바가드는 해발 762m 산 정상에 있는 아름다운 모스크로 케이블카를 타고 올라간다. 참파네르는 평지에 이슬람(회교 사원)과 힌두교 장식이 어울린 아름다운 모양을 자랑하고 약 6km에 달하는 성벽을 이루고 있다. 이 도시는 8세기경 차우한 라즈풋(Chauhan Rajput)의 수도로 건설되어 1484년에는 술탄 마하무드 베가라의 점령으로 우거드 성벽이 세워졌다.

참파네르는 아름다운 모스크들로 유명하며 파바가드는 참파네르 옆에 위치한 굉장히 가파른 산 중턱이다. 이 유적의 여러 흔적 중에는 8~14세기에 지은 요새, 궁전, 종교 사원 등이 있다. 파바가드 언덕 꼭대기에 있는 아름다운 회교 사원 칼리카마타(Kalikamata) 사원은 중요한 성소로 해마다 수많은 순례자의 발길이 닿는 곳이다. 이슬람 무굴제국(Mughul帝國) 이전의 도시 모습이다. 고고학적(Archaeological Park)·역사적·문화적 유적지이다.

U.세계문화유산에 2004년 등재되었다.

파바가드는 언덕 꼭대기 칼리카마타 사원까지 700m를 걷거나 케이블카를 타고 올라갈 수 있으며 이 사원은 10세기 정도에 지어졌다. 악마를 파괴하는 칼라 신을 모시고 있는 힌두교 사원이다. 부근에 자이나교 사원도 몇 곳있다.

참파네르는 외벽이 성을 둘러싸여 있고 가장 두드러지는 특징은 회교 기념비 사원들이다. 입장 티켓은 외국인 500루피(8,800원), 인도인 20루피이다. 이슬람 장식과 힌두교 장식이 아름답게 융합(融合)된 모습을 뽐낸다. 그중에서 으뜸은 시타텔의 바깥쪽에 있는 거대한 자마 마스지드의 탐스런 안뜰과 첨탑 두 개이다.

내가 본 명소

- 사헤르키 마스지드: 매표소 뒤쪽에 있는 사적으로 왕실 사원이다.
- 케브다 마스지드: 서쪽의 좁은 계단으로 지붕까지 올라갈 수 있다.
- 나기나 마스지드: 북쪽에 자리한 아주 정교한 기하학적 조각을 볼 수 있다.
- 릴라 굼바즈킬 마스지드: 시타델 동쪽에 위치해 있으며, 세로로 홈이 있는 중앙 돔을 얹고 있다.
- 에크 미나르키 마스지드: 서쪽 1km 지점에 위치해 있으며, 공장 굴뚝을 닮은 쌍둥이 첨탑으로 장식되어 있다.

인도여행은 많은 악조건을 이겨 내는 트레킹이다. 무더운 기후와 무질서한 교통, 빈민가 등 인내심을 가지고 오늘도 여행을 해피엔딩으로 끝냈다. 마음속으로 참으며 인내심으로 일하면 못 이룰 게 없다는 증거이기도 하다!

다음 날, 아메다바드 마무리

오전 10시에 오토릭샤를 타고 칼리코 직물 박물관에 갔더니 예약 손님이 있어 안 된다, 오후에도 예약되어 있어 안 된다고 한다. 20명씩 들어간다고 하니 무슨 직물 만드는 실습(實習) 과정을 보여 주나 보다. 2시간 걸리고 만일 사진도 못 찍게 하면 어쩌나 해서 포기하기로 했지만 좀 불친절한 느낌이 들었다.

그 길로 오토릭샤를 타고 버스 정류소에 와서 간디나가르로 가는 버스를 탔는데 45분 정도 걸렸다. 간디나가르 악샤르담(Akshardham)에 갔더니 여기도 델리처럼 카메라, 물 못 갖고 들어가서 지정 사진사에게 사진 한 장 찍고 얼른 구경하고 나왔다.

　점심 식사는 간디나가르 식당에서 튀김 과자와 콜라, 준비한 계란 1개, 바나나 1개로 먹고 거기서 버스 타고 사르케즈에 내려 다시 오토릭샤를 타고 사르케즈 로사 모스코에 갔는데 여러 곳이 볼만했다. 다시 나와서 오토릭샤를 타고 랄바이 박물관에 가자니 시티 박물관에 와서 기분도 상해 포기하고 그냥 호텔로 돌아왔다.

◎ 사르케즈 로자 모스크(Sarkhej Roza)

　아메다바드 구시가지에서 남서쪽으로 8km 지점으로 지도자 카투간즈의 넋을 기리고자 만든 사원이며 통치자들의 휴식처로 이용됐었다고 한다.

　아메다바드 무사히 마치고 다음은 고아 여행, 좋아야 할 텐데-

사르케즈 로자(Sarkhej Roza)
15세기경 만들어진 카투간즈 바크의 기념 궁전과 묘

파바가드(Pavagadh) U.세계문화유산

참파네르(Champaner)
바도다라에서 북동쪽으로 48km 위치의 참파네르

7.
해변 천국天國 - 고아Goa

오전에 피로를 회복하며 쉬다가 11시에 나서서 맙사 버스 터미널에 가 보고 주변 지리를 좀 알아 놓고 들어왔다. 여기가 남인도라 아메다바드보다 훨씬 덥다. 점심은 호텔 방에서 비빔면에 신김치 넣고 참기름 넣고 삶은 계란 한 개 넣어 먹었다. 계속 '고아 도착 문자'를 넣으니 딸들에게 회답 문자가 왔다.

오후 2시 30분에 출발하여 버스 터미널 가서 버스 타고 칼랑굿 해변에 도착하여 바다를 보니 백사장이 크고 넓고 시원하였다. 모래사장에는 너무 덥고 힘들어 가지 않고 그냥 나와서 맙사 가는 버스를 탔다. 한참 나오다 삼거리 인어상 동상이 있는 데시 내렸는데 바가 해변 가는 버스가 없어 오토릭샤 기사한테 물어보니 500루피(8,800원) 달란다. 그때 저쪽에서 버스가 와서 무조건 타니 차장이 바가 해변에 간다 하여 10루피(180원) 주고 약 15분 후 바가에 도착했다.

바가 해변은 진짜 끝없이 넓고 사람도 정말 많았다. 여기가 고아에서 가장 큰 해변 같았다.

◎ 맙사(Mapusa)

인구 약 43,000명으로 고아 북부의 가장 큰 도시이며 교통의 중심지이다. 고아 북부 해변으로 여행하는 경유지(經由地)이며 준비하는 곳으로 휴가철에는 숙소 구하기가 힘들고 금요일 시장이 열리는 날은 시장 일대가 북적인다.

◎ 바가 해변(Vaga Beach)

고아의 다른 해변에 비해 규모는 보편하지만 뒤의 해안 절벽과 초록빛 언덕이 아름다우며 배낭 여행자들의 이용 선호도가 높은 지역이다. 북쪽으로는 리틀 바가 해변이 있다고 한다.

◎ 칼랑굿(Calangute)

1960년대에는 나체주의 히피족들에게 많은 사랑을 받았다. 오늘날에도 인도의 가족 여행자와 파티를 즐기려는 외국인 여행자들에게 인기가 높은 곳이다. 부유한 인도인 여행자들과 유럽에서 온 단체 여행자들이 가득한 이곳은 고아에서 가장 인기 높은 해변 여행지이다. 시즌에는 사람이 많아 발 디딜 틈 없이 인파가 몰린다.

다음 날, 아람볼(Arambol)&만드램(Mandrem)

오전 9시 30분에 출발해서 맙사 버스 터미널에 가서 아람볼행 버스를 탔다. 버스 종점에서 30분 정도 걸어가면서 마운트 성당 구경하고 아람볼에 도착했다. 여기는 서양 사람들이 많이 보이고 오전이라 그런지 피서객은 별로 없다. 바다는 푸르고 백사장(白沙場)도 넓고 좋다. 입구 레스토랑에서 미란다환타 한 병 마시고 만드램으로 가려고 나가다가 코끼리 그림이 있는 큰 벽걸이 현수막 가게에서 큰 벽걸이 하나 샀다. 내가 사진전 할 때 필요할 것 같아 샀는데 배낭에 넣으니 크고 무거워 다니기 힘이 든다.

아람볼(Arambol)은 뭐니 뭐니 해도 바로 앞에 보이는 섬이 멋있다. 당장 헤엄쳐 건너가고 싶었지만 지금 내 수영 실력으로는 못 갈 것 같았다. 1960년대 히피족 여행자들의 낙원(樂園)으로 각광받았다고 하는데 지금은 밤에는 어떨지 모르지만 낮에는 그저 평화로운 분위기다. 고아의 가장 북쪽에 해당되는 아람볼은 내가 본 올해의 고아 해변 중에 가장 머무르고 싶은 해변이다.

일단 사람이 그리 많지 않아 조용하고 앞에 악어 같은 섬이있어 더 좋아 보였다. 1960년대 히피족 여행자들의 낙원으로 각광받았으며 이후 히피의 전통을 간직한 특유의 분위기에 매료된 여행자들이 이 환상적인 지상 낙원을 다시 찾기 시작했단다.

고아 북부 끝머리에 있는 작은 어촌 마을에 장기 배낭 여행자들이 모여들며 1960년대부터 경쾌하고 개성 있는 여행자들의 해변으로 변해 왔다. 현재 아람볼은 과거의 시끌한 해변에서 조용한 해변으로 분위기가 변해 가고 있다.

만드램(Mandrem)은 아람볼에서 5km라는데 오토바이 등 뒤에 타고 샛길로 약 10분 달리니 가까웠다. 고아 해변 중 가장 사람이 적고 서양인이 윗도리를 벗고 오토바이 타고 달리는 풍경이 보였다. 바닷물이 푸르고 백사장은 넓고 조그만 강이 흘러 레스토랑마다 구름다리를 하나씩 만들어 놓았다. 그리고 오두막 싸리 하우스가 많이 보이고 밤에는 아주 무서울 것 같은 동네 분위기다.

점심 식사는 제일 큰 호텔 레스토랑에서 버터 사리와 커리 한 접시와, 내가 준비한 삶은 계란 1개, 바나나 1개로 먹었다. 계속 걸어 나오다가 벤치가 있는 강가에서 1시간 푹 쉬다가 돌아왔다. 만드램 역시 조용하고 바다로 들어가는 간이숙소(簡易宿所)는 미로처럼 자리를 잡고 있었다. 그런데 여기 숙소는 강 수로와 숲이 많아 모기가 많을 것처럼 보였다. 이로써 고아의 8개 해변을 다 보았다.

나는 웬만큼 기분이 나쁘지 않는 한, 요소에서 웃음을 찾고 웃으려고 애를 쓴다. 그것은 혼자 다니는 나만의 기분 전환 방법이기 때문이다. 그러다 보면 고생이 되어도 만족의 흐뭇한 웃음이 저절로 나오기도 한다.

아람볼(Arambol) 아름다운 섬이 보이는 해변

만드램(Mandrem)
고아 북쪽에 있는 조용한 해변으로 중간에 강이 흐른다

맙사(Mapusa)
고아 북부 해변으로 커는 관문 도시로 여행자들이 장을 보는 곳

칼랑굿(Calangute)
싱쿠에림, 맙사, 바가토라로 가는 삼거리에 있는 인어상

차포라 성(Chapora Fort)
바가토라 해변 뒷산에 있는 고성(古城)

바가토라 해변(Vagator Beach)
차포라 성에서 내려다보이는 제일 오래된 해변.

8.
올드고아의 작은 성당들 U.세계문화유산

4월의 시작, 이제 네 밤만 자면 집에 돌아간다. 허리가 조금 괜찮아졌는데 계단을 잘 못 오르겠다. 어젯밤 폭죽 소리가 우리 호텔 앞에서 밤 11시까지 났다. 해피 홀리데이인가? 아니면 맙사의 다른 축제일(Festival day)인가? 오전 10시에 나서서 오늘도 판짐의 카담바 버스 터미널에 가서 폰다의 망게시 사원을 가는데 버스를 타고 34km의 폰다에 도착하니 사원 입구를 지나와 다시 오토릭샤를 타고 5km를 되돌아 나왔다. 이럴 때 장거리 버스 요금보다 오토릭샤 요금이 더 든다.

점심 식사는 사원 입구 식당에서 피쉬 탈리 하나와 빵 1개, 콜라 1병을 샀다. 그 식당 주인에게 얼마냐고 물으니 120루피라 해 놓고 500루피짜리를 주니 370루피만 준다. 좀 얄미운 생각이 들어 한바탕 다투고 10루피 받아 냈다. 음식 맛도 없고 10루피지만 그냥 지나칠 수 없고 일종의 배드맨이다. 망게시 사원은 현대식 힌두교 사원으로 그저 평범한 편이고 여기 오는 길에 올드고아를 성당 구역을 지나와 내일 가려 했던 성당 구역을 오늘 보기로 하고 버스에서 내려 걸어갔다.

처음 본 카제단 성당(St. jentan)
수도원 성당으로 아주 멋있고 내부도 좋고 보는 사람 나 혼자여서 조용히 감상했다. 성당을 나와서 바다 쪽의 총독 아치를 지나서 페리를 왕복으로 한 번 탔는데 시원하고 기분 전환이 되었다. 오토바이 등 뒤에 타고 봄 지저스 성당 앞쪽으로 올라가 5군데 성당 봤는데 다 좋더라. 2012년 처음 왔을 때 생각도 났다. 호텔에 돌아오니 저녁 7시가 되었다. 올드고아 봄 지저스 성당 앞길로 들어가는 작은 성당 6곳은 이번에 처음 보았다.

내가 본 명소

- 로사리오 마리아 성당(Church of The Rosary): 맨 처음 본 성당으로 건물이 크고 내부도 잘 장식되어 있다.
- 기독교 예술 박물관(Museum of Christian Art): 내부도 크고 박물관처럼 볼 것이 많은 기독교 박물관이다.
- 자매 수녀원(Sister Convent): 맨 끝에 있고 문이 잠긴 줄 알았고 내부 물건은 없다. 시스터스 콘벤트 입구로 내가 들어가 보니 할머니들만 있는 요양 병원이다.
- 아구스틴 교회(The Tower of The Church of St. Augustine): 송곳같이 높고 많이 파손된 언덕 끝자락에 있는 타워이다.
- 안토니 예배당(Chapel of St. Anthony): 둥근 건물인데 문이 잠겼다.
- 레이디 오브 더 로사리 교회(Church of our Lady of The Rosary): 내가 들어간 보니 바닥에서 바다가 보이는 곳이다.
- 망게시 사원(Mangueshi Temple): 폰다 서북쪽으로 5km 지점 언덕에 18세기에 건축된 이 사원은 고아주를 지키는 망게시 신을 기리는 사원이다.

쎄 성당은 입구의 가장 큰 메인 성당이며 프란시스 아씨스 교회는 박물관 바로 옆의 2번째 크고 사람 많은 곳이고 성 카젠단 성당은 총독 아치로 가는 외떨어진 곳의 멋진 성당이다.

◎ 올드고아 유네스코 세계문화유산(UNESCO World Heritage)

파나지의 동쪽으로 9km 떨어진 지점에 있는 올드고아는 포르투갈 식민지 시대의 옛 수도다. 16세기에 포르투갈인들은 이곳에 화려한 왕궁과 저택, 우아(優雅)한 성당을 세웠고, 18세기 중반에 전염병으로 수도가 파나지로 이전될 때까지는 '동방의 로마'로 불리며 발전하였다.

6년 전 여길 한 번 구경하고 두 번째 탐방이다. 입구의 화려한 큰 성당들을 구경한 다음 봄 지저스 성당 앞쪽의 좌측 길로 올라가면 만나는 작은 교회와 성당은 이번에 처음 보는 것이라 중점적으로 구경했다. 다 볼만하고 좋았으며 여길 보지 않고 갔으면 후회 잘하는 내가 또 얼마나 후회했을까? 나는 오늘따라 입구의 대성당처럼 화려하지 않고 관광객이 적은 여기가 더 좋았다. 사람들은 이곳에 와서 입구의 화려한 대성당만 보고 이런 진수를 보지 않고 돌아가니 내가 아쉬운 마음이 들어서 하는 소리다.

다음 날, 6년 만에 다시 보는 동정녀 마리아 성당

체력이 완전 한계에 왔다. 이제 올해 여행 3일 남았다. 허리가 당겨 잘 걷지 못하니 오전 내내 쉬면서 여행 경비를 뽑아 본다. 그러나 몸이 안 좋아도 하루 종일 방에만 있을 수 없고 시간이 안 간다.

12시 15분에 점심 식사로 짜왕 비빔면에 삶은 계란 하나 넣고 시원하게 먹었다. 2시에 나서서 맙사 터미널에서 카담바가 아닌 다웰행 버스를 타고 가 봤더니 역시 판짐 카담바 터미널이 종점이었다. 다른 길로 돌아다니는 게 조금 달랐다. 거기서 버스 타고 바로 페리 보트를 타는 곳에 간다는 게 주립박물관 앞에서 내려 박물관에 들어가니 무료였다. 2층에는 아무것도 없고 1층만 있어 규모가 그리 크지 않다. 이 박물관이 임시

박물관인지 모르지만 사진만 열심히 찍고 나왔다.

◎ 파나지(Panaji)

'판짐(Panjim)'이라고도 하는 고아의 주도로 크고 혼란스러운 다른 주도들과 달리 도보로 돌아볼 수 있을 정도이며 작고 잘 정돈된 도시다. 도시 중심을 지키는 순백색(純白色) 성당과 포르투갈 식민지 시대의 건물들이 남아 있는 구시가지를 걷다 보면 유럽 어느 중세 도시의 뒷골목에 온 기분이다. 고아를 대표하는 매콤한 피쉬 커리로 식사를 하고, 만도비 강의 일몰을 감상하며 돌아왔다.

◎ 동정녀 마리아 성당(Church of Our Lady of Immaculate)

도시 중심에 위치한 이 순백색 성당은 오래전부터 파나지의 중요한 랜드마크였다. 포르투갈에서 출발한 선원들이 긴 항해를 마치고 감사의 기도를 올리는 곳이다.

오늘은 오후 햇살을 받아 훤하게 빛난다. 여전히 멋있는 동정녀 마리아 성당! 그 옆의 자마 마스지드(Jama Masjid)는 별로이고 시민공원(City Park)에서 약 40분 쉬고 페리 타는 강변길을 약 1km 걸어서 카담바 터미널로 다시 돌아왔다.

그렇다! 꿈을 지녀라. 그러면 여행의 어려운 현실을 이길 수 있다. 오늘 다시 생각난 말인데 사람이 꿈만은 포기(拋棄)하지 마라. 나는 그래도 절망에서 꿈을 지녔기에 오늘과 같은 좋은 날이 있다. 나는 한때 산속으로 들어가 TV에서 보는 자연인이 되는 생각까지 했으니 말이다.

9.
성령 교회 Holy Spirit Church - 마르가오

오전 10시에 나서서 맙사 버스 터미널에서 물어보니 마르가오로 바로 가는 버스는 여기서 없고 파나지에 가서 갈아타야 된단다. 판짐 카담바 터미널에 가서 다시 버스 타고 마르가오 터미널까지 1시간 15분이 걸렸다. 거기서 바로 오토바이 등 뒤에 타고 성령 교회(聖靈敎會)로 약 5분 달려가니 내부, 외부 모두 보수공사 중이었다. 그래도 안에 들어가서 사진은 잘 찍었다. 교회는 정말 멋있더라. 오늘 마르가오 최고의 수확이다.

거기서 걸어 나오다가 점심 식사는 식당에서 피쉬 커리와 그리고 준비한 삶은 계란 1개, 바나나 1개로 먹고 나니 오후 2시밖에 안 되어 시내버스에 무조건 올라탔다. 시내 구경하면서 종점까지 갔다가 나올 때 보니 옛날 마르가오 동상과 시민공원이 보였다. 내가 6년 전 콜라바에서 '마르가오'로 나와 판짐과 안주나 여행한 걸 오늘 생각하니 그때도 고생 많이했다.

버스 타고 판짐에서 나와 또 시내버스 타고 페리 선착장에 와서 배 타고 강 건너서 저번 때처럼 맙사로 오는 버스를 타고 돌아왔다. 오늘 내일 조심하고 끝날 때까지 조심해야 한다. 낮에는 37~38도를 오르내리는 무더위가 펼쳐지니까…. 6년 전에 남부(南部)만 보고 고아 갔다 왔다고 외치고 다녔으니…. 몸은 지쳐서 천근만근인데 머리는 맑고 희열에 차 하루하루를 버텨 낸다. 여기가 그토록 찾아 헤매던 내 어린 시절의 고향 같다. 더울수록 그리워 지는 부산 용두산 공원의 1956년….

고아가 좋다! Hooray GOA!

◎ **마르가오 Margao(마드가온 Madgaon)**
고아의 주도 파나지에서 남쪽으로 33km 떨어진 도시 마르가오는 고아에서 두 번째로 큰 도시이자 남부 고아의 행정 및 상업의 중심지이다. 도시 곳곳에 남아 있는 포르투갈 식민지(植民地) 시대 건물들과 번잡한 인도 스타일의 도시가 묘한 기분이다.

◎ **성령 교회(Holy Spirit Church)**
17세기에 포르투갈인들에 의해 건축된 성령 교회는 화려한 실내 장식을 감상할 수 있는데 이번에 내가 방문했을 때는 대대적인 내부 수리를 하고 있었다.

다음 날, 아구아다 요새(Aguada Fort)

이제 인도 여행을 내년에도 계속할 수가 없을 것 같다. 체력이 완전 바닥 났다. 2011년 70여 일씩 활기 있게 여행 다닌 나였잖아…. 내일 한국으로 돌아가니 오늘은 아구아다 요새를 구경하고 손주 선물을 좀 사야겠다. 오전 10시에 나서서 버스 타고 싱쿠에림 종점에 가서 아구아다 요새로 가는 오토바이를 3km에 200루피 달라고 해서 망설이고 있는데 어떤 청년이 오토바이를 등 뒤에 태워 줬다. 유람선을 300루피(5,300원) 주고 타고 갔는데 인도 한 가족들과 같이 배를 타고 바다에서 산 쪽으로 보이는 아구아다 요새, 포르투갈 등대, 감옥 요새를 다 보았다. 50분 정도 유람선을 즐기고 나왔다.
점심 식사는 바로 선착장 앞의 식당에서 야채 샌드위치를 시켰는데 음식이 늦게 나와 내가 준비한 빵과 삶은 계란 1개, 바나나 1개를 먹고 나니 배가 불러 그 샌드위치는 그냥 배낭에 넣어 왔다. 차가 없어 천천히 걸어 나오니 싱쿠에림 버스 종점이 약 500m로 가까웠다.

그 버스 정류소 의자에서 약 1시간 쉬다가 마지막 힘을 내어 사진을 찍고 나서 다시 버스 타고 칼랑굿에 내려 선물 가게 갔는데 정말 살 것이 없어 조개 열쇠고리, 자석 그림만 사고 무사히 여행을 잘 마무리했다. 인도여행은 계속 할수록 요령(要領)이 생겨 쉬워지는 게 아니고 더 힘들어진다. 체력 때문일까? 여행 끝나는 날, 이제 완전 무리, 여행 계속하면 위험하니 이제 인도여행은 안 하는게 맞다.

◎ 아구아다 요새(Aguada Fort)

고아의 요새 중에서 바다를 바라보고 있으며 언덕 위에 오르면 주변 경치를 잘 볼 수 있다. 1612년 포르투갈인들이 건설한 요새로 만도비 강 입구에 위치해 있다.

◎ 포르투갈 등대(Lighthouse)

산 위의 큰 등대는 1894년에 세워졌다. 비슷한 규모의 등대 중 아시아에서 가장 오래된 등대이다. 길을 따라 언덕 아래로 조금 내려가면 바닷가를 비추는 작은 등대가 있다.

◎ 감옥 요새(Jail Fort)

원래 곡물 창고였던 곳이 감옥 요새로 바뀌어 이용됐었다.

조니 저택은 고아 출신의 부유한 상인 조니의 소유로 인도 영화의 배경으로 자주 등장한다. 아쉽게도 감옥과 조니 저택 내부는 일반인에게 보여 주지 않고 있다. 내가 타 본 유람선 선착장, 네룰라 강가에 있는 이 선착장에서 보트를 타고 아구아다 요새, 감옥, 조니 저택, 돌고래 점퍼 등을 볼 수 있고 여기서 보트를 타고 안주나, 코코 해변으로도 갈 수 있단다.

  2012년 4월 15~20일 고아 남부를 여행하면서 콜바, 베나울림, 팔로렘, 파나지, 마르가오, 올드고아에 들렀고 이번에 나는 6년 만에 다시 고아로 와서 주로 북부 해변을 여행했다.

  시원하게 유람선을 타고 바다에서 위를 보며 감상하는 아구아다 요새는 또 다른 기분이었다. 산 위에 등대가 있고 감옥이 있고 부자의 별장(別莊)이 있고 정말 색다르고 멋있는 광경이었다. 부자와 죄수는 극과 극인데 한동네 모여 있으니…. 내일 여기를 떠나는데 고아 하이라이트로 구경을 잘 한 셈이다. 내가 인도여행에서 가장 좋았던 곳은 처음엔 마말라푸람, 마탄체리, 디우 순이였는데 최종은 가장 인도 냄새가 많이 나는 이곳 고아다.

아구아다 요새(Aguada Fort) 유람선에서 촬영

2019
인도 자유여행

2019 인도 자유여행 여정도

2019년 3월 15일 ~ 4월 4일

델리 → 안다만 → 하벨록 → 마말라푸람 → 티루치 → 탄자부르 → 티루치 → 델리

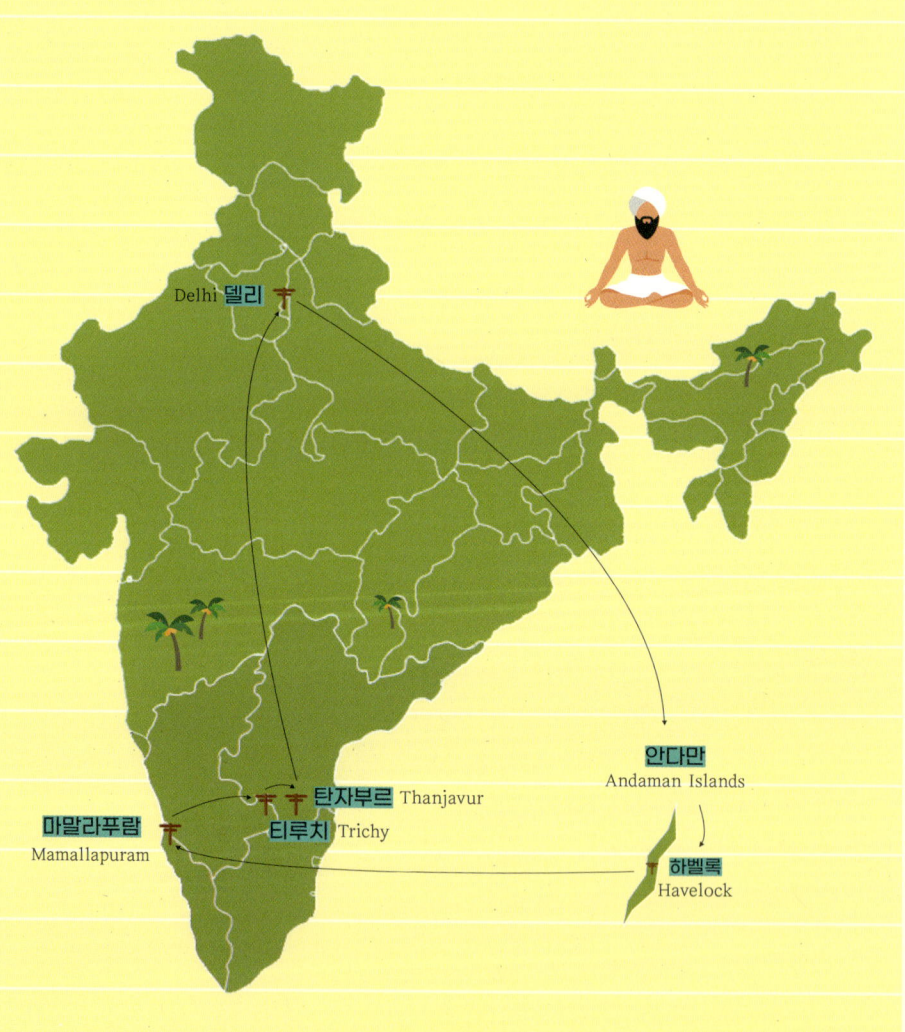

2019년 인도 여행 일지
3월 15일~4월 4일 [21일간]

3/15 델리 도착

3/16 안다만 도착. [몬순 호텔]
　　　비사카파트남(Vishakhapatnam). 안다만 (니코바르 군도)
　　　포트 블레어(Port Blair) 아치볼드 블레어

3/17 국립 셀룰라 감옥 기념관. 에버딘 제티(Everdin Jetty)

3/18 채텀 섬(Chatham Island) 밤푸섬(Bamboo Island)

3/19 포에닉스 여객터미널. 인류학 박물관. 사무드리카 해양 박물관
　　　채텀 제재소(Chatham Sawmill). 로스 섬(Ross Island)

3/20 버마 불교 사원(Burmese Buddhist Mission)

3/21 해피 홀리데이. 코빈스 코브(Corbyn's Cove) 페라글 주니

3/22 하벨록(Havelock)
　　　고빈드 해변(Govind Beach) 라다 나가르 해변
　　　하벨록 제티(Havelock Jetty) 하도 제티(Haddo Jetty)

3/23 완두르(Wandoor) 깔로바드.

3/24 치리야 타푸(Chiriya Tapu) – 동물원. 시내버스 왕복

3/25 마말라푸람(Mamallapuram) 도착. [풀문 게스트 하우스]

3/26 타라샤아야 사원. 아르주나의 고행상(Arjuna's Penance)
　　　해변 사원(Shore Temple) **U.세계문화유산**
　　　판치 라타스(Five Rathas) **U.세계문화유산**

3/27 칼파캄 해변. 마말라푸람 해변

3/28 카다프(Kadap) 버스왕복. 밤바다

3/29 에다야(Adyar) 버스

3/30 티루치(Trichy) 도착. 티루치라팔리(Tiruchirappualli)
　　　푸레아(Purea) 페진가루다(Perun Gulata) 파렌롱어

- **3/31** 탄자부르(Thanjavur) (탄조르 Tanjore)
  브리하디스와라 사원(Brihadishwara) **U.세계문화유산**
  왕궁 박물관(Royal Palace Museum) 마라타 궁전 단지.
  타밀 박물관(Tamil Museum)
- **4/1** 티루치(Trichy)
  락포트 템플(바위 요새 사원) 스리 랑가나타스와미 사원
  스리 잠부케스와라 사원. 루르드 성당(Lourdes Church)
- **4/2** 락포트 시장(Rock Fort Market) 예복 구입
- **4/3** 오는 날 – 트리치 공항(결항) – 벵갈루루 – 델리 도착
- **4/4** 인천 – 부산 도착

1.
안다만Andaman

　델리 공항에서 안다만 항공 티켓 받아서 대기실에서 3시간 정도 자는데 5시 비행기 입장 시간 지나갈까 봐 수잠을 자고 오전 5시 30분 비행기를 탔다. 비사카파트남(Vishakhapatnam) 공항을 경유해서 포트 블레어에 도착하니 오전 11시로 4시간 30분 정도 걸렸다.
　점심 식사는 기내식으로 하고 공항에서 오토릭샤를 타고 자나 몬순 호텔로 들어왔다. 호텔 보이한테 생수 3병 사 오라고 100루피(1,700원)를 주었더니 2L짜리 3병을 가져와서 50루피 팁을 주었다. 그런데 알고 보니 뚜껑을 딴 불량물을 가져와 모두 반품시켰다. 기분이 나빠서 이 호텔은 오늘 하루만 쓰고 내일 옮기기로 했다. 안다만에 와서 첫날부터 다시 호텔 구한다고 10군데 돌아다니고 힘들었다.
　일이 꼬여 호텔을 옮기게 되었지만 큰 사고가 아닌 걸 다행으로 생각한다. 힘과 경비를 들여 여기까지 왔으니 어쨌던 소기의 여행 목적(目的)은 완성해야 한다. 여행 첫날부터 정말 속상하다. 안다만 도착하자마자 무더위까지 나를 또 힘들게 한다.

◎ 안다만(Andaman)

　인구 약 360,000명, 면적 8,248㎢, 주요 언어는 힌두어고 그 외 벵골어, 타밀어를 쓰고 첸나이에서 동쪽으로 약 1,500km 떨어진 300여 개의 섬으로 된 군도이다. 남쪽의 니코바르(Nicobar) 군도는 군사작전 지역으로 일반인 출입이 금지되어 있다.

◎ 포토 블레어(Port Blair)

안다만의 가장 큰 도시이며 인구 약 12만 명의 교통 중심지로 공항이 있고 행정기관의 중심이기도 하다. 도시 이름은 영국 동인도 회사에서 근무했던 영국 해군 소위인 아치볼드 블레어(Archibald Blair)에서 유래된 이름이다.

다음 날, 국립 셀룰라 감옥 기념관(Cellular Jail National Memorial)

아침 10시에 짐 다 싸 놓고 오토릭샤 기사를 기다리는데 주인 마담이 와서 4일 더 있어도 된단다. 이 방에 올 손님 예약이 취소됐단다. 이 인간들이 사람 놀리나? 그러니까 아주 얄팍하게 구는 양아치 인간들 때문에 이제 기분 나빠서 못 있겠고 내일 또 다른 소리 할지도 모른다. 그냥 오토릭샤를 타고 나와서 호텔 몇 군데 알아보고 고개 넘어 아시아나 호텔 1박에 1,000루피(17,000원) 주니 방이 넓고 좋다. 짐 넣어 놓고 그 오토릭샤를 타고 국립 셀룰라 감옥 기념관(記念館)을 가니 정말 좋았다. 그런데 여기 날씨가 보통 더위가 아니다. 하늘은 맑고 아주 무덥다.

점심 식사로 스쿠알렌 수족관 옆 식당에서 상하이 볶음밥과 사이다를 먹고 나와서 오토릭샤를 타고 해변 공원에서 바다 보며 쉬었다. 로스 섬이 보이는 선착장에서 배 타려 하다가 내일 가기로 하고 에버딘 시장에서 지갑 200루피(3,400원), 오렌지 1kg, 튀김, 반찬 등을 사 가지고 오토릭샤 타고 호텔로 돌아왔다.

국립 셀룰라 감옥 기념관(Cellular Jail National Memorial)

◎ 에버딘 제티(Everdin Jetty)

포트 블레어 중심 선착장으로 로스 섬으로 가는 배와 보트 놀이를 하는 사람들로 연일 관광객이 북적이는 곳이다. 여기서도 하벨록 가는 배 티켓을 예매할 수도 있단다.

국립 셀룰라 감옥 기념관에는 감옥의 역사가 일목요연(一目瞭然)하게 전시되어 있었다. 1896년부터 지어진 영국시대 정치범을 가두었던 곳으로 7동의 건물에 700개의 감방이 있었다고 한다. 일부 건물은 2차대전 때 일본군에 의해 파괴되었다.

오늘 실제로 이 감옥방을 살펴보니 약 1.3평 정도 되어 보이는데 보고만 있어도 갑갑한 여기에 몇 년씩이나 갇혀 있었다니 상상조차 안 된다. 전쟁 포로는 그 수가 많으니 어쩔 수 없다지만 정치범은 좀 다르잖아…. 더구나 영국인이 인도인을…. 마음이 무거웠다. 인간은 살아 있는 한, 절망하지 않는다. 죄수들은 얼마나 절망하지 않으려고 노력했을까?

그러나 그 앞에 떠 있는 것 같은 로스섬은 경치도 좋고 평화로워 보였다. 당사자인 인도인들도 그냥 관광하는데 내가 고민할 일이 아닌 것 같다.

다음 날, 인류학 박물관(Anthropological Museum)

오전 9시 20분에 나서서 호텔 바로 밑에 있는 큰 페리 터미널에 가서 내일 하벨록과 닐 섬 가는 배를 알아봤는데 잘 안 되었다. 예약이 안 되는건지 해피 홀리데이 때문에 매진된 건지? 아니면 하벨록 갔다가 나올 때 개인별 예약이 안 되어 그런 것 같기도 했다.

나와서 오토릭샤 타고 여행사에 갔더니 어제 에버딘 제티에서와 똑같은 시간에 값도 같았다. 그런데 1,298루피가 편도 값이고 왕복 2,600루피는 한화로 44,000원 정도다. 아침에 간 포에닉스 터미널에서는 편도 510루피이니 3배에 가까운 요금이다. 이게 무슨 이야기인지 알 수가 없다.

오토릭샤 타고 찾아간 인류 박물관은 특별한 것이 없었지만 해양 박물관은 볼 것이 많고 채텀 제재소는 꽤 좋았다. 점심 식사는 제재소 의자에서 준비해 간 빵, 계란, 과일로 먹었다. 거기서 나와 에버딘 제티에 가서 로스 섬으로 배 타고 건너갔다. 야자수(椰子樹) 우거진 열대섬으로 좋은데 날이 더워 괴로웠다.

◎ 포에닉스 여객 터미널

포트 블레어에서 운영하는 터미널로 각 섬으로 가는 노선이 다양하고 다른 여객 회사와 비교하여 운임이 좀 싼 편이다.

◎ 인류학 박물관(Anthropological Museum)

안다만 부족들의 살아온 과정을 전시하고 니코바르 조각품에서 그들의 신앙 생활을 엿볼 수 있는 박물관으로 '포트 블레어'에 있다.

◎ 사무드리카 해양 박물관(Samudrika Museum)

안다만 섬의 생태계(生態系)와 토착 부족, 동식물, 해양 생활 등을 전시하며 인도 해군이 운영하는 곳이다.

◎ 채텀 제재소(Chatham Sawmill)

1836년 영국 정치 때 세워졌으며 안다만 섬의 목재 가공 역사를 한눈에 볼 수 있으며 지금도 가동되고 있다. 채텀 섬 입구에 있다.

오늘 인류학 박물관에서 외국인 입장 티켓 150루피(2,500원)는 안에서 박물관 직원이 직접 돈 받고 주던데 몇 번이나 사용했는지 아주 꼬깃꼬깃한 입장권을 한 장 주며 가지고 들어가려니 검표하고는 또 회수한다. 나는 그 부정을 알고도 말하지 않고 그 살짝 웃는 직원에게 다시 표를 주지 않고 가지고 들어갔다.

또 외국인에게 써 먹겠다는 심산이었다. 그렇다! 아무리 친절한 웃음을 띠워도 진실하지 않는 것은 쓸모가 없다. 그런데 인간은 돈을 보고는 전광석화(Thunderbolt)처럼 순간 마음이 바뀌는 모양이다. 박물관 직원들의 얄팍한 꼼수에 밉기도 하고 마음속으로 웃음도 나왔다.

지금 호텔이 정전이라 폰을 켜 놓고 일기를 쓴다.

채텀 제재소(Chatham Sawmill)

원목을 자르고 있다 - 채텀 제재소(Chatham Sawmill)

채텀 제재소(Chatham Sawmill)
1836년 영국인들이 건축했던 아시아에서 가장 큰 제재소

안다만(Andanam) 일출(日出)

인류학 박물관(Anthropological Museum)

셀룰라 감옥 위령탑 - 안다만

사무드리카 해양 박물관(Samudrika Museum)

셀룰라 감옥 기념관 - 안다만(Andanam)

P. 534

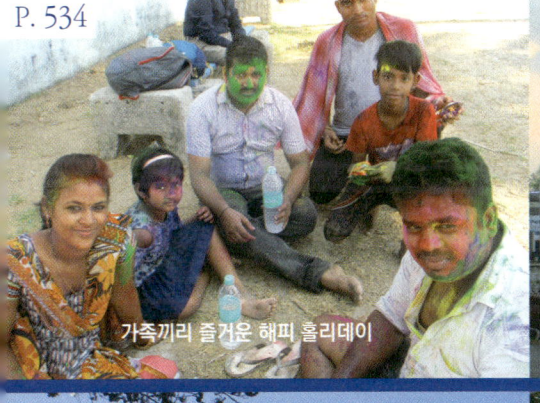

가족끼리 즐거운 해피 홀리데이

안다만 중심가의 간디동상

P. 538-539

완두르(Wandoor)
포트 블레어 남쪽 약 30km에 있는 아름다운 해변

치리야 타푸(Chiriya Tapu) 동물원

2.
로스 섬 - 버마 불교 사원
Burmese Buddhist Mission

로스 섬(Ross Island)은 빅토리아 영국군 시대에 안다만 해정 중심지였던 섬으로 에던베리 선착장에서 유람선 페리로 약 20분 정도 걸린다. 열대숲과 경치가 좋아 '동방의 파리'로 불렸다.

내일 가려는 포트 블레어 - 하벨록 - 닐, 페리 티켓을 3장에 4,500루피(79,000원)를 주고 호텔 카운트에 부탁했는데 오후에 구매가 안 되어 돈을 돌려받았다. 이 사람들은 미안하다 말 한마디 없다. 해피 홀리데이 축제(祝祭)가 끼여서 그런지 하벨록 가는 계획이 하루 더 늦어지고 나도 하룻밤 자고 오는 건 힘들 것 같았다. 오전에 시내 구경한다고 그냥 지나가는 시내버스를 타고 종점에 갔다가 돌아왔다. 이 호텔이 버스 터미널에 가까워서 버스 타기는 좋다.

점심 식사는 호텔 방에서 인도 메기 라면으로 비빔면을 해 먹었다. 오전에 미얀마 불교 사원 찾는다고 바로 그 근처에서 땀을 뺐다. 아시아나 호텔에서 환전했는데 100불에 6,700루피(114,000원)를 받았다. 의외로 많이 준다.

◎ 버마 불교 사원(Burmese Buddhist Mission)

인도의 모양과는 좀 다른 종탑식의 미얀마 불교 건축을 엿볼 수 있는 기회이며 이 지역이 인도 본토(本土)보다 미얀마에 가까움을 말해 주고 있다.

포트 블레어 버스 터미널(City bus Terminal)은 숙소에서 가까워 편리하고 일단 시원해서 어디 갔다 돌아오면 여기 앉아서 오가는 인도 여행객을 구경하며 시간 보내기 좋았다. 호텔에 빨리 돌아가 봐야 반겨 줄 사람 없고 여기서 쉬다가 저녁 식사 시간에 맞춰 걸어가면 된다.

"일한다는 것은 행복(幸福)한 것이다."라는 말이 있다. 일하는 것 자체도 행복한데 내가 좋아하는 여행을 하며 책을 쓰니…. 나는 정말 행복하지…. 그런데 아내와 같이 여행하면 더 행복할 텐데…. 그게 안 되고 있으니 나는 항상 반쪽 행복이지-

에덴베리 선착장의 위인 동상

안다만 로스 섬(Ross Island) 선착장

로스 섬(Ross Island)
영국 식민 시대 행정 중심지가 있었던 로스 섬

뒤로 환상의 열대 로스 섬(Ross Island)이 보인다.

안다만 버마 불교 사원(미얀마, Myanmar)

3.
코빈스 코브 Corbyn's Cove & 해피 홀리데이

    날이 갈수록 여행이 힘들다. 이 호텔은 지금 있는 1층 방에 5일 있고 내일부터는 윗층 작은방으로 옮겨야 한다. 당일 하벨록에 갔다 오려고 오전 8시에 출발하여 메인 제티에 갔으나 오늘이 해피 홀리데이로 문이 잠겼다. 그래서 옆에 운항되는 가까운 '파니가트 섬'에 가는 배를 타고 건너갔다가 내리지 않고 그대로 타고 나왔다. 왕복 티켓은 20루피(340원)로 거기서 다시 오토릭샤를 타고 어제 갔던 여행사에 가서 내일 하벨록에 가는 왕복 배표를 2,600루피(44,200원) 주고 샀다. 이렇게 안 가면 하벨록도 못 갈 것 같고 이제 시간이 없다. 오전 10시에 코빈스 코브에 그 여행사에 갈 때 탄 오토릭샤를 타고 갔는데 열대 해변처럼 야자수와 맑은 물에 경치가 좋았다.

◎ 코빈스 코브(Corbyn's Cove)

    '포트 블레어'에서 약 7km 떨어진 야자수가 있는, 모양이 초생달 같은 둥근 해변으로 모래사장이 좋아 수영하기 좋고 저녁 일몰 감상(鑑賞)이 최고란다. 시내에서 찾아가기 용이하고 길을 따라 걷다 보면 2차대전 일본 벙커도 볼 수 있다.

    내가 갔을 때 대학생 단체 탐방객이 많았다. 거기서 구경하고 약 30분 걸어 나오다가 오토릭샤를 타고 좀 시원한 버스 터미널 가서 쉬었다. 점심 식사로 터미널 근처 빵집에서 사모사 2개 사 먹었다.

코빈스 코브(Corbyn's Cove)

라다 나가르 해변
(Radha NagarBeach)

◎ 해피 홀리데이(Happy Holiday festival)

오늘이 인도 최고 명절이라 가는 곳마다 얼굴과 몸에 색칠을 하고 나한테도 칠하려 하며 같이 어울려 즐기기를 바랐다. 나는 기분은 좋지만 내 여행 목적이 있으니 그들과 어울릴 시간 여유가 없었다.

오후 1시에 페라글주니에 버스로 왕복 3시간 걸렸다. 경치는 좋은데 길이 안 좋아 별로였다. 4시에 터미널에 도착하여 5시까지 쉬다가 호텔로 돌아왔다. 내일은 오전 5시에 밥 안 먹고 하벨록으로 출발한다. 저녁에 호텔 방 옮긴다고 생고생(生苦生)을 했다. 짐을 다 싸 놓고 3층 방 사용자가 오지 않아 가지도 오지도 못하고, 내일 아침 5시에 하벨록 가야 하는데 일찍 자지도 못하고 참 괴로운 시간이었다. 그래도 8시 되니 사람이 와서 옮기고 짐 다시 풀었다. 인도여행, 이제 끝이다. 인도 정을 떼라고 하는 운명의 괴로움 같다.

파니가트 섬(Panjgat)은 포에닉스 여객터미널에서 출발하여 들어가는 섬인데 오늘 '해피 홀리데이' 행사가 있는지 배 안에서 북과 악기를 가지고 가는 청년들을 많이 만났다. 섬 경치는 좋으나 내리면 또 더워서 그냥 내리지 않고 타고 나왔다. 왕복 50분 소요된다.

페라글주니는 시내버스로 왕복해서 갔다 왔다. 터미널에서 출발하여 왕복 2시간 걸린 지역으로 특별히 볼 것은 없으나 포트 블레어 시가와 타고 내리는 인도인과 차장의 호객 소리가 재미있었다.

코빈스 코브 같은 해변은 '점입가경'이라 볼수록 경치가 좋은 곳으로 사실 연인과 같이 거닐어야 하는 곳이다. 지금 나의 연인이라면 한국에 있는 와이프뿐이다. 늦은 감이 있지만 이런 데 와서 기분 좀 내야 할 텐데 말이다.

그리고 인도 여인들은 외국인 남자들한테는 더 경계하는 모습이다. 다들 이야기하지만 아직 내 마음도 푸르디푸른 청춘(靑春)인데 말이다. 그런데 나의 여행은 쾌락이 아니라 구도(求道)를 찾아가는 여행이란 걸 잊지 말자!

하도 제티(Haddo Jetty) 출발하여 히벨록으로 가는 페리호

하벨록 제티(Havelock Jetty)

고빈드 해변(Govind Beach) 하벨록의 아직 개발이 전혀 안 된 자연 그대로의 해변

페리호 안에서 벌어진 댄스 파티

너무나 아쉬운 하벨록 여행

하벨록 제티(Havelock)의 일몰

4.
하벨록Havelock Island

오전 4시 30분에 기상하여 준비해서 5시 15분에 호텔을 나가는데 오늘 호텔비 주고 가란다. 어제저녁 방 옮긴다고 오후 6시 30분부터 8시까지 오도 가도 못하고 사람 미치겠더라. 고약한 녀석들…. 그래도 다행히 그 호텔 방 사람이 8시에 돌아와서 옮길 수 있었지만…. 하도 제티(Haddo Jetty)에서 몇 번의 몸 수색(搜索)을 하고 오전 6시 30분 배가 출발하여 9시경 하벨록에 도착하자마자 바다 경치가 좋았다. 포트블레어에서 고생할 게 아니라, 여기서 몇 밤 자야 했다. 오토릭샤를 타고 고빈드 해변에 가 보고 고빈드 마켓에서 시내버스 타고 간 라드 나가르 해변은 큰 나무숲이 있는 해변으로 정말 환상적이었다!

◎ 고빈드 해변(Govind Beach)

고빈드 마켓 뒤쪽으로 들어가는, 아직 개발이 안 된 해변으로 그림 같은 야자나무와 옥빛 바다, 흰 구름이 잘 어울리고 아이들 몇이서 투망으로 고기를 잡고 있었다.

◎ 라다 나가르 해변(Radha Nagar Beach)

하벨록에서 가장 아름다운 해변으로 불린다. 흰 눈처럼 부드러운 모래 해변에는 파도가 멋지게 부서지며 마치 엽서에서 본 듯한 원시림(原始林)이 펼쳐져 있고 큰 나무 그늘마저 환상적이다. 선착장에서부터 12km에 이르는 이 길은 푸르디푸른 하벨록 섬의 북동쪽에 있다.

점심 식사는 고빈드 식당에서 야채 프라이드 라이스와 준비한 삶은 계란으로 먹었다. 거기서 칼라파트다 해변(Kalapatter Beach)에 갈까 했는데 배 시간 놓칠까 봐 제티에 돌아와 보니 시간이 남아 아쉬웠다. 돌아올 때 4시경에 배가 출발했는데 지루하고 더웠다. 오늘 저녁 또 호텔에서 무슨 말할지 걱정했는데 도착하니 '뽀이 서벌'이 TV가 나오게 고쳐주고 아무 말 없다.

◎ 하벨록 섬(Havelock Island)

열대의 보석 같은 섬으로 정글 언덕이 우거져 있고 세계에서 온 수많은 배낭 여행자들이 해안으로 몰려들어 관광한다. 1950년대부터 벵골 이주자들이 살기 시작한 이 섬은 '포트 블레어'에서 북동쪽으로 54km 정도에 있으며 크기는 100㎢에 이른다. 배낭 여행사들의 천국이나.

◎ 하벨록 선착장(Havelock Jetty)

포트 블레어와 닐 섬 등으로 가는 페리를 탈 수 있으며 레스토랑과 기념품 상점 등 각종 해양 스포츠 연락 사무실이 즐비하다.

라다 나가르 해변은 내가 안다만에서 구경한 해변 중에서 가장 아름다운 해변이었다. 그 둥치 굵고 하늘을 찌를 듯한 키 큰 나무숲에 펼쳐진 푸른 바다! 이린 곳에서는 하룻밤 자고 가야 진짜 내가 바라는 여행인네 하루 일정으로 왔으니…. 또 다른 곳도 봐야 하고 마음이 바빠 잠시 머물고 사진 찍고 나왔다. 다음 기회에 다시 오고 싶지만 내 평생(平生)에 안다만을 다시 올 기회가 또 있을까? 생각할수록 아쉬운 곳이다.

5.
완두르 해변 Wandoor Beach

아침밥 먹고 침대에 1시간 누워서 피로를 풀었다. 오전 9시에 나서서 버스 터미널 가서 차리아 마브로 가려다 시간이 안 맞아 완두르로 갔는데 여기도 큰 나무숲과 옥빛 바다가 참 멋진 해변이었다. 사진 찍고 약 1시간 둘러보다가 나올 버스가 없을까 봐 염려되어 버스 타고 바로 나왔다. 점심은 호텔 방에서 메기 라면으로 비빔면 해 먹었는데 맛있었다. 디저트로 바나나와 포도를 먹었다.

쉬다가 2시에 나서서 치리아 타푸에 가면 늦을 것 같아 내일 가기로 하고 칼로바드로 버스 타고 가니 그 종점도 바닷가였다. 갔다 와서 버스 터미널에서 6시까지 쉬면서 시간 보냈는데 이상하게 여기는 해가 짧아 5시 30분이 되면 어두워지다가 6시가 되면 깜깜하다. 무슨 원인인지 알 수가 없다. 내일 하루면 안다만 여행을 끝내고 육지(陸地)로 간다. 혹시 여기 휴대폰이 안 되는데 혹시 와이프가 나를 찾고나 있지 않나?

◎ **완두르(Wandoor)**

포트 블레어에서 남서쪽으로 29km 지점으로, 간디 해양 국립공원으로 가는 출발점이기도 하며 바닷속 산호초 군락지로 스노클링하기에 적당한 곳이란다.

다음 날, 치리야 타푸 동물원(Chiriya Tapu Zoo)

안다만은 오늘 하루뿐이다. 아침 식사를 하고 좀 쉬다가 버스 터미널에서 치리야 타푸로 가는 버스 타니 딱 1시간 걸리는데 그 가는 길이 이번 안다만 여행에서 가장 좋았다. 여기는 해수욕장은 아니고 킹크 섬이 바로 앞에 보이는 동물원이다. 동물은 그렇게 많지 않은데 그 열대 수림들은 정말 황홀할 정도였다.

점심 식사는 1시에 가게에서 사모사 2개에 준비해 간 계란 1개, 바나나 1개로 먹고 쉬다가 1시 15분 버스를 타고 종합터미널에 돌아오니 2시 15분이었다. 이제 더워서 버스도 더 이상 못 타겠고 버스 터미널 대합실에서 5시 15분까지 사람들 구경하다가 걸어서 호텔로 돌아왔다. 오늘 그래도 좋은 곳을 구경하고 안다만 마무리 잘했다.

◎ 치리야 타푸 동물원(Chiriya Tapu Zoo)

포트 블레어에서 약 30km 지점이며 맹그로브가 있는 작은 해변 마을과 가장 멋진 스노클링 장소가 있다. 동물원은 최근 개장되어 더위를 피해 동물 구경도 하면서 쉬어 가기 좋은 곳이다. 생태공원(生態公園)도 가까이 있다. 그리고 여기서 킹크 섬으로 가는 배를 탈 수 있다. 이 부근은 아름다운 일몰로도 유명하단다.

치리야 타푸는 바다 경치도 좋고 큰 동물원도 있는데 동물원 안에는 셔틀버스가 다닌다. 나는 이 셔틀버스를 타고 중간중간 대어 주는 동물들을 구경했는데 동물 구경보다 그 울창한 수목 구경이 훨씬 더 좋았다. 사진도 많이 담아 왔다. 신나는 어린이와 가족들이 즐거워하는 모습이 더 볼거리였다. 천석고황(泉石膏荒), 고질병이 되다시피 산수풍경을 좋아한다는 내 마음이다.
　이런 말이 있다! 아름다움과 선은 불가분의 관계이다. 그래서 아름다움을 보는 것은 내 마음이 선해지는 것이다. 내가 오늘 많이 선한 사람이 되었고 산수풍경에는 이미 중독된 것 같았다. 무엇에 든지 중독되는 것은 좋지 않지만 나는 이 중독병을 고치고 싶은 생각이 추호도 없으니 말이다.

정원과 숲이 멋있는 치리야 타푸(Chiriya Tapu)

휴게실 lounge

낙동강(洛東江) 자전거 길 385km 걸어서

　인도여행을 다녀온 후 양산 원동 천태산에 등산하러 가서 우연히 접하게 된 낙동강 자전거 길을 맨 처음 원동역에서 물금역까지 걸어 내려와 보았다. 아름다운 낙동강을 끼고 차 없는 매끈하고 편한 길을 걷는 재미가 너무 쏠쏠해 '낙동강 하굿둑 출발점부터 안동댐 종착지까지 385km를 혼자 슬슬 걸어 볼까~' 생각하게 되었다.

　처음 계획은 꼭 완주한다는 생각 없이 걸을 수 있는 데까지 걸어 보자는 것이었고 백두대간 등산처럼 토요일이나 일요일을 택해서 일주일에 한 번씩 걷고 그다음 주는 지난주 걸었던 종착지에서 출발하여 걷기로 작정했다. 하루에 걷는 거리는 지난주 걸었던 곳까지 가는 시간과 도보를 마치고 돌아올 때 걸리는 시간을 제외하면 평균 16~20km 전후였다. 출발점이 부산에서 멀어질수록 출발과 도착하여 돌아오는 시간이 많이 걸려 실제 걷는 거리의 속도를 낼 수가 없었으며 6~8월에는 날씨가 너무 덥고 힘들었다.

　여기까지만 하고 나머지 구간은 다음 기회에 할까 하고 여러 번 포기하려 했으나 한 편의 TV 여행 다큐를 보는 것처럼 다음 주 낙동강은 어떤 경치일까 하는 호기심과 걷다 보면 정말 아름다운 낙동강에 매료(魅了)되어 포기할 수가 없었다. 8개보를 지나 문경에 이르자 이제 힘들어도 완주하고 싶은 욕망이 생겨 종착지 안동댐에 꼭 도착하겠다는 결심을 하게 되었다. 2012년 5월 20일에 시작하여 주 1회씩 11월 10일까지 7개월 동안이자 30회 만에 결국 완주했다.

6월 24일   창녕 함안보
7월 22일   합천 창영보
8월 19일   달성보
9월 2일   강정 고령보
9월 19일   칠곡보
10월 7일   구미보
10월 13일   낙단보
10월 19일   상주보
2012년 11월 10일(토)

낙동강 자전거길 걸어서 -

아래는 11월 10일 안동댐 도착날의 환희이다.

부산 노포 터미널 - 안동 터미널 - 모운사 -개곡 보건소 - 안동대교 - 법흥교 - 안동댐 인증센터 - 안동 터미널 - 부산 노포동

　오늘은 안동댐 결승점 테이프를 끊는 날! 며칠째 맑고 포근한 날이었는데 오늘 아침 집을 나서는 순간 찬바람 불고 비 올듯 잔뜩 흐려 있었다. 감기 몸살기가 있어 컨디션도 좀 떨어져 몸이 무거운 상태였다. 부산 노포 터미널에서 오전 8시 30분 안동행 직행버스를 타고 안동 터미널에 10시 45분에 도착했다. 오늘은 좀 일찍 끝낸다는 생각으로 바로 택시를 탔다. 오늘 출발지 개곡 모운사까지는 택시 요금이 15,800원이 나왔다. 그나마 택시 기사가 친절해서 다행이었다.

　모운사 입구에서 출발하는데 맞바람이 차고 세게 불어 오늘 마지막 도보가 끝까지 힘들 것 같은 생각이 앞섰다. 어제가 입동으로 이제 추울 때가 되긴 했지만 마주 불어오는 바람이 걸음을 더디게 했다. 마지막 남은 낙옆들이 날리면서 강가의 초겨울 경치는 원래 내가 좋아하는 그런 풍경이었다. 개곡 보건소를 지나 검암 노인회관에 오니 배고개 고갯길이 시작되었다. 여기는 자전거 도로와 일반 차도 공용 길인데 차는 그렇게 많이 다니지는 않았다.

겨울인데도 안동시 쓰레기 매립장을 지날 때는 냄새가 좀 났으며 강가로 나오니 안동댐 13.8km란 안내판이 나왔다. 나는 이때부터 벌써 좀 힘들기 시작했다. 멀리 안동대교가 보이기 시작했을 무렵 하늘이 더 흐려져 금방이라도 비가 내릴 것 같았는데도 다행히 비는 내리지 않았다. 안동대교를 지나는 무주무꽃가람공원 안내판에는 다시 안동댐 10km라는 팻말이 보이니 아직도 10km를 더 가야 하나? 이제 10km만 더 가면 끝나나? 그 말이 그 말이지만 2시간 반 정도는 더 가야 된다는 말이다.

"최종 목적지가 얼마 남지 않았으니 힘내라."

혼자서 중얼거리며 영호대교를 지나 영가대교도 지나서 낮은다리 하상보호공교를 지났다. 리틀 야구장 스탠드에서 간식을 먹고 휴식을 취한 후 좌측 하상보호공교를 또 건너는 쪽으로 가야 하는데 나는 보고 온 지도 생각을 하며 우측 비포장 강변둑으로 계속 걸으면서 자전거 길이 이 위쪽에서 만나리라 착각하고 암하댐 쪽 선어대교 입구까지 갔다가 잘못 온 것 같아 사람들에게 물어보고 확인하여 다시 법흥대교로 돌아왔다.

그러니까 약 4km, 1시간가량을 헛걸음 치고나니 짜증이 나고 힘이 더 빠졌다. 날씨는 좀 맑아졌지만 그 세찬 바람 맞으며 비포장 강둑길을 허탕치고 나니, 물론 나의 실수였지만 끝까지 호락호락 내주는 도보 낙동강 385km가 아니었다. 그것도 결승점을 불과 6km 정도를 앞두고…. 법흥교에서 안동댐 입구를 지나가는 강변 저쪽의 노랗게 물든 산

자락 단풍은 설악산의 한계령이나 미실령의 그 붉은 단풍과는 또 다른 아름다운 풍경이었다. 안동댐 인증센터 1,000m 팻말이 나오고 이어서 500m 팻말을 조금 지나니 안동물문화관이란 큰 센터 건물이 보인다. 바로 그 앞에 빨간 인증 박스도 보였다. 드디어 다 온 것이다!

여기가 바로 내가 봄부터 가을까지 7개월, 총 30회를 걸어온 안동댐 자전거 도로 385km 종점이구나!

"더 이상 갈곳이 없다!"라는 마치 에베레스트 정상에 올랐던 사람들의 이야기가 생각났다.

종착지 안동물문화관 앞에서-

만세! 자전거 토끼를 추월한 느림보 거북이의 승리가 확정되는 순간 같았다. 나는 그렇게 감격했는데 나를 환영해 주는 사람은 한 사람도 없었다. 관광 온 주변 사람들은 내가 어디서 왔는지 무엇을 했는지 모르고 있으니까…. 나는 센터 입구 문을 들어서서 관리센터에 근무하는 직원 아가씨에게 자전거 인증 수첩을 내밀면서 부산 하굿둑에서 걸어 지금 도착하였다고 그간 일을 설명하니 "와 정말요~ 대단하십니다!" 하고 축하해 주면서 수첩에 인증(認證) 증명을 해 주었고 같이 페넌트를 들고 사진도 촬영했다. 직원 아가씨의 친절한 환대에 나는 큰 고마움을 느꼈다. 센터 건물 밖에서 안동물문화관과 인증 박스를 배경으로 사진을 몇 장 찍고 더 늦기 전에 부산으로 돌아갈 준비를 하기 시작했다.

385km, 약 1,000리에 해당되는 길을 혼자서 걸어왔다니, 내가 생각해도 힘든 일을 해낸 것 같았다. 사실 이 일을 시작하면서 아무에게도 말하지 않았다. 중도에 그만두면 얼마나 의지 없는 사람처럼 취급 당할 것 같아서…. 이제 돌아가면 한 사람씩 주위 사람들에게 알려야 되겠다고 생각했다. 막상 돌아서니 해냈다는 성취감과 함께 왠지 모를 허무한 감도 들었다.

나는 이번에 어머니의 고향 창녕 본포를 지나고 아버지의 고향 군위 땅을 밟으며 다시 한번 옛날 부모님의 그 은혜를 생각하는 의미도 컸다. 끝으로 30번의 정성스런 도시락을 싸 준 와이프에도 고맙다는 인사를 마음속으로 전하고 바쁘게 달리던 차를 세워 기차역이나 버스 터미널에 조건 없이 태워 준 1톤 트럭 또 승용차 운전자님들께도 감사의 인사를 다시 한번 드린다. 또 한 가지 소득이라면 내가 여지껏 생각해 온 소월의 "엄마야 누나야 강변 살자"의 그리운 그 강은 막연히 생각해 왔던 영월의 동강(東江)이 아닌 바로 낙동강이란 것을 이번에 확인했다. 무엇보다도 낙동강 자전거 길을 만들어 생전 큰 추억으로 간직할 수 있게 해 준 4대강 살리기 관계자 여러분께도 깊은 감사의 말씀을 올린다.

"아! 나는 세상에서 가장 아름답고 힘들고 먼 전인미답의 낙동강 자전거 길 385km를 최초로 혼자 걸어 통과한 기록 보유자가 된 기분이다!"

6.
판치 라타스, 해변 사원 – 마말라푸람
U.세계문화유산

아침에 일어나니 피곤하여 식사하고 1시간 누워 있었다. 오전 9시 30분에 나서서 아르주나의 고행상과 그 앞의 힌두교 사원을 보니 옛날 생각도 나고 다시 봐도 정말 멋있다. 거기서 오토릭샤를 타고 판치 라타스에 가니 입장 티켓이 외국인은 600루피(10,200원), 인도인은 40루피였다. 대신 한 장의 티켓으로 해변 사원과 등대(燈臺) 등 다 볼 수 있단다. 2012년처럼 판치 라타스는 다 좋았고 거기서 오토릭샤를 타고 나와서 길가의 큰 바위에 새겨진 조각을 보고 해변 사원으로 갔는데 거기 역시 아름다운 세계문화유산 그대로였다.

그런데 더워서 나무 그늘에 쉬는 시간이 많았고 점심 식사는 호텔 방에서 국산 짜타게티 조리하여 먹고 계속 음악 듣고 쉬었다. 4시에 나가서 생선 2종 100루피(1,700원), 포도 1kg 120루피에 사 가지고 호텔로 오는데 너무 더워서 그늘로 비 피하듯 피해 왔다. 여기 오니 핸드폰 인터넷이 조금 잘 터진다.

◎ 타라사야나 사원(Tara Sayana Temple)

마말라푸람 버스 터미널 옆의 이 힌두교 사원은 주변의 유명 볼거리에 눌려 빛을 발하지 못하나, 실제 들어가 보면 멋지고 오래된 사원이다.

◎ **아르주나의 고행상 (Arjuna's Penance)**

고대 인도 예술 작품 중에서 가장 훌륭하다는 평이 있는 이 부조 조각은 '힌두교에서 고행은 죄를 씻기 위한 고통을 의미하지 않는다. 이는 신으로부터 선물(膳物)을 받기 위한 과정을 의미한다.'라고 했다.

◎ **판치 라타스(Five Rathas) U.세계문화유산**

8년 만에 다시 보는데 엊그제 본 것처럼 기억이 뚜렷하다. 그 실물 크기의 코끼리상 앞에서 다시 사진을 찍었는데 어쩐지 살아 있는 코끼리 같고 기분 좋았다. 돌을 밀가루 반죽 다루듯 자유롭게 다루는 기술이다. 몇백 년을 모래에 묻혔다가 다시 세상에 나왔지만 그 보관 상태가 너무 좋아 고마운 생각도 들었다. 다섯 대의 신이 타고 다니는 마차(馬車)를 바위에 조각했으며 200년 전 영국인이 발굴하기 전까지는 모래에 덮혀 있었다. 1984년 유네스코 세계문화유산에 등재되었다.

◎ **해변 사원(Shore Temple) U.세계문화유산**

7세기 팔라파 왕조에 의해 건설된 이 해변 사원은 규모는 작지만 완벽한 균형과 최고의 수준을 나타내는 조각들이 사원 전체를 둘러싸고 있다. 1984년 유네스코 세계문화유산에 등재되었다.

다음 날, 칼파캄 해변(Kalpacom)

아침 식사를 한 뒤 또 1시간 누워 쉬다가 9시 30분 나서서 오토릭샤를 타고 큰길로 나오니 오른쪽은 첸나이, 왼쪽은 푸두체리 였다. 티루치는 푸두체리 쪽으로 약 280km 떨어져 있고 6시간 걸린단다. 대충 알아 놓고 푸두체리로 가는 버스를 타고 칼파캄에서 내려 다시 오토릭샤를 타고 칼파캄 어촌(漁村)에서 약 20분 쉬다가 다시 합승 오토릭샤를 타고 10분 가서 큰 사거리에 내려 버스 타고 돌아왔다. 점심 식사는 호텔 방에서 메기 비빔면 해 먹고 계속 음악 듣고 쉬다가 오후 5시 30분에 바닷가로 나가니 해가 지며 좀 시원해졌다.

◎ 칼파캄 해변(Kalpacom Beach)
　마말라푸람에서 푸두체리 쪽으로 약 10km 떨어져 있는 칼파캄으로 들어가면 옛 모습을 그대로 간직하고 있는 칼파캄 해변이 있다. 어촌 구경도 하고 쉬어 가기 좋은 곳이다.

◎ 마말라푸람 밤 해변
　해만 지면 더위는 없고 밤하늘의 별들이 수를 놓는 이 해변은 이런저런 생각을 하며 조용히 명상에 잠기기 좋은 곳이다.

　저녁밥 먹고 다시 바닷가 의자에 앉아 1시간 30분 있는데 2012년 여기서 만난 Miss. L 생각이 났다. 지금쯤 여행 가이드로 활동하고 있을까? 잘하고 있어야 될 텐데…. 그리고 이번 여행에서 가장 힘든 점은 작년 고아처럼 무더위다. 나이가 많아질수록 더위에도 약해지는 게 분명히 느껴지나 아직은 다닐 만하다.

타라사야나 사원(Tara Sayana)
동굴 사원으로 들어가는 입구에 있는 힌두교 사원

판치 라타스(Five Rathas)

해변 사원(Shore Temple)

아르주나의 고행상(Arjuna's Penance)

에다야의 꽃

등대(Lighthouse) - 마말라푸람

잘 익은 수박(Water melon)

마말라푸람 해변 일출(Mamallapuram)

휴게실 lounge

에베레스트 E.B.C & 칼라파트라 단독 트레킹

나는 1965년에 대학생이 되면서 취미생활로 등산을 시작했다. 1971년에 '부산 셀파 산악회'를 친구들과 함께 창립해 활동하면서 그때부터 언젠가 히말라야 트레킹에 도전하겠다는 꿈을 키워 왔다. 그런데 그간 경제적·시간적 여유가 없어서 그 버킷 리스트를 이루지 못하고 있다가 60살이 되기 전에 꼭 이 꿈의 트레킹에 도전해 보고 싶었다. 에베레스트 최정상 8,882m는 가지 못하더라도 그 문턱인 베이스캠프(BC)까지라도 가 보고 싶었다. 지금까지 단 한 번도 밟아 보지 않았는데도 단순한 여행이 아닌 고산 트레킹 목적으로 혼자 도전(挑戰)하려니 도저히 엄두가 나지 않았다. 그래서 주변의 등산을 좋아하는 사람들에게 함께 갈 파트너 한 사람을 구하고자 수소문해 봤는데 그게 그리 쉬운 일이 아니었다.

이렇게 만나 본 사람들은 "평소 등산은 좋아해도 해발 5,000m 이상의 고산 트레킹에 도전한다니 겁이 나서 못가겠다."거나 "그곳에 가고는 싶지만 눈 코 뜰 새 없이 분주한 직장이나 사업 관계상 시간을 도저히 낼 수 없어서 안 되겠다."거나 "트레킹도 좋아하고 시간도 있는데 비용 부담이 걱정된다."는 이런저런 이유로 손사래를 쳤다. 그리하여 2~3개월을 적극적으로 알아봐도 길동무 적임자가 나타나지 않아 할 수 없이 혼자 가기로 결심을 굳혔다. 트레킹 출발지점 루크라(2,804m)까지는 카트만두에서 경비행기를 타고 이동했다. 당시 내 짐(약 15kg)을 날라 줄 포터 '파슈'는 카트만두에서부터 동행했는데 일당으로 미화 20달러를 주기로 했다. 그렇게 히말라야 트레킹에 나서서 고소 적응을 위해 천천히 올라야 성공한다는 수칙을 꼭 지키고자 노력했다. 현지에 가 보니 고소 적응(適應)에 실패해 트레킹 도중에 헬기를 불러 카트만두로 후송되는 경우가 적지 않았다.

E.B.C 건너편에서 본 에베레스트(Everest)

그 경우 헬기 한 번 부르는 비용이 3,000달러(한화 3백여 만 원)에 이르기에 이 문제는 절박한 이슈로 다가왔다. 칼라파트라(5,552m) 전망대는 푸모리봉을 배경으로 에베레스트·로체(8,518m)·눕체(Nuptse) 캉테카(6,783m) 등을 둘러보는 히말라야 산맥의 최고 전망대 봉우리로 경치가 아름다웠다. 뚜렷한 정상 표시는 없으나 정상 부근에는 수많은 오색 타르초(Tharchog) 깃발이 휘날리고 있었다. 정상에는 찬바람이 너무 거세게 불어서 느긋이 정상 도전의 희열을 즐길 시간도 잠깐뿐이었다. 그러다 보니 고락셉으로 빨리 하산하고 싶은 마음 간절했다. 다음 날에 오른 에베레스트 BC는 에베레스트 정상을 향한 본격 등반의 관문으로 춥고 삭막한 분위기 일색이어서 아이스 폴만 바라보고 바로 돌아 내려왔다. 이렇게 나 홀로 히말라야 트레킹을 마치고 내려올 때는 히말라야 고산 등정의 기쁨을 누리며 주변의 고산 마을을 구경하며 여유 있게 내려왔다.

에베레스트 BC(5,364m)

당시 에베레스트 BC로 향하는 좁은 외길로 올라갈 때나 내려올 때 운 좋게도 한국 유명 산악인 엄홍길·이재수·오은선 등을 대거 만날 수 있었다. 사실 그 당시 히말라야에 첫발을 내디딜 때만 해도 에베레스트 BC만 갔다 오는 게 유일한 목표였다. 그런데 현지에서 조우하는 많은 사람들이 "이왕 여기까지 어렵게 왔으니 여력만 된다면 칼라파트라 전망대까지의 트레킹에 도전하면 더 의미가 있다."고 이야기해 엉겁결에 칼라파트라도 오르게 되었다. 인근의 고락셉 산장에서 목표 지점까지 가까워 도전하기가 용이하고 동계(冬季) 시즌을 제외하고는 설산 장비를 갖추지 않아도 된다고 해서 용기를 내 도전할 수 있었다. 무엇보다도 혼자서 도전할 수 있는 트레킹 코스로는 세계 최고의 메인 루트로 정평이 나 있어서 마음 깊이 자극이 되고 도전하고픈 욕구와 열정이 솟구쳤다. 당시 내가 도전한 여정은 다음과 같다.

2004년 3월 23일: 카트만두 출발(오전 8시) → 루크라(Lukla 2,804m) 도착(오후 1시) → 몬조(Monjo)에서의 제1박

3월 24일: 남체(Namche 3,440m)에서 제2박

3월 25일: 캉주마(Kyanjuma)에서 제3박

3월 26일: 탕보체(Tyangboche 3,867m)에서 제4박

3월 27일: 딩보체(Dingboche 4,350m)에서 제5박

3월 28일: 토클라(Thokla)에서 제6박

3월 29일: 로부체(Lobuche 4,930m)에서 제7박

3월 30일: 칼라파트르(5,552m) 정상 → 고락세프(Goraksep 5,150m)에서 제8박

3월 31일: 에베레스트 BC(5,364m) 도착 → 고락세프 → 로부체에서 제9박

4월 1일: 토클라 → 페리체(Periche) → 딩보체에서 제10박

4월 2일: 팡보체 → 밀링고(Milingo) → 탕보체에서 제11박

4월 3일: 푼키텡가(Phunkitenga) → 칸주마 → 남체에서 제12박

4월 4일: 조르살레(Jorsale) → 몬조 → 루클라에서 제13박

4월 5일: 카트만두 도작!

이렇게 E.B.C 트레킹에 성공한 나는 자신감을 얻어 카투만두에서 3일 쉬고 포터 파슈를 데리고 이번에는 ABC(안나푸르나 베이스 캠프) 트레킹에 도전하고자 포카라로 향했다.

나는 내 생애의 큰 소원(所願) 하나를 풀었디!

2004 에베레스트 E.B.C & 칼라파트라 트레킹

7.
트리치Trichy 또는 티루치Tiruchi

　평상시와 같이 일어나서 준비해 놓고 8시 10분에 출발하니 호텔 뽀이는 이제야 티루치로 가는 A.C 버스는 없다고 알려 주었고 어떤 오토릭샤 아저씨가 여기서 505번 시내버스를 타고 첸나이 쪽 '페진가루다'로 가서 티루치 버스를 타라고 가르쳐 주었다. 그래서 505번 버스를 타고 약 1시간 달려 푸레아(Purea)에 가니 길 건너 마침 티루치 가는 버스가 있어 10시에 바로 탔다.

　점심 식사는 12시 20분에 그 버스가 가다가 대어 준 식당에서 빵으로 먹고 오후 5시에 티루치에 도착했다. 505번 버스 1시간에 티루치행 버스 7시간을 탔으니 모두 8시간 걸렸다. 낮 3~5시 사이에는 버스 안이 더워서 정말 불안할 정도였다. 이번 여행에 호텔 때문에 고생(苦生)해서 그런지 티루치에 도착하여 인도 여행 9년 이래 가장 쉽게 호텔을 구했다. 오토릭샤도 안 타고 한번 묻지도 않고 버스에서 내리니 바로 건너편에 보였다. 오래된 낡은 호텔이지만 일단 방이 넓으니…. 나는 이런 곳이 마음이 더 편하고 안 그래도 호텔 구하는 걱정을 했는데 오늘은 일이 잘 풀렸다.

◎ 트리치(Trichy)

　인구는 약 90만 명이며 현대적인 시가는 17세기 나야크 왕조가 건설했다. 타밀라두 중앙에 위치해 교통의 중심지이기도 하다. BC 3세기경 촐라 왕조의 수도(首都)였던 곳으로 추정된다. 원명은 티루치라팔리(Tiruchirappualli)이다. 마말라푸람에서 티루치 갈 때 505번 버스 타고 페진가루다(Pergun Gulatar) - 파렌롱어(Perkcamb)를 지나 티루치라팔리 버스 터미널에 도착했다.

스리 랑가나타스와미 사원(Sri Ranganathaswamy Temple)

호텔 앞은 버스 터미널이자 큰 시장이 있어 좀 소란스러웠지만 이제 금년 여행도 다 끝나간다. 시장 한쪽에는 약 20명의 회사원 같은 시위대가 처우개선인지 무슨 억울함을 외치고 있었다. 가급적 여기 명소는 다 가 보기로 하고 남는 시간에 내 쇼핑도 좀 하고 손주들 선물도 사 두기로 하자.

오늘 구한 호텔은 '천우신조'랄까? 한 번도 불행을 겪어 보지 못한 사람은 행복을 잘 모른다. 호텔 구한다고 불편을 겪어 보지 못한 사람은 오늘의 내 마음을 모른다. 2017년 파트나에 도착하여 호텔 구한다고 오토릭샤 타고 약 2시간 동안 호텔 10군데를 돌아다닌 기억을 생각하면 오늘은 참 큰 행운이다!

인도 9년 여행 경비 총계(經費總計)

• 2011년 (환율 1:25.2)
1,100,000원(항공료) + 237,500원(준비물) + 1,880,828원(70일 여행 경비) = 총 3,218,320원

• 2012년 (환율 1:22.8)
880,000원(항공료) + 233,000원(준비물) + 1,602,420원(74일 여행 경비) = 총 2,715,410원

• 2013년 (환율 1:21.0)
1,076,000원(항공료, 국내선 포함) + 280,000원(준비물) + 2,173,120원(71일 여행 경비) = 총 3,529,120원

• 2014년 (환율 1:18.2)
890,000원(항공료) + 310,000원(준비물) + 1,214,710원(57일 여행 경비) = 총 2,414,570원

• 2015년 (환율1:18.0)
105,000원(비자) + 100,000원(식품) + 85,000원(부산 - 서울 KTX 왕복) + 960,000원(항공료, 국내선 3번) + 290,000원(준비물) + 1,844,700원(46일 여행 경비) = 총 3,984,700원

- 2016년 (환율 1:18.5)

110,000원(비자) + 100,000원(식품) + 55,000원(던야밧 식당 소포) + 80,000원(부산 - 서울 KTX 왕복) + 1,180,000원(항공료-에어인디아, 국내선 포함) + 265,000원(준비물) + 1,360,000원(47일 여행 경비) = 총 2,785,000원

- 2017년 (환율 1:17.8)

95,000원(비자) + 100,000원(식품) + 10,000원(비자 사진) + 21,900원(여행 보험) + 120,000원(부산 - 서울 KTX 왕복) + 678,000원(항공료 왕복-에어인디아) + 346,900원(준비물) + 960,300원(34일 여행 경비) = 총 1,985,200원

- 2018년 (환율 1:17.6)

100,000원(비자) + 41,000원(여행 보험) + 100,000원(식품) + 53,500원(부산 - 서울 KTX) + 787,800원(항공료 편도-에어인디아) + 241,000원(준비물) + 527,500원(34일 여행 경비) = 총 1,550,300원

- 2019년 (환율 1:17.0)

602,300원(항공료-아시아나, 인천 - 델리 왕복) + 312,000원(국내선-에어인디아, 안다만 왕복) = 총 915,000원
84,900원(부산 - 서울 KTX 왕복) + 59,400원(Kt 국제 전화 로밍)

44,000(여행 보험) + 150,000원(타루치 항공 결항(缺航) 손해) 915,000원(항공료, 국내선 3번) + 203,400원(준비물) + 783,200원(21일 여행 경비) = 총 1,901,600원

- 9년 여행 경비 지출(支出) 총 합계: 23,194,220원

- 환율은 네이버, 시티은행, 환전상을 평균(平均)하였다.

인도 화폐 각종 단위 루피(Rupees)들

8. 브리하디스와라 사원 - 탄자부르 U.세계문화유산

오늘 아침 식사 후 또 1시간 누워 있었다. 오전 9시 30분에 여기 호텔에서 환전했는데 100불 6,950루피로 가장 많이 준다. 9시 40분에 주차장 터미널에서 바로 탄자부르행 버스를 타고 1시간 가서 탄자부르 뉴 터미널에서 시외버스 타고 30분 달려가 브리하디스와라 사원에 갔다. 사원 입장료는 없고 세계문화유산으로 빛나는 종교예술(宗敎藝術)의 극치였다. 신발 벗고 들어가니 발바닥이 뜨거워 못 견디겠더라. 그늘에서 그늘로 마치 지뢰라도 피하듯 뛰면서 구경하고 사진 찍고 남근상 링가는 다 다른 형태로 수없이 많았다.

점심 식사는 1시에 에어콘 레스토랑 가서 난하고 생수하고 먹고 145루피 지불했다. 다시 탄자부르 왕궁 박물관에 갔는데 규모가 크고 정말 잘 꾸며 놓았고 왕궁을 개조한 소형 박물관도 다 둘러보았다. 오후 3시쯤 다 보고 나니 덥고 지쳐서 그늘에서 조금 쉬다가 다시 오토릭샤를 타고 로터리 나와서 버스 타고 뉴 터미널에서 티루치로 버스 타고 돌아왔다. 날씨가 더워서 힘들어 그렇지 잘 다녀왔다. 덥다, 덥다 해도 여기처럼 더운 데가 있었나? 남인도의 더위 맹위를 유감없이 드러내는 하루였다.

◎ 탄자부르(Thanjavur)

'탄조르(Tanjore)'라고도 하며 인구는 약 23만 명으로 드라비다 왕조가 세운 도시다. 드라비다인들의 문명(文明)을 마두라이에서 메콩 강까지 보낸 곳이다. 이 왕조는 갠지스 강 먼 곳까지 힌두교를 전했으며 브리하디스와라 사원과 마라타 궁전 단지는 1987년 유네스코 세계문화유산에 등재되었다.

◎ 브리하디스와라 사원과 요새
   (Brihadishwara Temple & Fort)

1010년경 촐라 왕조 '라자라자'가 세운 사원으로 거대한 25톤 '난디상'이 안쪽 성소를 보고 있는 인도에서 가장 큰 난디상이 있는 곳이다. 남인도의 고푸람이 있는 사원과는 다르게 여기는 66m, 13층 높이의 '비마나'가 서 있다. 역시 세계문화유산(世界文化遺産)으로 1987년에 등재되었다.

◎ 마라타 궁전 단지(Thanjavur Royal Palace)

큰 티크나무 기둥 그리고 왕족들을 그린 벽화가 전시되어 있다. 마두라이의 나야크 왕과 마라타 왕이 지은 이 궁전에는 훌륭한 신상과 그리고 보존 상태가 좋은 '두르발' 홀을 볼 수 있다

◎ 왕궁 박물관(Royal Palace Museum)

왕관, 무기류, 사진 등이 전시되어 있다. 이 궁전은 1535년 탄자부르를 차지한 나야크인들이 지은 것이다. 그 외 사다르 마할궁전 전시관, 라자 세르포지 기념관, 촐라 왕조의 청동상 갤러리 종탑, 사라스와티 도서관, 타밀 박물관(Tamil Museum)이 있다.

그렇다! 인간이 있는 곳은 어디든지 크고 작은 유적이 있다. 이 유적

은 인도의 유명 유적이자 인류의 유적이다. 유적은 하나의 거대한 물결이다. 보는 사람들로 하여금 큰 감동을 일으키는 물결이다. 감동은 큰데 천의무봉(天衣無縫), 나의 작문 표현 실력이 부족하니 안타까울 뿐이다.

여기 왕궁과 여러 종류의 박물관은 그저 지나가며 보지만 그걸 대충이라도 이해하려면 한국어 안내 이어폰이 있든지 가이드를 불러야 하는데 그들은 모두 영어로 해설하기 때문에 내게는 그림의 떡일 뿐이다. 좀 안타까운 건 그 보물들에 얽힌 사연(事緣)을 조금이라도 알고 싶었다.

인도의 U.세계문화유산이 다 좋지만 여긴 특별히 더 좋은 것 같고 내가 인도여행에서 만난 24번째 세계문화유산이기도 하다. 맨발이라 발바닥이 뜨거워 터지는데 볼거리는 끝이 없고 이왕이면 하나도 빼놓지 않고 보고 싶고…. 그런데 죽을 고생을 해도 마음은 즐거운데 이 일을 앞으로 계속 어떻게 감당해 나가야 하나….

브리하디슈와라 사원과 요새 (Brihadishwara Temple & Fort)
U. 세계문화유산

9.
한국으로 돌아가는 날

　이제 정말 이번 인도여행에 종지부를 찍는구나! 오전 4시 30분에 기상하고 준비하여 5시에 오토릭샤 타고 5시 20분 트리치 공항에 도착하니 분위기가 이상하다. 에어인디아 항공이 전면 캔슬되었고 비행기가 뜨지 않는단다. 순간 집에 못 가고 다시 호텔로 돌아간다고 생각하니 정말 억장이 무너진다. 오늘 델리행 비행기를 못 타면 내일 0시 30분 한국 가는 아시아나도 못 탄다. 정말 난감(難堪)했다.
　다시 천천히 공항 직원과 얘기해 보니 에어인디고 비행기는 조금 후 델리로 간단다. 더욱 걱정은 내일 새벽 아시아나를 타야 하니 급하게 에어인디고 항공을 타야 하는데 11,195루피(190,300원) 항공료 추가 요금에 벵갈루루에 들러서 오후 1시에 델리에 도착한다고 한다. 더 기분 나쁜 건 에어인디고 항공 짐 무게 오버로 2,800루피(48,000원) 더 추가 요금을 물었다. 그래도 에어인디고 비행기라도 탈 수 있어 다행이었다.
　델리 공항 대기실에서 오후 4시부터 밤 9시까지 5시간 기다려 아시아나를 타고 입장했다. 저녁 식사는 커피점에서 햄버거, 생수 한 병으로 먹고 저녁 9시 30분에 면세점에 가서 손주들 추가 선물용(膳物用) 과자 5통을 샀다. 매년 돌아갈 때 선물하니 이제 사 갈 것도 변변치 않다. 인도 최고의 항공사 '에어인디아'도 순 엉터리다. 그리고 캔슬된 항공료는 또 어떻게 돌려받나? 그것도 아주 귀찮은 일인 것 같다. 매번 인도여행이 이렇게 괴로움을 준다. 오늘 돌아가는 마지막날까지 말이다.

이제 결심하나 안 하나 인도여행은 끝이다~
우선(于先) 사람이 살고 봐야 않겠나…!

책을 마감하면서

책의 내용은 1부 『꽃 중년 인도 자유배낭여행』보다 많아지면서 쪽수는 거의 같다. 요지만 쓴다고 생각했는데 그것도 마음대로 잘 안 된 것 같다. 어떻게든 이번에는 그림을 많이 넣고 글을 적게 넣어 지루한 감이 없으면서도 여행에 꼭 필요한 내용을 필수로 하여 만드려고 최선의 노력을 다했는데…. 단순한 기행문이 아닌, 그렇다고 가이드북도 아닌, 그러면서 실제 인도여행에는 피부로 느끼며 도움이 되는 책을 구상하려고 노력했다.

필자는 2015년 『꽃 중년 인도 자유배낭여행』을 발행하고 나서 책의 어떤 곳이 가장 좋았고 또 미비했는지를 생각하며 새로이 나의 9년 동안의 인도여행을 되돌아보고 참조하여 틀을 꾸몄고 이 책을 쓰려고 다시 약 5년을 구상해 왔다.

나는 어릴 때부터 일기를 계속 써 왔다. 인도여행 때는 저녁에 피곤하고 힘들어도 평소보다 좀 더 자세히 일기를 썼으니, 그때 일을 알고 싶으면 일기와 당시 찍은 사진을 대조해 보면 대부분 정확한 기억을 한다. 그래서 『꽃 중년 인도 자유배낭여행』이나 이번처럼 책을 쓸 때는 큰 도움이 되었다. 책을 쓰든 안 쓰든 독자 여러분은 여행 때만이라도 일기 형식의 글을 써 놓기를 권하며 유적을 보는 마음속 감동은 어느 누구보다 큰데 글재주가 없어 표현을 제대로 못 한 점, 여러분들의 넓은 혜량으로 이

해해 주었으면 한다. 그러나 사진은 100% 필자가 촬영한 것이다.

어쨌거나 9년 여행을 무사히 마치고 2부 책도 발간한 것은 우리 어머니(이기악)의 생전 간곡한 사랑과 아내(오채현)의 끝없는 인내로 밀어준 평생 고마움의 덕택이다. 그리고 큰딸 유영선, 사위 이창락, 손자 이승원, 이우제와 작은딸 유영주, 사위 박재홍, 손주 박세현, 박이현은 앞으로 내 책과 사진을 오랫동안 잘 지켜줄 사람들이다. 누나 유신자(전 중등 음악 교사)에게도 감사의 답례를 보낸다.

모든 여행인들의 갈망과 같이 코로나가 완전 물러가기를 충심으로 기원하고 나의 인도여행이 재개되는 날을 손꼽아 기다리며 끝까지 읽어주신 독자 여러분께 머리 숙여 감사를 드린다. 하찮은 책도 볼수록 묘한 맛이 나는 것처럼 내 책이 곱씹어 읽히는 책이 되길 바라며 이만 펜을 놓는다.

그리고 책에서 보는 인도 사진을 더 크게 더 많이 보려면 필자의 블로그(https://happy2030you.tistory.com)에 들어오면 사진의 갈증을 어느 정도 풀 수 있다.

책을 만드는 데 적극 도와주신 지식과감성 출판사 장길수 사장님과 정한나 편집자님 그리고 직원 일동과 '인도여행 그리워' 카페 회원님들, 인도 방랑기 회원님들, 히말라야 트레킹 회원님들, OK핑퐁 카페 회원님들, 부산 래미안 장전 카페 회원님들의 성원에도 깊은 감사를 드린다.

여러분의 인도여행에 좋은 일만 가득하기를 바라며- 단야밧!

2023년 4월 5일

저자 유용환